GARZANTI

IL DIZIONARIO DELLE
PAROLE NUOVE
DEL
TEDESCO TECNICO

GARZANTI

IL DIZIONARIO DELLE
PAROLE NUOVE
DEL
TEDESCO TECNICO

TEDESCO•ITALIANO
ITALIANO•TEDESCO

Redazione: Studio 3T di Pierluigi Melotto.
Revisione redazionale: Studio Lemmàri di Donata Schiannini con la collaborazione di Cristina Bolleri, Elisa Calcagni, Silvia Nannicini, Alessandra Romanella

ISBN 88-480-0402-4

© Garzanti Editore s.p.a., 1999
Printed in Italy

Questo dizionario riporta anche parole che sono o si ritiene siano marchi registrati, senza che ciò implichi una valutazione del loro reale stato giuridico. Nei casi accertati dalle ricerche redazionali, accanto al lemma appare il simbolo ®.

PRESENTAZIONE

La lingua tedesca, come quella italiana, è in questi anni in rapida evoluzione. Il fenomeno che si avverte più facilmente è l'ingresso di parole nuove, ma cambiano (sia pur lentamente e in modo quasi inavvertibile) anche le strutture grammaticali e sintattiche.
Se questo è vero per la lingua comune, lo è ancora di più per i linguaggi tecnici.
Quanto alta sia la velocità dell'innovazione tecnologica è così chiaro a tutti che non sembra necessario spendere parole per darne dimostrazione. Se il fenomeno più appariscente dell'ultimo decennio è la rapidissima diffusione dell'informatica, della telematica e dei mezzi multimediali, non mancano certo le novità nel campo della medicina, della genetica, delle biotecnologie, e persino nelle tecniche commerciali, nella distribuzione delle merci, nella gestione bancaria e in altri settori che superficialmente sembrerebbero dotati di minore mobilità.
Da queste considerazioni nasce l'idea di questo piccolo Dizionario delle Parole nuove del Tedesco Tecnico, che si presenta come utilissimo completamento di qualsiasi Dizionario di Tedesco e, in particolare, del "Dizionario Garzanti di Tedesco Tecnico" di Giorgio Marolli e Orazio Guarnieri, che possiamo ormai definire un classico nel suo genere.
In esso l'utente può andare alla ricerca di parole nuove, nuovi composti (specialmente in tedesco), nuovi termini fatti con più parole (specialmente in italiano) che formano un'unità linguistica compatta, trattati come entità autonome, collocate nel loro luogo alfabetico e quindi più facili da individuare.
Troverà anche frasi esemplificative introdotte da un lemma che non ha trattazione perché fa parte della lingua tecnica tradizionale, ma al quale i nuovi esempi introdotti servono da completamento.

Nota sull'ortografia Nella lingua tedesca si è registrata recentemente una novità: la riforma ortografica.
Attesa da decenni, si è rivelata tuttavia limitata e non definitiva. Entrata in vigore il primo agosto 1998, ma con un periodo di tolleranza nell'applicazione fino al 31 luglio 2005, ha sollevato molte discussioni e la stessa editoria tedesca stenta a convincersi ad applicarla.
In attesa di una sistemazione definitiva, che certamente richiederà tempi lunghi, l'abbiamo applicata in questo Dizionario solo per la parte che appare più chiara, la divisione sillabica nell'andare a capo.

TEDESCO ITALIANO

ABKÜRZUNGEN

A	ampere	*Elektroakus.*	Elektroakustik
Ack.b	Ackerbau	*Elektrochem.*	Elektrochemie
Adj.	Adjectiv	*Elektromech.*	Elektromechanik
Adm.	Administration	*Elektrotel.*	Elektrotelephonie
Adv.	Adverb	*engl.*	englisch
Aerodyn.	Aerodynamik	*Erdbew.*	Erdbewegung
Akus.	Akustik	*etc.*	etcetera
allg.	allgemein	*Expl.*	Explosivstoffe
Anstr.	Anstrichtechnik		
Anstr.fehler	Anstrichtechnikfehler	*f.*	Femininum
App.	Apparat	*Fahrz.*	Fahrzeug
Arb.	Arbeit, Arbeiter, Verarbeitung	*Fernseh.*	Fernsehtechnik
		Fernspr.	Fernsprechtechnik
Arb.-Organ.	Arbeit-Organization	*Feuerw.*	Feuerwaffe
Arch.	Architektur	*Filmtech.*	Filmtechnik
Astr.	Astronomie	*finanz.*	finanziell
Atomphys.	Atomphysik	*Flugw.*	Flugwesen
Aut.	Automobil	*Funk.*	Funktechnik
Autom.	Automatisierung	*Funknav.*	Funknavigation
b.B.	bewehrter Beton	*g*	Gramm
Bauk.	Baukunst	*G.S.*	Gleichstrom
Baukonstr.lehre	Baukonstruktionslehre	*Geod.*	Geodäsie
Bauw.	Bauwesen	*Geogr.*	Geographie
Bearb.	Bearbeitung	*Geol.*	Geologie
Beleucht.	Beleuchtung	*Geom.*	Geometrie
Betriebspsychol.	Betriebspsychologie	*Geophys.*	Geophysik
Biochem.	Biochemie	*Ger.*	Gerät
Biol.	Biologie	*Giess.*	Giesserei
Blechbearb.	Blechbearbeitung	*Giess.fehler*	Giessereifehler
Brennst.	Brennstoff	*Glasind.*	Glasindustrie
Brück.b.	Brückenbau	*graph. Ind.*	graphische Industrie
cbm	Kubikmeter	*Hebevorr.*	Hebevorrichtung
cbmm	Kubikmillimeter	*Herst.*	Herstellung
Chem.	Chemie	*Holzbearb.*	Holzbearbeitung
chem. Ind.	chemische Industrie	*Hydr.*	Hydraulik
cm^3	Kubikzentimeter		
cm^2	Quadratzentimeter	*ind.*	industriell
cm	Zentimeter	*Ind.*	Industrie
		ind. Chem.	industrielle Chemie
dm	Dezimeter	*ind. Psychol.*	industrielle Psychologie
dm^3	Kubikdezimeter	*Inf.*	Informatik
dm^2	Quadratdezimeter	*Ing.b.*	Ingenieurbau
Dokum.	Dokumentation	*Instr.*	Instrument
Druck.	Drucken, Druckerei, Drucktechnik	*Kältemasch.*	Kältemaschine
		Kernphys.	Kernphysik
Druckmasch.	Druckmaschine	*kg*	Kilogramm
dz.	Doppelzentner	*kgm*	Kilogrammeter
		km	Kilometer
		komm.	kommerziell
Einh.	Einheit	*Kriegsmar.*	Kriegsmarine
Eisenb.	Eisenbahn	*kW*	Kilowatt
elekt.	elektrisch	*kWh*	Kilowattstunde
Elekt.	Elektrizität, Elektrotechnik		
		l	Liter
Elekt.mot.	Elektromotor	*Landw.*	Landwirtschaft

Leit.	Leitungen	*Radioakt.*	Radioaktivität
Lith.	Lithographie	*recht.*	rechtlich
Luftf.w.	Luftfahrtwesen		
Luftw.	Luftwaffe	*s.*	Substantiv, Hauptwort
m.	Maskulinum	*Stat.*	Statistik
m	Meter	*Strahltriebw.*	Strahltriebwerk
Masch.	Maschine	*Strass.b.*	Strassenbau
Math.	Mathematik	*Strass.ver.*	Strassenverkehr
Maur.	Maurer	*schweiz.*	schweizerisch
mech.	mechanisch		
Mech.	Mechanik	*t*	Tonne
mech. Bearb.	mechanische Bearbeitung	*Technol.*	Technologie
Mech. der Flüss.k.	Mechanik der Flüssigkeiten	*Teleph.*	Telephon
mech. Technol.	mechanische Technologie	*Telegr.*	Telegraphie
Med.	Medizin	*Text.*	Textil
med. Instr.	medizinisches Instrument	*Textilmasch.*	Textilmaschine
Metall.	Metallurgie, Metall	*Textilind.*	Textilindustrie
metall.	metallurgisch	*Thermodyn.*	Thermodynamik
Metallbearb.	Metallbearbeitung	*Tischl.*	Tischlerei
metall. Ind.	metallurgische Industrie	*Top.*	Topographie
Meteor.	Meteorologie	*Transp.*	Transport
mg	Milligramm	*Turb.*	Turbine
milit.	militärisch	*Typ.*	Typographie
Min.	Mineralogie		
mm	Millimeter		
Mot.	Verbrennungsmotor	*usw.*	und so weiter
n.	Neutrum		
naut.	nautisch	*v.*	Verb
Navig.	Navigation	*v.i.*	Verb intransitiv
NC - Werkz.masch.	numerische Steuerung-Werkzeugmaschine	*v.t.*	Verb transitiv
		V	Volt
		Verbr.	Verbrennung
Ölhydr.	Ölhydraulik	*Verk.*	Verkehr
Organ.	Organization	*Vorr.*	Vorrichtung
Opt.	Optik		
österr.	österreichisch	*W*	Watt
		Walzw.	Walzwerk
Pers.	Personal	*Wärmebeh.*	Wärmebehandlung
Pers.-Org.	Personal-Organization	*Wass.b.*	Wasserbau
Pharm.	Pharmazie	*Werkz.*	Werkzeug
Phot.	Photographie	*Werkz.masch.*	Werkzeugmaschine
Photogr.	Photogrammetrie	*Werkz.masch.bearb.*	Werkzeugmaschinenbearbeitung
Photomech.	Photomechanik		
phys.	physikalisch	*Wissens.*	Wissenschaft
Phys.	Physik	*W.S.*	Wechselstrom
pl.	Plural		
Progr.	Programmierung, Planung	*z. B.*	zum Beispiel
P.S.	Pferdestärke	*Zeichn.*	Zeichnen
Psychol.	Psychologie	*Zeitg.*	Zeitung
Psychotech.	Psychotechnik	*Zimm.*	Zimmerei
		« »	Kennzeichen für die fremden Stichwörter oder deren Richtigkeit unbestätigt ist
qkm	Quadratkilometer		
qm	Quadratmeter		
qmm	Quadratmillimeter		

A

Abarbeitung (eines Programms z. B.) (*f.* - *Inf.*), esecuzione.
Abbauprodukt (*n.* - *Chem.*), prodotto di decomposizione.
Abbaurecht (*n.* - *Bergbau* - *recht.*), diritto di estrazione.
abbrechen (*Math.* - *Inf.*), troncare. **2** (*Inf.*), interrompere, abortire.
Abbruch (*m.* - *Math.* - *Inf.*), troncamento. **2** (*Inf.*), interruzione, aborto.
Abbruchfehler (*m.* - *Math.* - *Inf.*), errore di troncamento.
Abfallspannung (eines Relais z. B.) (*f.* - *Elekt.*), tensione di diseccitazione.
Abfallverzögerung (eines Relais z. B.) (*f.* - *Elekt.*), ritardo di diseccitazione.
Abfluss (*m.* - *Hydr.*), scolo.
Abfrage (*f.* - *Rechenmasch.*), interrogazione.
Abgasabführung (*f.* - *Verbr.*), scarico dei gas combusti.
Abgasemission (*f.* - *Mot.*), emissione dei gas di scarico.
abgasfrei (*Aut.*), senza gas di scarico.
Abgaslimit (*n.* - *Mot.*), limite dei gas di scarico.
Abgasrückführung (*f.* - *Mot.*), ricircolazione dei gas di scarico.
Abgassammelrohr (*n.* - *Verbr.*), collettore dei gas combusti.
Abgastemperatur (*f.* - *Mot.*), temperatura dei gas di scarico.
Abgasverlust (*m.* - *Verbr.*), fuga dei gas combusti.
Abgasweg (*m.* - *Verbr.*), percorso dei gas combusti.
abgefallen (Relais z. B.) (*Elekt.*), diseccitato.
abgestimmt (*Musikinstrument*), accordato.
Abhörsicherheit (*f.* - *Fernspr.*), sicurezza da intercettazioni.
abiotisch (*Biol.*), abiotico.
Abkühlungsprozess (*m.* - *Metall.* - *Wärmebeh.* - *etc.*), processo di raffreddamento.
Abkühlungszeit (*f.* - *Metall.* - *Wärmebeh.* - *etc.*), tempo di raffreddamento.
ablativ (*allg.*), ablativo.
Ablauföffnung (*f.* - *allg.*), apertura di scarico.
Ablaufsteuerung (*f.* - *Inf.*), comando sequenziale.
Ablesbarkeit (*f.* - *Instr.*), leggibilità.
Ablesegenauigkeit (*f.* - *Instr.* - *etc.*), precisione di lettura.
Abluft (*f.* - *Verbr.*), aria di scarico.
Abluftleitung (*f.* - *Verbr.*), tubazione dell'aria di scarico.
Abluftöffnung (*f.* - *Verbr.*), apertura dell'aria di scarico.
Abluftreinigung (*f.* - *Verbr.*), depurazione dell'aria di scarico.
Abnahme (Wegnahme) (*f.* - *allg.*), rimozione.
Abnahmelehre (*f.* - *Werkz.*), calibro di collaudo.
Abnahmeprotokoll (*n.* - *mech. Technol.* - *etc.*), verbale di collaudo.
Abnahmeschein (*m.* - *komm.* - *etc.*), ricevuta.
Abnahmetoleranz (*f.* - *Mech.* - *etc.*), tolleranza di accettazione.
abnehmbare Frontplatte (*f.* - *Funk.* - *Aut.*), frontalino estraibile.
Abonnementsbüro (*n.* - *komm.*), ufficio abbonamenti.
Abonnementservice (*m.* - *komm.*), servizio abbonamenti.
Abonnementsmöglichkeit (*f.* - *komm.*), possibilità di abbonamento.
Abonnementspreis (*m.* - *komm.*), prezzo di abbonamento.
Abonnentenservice (*m.* - *komm.*), servizio abbonati.
Abrechnungsprogramm (*n.* - *Inf.*), programma di contabilizzazione.
Abreissen: durch das Abreissen beanspruchen (*Baukonstr.lehre*), sollecitare a strappo.
Abruf (*m.* - *komm.*), richiesta di consegna. **2** richiesta di spedizione.
abrufbar (*Inf.*), richiamabile.
Abrüstungsabkommen (*n.* - *milit.* - *Politik*), accordo sul disarmo.
Abrüstungspolitik (*f.* - *milit.* - *Politik*), politica del disarmo.
ABS (Antiblockierungssystem) (*n.* - *Aut.*), ABS (sistema antibloccaggio).
Abschaffung des Lagers (*f.* - *Ind.*), eliminazione del magazzino.
abschliessbarer Tankdeckel (*m.* - *Aut.*), tappo del serbatoio richiudibile.
Abschlusswand (*f.* - *allg.*), parete di chiusura.
Abschmelzgeschwindigkeit (*f.* - *Metall.*), velocità di fusione.
Abschmelzzeit (*f.* - *Metall.*), tempo di fusione.
abschrägen (*Mech.* - *etc.*), bisellare.
Abschrägung (*f.* - *Mech.* - *etc.*), bisello.
abschraubbar (*Mech.*), svitabile.
Absentismus (*m.* - *allg.*), assenteismo.
absolute Adresse (*f.* - *Inf.*), indirizzo assoluto.
absolute Koordinaten (*f.* - *pl.* - *Math.*), coordinate assolute.
absolute Massangabe (*f.* - *Zeichn.*), quota assoluta.
Absolutgeber (*m.* - *Instr.*), trasduttore assoluto.
Absolutwertgeber (*m.* - *Instr.*), trasduttore assoluto.
Absorber (*m.* - *Kernphys.*), assorbitore.
absorbierbar (*allg.*), assorbibile.
absorbierend (*allg.*), assorbente.
Absorptionsfläche (*f.* - *Phys.*), superficie assorbente.
Absorptionskurve (*f.* - *Phys.*), curva di assorbimento.
Absorptionslinie (*f.* - *Opt.*), riga di assorbimento.
Absorptionsmaterial (*n.* - *Ind.*), materiale assorbente.

Absorptionsmesser

Absorptionsmesser (*m. - Phys. - Chem. - Ger.*), assorbimetro.
Absorptionsmessung (*f. - Phys. - Chem.*), misurazione dell'assorbimento.
Absorptionsmittel (*n. - allg.*), sostanza assorbente.
Absorptionsmodulation (*f. - Funk.*), modulazione per assorbimento.
Absorptionsspektroskopie (*f. - Opt.*), spettroscopia di assorbimento.
Absorptionsstrom (*m. - Elekt.*), corrente di assorbimento.
Absorptionsverlust (*m. - Phys.*), perdita per assorbimento.
absperrbar (*allg.*), sbarrabile. **2** chiudibile.
Absperreinrichtung (*f. - Leit.*), dispositivo di chiusura.
Abstandsmessung (*f. - Messtechnik*), misurazione della distanza.
Abstandsmessung durch Triangulation (*f. - Messtechnik*), misurazione della distanza mediante triangolazione.
abstehend (*allg.*), sporgente.
absteifen (eine Schweissnaht z. B.) (*mech. Technol.*), rinforzare.
Abstellfläche (*f. - allg.*), superficie di appoggio.
Abstimmanzeige (*f. - Funk.*), indicazione di sintonia.
Abstimmanzeiger (*m. - Funk.*), indicatore di sintonia.
Abstimmkondensator (*m. - Elekt. - Funk.*), condensatore di sintonia.
Abstimmkreis (*m. - Funk.*), circuito sintonizzato.
Abstimmplatte (*f. - Mech.*), piastra distanziale.
Abstimmtechnik (*f. - Mot.*), tecnica di messa a punto.
Abstimmung (*f. - Mot.*), messa a punto.
Abstimmung einer Bremswirkung (*f. - Aut.*), modulazione di un effetto frenante.
Abtastvorrichtung (*f. - Inf.*), dispositivo di scansione.
Abwärtstrend (*m. - finanz.*), tendenza al ribasso.
Abwasserentsorgung (*f. - Bauw. - Ind.*), smaltimento delle acque di scarico.
abwickelbar (*Geom. - Math.*), sviluppabile.
abwickelbare Fläche (*f. - Geom. - Math.*), superficie sviluppabile.
Acetylcholin (*n. - Chem.*), acetilcolina.
Achromasie (*f. - Opt.*), acromatismo.
Achsbezeichnung (*f. - Math. - Phys.*), denominazione degli assi.
achtstellige Zahl (*f. - Math.*), numero a otto cifre.
Aconitin (*n. - Pharm. - Chem.*), aconitina.
Acrodynie (*f. - Med.*), acrodinia.
Acrylamid (*n. - Chem.*), acrilammide.
Acrylat (*n. - Chem.*), acrilato.
Acrylfaser (*f. - Text.*), fibra acrilica.
Acrylnitril (*n. - Chem.*), acrilonitrile.
Acrylsäure (*f. - Chem.*), acido acrilico.
Addierer (*m. - Inf.*), sommatore.
Adenom (*n. - Med.*), adenoma.
Adenotomie (*f. - Med.*), adenotomia.
Adipinsäure (*f. - Chem.*), acido adipico.
Adressenliste (*f. - komm. - etc.*), elenco di indirizzi.
Adressformat (*n. - Inf.*), formato di indirizzo.
adressierbar (*Inf.*), indirizzabile.
adressierbarer Speicher (*m. - Inf.*), memoria indirizzabile.
Adressierungsmechanismus (*m. - Inf.*), meccanismo di indirizzamento.
Aerobier (*m. - Biol.*), aerobio.
Aerobiont (*m. - Biol.*), aerobio.
aerodynamisch instabil (*Flugw.*), aerodinamicamente instabile.
aerodynamische Form (*f. - Aerodyn.*), forma aerodinamica.
aerolastische Gleichung (*f. - Flugw.*), equazione aerolastica.
Aerologie (*f. - Meteor.*), aerologia.
aerologisch (*Meteor.*), aerologico.
aerologische Messung (*f. - Meteor.*), misurazione aerologica.
Aeromechanik (*f. - Aeromechanik*), aeromeccanica.
Aeromedizin (*f. - Med.*), medicina aeronautica.
Agentensoftware (*f. - Inf.*), software agente.
agglomerieren (*allg.*), agglomerare.
agglomeriert (*allg.*), agglomerato.
Agglutination (*f. - Biol.*), agglutinazione.
agglutinieren (*allg.*), agglutinare.
aggressive Atmosphäre (*f. - Chem.*), atmosfera aggressiva.
Aggressivität (*f. - allg.*), aggressività.
Aglykon (*n. - Biochem.*), aglicone.
Agoraphobie (*f. - Psychol.*), agorafobia.
Agraphie (*f. - Med.*), agrafia.
Agrarbiologie (*f. - Ack.b.*), biologia agraria.
Agrarchemie (*f. - Ack.b. - Chem.*), chimica agraria.
Agrarforschung (*f. - Ack.b.*), ricerca agraria.
Agrarindustrie (*f. - Ack.b. - Ind.*), agroindustria.
agrarindustriell (*Ack.b. - Ind.*), agroindustriale.
Agrarkredit (*m. - Landw. - finanz.*), credito agrario.
Agrarmarkt (*m. - Landw. - komm.*), mercato agricolo.
Agrarmeteorologie (*f. - Ack.b. - Meteor.*), agrometeorologia.
Agrarrecht (*n. - Landw. - recht.*), diritto agrario.
Agrarreform (*f. - Landw. - recht.*), riforma agraria.
Agrarsektor (*m. - Landw.*), settore agricolo.
Agreement (*n. - engl. - allg.*), agreement.
Aidstherapie (*f. - Med.*), terapia contro l'aids.
Aikido (*n. - Sport*), aikido.
Airbag (*m. - engl. - Aut.*), airbag.
Airbag-Entfaltung (*f. - Aut.*), apertura dell'airbag.
Akariasis (*f. - Med.*), acariasi.
Akarizid (*n. - Chem.*), acaricida.
Akquisition (*f. - komm.*), acquisizione.
Akquisition neuer Kunden (*f. - komm.*), acquisizione di nuovi clienti.
Aktenarchivierung (*f. - Büro*), archiviazione di documenti.
Aktenvernichtung (*f. - Büro*), distruzione di documenti.
Aktienemission (*f. - finanz.*), emissione di azioni.
Aktienindex (*m. - finanz.*), indice azionario.
Aktienfonds (*m. - finanz.*), fondo azionario.

Aktienübertragung (*f. - finanz.*), trasferimento di azioni.
aktives Sicherheitssystem (*n. - Aut.*), sistema di sicurezza attiva.
aktivierbar (*Chem. - Inf. - etc.*), attivabile.
Aktivierungsenergie (*f. - Chem.*), energia di attivazione.
Aktivierungsknopf (*m. - Elekt. - etc.*), pulsante di attivazione.
aktualisierbar (*allg.*), aggiornabile.
aktualisiert (*allg.*), aggiornato. **2 aktualisierte Version** (*f. - Inf. - etc.*), versione aggiornata. **3 automatisch aktualisiert** (*Inf. - etc.*), aggiornato automaticamente. **4 ständig aktualisiert** (*allg.*), aggiornato continuamente.
Aktualisierung (*f. - allg.*), aggiornamento.
Akustikkoppler (*m. - Inf.*), accoppiatore acustico.
Akzeptanz von Kreditkarten (*n. - Buchführung*), accettazione di carte di credito.
Alanin (*n. - Chem.*), alanina.
Alarmanlage (*f. - Elekt.*), impianto di allarme.
Albit (*m. - Min.*), albite.
Alexandrit (*m. - Min.*), alessandrite.
algebraische Geometrie (*f. - Geom.*), geometria algebrica.
algebraische Gleichung (*f. - Math.*), equazione algebrica.
Algorithmentheorie (*f. - Math.*), teoria degli algoritmi.
Aliasing (*n. - engl. - Inf.*), aliasing.
Alkali-Batterie (*f. - Elektrochem.*), batteria alcalina.
Alkaloid (*n. - Chem.*), alcaloide.
Alkan (*n. - Chem.*), alcano.
Alken (*n. - Chem.*), alchene.
Alkin (*n. - Chem.*), alchino.
Alkoholat (*n. - Chem.*), alcoolato.
Alkoholyse (*f. - Chem.*), alcoolisi.
alkylieren (*Chem.*), alchilare.
Allergologie (*f. - Med.*), allergologia.
allgemeine Luftfahrt (*f. - Flugw.*), aviazione generale.
Allradantrieb (*m. - Fahrz.*), trazione integrale.
Allylbromid (*n. - Chem.*), bromuro allilico.
Allylchlorid (*n. - Chem.*), cloruro allilico.
Allyliodid (*n. - Chem.*), ioduro allilico.
alphabetisch sortiert (*allg.*), classificato in ordine alfabetico.
alphabetischer String (*m. - Inf.*), stringa alfabetica.
alphanumerische Schnittstelle (*f. - Inf.*), interfaccia alfanumerica.
alphanumerische Tastatur (*f. - Inf.*), tastiera alfanumerica.
alphanumerischer Browser (*m. - Inf.*), browser alfanumerico.
alphanumerischer Code (*m. - Inf. - etc.*), codice alfanumerico.
alphanumerischer String (*m. - Inf.*), stringa alfanumerica.
alphanumerischer Terminal (*n. - Inf.*), terminale alfanumerico.
alphanumerisches Zeichen (*n. - Inf.*), carattere alfanumerico.
alternative Medizin (*f. - Med.*), medicina alternativa.
Alternativlösung (*f. - allg.*), soluzione alternativa.

Alterungstemperatur (*f. - Wärmebeh.*), temperatura di invecchiamento.
Aluminat (*n. - Chem.*), alluminato.
Aluminiumbromid (*n. - Chem.*), bromuro di alluminio.
Aluminiumchlorid (*n. - Chem.*), cloruro di alluminio.
Aluminiumhydrid (*n. - Chem.*), idruro di alluminio.
Aluminiumhydroxyd (*n. - Chem.*), idrossido di alluminio.
Aluminiumiodid (*n. - Chem.*), ioduro di alluminio.
Aluminiumkarbid (*n. - Chem.*), carburo di alluminio.
Aluminiumoxyd (*n. - Chem.*), ossido di alluminio.
Aluminiumphosphat (*n. - Chem.*), fosfato di alluminio.
Aluminiumsulfat (*n. - Chem.*), solfato di alluminio.
Aluminiumsulfid (*n. - Chem.*), solfuro di alluminio.
Aluminiumtribromid (*n. - Chem.*), tribromuro di alluminio.
Aluminiumtrichlorid (*n. - Chem.*), tricloruro di alluminio.
amagnetisch (*Elekt.*), amagnetico.
Amateurastronomie (*f. - Astr.*), astronomia amatoriale.
Amazonit (*m. - Min.*), amazzonite.
Amidierung (*f. - Chem.*), ammidazione.
Aminierung (*f. - Chem.*), amminazione.
Aminophenol (*n. - Chem.*), aminofenolo.
Ammoniumazetat (*n. - Chem.*), acetato di ammonio.
Ammoniumbifluorid (*n. - Chem.*), bifluoruro di ammonio.
Ammoniumbikarbonat (*n. - Chem.*), bicarbonato di ammonio.
Ammoniumbromid (*n. - Chem.*), bromuro di ammonio.
Ammoniumchlorid (*n. - Chem.*), cloruro di ammonio.
Ammoniumchromat (*n. - Chem.*), cromato di ammonio.
Ammoniumdichromat (*n. - Chem.*), dicromato di ammonio.
Ammoniumfluorid (*n. - Chem.*), fluoruro di ammonio.
Ammoniumkarbonat (*n. - Chem.*), carbonato di ammonio.
Ammoniummolybdat (*n. - Chem.*), molibdato di ammonio.
Ammoniumnitrat (*n. - Chem.*), nitrato di ammonio.
Ammoniumoxalat (*n. - Chem.*), ossalato di ammonio.
Ammoniumperchlorat (*n. - Chem.*), perclorato di ammonio.
Ammoniumperoxydisulfat (*n. - Chem.*), perossidisolfato di ammonio.
Ammoniumpersulfat (*n. - Chem.*), persolfato di ammonio.
Ammoniumsalz (*n. - Chem.*), sale di ammonio.
Ammoniumsulfat (*n. - Chem.*), solfato di ammonio.
Ammoniumsulfid (*n. - Chem.*), solfuro di ammonio.

Ammoniumsulfit

Ammoniumsulfit (*n. - Chem.*), solfito di ammonio.
Ammoniumtartrat (*n. - Chem.*), tartrato di ammonio.
Ammoniumthiocyanat (*n. - Chem.*), tiocianato di ammonio.
amperometrisch (*Elekt.*), amperometrico.
Amplitudenmodulator (*m. - Funk.*), modulatore di ampiezza.
anaerob (*Biol.*), anaerobio.
anaerobe Bakterien (*f. - pl. - Med.*), batteri anaerobi.
Analgetikum (*n. - Pharm.*), analgesico.
Analogausgang (*m. - Elektronik*), uscita analogica.
Analogeingang (*m. - Elektronik*), ingresso analogico.
Analoginstrument (*n. - Instr.*), strumento analogico.
Analogmodem (*m. - Inf.*), modem analogico.
Analognetz (*n. - Fernspr.*), rete analogica.
Analogschnittstelle (*f. - Inf.*), interfaccia analogica.
Analogsignal (*n. - Elektronik*), segnale analogico.
Analogsimulation (*f. - Inf.*), simulazione analogica.
Analogsimulator (*m. - Inf.*), simulatore analogico.
Analyseprogramm (*n. - Inf.*), programma di analisi.
Anaphorese (*f. - Phys.*), anaforesi.
Anaphylaxie (*f. - Med.*), anafilassi.
Anästhesiologie (*f. - Med.*), anestesiologia.
Anatas (*m. - Min.*), anatasio.
Andalusit (*m. - Min.*), andalusite.
Änderungsindex (*m. - Zeichn.*), indice di modifica.
andocken (*Raumfahrt*), agganciare.
Anemometrie (*f. - Meteor.*), anemometria.
anemometrisch (*Meteor.*), anemometrico.
anerkennbar (*allg.*), riconoscibile.
Anethol (*n. - Chem.*), anetolo.
Anfängerkurs (*m. allg. - Flugw.*), corso per principianti.
Anfangslohn (*m. - Arb.*), salario iniziale.
Anforderung (*f. - allg.*), requisito.
Anforderungen an die Anlage (*f. - pl. - Elekt. - etc.*), requisiti per l'impianto.
Anforderungen von Informationen (*f. - pl. - allg.*), richieste di informazioni.
Angebot: ein Angebot unterbreiten (*komm.*), presentare, sottoporre un'offerta.
angespannte Finanzlage (*f. - finanz.*), situazione finanziaria tesa.
angewandte Aeroelastizität (*f. - Flugw.*), aeroelasticità applicata.
angewandte Informatik (*f. - Inf.*), informatica applicata.
Angiologie (*f. - Med.*), angiologia.
anhaftend (*allg.*), aderente.
Anhängerbremse (*f. - Fahrz.*), freno rimorchio.
anharmonisch (*Phys.*), anarmonico.
Animation (*f. - Filmtech. - Inf.*), animazione.
Ankerit (*m. - Min.*), ankerite.
anklicken (*Inf.*), cliccare.
Anlageform (*f. - finanz.*), forma di investimento.
Anlagemöglichkeit (*f. - finanz.*), possibilità di investimento.
Anlagetyp (*m. - finanz.*), tipo di investimento.
Anlagevermögen (*n. - finanz.*), capitale investito.
Anlaufphase (*f. - allg.*), fase di avviamento.
Anlaufspannung (*f. - Elekt.*), tensione di avviamento.
Anlegeleiste (*f. - Blechbearb.*), guida lamiera.
Annietmutter (*f. - Mech.*), olivetta.
anomalistisch (*Astr.*), anomalistico.
anomalistischer Monat (*m. - Astr.*), mese anomalistico.
anomalistisches Jahr (*n. - Astr.*), anno anomalistico.
Anorexie (*f. - Med.*), anoressia.
Anorthit (*m. - min.*), anortite.
Anpassungsprogramm (*n. - Inf.*), postprocessor.
anregbar (*Funk. - etc.*), eccitabile.
Anregbarkeit (*f. - Funk. - etc.*), eccitabilità.
Anregungsenergie (*f. - Kernphys.*), energia di eccitazione.
Anregungsspannung (*f. - Elekt.*), tensione di eccitazione.
Anregungszustand (*m. - Kernphys.*), stato eccitato.
Ansaugluft (*f. - Mot.*), aria di aspirazione.
Ansaugschlauch (*f. - Mot.*), tubo flessibile di aspirazione.
Anschlagbock (*m. - Mech.*), supporto di arresto.
Anschlagstift (*m. - Mech.*), spina di arresto.
anschliessbar (*Elekt.*), allacciabile, collegabile.
Anschlussklemmleiste (*f. - Elekt.*), morsettiera.
Anschriftenliste (*f. - komm. - etc.*), elenco di indirizzi.
Ansprechpartner (*m. - allg.*), partner per consultazioni.
Anstricharbeiten (*f. - pl. - Bauw.*), lavori di verniciatura.
anteilig berechnen (*Math. - etc.*), calcolare proporzionalmente.
Anteilseigner (*m. - finanz.*), azionista.
Anteilseignerversammlung (*f. - finanz.*), assemblea degli azionisti.
Antennenanlage (*f. - Funk.*), impianto d'antenna.
Antennenbuchse (*f. - Fernseh.*), presa (jack) per antenna.
Antennenfilter (*n. - Funk.*), filtro d'antenna.
Antennenimpedanz (*f. - Funk.*), impedenza d'antenna.
Antenneninduktivität (*f. - Funk.*), induttività d'antenna.
Antennenkabel (*n. - Funk. - Fernseh.*), cavo d'antenna.
Antennenspannung (*f. - Funk.*), tensione d'antenna.
Antennensteckdose (*f. - Fernseh.*), presa d'antenna.
Antennenstrom (*m. - Funk.*), corrente d'antenna.
Antennenverstärker (*m. - Funk.*), amplificatore d'antenna.
Antennenverstärkung (*f. - Funk.*), guadagno d'antenna.
Anti-Aliasing (*n. - engl. - Inf.*), anti-aliasing.
Antiatom (*n. - Kernphys.*), antiatomo.

antibakteriell (*Med.*), antibatterico.
antibiotisch (*Med.*), antibiotico.
antiferromagnetisch (*Phys.*), antiferromagnetico.
Antikern (*m. - Kernphys.*), antinucleo.
Antilogarithmus (*m. - Math.*), antilogaritmo.
Antimetabolit (*m. - Biol.*), antimetabolita.
Antimonat (*n. - Chem.*), antimonato.
Antimonid (*n. - Chem.*), antimonuro.
Antimonit (*m. - Min.*), antimonite.
Antimonoxyd (*n. - Chem.*), ossido di antimonio.
Antimonpentachlorid (*n. - Chem.*), pentacloruro di antimonio.
Antimontrichlorid (*n. - Chem.*), tricloruro di antimonio.
Antimontrifluorid (*n. - Chem.*), trifluoruro di antimonio.
Antimontrioxyd (*n. - Chem.*), ossido antimonioso.
Antimontrisulfid (*n. - Chem.*), trisolfuro di antimonio.
Antimonwasserstoff (*n. - Chem.*), idruro di antimonio.
Antimykotikum (*n. - Med.*), antimicotico.
Antinukleon (*n. - Kernphys.*), antinucleone.
Antioxydationsmittel (*n. - Chem.*), antiossidante.
Antipartikel (*f. - Kernphys.*), antiparticella.
Antiphlogistikum (*n. - Med.*), antiflogistico.
Antipyretikum (*n. - Med.*), antipiretico.
Antipyrin (*n. - Pharm. - Chem.*), antipirina.
Antiquark (*n. - Kernphys.*), antiquark.
Antiraketenrakete (*f. - milit.*), missile antimissile.
Antirheumatikum (*n. - Med.*), antireumatico.
Antiseptikum (*n. - Med.*), antisettico.
Antistatikmittel (*n. - Phys. - chem. Ind.*), agente antistatico.
antiviral (*Med.*), antivirale.
antivirale Therapie (*f. - Med.*), terapia antivirale.
Antivirenhersteller (*m. - Inf.*), produttore di antivirus.
Antivirenprogramm (*n. - Inf.*), programma antivirus.
Antivirensoftware (*f. - Inf.*), software antivirus.
Antivirus (*m. - Inf.*), antivirus.
Antrag: der Antrag wird abgewiesen (*recht.*), la richiesta è respinta. 2 einem neuerlichen Antrag stattgeben (*recht.*), accogliere una nuova richiesta.
Antragsgegner (*m. - recht.*), opponente.
Antragsteller (*m. - recht.*), richiedente.
Antriebstechnik (*f. - Mech. - etc.*), tecnica dell'azionamento.
Anwender (*m. - allg.*), utente.
anwenderfreundlich (*allg.*), semplice da usare.
Anwendungsbeispiel (*n. - allg.*), esempio di applicazione.
Anwendungsprogramm (*n. - Inf.*), programma applicativo.
Anwendungssoftware (*f. - Inf.*), software applicativo.
Anzeige (*f. - Instr.*), lettura.
Aperturdurchmesser (*m. - Opt.*), diametro di apertura.
Aperturwinkel (*m. - Opt. - Phot.*), angolo di apertura.
Aphasie (*f. - Med.*), afasia.
Apophyllit (*m. - Min.*), apofillite.
Applet (*n. - engl. - Inf.*), applet.
Approximationsfunktion (*f. - Math.*), funzione di approssimazione.
Arbeitgeber (*m. - komm.*), committente.
Arbeitnehmer (*m. - komm.*), contraente.
Arbeiterquartier (*n. - Bauw.*), quartiere operaio.
Arbeitsamt: sich beim Arbeitsamt arbeitslos melden (*Arb.*), iscriversi all'ufficio di collocamento nelle liste di disoccupazione.
Arbeitsbereich (*m. - allg.*), campo di attività.
Arbeitsbeschaffungsmassnahmen (*f. - pl. - allg.*), provvedimenti per la creazione di nuovi posti di lavoro.
Arbeitsförderung (*f. - allg.*), incentivazione del lavoro.
Arbeitsförderungsgesetz (*n. - recht.*), legge per l'incentivazione del lavoro.
Arbeitsklima (*n. - allg.*), clima lavorativo.
Arbeitskräftemobilität (*f. - Arb.*), mobilità della mano d'opera.
Arbeitslosengeld (*n. - allg.*), sussidio di disoccupazione.
Arbeitslosenhilfe (*f. - allg.*), assistenza per i disoccupati.
Arbeitslosenrate (*f. - Ind.*), tasso di disoccupazione.
Arbeitsmobilität (*f. - Arb.*), mobilità del lavoro.
Arbeitsplatzabbau (*m. - Ind.*), riduzione dei posti di lavoro.
Arbeitsplätze: Arbeitsplätze retten (*Ind.*), salvare posti di lavoro. 2 Arbeitsplätze schaffen (*Ind.*), creare posti di lavoro. 3 Erhaltung von Arbeitsplätzen (*f. - Arb.*), mantenimento di posti di lavoro. 4 Schaffung von Arbeitsplätzen (*f. - Arb.*), creazione di posti di lavoro.
Arbeitsplatzergonomie (*f. - Ind.*), ergonomia del posto di lavoro.
Arbeitsplatzgarantie (*f. - Ind.*), garanzia del posto di lavoro.
Arbeitsplatzsicherheit (*f. - Ind.*), sicurezza del posto di lavoro.
Arbeitsplatzverlust (*m. - Ind.*), perdita del posto di lavoro.
Arbeitsproduktivität (*f. - Ind.*), produttività del lavoro.
Arbeitsraum (*m. - Inf.*), spazio di lavoro.
Arbeitsspeicher (*m. - Inf.*), memoria di lavoro.
Arbeitsumgebung (*f. - allg.*), ambiente lavorativo.
Arbeitsteilung (*f. - Ind.*), ripartizione del lavoro.
Arbeitsumverteilung (*f. - Ind.*), ridistribuzione del lavoro.
Arbeitsunterbrechung (*f. - allg.*), interruzione del lavoro.
Arbeitsvereinfachung (*f. - Ind.*), semplificazione del lavoro.
Arbitrage (*f. - recht.*), arbitrato.
Arbitrageklausel (*f. - recht.*), clausola arbitrale.
Archeometrie (*f. - allg.*), archeometria.
Archivdatei (*f. - Inf.*), file di archivio.
Archivierung (*f. - Büro - Inf.*), archiviazione.

Archivierung von CAD-Zeichnungen

Archivierung von CAD-Zeichnungen (*f. - Inf. - Zeichn.*), archiviazione di disegni CAD.
Archivierungsdatum (*n. - Büro - Inf.*), data di archiviazione.
Archivierungsformat (*n. - Büro - Inf.*), formato di archiviazione.
Archivierungsprogramm (*n. - Inf.*), programma di archiviazione.
Archivierungssoftware (*f. - Inf.*), software di archiviazione.
Arkusfunktion (*f. - Math.*), funzione trigonometrica inversa.
Arkuskotangens (*m. - Math.*), arcocotangente.
Arkussekans (*m. - Math.*), arcosecante.
Arkustangens (*m. - Math.*), arcotangente.
ärmelloses Kleid (*n. - Textilind.*), vestito senza maniche.
Armlehne (*f. - Aut.*), bracciolo.
arretierbar (*allg.*), bloccabile. **2 in der Offenstellung arretierbar** (*Mech.*), bloccabile nella posizione aperta.
Arretierungsposition (*f. - Mech.*), posizione di arresto.
Arsenat (*n. - Chem.*), arseniato.
Arsenid (*n. - Chem.*), arseniuro.
arsenige Säure (*f. - Chem.*), acido arsenioso.
Arsenik (Arsentrioxyd) (*n. - Chem.*), anidride arseniosa.
Arsenit (*n. - Chem.*), arsenito.
Arsenopyrit (*m. - Min.*), arsenopirite.
Arsenoxyd (*n. - Chem.*), ossido di arsenico.
Arsenpentoxyd (*n. - Chem.*), anidride arsenica.
Arsensäure (*f. - Chem.*), acido arsenico.
Arsentribromid (*n. - Chem.*), tribromuro di arsenico.
Arsentrichlorid (*n. - Chem.*), tricloruro di arsenico.
Arsentrioxyd (*n. - Chem.*), anidride arseniosa.
Aryl (*n. - Chem.*), arile.
Arylsäure (*f. - Chem.*), acido arilico.
Arzneimittelsubstanz (*f. - Med. - Pharm.*), sostanza medicinale.
Asbestentsorgung (*f. - Bauw. - etc.*), smaltimento di amianto.
Asbestpapier (*n. - Papierind.*), carta di amianto.
ASCII-Code (*m. - Inf.*), codice ASCII.
ASCII-Datei (*f. - Inf.*), file ASCII.
ASCII-Text (*m. - Inf.*), testo ASCII.
Ascorbinsäure (*f. - Chem.*), acido ascorbico.
Asparagin (*n. - Chem.*), asparagina.
Asparaginsäure (*f. - Chem.*), acido aspartico.
Assemblerprogramm (*n. - Inf.*), programma assemblatore.
assoziativ (*allg.*), associativo.
Assoziativspeicher (*m. - Inf.*), memoria associativa.
Asteroidengürtel (*m. - Astr.*), fascia degli asteroidi.
Astrobiologie (*f. - Astr.*), astrobiologia.
Astrochemie (*f. - Astr.*), astrochimica.
Astrometrie (*f. - Astr.*), astrometria.
astrometrisch (*Astr.*), astrometrico.
Astronomiestation (*f. - Astr.*), stazione astronomica.
Astrophotometer (*n. - Astr. - Opt. - Ger.*), astrofotometro.
Astrophotometrie (*f. - Astr. - Opt.*), astrofotometria.
astrophysikalisch (*Astr.*), astrofisico.
Astrophysiker (*m. - Astr.*), astrofisico.
Astrospektroskop (*n. - Astr. - Opt. - Ger.*), astrospettroscopio.
Astrospektroskopie (*f. - Astr. - Opt.*), astrospettroscopia.
Asynchronmaschine (*f. - elekt. Masch.*), macchina asincrona.
Asynchron-Übertragung (*f. - Inf.*), trasmissione asincrona.
ataktisch (*Chem.*), atattico.
Atemfrequenz (*f. - Med.*), frequenza della respirazione.
Atomarsenal (*n. - Milit.*), arsenale atomico.
Atomdurchmesser (*m. - Atomphys.*), diametro dell'atomo.
atomisieren (Flüssigkeiten, aus Düsen z. B.) (*allg.*), atomizzare.
Atomisierung (von Flüssigkeiten) (*f. - allg.*), atomizzazione.
Atomkonstante (*f. - Phys.*), costante atomica.
Atommüllbehälter (*m. - Atomphys. - App.*), contenitore per scorie radioattive.
Atomorbital (*n. - Chem.*), orbitale atomico.
Atomrakete (*f. - Expl. - Flugw.*), missile a testata nucleare.
Atomspektroskopie (*f. - Opt.*), spettroscopia atomica.
Atomtest (*m. - Atomphys.*), test nucleare.
Atrazin (*n. - Chem.*), atrazina.
Atropin (*n. - Chem.*), atropina.
Audio-CD (*f. - Elektroakus.*), CD audio.
Audiodatei (*f. - Inf.*), file audio.
Audiodaten (*n. - pl. - Inf.*), dati audio.
Audiokarte (*f. - Inf.*), scheda audio.
Audiologie (*f. - Med.*), audiologia.
Audio-Schnittstellenkarte (*f. - Elektronik*), scheda d'interfaccia audio.
Audiosequenz (*f. - Inf.*), sequenza audio.
audiovisuelle Medien (*n. - pl. - Fernseh. - Inf.*), mezzi audiovisivi.
aufeinander wirken (*allg.*), interagire.
Aufgabe (einer Erfindung) (*f. - recht.*), scopo.
Auflagebolzen (*m. - Mech.*), perno di appoggio.
Aufnahmekopf (*m. - Elektroakus.*), testina di registrazione.
Aufnahmestift (*m. - Mech.*), spina di riferimento.
aufnehmen (*Mech.*), alloggiare.
Aufprallenergie (*f. - Phys.*), energia d'urto.
Aufprallgeschwindigkeit (*f. - Phys.*), velocità d'urto.
Aufruf einer Subroutine (*m. - Inf.*), richiamo di una subroutine.
aufrufbar (*Inf.*), richiamabile.
aufrufbare Routine (*f. - Inf.*), routine richiamabile.
aufrufbares Unterprogramm (*n. - Inf.*), sottoprogramma richiamabile.
aufrufen (*Inf.*), richiamare.
Aufsichtsratsmitglied (*n. - Adm.*), membro del collegio sindacale.
Aufsichtsratsvorsitzende (*m. - f. - Adm.*), presidente del collegio sindacale.
Aufstellanforderungen (*f. - pl. - Masch. - etc.*), requisiti di installazione.
Auftauchzeit (*f. - naut.*), tempo d'immersione.
Auftragserledigung (*f. - komm.*), evasione dell'ordine.

Auftragslage (*f. - komm.*), situazione degli ordini.
Auftragsvergabe (*f. - komm.*), aggiudicazione dell'ordine.
Aufwärmphase (nach dem Kaltstart) (*f. - Mot.*), fase di riscaldamento.
Aufzeichnungskapazität (*f. - Instr.*), capacità di registrazione.
Ausdruck (*m. - Inf.*), tabulato.
ausführbare Datei (*f. - Inf.*), file eseguibile.
ausführbares Programm (*n. - Inf.*), programma eseguibile.
Ausfuhrpreis (*m. - komm.*), prezzo all'esportazione.
Ausführungsbeispiel (*n. - allg.*), esempio d'attuazione, esempio di realizzazione.
Ausführungsform (*f. - recht.*), forma d'attuazione.
Ausführungszeit (eines Programms) (*f. - Inf.*), tempo di esecuzione.
Ausgabenkürzung (*f. - komm.*), riduzione delle spese.
Ausgangslage (*f. - allg.*), posizione di partenza. 2 **in die Ausgangslage zurückschnappen** (eines Schlosses z. B.) (*Mech.*), tornare alla posizione di partenza.
Ausgangsposition (*f. - allg.*), posizione di partenza. 2 **die Ausgangsposition wieder einnehmen** (*allg.*), assumere nuovamente la posizione di partenza.
ausgefahrenes Fahrwerk (*n. - Flugw.*), carrello estratto.
ausgehärtet (*chem. Ind.*), indurito.
ausgehärtetes Kunstharz (*n. - chem. Ind.*), resina artificiale indurita.
ausgekleidet (*allg.*), rivestito.
Ausgleichruder (*n. - naut. - Flugw.*), aletta di compensazione.
Ausgleichsstrom (*m. - Elekt.*), corrente di compensazione.
Auskunftsschalter (*m. - Büro - etc.*), sportello informazioni.
Auslandsbank (*f. - finanz. - Bauw.*), banca estera.
Auslandsinvestition (*f. - finanz.*), investimento all'estero.
Auslassstutzen (*m. - Mot.*), tubo di scarico.
Ausschuss der Regionen (EU) (*m. - Adm.*), comitato delle Regioni.
Ausschussteil (*n. - Mech.*), particolare di scarto.
Aussenfläche (Oberfläche, eines Stückes z. B.) (*f. - Mech. - etc.*), superficie esterna.
Aussenkorrosion (*f. - Chem. - Metall.*), corrosione esterna.
Aussenkorrosionsschutz (*m. - Chem. - Metall.*), protezione contro la corrosione esterna.
Aussenlärm (*m. - Akus.*), rumore esterno.
Aussenleitung (*f. - Leit.*), tubazione esterna.
Aussenpolitik (*f. - Politik*), politica estera.
Aussenseite (*f. - allg.*), lato esterno.
Aussenspiegel: **manuell einstellbarer Aussenspiegel** (*m. - Aut.*), retrovisore esterno con regolazione manuale. 2 **von innen einstellbarer Aussenspiegel** (*m. - Aut.*), retrovisore esterno con regolazione dall'interno.
Aussentemperatur (*f. - Phys. - Chem.*), temperatura esterna.
Aussentemperaturanzeige (*f. - Aut. - etc.*), indicazione della temperatura esterna.
ausser Funktion setzen (*f. - Masch. - etc.*), mettere fuori servizio.
ausserstädtisch (*allg.*), extraurbano.
ausserstädtische Strecke (einer Strasse) (*f. - Strass.ver.*), tratto extraurbano.
ausseruniversitär (*Schule*), extrauniversitario.
Ausstellungsfläche (*f. - komm.*), superficie espositiva.
Ausstellungsraum (*m. - komm.*), locale per esposizioni.
ausstreichen (*Büro - etc.*), depennare.
Austauschen einer Sicherung (*n. - Elekt.*), sostituzione di un fusibile.
austenitisieren (*Wärmebeh.*), austenitizzare.
Austenitisierung (*f. - Wärmebeh.*), austenitizzazione.
Austenitisierungstemperatur (*f. - Wärmebeh.*), temperatura di austenitizzazione.
Austerity (*f. - engl. - finanz. - Politik*), austerity.
Autofokus (*m. - Opt.*), messa a fuoco automatica.
Autofokussensor (Lasermesstechnik) (*m. - Opt. - Ger.*), sensore di messa a fuoco automatica.
Autofokussystem (*n. - Opt.*), sistema di messa a fuoco automatica.
Autohaus (*n. - Aut. - komm.*), autoconcessionaria, concessionaria di automobili.
Autoimmunität (*f. - Med.*), autoimmunità.
Autokollimation (*f. - Opt.*), autocollimazione.
Autokonzern (*m. - finanz. - Aut.*), gruppo automobilistico.
Autokranvermietung (*f. - Masch. - komm.*), noleggio autogru.
Autolyse (*f. - Biol.*), autolisi.
Automatikgetriebe (*n. - Aut.*), cambio automatico.
Automatik-Übersetzung (*f. - Büro*), traduzione automatica.
Automationsgrad (*m. - Mech. - etc.*), grado di automazione.
Automationstechnik (*f. - Mech. - etc.*), tecnica dell'automazione.
automatische Abarbeitung (*f. - Inf.*), esecuzione automatica.
automatische Erzeugung (*f. - Inf.*), generazione automatica.
automatische Formatierung (*f. - Inf.*), formattazione automatica.
automatische Speicherung (*f. - Inf.*), memorizzazione automatica.
automatischer Sperrdifferential (*n. - Aut.*), differenziale autobloccante.
automatischer Abgleich (*m. - Elekt.*), bilanciamento automatico.
automatischer Türöffner (*m. - Ger.*), apriporte automatico.
automatischer Werkzeugwechsel (*m. - Werkz. masch. bearb.*), cambio utensile automatico.
automatisiert (*Technol. - ecc.*), automatizzato.
automatisiertes Entlacken (*n. - Anstr.*), sverniciatura automatizzata.
Automatisierungstechnik (*f. - Mech. - etc.*), tecnica dell'automazione.
Autoreparaturen (*f. - pl. - Aut.*), autoriparazioni.
Autosalon (*m. - Aut.*), salone dell'automobile.
autotroph (*Biol.*), autotrofo.
Autotrophie (*f. - Biol.*), autotrofia.

Autotunnel

Autotunnel (*m. - Strass.b.*), galleria per traffico automobilistico.
axial verschiebbar (*allg.*), mobile in senso assiale.
axonometrisch (*Geom.*), assonometrico.
Azenaphten (*n. - Chem.*), acenaftene.
Azetal (*n. - Chem.*), acetale.
Azetalharz (*n. - Chem.*), resina acetalica.
Azetamid (*n. - Chem.*), acetammide.
Azetanilid (*n. - Chem.*), acetanilide.
Azetonitril (*n. - Chem.*), acetonitrile.
Azetophenon (*n. - Chem.*), acetofenone.
Azetyl (*n. - Chem.*), acetile.
Azetylazeton (*n. - Chem.*), acetilacetone.
Azetylbromid (*n. - Chem.*), bromuro di acetile.
Azetylchlorid (*n. - Chem.*), cloruro di acetile.
Azetylensauerstoff (*m. - Chem.*), ossiacetilene.
Azetylid (*n. - Chem.*), acetiluro.
azetylieren (*Chem.*), acetilare.
Azetylierung (*f. - Chem.*), acetilazione.
Azimutwinkel (*m. - naut. - Flugw.*), angolo azimutale.
Azobenzol (*n. - Chem.*), azobenzene.

B

Backbone (*m. - engl. - Inf.*), backbone.
Background (*m. - engl. - allg.*), background.
Backspace-Taste (*f. - Inf.*), tasto di backspace.
Backup (*m. - engl. - Inf.*), backup.
Backupprogramm (*n. - Inf.*), programma di backup.
Backupsoftware (*f. - Inf.*), software di backup.
Badminton (*n. - Sport*), badminton.
Bahnverbindung (*f. - Eisenb.*), collegamento ferroviario.
bakelisieren (*Chem.*), bachelizzare.
Bakterienkultur (*f. - Biol.*), coltura batterica.
Bakteriologe (*m. - Med.*), batteriologo.
bakterizid (*Med.*), battericida.
Bakterizid (*n. - Med.*), battericida.
Bandlauftaste (*f. - Elektroakus.*), tasto di scorrimento del nastro.
Bandwiedergabe (*f. - Elektroakus.*), riproduzione del nastro.
Banken-Informatik (*f. - Inf.*), informatica bancaria.
Banken-Software (*f. - Inf.*), software bancario.
Bankrotterklärung (*f. - finanz.*), dichiarazione di fallimento.
Barcode (*m. - Inf.*), codice a barre.
Barcodeleser (*m. - Inf.*), lettore di codice a barre.
Bargeldabhebung (*f. - finanz.*), prelievo di denaro contante.
Bariumazetat (*n. - Chem.*), acetato di bario.
Bariumchlorat (*n. - Chem.*), clorato di bario.
Bariumchlorid (*n. - Chem.*), cloruro di bario.
Bariumchromat (*n. - Chem.*), cromato di bario.
Bariumfluorid (*n. - Chem.*), fluoruro di bario.
Bariumhydroxyd (*n. - Chem.*), idrossido di bario.
Bariumkarbonat (*n. - Chem.*), carbonato di bario.
Bariummanganat (*n. - Chem.*), manganato di bario.
Bariumnitrat (*n. - Chem.*), nitrato di bario.
Bariumoxyd (*n. - Chem.*), ossido di bario.
Bariumperchlorat (*n. - Chem.*), perclorato di bario.
Bariumperoxyd (*n. - Chem.*), perossido di bario.
Bariumtitanat (*n. - Chem.*), titanato di bario.
Barscheck (*m. - finanz.*), assegno pagabile in contanti.
basaltisch (*Min.*), basaltico.
Basispreis (*m. - komm.*), prezzo base.
Basissoftware (*f. - Inf.*), software di base.
Basisspeicher (*m. - Inf.*), memoria base.
Basistechnologie (*f. - Technol.*), tecnologia di base.
Basisterminologie (*f. - allg.*), terminologia di base.
Basisversion (*f. - allg.*), versione base.
Batchdatei (*f. - Inf.*), file batch.
Batterie: die garantierte Lebensdauer einer Batterie beträgt... (*Elekt. - komm.*), la durata garantita di una batteria è di...
Batteriefach (*n. - Elekt.*), comparto batterie.
batteriegespeist (*Elekt.*), alimentato a batteria.
Batterieladezeit (*f. - Elekt.*), tempo di caricamento della batteria.
Batterieladung (*f. - Elekt.*), caricamento della batteria.
Batterie-Lebensdauer (*f. - Elekt.*), durata della batteria.
Batteriespannung (*f. - Elekt.*), tensione di batteria.
Baubranche (*f. - Bauw.*), settore edile.
Baud (*n. - Inf.*), baud.
Baud-Rate (*f. - Inf.*), baud rate.
bauliches Merkmal (*recht.*), caratteristica costruttiva.
bauseitig (*Adv. - komm.*), da parte del committente, a cura del committente.
Baustein (*m. - Elektronik*), componente.
Bautaucher (*m. - Bauw.*), sommozzatore per lavori di cantieristica.
Beanspruchungsgrenze (*f. - Baukonstr.lehre - etc.*), limite di sollecitazione.
Beanspruchungszyklus (*m. - Baukonstr.lehre - etc.*), ciclo di sollecitazioni.
Bearbeitungsergebnis (*n. - Werkz.masch. bearb.*), risultato di lavorazione.
Bearbeitungsmaschine: die Teile werden zu den weiteren Bearbeitungsmaschinen transportiert (*allg.*), gli elementi vengono trasportati alle macchine di lavorazione successive.
Bearbeitungsprogramm (*n. - Werkz.masch.bearb.*) programma di lavorazione.
Bearbeitungsreihenfolge (*f. - Werkz.masch. bearb.*), sequenza di lavorazione.
Bearbeitungsschritt (*m. - Werkz.masch. bearb.*), fase di lavorazione.
Bearbeitungssimulation (*f. - Werkz.masch. bearb. - Inf.*), simulazione di lavorazione.
Bearbeitungssoftware (*f. - Werkz.masch. bearb.*), software di lavorazione.
Bearbeitungsstation (*f. - Werkz.masch. bearb.*), stazione di lavorazione.
Bedienereingriff (*m. - Arb.*), intervento dell'operatore.
Bedienfeld (*n. - Werkz.masch.bearb.*), quadro di comando.
Bedienhebel (*m. - Mech.*), leva di comando.
Bedienseite (*f. - Masch.*), lato comandi.
Bedienungs- und Wartungsanleitungen (*f. - pl. - Masch. - etc.*), istruzioni di uso e manutenzione.
Beendigung: nach Beendigung des Herstellungsprozesses (*Ind.*), al termine del processo di fabbricazione.
Befehladresse (*f. - Inf.*), indirizzo dell'istruzione.
Befehlsblock (*m. - Inf.*), blocco di istruzioni.

Befehlsdekodierung

Befehlsdekodierung (*f. - Inf.*), decodifica dei comandi.
Befehlsregister (*n. - Inf.*), registro di istruzione.
Befragungsergebnis (*n. - komm. - etc.*), risultato del sondaggio.
begrenzter Speicher (*m. - Inf.*), memoria limitata.
Begrenzungslinie (*f. - allg.*), linea di confine.
Behebung (von Störungen) (*f. - allg.*), eliminazione.
beheizbar (*allg.*), riscaldabile.
beheizbarer Aussenspiegel (*m. - Aut.*), retrovisore esterno riscaldabile.
beheizbarer Vordersitz (*m. - Aut.*), sedile anteriore riscaldabile.
Beifahrerairbag (*m. - Aut.*), airbag lato passeggero.
Beifahrerseite (*f. - Aut.*), lato passeggero.
Beispielprogramm (*n. - Inf.*), programma di esempio.
beitragspflichtige Beschäftigung (*f. - Arb.*), impiego soggetto a contributi.
Beitragszahlung (*f. - Adm.*), pagamento di contributi.
Beitragszeit (*f. - Adm.*), periodo di contribuzione.
Belastungskreis (*m. - Elekt.*), circuito di carico.
Belastungsspannung (*f. - Elekt.*), tensione di carico.
Belastungswiderstand (*m. - Elekt.*), resistenza di carico.
Belüftungssystem (*n. - Bauw.*), sistema di ventilazione.
Bemassungsfunktion (*f. - Inf.*), funzione di quotatura.
bemustern (*Ind.*), campionare.
Bemusterung (*f. - Ind.*), campionatura.
Benchmark (*m. - engl. - Inf.*), benchmark.
benetzbar (*allg.*), bagnabile, umettabile.
Benetzbarkeit (*f. - allg.*), bagnabilità, umettabilità.
Benitoit (*m. - Min.*), benitoite.
benutzbarer Speicher (*m. - Inf.*), memoria utilizzabile.
benutzerdefiniert (*Inf.*), definito dall'utente.
benutzerdefinierte Parameter (*m. - pl. - Inf.*), parametri definiti dall'utente.
benutzerfreundlich (*allg.*), facile da usare.
Benutzerfreundlichkeit (*f. - allg.*), facilità d'uso.
Benutzerhandbuch (*n. - allg.*), manuale dell'utente.
Benutzername (*m. - Inf.*), nome dell'utente.
Benutzernummer (*f. - Inf.*), numero dell'utente.
Benutzerprogramm (*n. - Inf.*), programma utente.
Benutzerschnittstelle (*f. - Inf.*), interfaccia utente.
Benzinpreiserhöhung (*f. - Aut. - komm.*), aumento del prezzo della benzina.
Benzinverbrauch (*m. - Mot. - Aut.*), consumo di benzina.
Benzoat (*n. - Chem.*), benzoato.
Benzochinon (*n. - Chem.*), benzochinone.
Benzoesäure (*f. - Chem.*), acido benzoico.
Benzofuran (*n. - Chem.*), benzofurano.
Benzoin (*n. - Chem.*), benzoino.
Benzonitril (*n. - Chem.*), benzonitrile.

Benzophenon (*n. - Chem.*), benzofenone.
Benzotrichlorid (*n. - Chem.*), benzotricloruro.
Benzoyl (*n. - Chem.*), benzoile.
Benzoylchlorid (*n. - Chem.*), cloruro di benzoile.
Benzyl (*n. - Chem.*), benzile.
Beobachtungsfehler (*m. - allg.*), errore di osservazione.
Berechnungsfehler (*m. - Math. - etc.*), errore di calcolo.
Berechnungsmaβstäbe (*m. - pl. - Math. - etc.*), criteri di calcolo.
Berechnungsmethode (*f. - Math. - etc.*), metodo di calcolo.
Berechnungsprogramm (*n. - Inf.*), programma di calcolo.
Berechnungsroutine (*f. - Inf.*), routine di calcolo.
Berechnungssoftware (*f. - Inf.*), software di calcolo.
Bereitschaftschalter (*m. - App.*), interruttore di attesa.
Bergbaustadt (*f. - Geogr.*), città mineraria.
Berufastronomie (*f. - Astr.*), astronomia professionale.
berufliche Bildung (*f. - allg.*), formazione professionale.
berührungsempfindliches Display (*n. - Inf.*), display sensibile al tatto.
Berylliumchlorid (*n. - Chem.*), cloruro di berillio.
Berylliumfluorid (*n. - Chem.*), fluoruro di berillio.
Berylliumnitrat (*n. - Chem.*), nitrato di berillio.
Berylliumoxyd (*n. - Chem.*), ossido di berillio.
Berylliumphosphat (*n. - Chem.*), fosfato di berillio.
Berylliumsulfat (*n. - Chem.*), solfato di berillio.
beschäftigen (sich): unsere Firma beschäftigt sich langfristig mit... (*allg.*), la nostra ditta si occupa da molto tempo di...
Beschäftigungschancen (*f. - pl. - Arb.*), probabilità di trovare un'occupazione.
Beschäftigungsentwicklung (*f. - Arb.*), sviluppo dell'occupazione.
Beschäftigungspolitik (*f. - Arb.*), politica dell'ooccupazione.
Beschäftigungsstand (*m. - Arb.*), livello di occupazione. 2 **einen grösstmöglichen Beschäftigungsstand erreichen** (*Arb.*), raggiungere il massimo livello di occupazione.
beschichtet (*allg.*), rivestito.
beschleunigen: von 0 auf 100 Km/h in X Sekunden beschleunigen (*Aut.*), accelerare da 0 a 100 Km/h in X secondi.
Beschleunigungsmessung (*f. - Phys. - etc.*), misurazione dell'accelerazione.
Beschleunigungsphase (*f. - Phys. - etc.*), fase di accelerazione.
Beschleunigungsrampe (*f. - Masch.*), rampa di accelerazione.
Beschleunigungssensor (*m. - Aut.*), sensore dell'accelerazione.
Beschleunigungszeit (*f. - Inf.*), tempo di accelerazione.
Beschneidschnitt (*m. - Blechbearb.*), taglio di rifilatura.
Beschreibungssprache (*f. - Inf.*), linguaggio descrittivo.

Beschriftungsschild (*n. - allg.*), cartellino, etichetta.
Bestätigungsschreiben (*n. - komm.*), lettera di conferma.
Bestellformular (*n. - komm.*), modulo per ordinazioni.
Bestimmungsland (*n. - Transp. - etc.*), paese di destinazione.
Bestseller (*m. - Druck. - etc.*), best seller.
Bestückungsautomat (*m. - Masch. - Elektronik*), macchina automatica di montaggio.
Betätigungsorgan (*n. - Mech.*), organo di azionamento. **2 ein Betätigungsorgan in seine Ausgangsposition zurückschieben** (*Mech. - etc.*), spingere indietro un organo di azionamento nella sua posizione di partenza.
Betätigungsstrom (*m. - Elekt.*), corrente di azionamento.
Beta-Version (*f. - Inf.*), versione beta.
betriebliche Arbeitnehmervertretung (*f. - Arb. - Pers.*), rappresentanza aziendale dei lavoratori.
Betriebsart (*f. - Masch.*), modo di funzionamento.
Betriebseinschränkung (*f. - allg.*), limitazione del servizio.
Betriebsheizwert (*m. - Wärme - Brennst.*), potere calorifico di esercizio.
Betriebskostensenkung (*f. - Adm.*), riduzione delle spese di esercizio.
Betriebsmittel (*n. - Ind.*), mezzo di produzione.
Betriebsratsmitglied (*n. - Arb. - Organ.*), membro della commissione interna.
Betriebssystemsoftware (*f. - Inf.*), software del sistema operativo.
betriebssystemspezifisch (*Inf.*), specifico del sistema operativo.
betriebssystemspezifische Informationen (*f. - pl. - Inf.*), informazioni specifiche del sistema operativo.
Betriebssystemumgebung (*f. - Inf.*), ambiente del sistema operativo.
Betriebssystemversion (*f. - Inf.*), versione del sistema operativo.
Betriebsunterbrechung (*f. - allg.*), interruzione del servizio.
bewegbar (*allg.*), mobile.
Bewegungsübertragung (*f. - Mech.*), trasmissione del moto.
Bezahlung: gegen Bezahlung eines zu vereinbarenden Preises (*komm.*), dietro pagamento di un prezzo da concordare.
Bezugsachse (*f. - Math. - Phys.*), asse di riferimento.
Bezugsadresse (*f. - allg.*), indirizzo di riferimento.
Bezugsdaten (*n. - pl. - allg.*), dati di riferimento.
Bezugsebene (*f. - Geom. - Mech.*), piano di riferimento.
Bezugslautstärke (*f. - Akus.*), volume di riferimento.
Bezugsniveau (*n. - allg.*), livello di riferimento.
Bezugsschalldruckpegel (*m. - Akus.*), livello di pressione acustica di riferimento.
Bezugssignal (*n. - allg.*), segnale di riferimento.
Bezugsspannung (*f. - Elekt.*), tensione di riferimento.
Bezugsstrom (*m. - Elekt.*), corrente di riferimento.
Bezugstemperatur (*f. - Phys. - Chem.*), temperatura di riferimento.
Bezugswert (*m. - allg.*), valore di riferimento.
Bibromat (*n. - Chem.*), bibromato.
Bichromat (*n. - Chem.*), bicromato.
bicyclisch (*Chem.*), biciclico.
bidirektionale Kommunikation (*f. - Inf.*), comunicazione bidirezionale.
Biegewinkel (*m. - Blechbearb.*), angolo di piegatura.
Biegezugabe (*f. - Blechbearb.*), maggiorazione per piegatura.
biegsame Anschlussleitung (*f. - Leit.*), tubazione flessibile di allacciamento.
Bifluorat (*n. - Chem.*), bifluorato.
bilaterales Abkommen (*n. - komm.*), accordo bilaterale.
Bildbearbeitungsprogramm (*n. - Inf.*), programma di elaborazione delle immagini.
Bildbearbeitungssoftware (*f. - Inf.*), software di elaborazione delle immagini.
Bildbearbeitungssystem (*n. - Inf.*), sistema di elaborazione delle immagini.
Bilddaten (*n. - pl. - Inf.*), dati video.
Bildkodierung (*f. - Inf.*), codificazione dell'immagine.
Bildkompression (*f. - Inf.*), compressione dell'immagine.
Bildplatte (*f. - Fernseh.*), videodisco.
Bildschirmauflösung (*f. - Inf.*), risoluzione dello schermo.
Bildschirmfenster (*n. - Inf.*), finestra sul video.
Bildschirmschoner (*m. - Inf.*), salvaschermo, screen saver.
Bildsequenz (*f. - Inf.*), sequenza video.
Bildtelefon (*n. - Fernspr.*), videotelefono.
Bildverarbeitung (*f. - Inf.*), elaborazione dell'immagine.
Bildwiedergabe (*f. - Fernseh.*), riproduzione dell'immagine.
bimolekular (*Chem.*), bimolecolare.
Binärbild (*n. - Inf.*), immagine binaria.
Binärdatei (*f. - Inf.*), file binario.
Binärdaten (*n. - pl. - Inf.*), dati binari.
binäre Zahl (*f. - Math.*), numero binario.
Binärformat (*n. - Inf.*), formato binario.
Binärprogramm (*n. - Inf.*), programma binario.
Binärstern (*m. - Astr.*), stella binaria.
Binärübertragung (*f. - Inf.*), trasmissione binaria.
Bindefehler (Schweissfehler) (*m. - mech. Technol.*), mancanza di fusione.
Bindemittel: mit dem Kernsand vermengtes Bindemittel (*Giess.*), legante miscelato con la terra per anime.
Binnenwasserstrasse (*f. - Navig.*), via d'acqua interna.
Binomialkoeffizient (*m. - Math.*), coefficiente binomiale.
Biochemiker (*m. - Chem.*), biochimico.
biochemisch (*Chem.*), biochimico.
Biochip (*m. - Inf.*), biochip.
Biodinamik (*f. - Mech.*), biodinamica.
bioelektrisch (*Elekt.*), bioelettrico.
Bioelektronik (*f. - Elektronik*), bioelettronica.
Bioenergetik (*f. - Chem.*), bioenergetica.

bioenergetisch (*Chem.*), bioenergetico.
Bioethik (*f. - allg.*), bioetica.
Biogas (*n. - Chem.*), biogas.
Biogasanlage (*f. - Chem. - Bauw.*), impianto a gas biologico.
Biogenese (*f. - allg.*), biogenesi.
Biogenetik (*f. - allg.*), biogenetica.
Biogeographie (*f. - Geogr.*), biogeografia.
Bioinformatik (*f. - Inf.*), bioinformatica.
Bioingenieur (*m. - Biol.*), bioingegnere.
Bioingenieurwesen (*n. - Biol.*), bioingegneria.
Bioklimatologie (*f. - Meteor.*), bioclimatologia.
Biokybernetik (*f. - Autom.*), biocibernetica.
biokybernetisch (*Autom.*), biocibernetico.
Biologie (*f. - Biol.*), biologia.
Biolumineszenz (*f. - Opt.*), bioluminescenza.
Biomagnetismus (*m. - Elekt.*), biomagnetismo.
Biomasse (*f. - Biol.*), biomassa.
Biomathematik (*f. - Math.*), biomatematica.
biomathematisch (*Math.*), biomatematico.
Biomechanik (*f. - Mech.*), biomeccanica.
biomechanisch (*Mech.*), biomeccanico.
Biomedizin (*f. - Med.*), biomedicina.
Biometrie (*f. - Stat.*), biometria.
Biometrik (*f. - Med. - Biol.*), biometrica.
biometrisch (*Med. - Biol.*), biometrico.
biometrische Identifikation (*f. - Inf.*), identificazione biometrica.
biomolekular (*Biol.*), biomoleculare.
bionisch (*Wissens.*), bionico.
bioorganisch (*Biol.*), bioorganico.
bioorganische Chemie (*f. - Chem.*), chimica bioorganica.
biophysikalisch (*Phys.*), biofisico.
Biophysiker (*m. - Phys.*), biofisico.
Biopolymer (*n. - Chem.*), biopolimero.
Bioreaktor (*m. - Biol.*), bioreattore.
Biosatellit (*m. - Astronautik*), biosatellite.
Biosensor (*m. - Ger.*), biosensore.
Biosignal (*n. - Biol.*), biosegnale.
Biosphäre (*f. - Biol.*), biosfera.
Biosynthese (*f. - Chem.*), biosintesi.
Biosystem (*n. - Biol.*), biosistema.
Biotechnologe (*m. - Arb. - chem. Technol.*), biotecnologo.
Biotechnologie (*f. - chem. Technol.*), biotecnologia.
biotechnologisch (*chem. Technol.*), biotecnologico.
Biotherapie (*f. - Med.*), bioterapia.
Biotit (*m. - min.*), biotite.
Biowaffe (*f. - milit.*), arma biologica.
BIP (Bruttoinlandsprodukt) (*n. - finanz.*), PIL, prodotto interno lordo.
Biphenyl (*n. - Chem.*), difenile.
Biphosphat (*n. - Chem.*), bifosfato.
bipolarer Transistor (*m. - Elektronik*), transistor bipolare.
Bismutinit (*m. - Min.*), bismutinite.
bistabiles Element (*n. - Elektronik*), elemento bistabile.
Bisulfat (*n. - Chem.*), bisolfato.
Bisulfid (*n. - Chem.*), bisolfuro.
Bisulfit (*n. - Chem.*), bisolfito.
Bitmap (*f. - engl. - Inf.*), bitmap.
Bitmapbild (*n. - Inf.*), immagine bitmap.
Bitmuster (*n. - Inf.*), configurazione di bit.
Blasenspeicher (*m. - Inf.*), memoria a bolle.

Blechabwicklung (*f. - Metall.*), sviluppo della lamiera.
Blechumformwerkzeug (*n. - Mech.*), stampo di formatura lamiera.
Bleiarsenat (*n. - Chem.*), arsenato di piombo.
Bleiauskleidung (*f. - Bauw. - etc.*), rivestimento di piombo.
Bleiazetat (*n. - Chem.*), acetato di piombo.
Bleichlorid (*n. - Chem.*), cloruro di piombo.
Bleichromat (*n. - Chem.*), cromato di piombo.
Bleinitrat (*n. - Chem.*), nitrato di piombo.
Bleisulfat (*n. - Chem.*), solfato di piombo.
Bleitellurid (*n. - Chem.*), tellururo di piombo.
Bleititanat (*n. - Chem.*), titanato di piombo.
Blickrichtung (*f. - allg.*), direzione dello sguardo.
Blindbefehl (*m. - Inf.*), istruzione fittizia.
blinkend (*Beleucht.*), lampeggiante.
Blitzschutzanlage (*f. - Elekt.*), impianto di protezione contro i fulmini.
Blockende (*n. - Inf.*), fine blocco.
Bodenstation (*f. - Funknav.*), stazione a terra.
Bodentest (*m. - Astronautik - etc.*), prova a terra.
Bohrscher Radius (*m. - Atomphys.*), raggio di Bohr.
Bohrsches Magneton (*n. - Atomphys.*), magnetone di Bohr.
bolometrisch (*Phys.*), bolometrico.
Boltzmannsche Konstante (*f. - Phys.*), costante di Boltzmann.
Bookmark (*n. - engl. - Inf.*), bookmark.
Bootsektor (*m. - Inf.*), boot sector.
Bootsektor-Virus (*n. - Inf.*), virus di boot sector.
Borat (*n. - Chem.*), borato.
Bord-Fischbearbeitungsanlage (*f. - Fischerei*), impianto di bordo per la lavorazione del pesce.
Bordmonitor (*m - Aut.*), monitor di bordo.
Bordpersonal (*m. - Pers. - Flugw. - etc.*), personale di bordo.
Bordrechner (*m. - Inf. - Flugw. - etc.*), calcolatore di bordo.
Borid (*n. - Chem.*), boruro.
Bornitrid (*n. - Chem.*), nitruro di boro.
Boroxyd (*n. - Chem.*), ossido di boro.
Borstahl (*m. - Metall.*), acciaio al boro.
Bortribromid (*n. - Chem.*), tribromuro di boro.
Bortrichlorid (*n. - Chem.*), tricloruro di boro.
Bortrifluorid (*n. - Chem.*), trifluoruro di boro.
Bortriiodid (*n. - Chem.*), triioduro di boro.
Bowling (*n. - Sport*), bowling.
Branchenumsatz (*m. - komm.*), fatturato del settore.
Brandentwicklung (*f. - Bauw. - etc.*), sviluppo d'incendio.
Brandgefahr (*f. - allg.*), pericolo d'incendio.
Brandmeldeanlage (*f. - Feuerbekämpfung*), impianto di segnalazione incendi.
Brandmelder (*m. - Feuerbekämpfung - Ger.*), rivelatore d'incendio.
Brandschaden (*m. - recht.*), danno provocato da incendio.
Brandschutzsystem (*n. - Aut.*), sistema di prevenzione incendi.
brandsicher (*allg.*), a prova di fuoco, a prova di incendio.

Brandtür (*f.* - *Bauw.*), porta antincendio, porta tagliafuoco.
Brandwand (*f.* - *Bauw.*), parete tagliafiamma.
Bremsbelagverschleiss (*m.* - *Aut.* - *etc.*), usura della guarnizione del freno.
Bremssattel (einer Scheibenbremse) (*m.* - *Aut.*), pinza del freno (a disco).
Bremswirkung (*f.* - *Aut.*), effetto frenante.
brennbare Flüssigkeit (*f.* - *allg.*), liquido infiammabile.
Brennbarkeit (*f.* - *allg.*), combustibilità.
Brennstoffversorgung (*f.* - *Aut.* - *Mot.*), alimentazione di carburante.
Broca-Aphasie (*f.* - *Med.*), afasia di Broca.
Broca-Region (*f.* - *Med.*), regione di Broca.
Bromat (*n.* - *Chem.*), bromato.
Bromiodid (*n.* - *Chem.*), ioduro di bromo.
Bromsäure (*f.* - *Chem.*), acido bromico.
Bromwasserstoff (*m.* - *Chem.*), bromuro di idrogeno.
Browser (*m.* - *Inf.*), browser.
Browserhersteller (*m.* - *Inf.*), produttore di browser.
Browserprogramm (*n.* - *Inf.*), programma browser.
Browsersoftware (*f.* - *Inf.*), software browser.
Browsing (*n.* - *engl.* - *Inf.*), browsing.
Bruchebene (*f.* - *Werkstoffprüfung*), piano di rottura.
Bruttobetrag (*m.* - *finanz.*), importo lordo.
Bruttoproduktion (*f.* - *Ind.*), produzione lorda.
Bruttoumsatz (*m.* - *komm.*), fatturato lordo.
buchbar (*allg.*), prenotabile.
Buchstabenhöhe (*f.* - *Druck*), altezza dei caratteri.
buchstabieren (*allg.*), fare lo spelling.
Buckelschweissen (*n.* - *mech.* - *Technol.*), saldatura a rilievi.
Bugfahrwerk (*n.* - *Flugw.*), carrello (di atterraggio) anteriore.
Bugfahrwerkschacht (*m.* - *Flugw.*), vano carrello (di atterraggio) anteriore.
Büroautomation (*f.* - *Büro* - *Inf.*), automazione d'ufficio.
Büro-Software (*f.* - *Inf.*), software per ufficio.
Bus (*m.* - *Inf.*), bus.
Bus-Architektur (*f.* - *Inf.*), architettura di bus.
Bus-Karte (*f.* - *Inf.*), scheda bus.
Butanol (*n.* - *Chem.*), butanolo.
Bypass (*m.* - *engl.* - *Med.*), bypass.

C

Cache-Speicher, **Cachespeicher** (*m.* - *Inf.*), memoria cache.
CAD (Computer Aided Design, rechnerunterstützter Entwurf) (*m.* - *engl.* - *Inf.* - *Zeichn.*), CAD, progettazione assistita da calcolatore.
CAD-Bildschirm (*m.* - *Inf.* - *Zeichn.*), schermo CAD.
CAD-Daten (*n.* - *pl.* - *Inf.* - *Zeichn.*), dati CAD.
CAD-Fläche (*f.* - *Inf.*), superficie CAD.
CAD-Modellierung (*f.* - *Inf.*), modellazione CAD.
CAD-Programm (*n.* - *Inf.* - *Zeichn.*), programma CAD.
CAD-Schnittstelle (*f.* - *Inf.* - *Zeichn.*), interfaccia CAD.
CAD-System (*n.* - *Inf.* - *Zeichn.*), sistema CAD.
CAD-Techniker (*m.* - *Inf.* - *Zeichn.*), tecnica CAD.
CAD-Zeichner (*m.* - *Inf.* - *Zeichn.*), disegnatore CAD.
CAD-Zeichnung (*f.* - *Inf.* - *Zeichn.*), disegno CAD.
CAE (Computer Aided Engineering) (*n.* - *engl.* - *Inf.* - *Ind.*), CAE.
CAE-Software (*f.* - *Inf.* - *Ind.*), software CAE.
Calciumgluconat (*n.* - *Chem.*), gluconato di calcio.
CAM (Computer Aided Manufacturing, rechner unterstützte Fertigung) (*f.* - *engl.* - *Inf.* - *Ind.*), CAM, produzione assistita da calcolatore.
CAM-System (*n.* - *Inf.* - *Ind.*), sistema CAM.
Candela (*f.* - *Opt.*), candela.
Carbonfaser (*f.* - *Technol.*), fibra di carbonio.
Carbonylierung (*f.* - *Chem.*), carbonilazione.
Carboxylierung (*f.* - *Chem.*), carbossilazione.
Carotin (*n.* - *Chem.*), carotene.
CD (Compact Disc) (*f.* - *Inf.*), CD, compact disc. 2 **eine CD einlegen** (*Inf.*), inserire un CD.
CD-ROM (*f.* - *Inf.*), CD-ROM.
CD-ROM-Datenbank (*f.* - *Inf.*), banca dati su CD-ROM.
CD-ROM-Katalog (*m.* - *Inf.*), catalogo su CD-ROM.
CD-ROM-Laufwerk (*n.* - *Inf.*), unità CD-ROM.
Cellulosetriacetat (*n.* - *Chem.*), triacetato di cellulosa.
CERN (Centre Européen de Recherches Nucléaires, Europäisches Kernforschungszentrum) (*n.* - *Kernphys.*), CERN, Centro Europeo per le Ricerche Nucleari.
Chaostheorie (*f.* - *allg.*), teoria del caos.
Charterfluggesellschaft (*f.* - *Flugw.*), compagnia di voli charter.
Charterflugzeug (*n.* - *Flugw.*), aeroplano charter.
Checkliste (*f.* - *komm.* - *etc.*), lista di controllo, check list.
chemotherapeutisch (*Med.*), chemioterapico.
chiffrierter Text (*m.* - *Inf.*), testo cifrato.
chirurgisch entfernbar (*Med.*), asportabile chirurgicamente.

Chloraceton (*n.* - *Chem.*), cloroacetone.
Chloracetonitril (*n.* - *Chem.*), cloroacetonitrile.
Cholera (*f.* - *Med.*), colera.
Chromatogramm (*n.* - *Chem.*), cromatogramma.
chromatographisch (*Chem.*), cromatografico.
Chromosomenanomalie (*f.* - *Biochem.*), anomalia cromosomica.
Chromosomenmutation (*f.* - *Biochem.*), mutazione cromosomica.
Chromosomenstruktur (*f.* - *Biochem.*), struttura cromosomica.
Chromosomenzahl (*f.* - *Biochem.*), numero di cromosomi.
Chromosphäre (*f.* - *Astr.*), cromosfera.
Chromtrichlorid (*n.* - *Chem.*), tricloruro di cromo.
Chronoamperometrie (*f.* - *Chem.*), cronoamperometria.
Chronobiologie (*f.* - *Biol.*), cronobiologia.
chronobiologisch (*Biol.*), cronobiologico.
CIM (Computer Integrated Manufacturing) (*n.* - *engl.* - *Inf.* - *Ind.*), CIM.
Citrat (*n.* - *Chem.*), citrato.
City Car (*n.* - *engl.* - *Aut.*), city car.
Cleanroom (*m.* - *engl.* - *Ind.*), clean room.
Client/Server-Architektur (*f.* - *Inf.*), architettura client/server.
Client-Adresse (*f.* - *Inf.*), indirizzo del client.
clientbasiert (*Inf.*), basato su client.
Client-Computer (*m.* - *Inf.*), computer client.
Clientdienst (*m.* - *Inf.*), servizio client.
Clientidentifizierung (*f.* - *Inf.*), identificazione del client.
Clientname (*m.* - *Inf.*), nome del client.
Clientplattform (*f.* - *Inf.*), piattaforma client.
Clientprogramm (*n.* - *Inf.*), programma client.
Clientrechner (*m.* - *Inf.*), elaboratore client.
Client-Software (*f.* - *Inf.*), software client.
Clientsystem (*n.* - *Inf.*), sistema client.
Clientumgebung (*f.* - *Inf.*), ambiente client.
Clientzugriff (*m.* - *Inf.*), accesso al client.
Cluster (*m.* - *engl.* - *Inf.*), cluster.
CNC (Computerised Numerical Control, rechnerunterstützte numerische Steuerung) (*n.* - *engl.* - *Werkz.masch.bearb.* - *Inf.*), CNC.
CNC gesteuert (*Werkz.masch.*), comandato da CNC.
CNC-Architektur (*f.* - *Werkz.masch.*), architettura CNC.
CNC-Bearbeitung (*f.* - *Werkz.masch.*), lavorazione CNC.
CNC-Bearbeitungszentrum (*n.* - *Werkz.masch.*), centro di lavorazione CNC.
CNC-Drehautomat (*n.* - *Werkz.masch.*), tornio automatico CNC.
CNC-Drehzentrum (*n.* - *Werkz.masch.*), centro di tornitura CNC.
CNC-Fräsmaschine (*f.* - *Werkz.masch.*), fresatrice CNC.

CNC-Funktionen (*f. - pl. - Werkz.masch.*), funzioni del CNC.
CNC-Hersteller (*m. - Werkz.masch.*), produttore di CNC.
CNC-Maschine (*f. - Werkz.masch.*), macchina CNC.
CNC-Programm (*n. - Werkz.masch.*), programma CNC.
CNC-Programmiersystem (*n. - Werkz.masch.*), sistema di programmazione CNC.
CNC-Programmierung (*f. - Werkz.masch.*), programmazione CNC.
CNC-Software (*f. - Werkz.masch.*), software CNC.
CNC-Steuerung (*f. - Werkz.masch.*), controllo numerico CNC.
CNC-Technik (*f. - Werkz.masch.*), tecnica CNC.
Codewort (*n. - Inf.*), parola in codice.
codierbar (*allg.*), codificabile.
Codierung (*f. - allg.*), codifica.
Codierungstabelle (*f. - allg.*), tabella di codifica.
Colemanit (*m. - Min.*), colemanite.
Commuter (*m. - engl. - Flugw.*), commuter.
Compact Disc (*f. - Inf.*), compact disc, CD.
Compiler (*m. - Inf.*), compilatore.
Compilerprogramm (*n. - Inf.*), programma compilatore.
Compilersoftware (*f. - Inf.*), software compilatore.
Computeranalyse (*f. - Inf.*), analisi computerizzata.
Computeranimation (*f. - Filmtech. - Inf.*), animazione computerizzata.
Computerarchitektur (*f. - Inf.*), architettura di computer.
Computerausdruck (*m. - Inf.*), tabulato.
computerbasiert (*Inf.*), basato su computer.
Computerbild (*n. - Inf.*), immagine computerizzata.
Computerbranche (*f. - Inf.*), settore dei computer.
Computerdiagnostik (*f. - Med.*), diagnostica computerizzata.
Computerdrucker (*m. - Inf.*), stampante per computer.
Computergeneration (*f. - Inf.*), generazione di computer.
computergesteuert (*Inf.*), comandato da computer.
computergestützt (*Inf.*), assistito da computer.
Computergraphik (*f. - Inf.*), computergrafica, grafica computerizzata.
Computergraphiker (*m. - Pers.*), computergrafico.
Computerhilfe (*f. - Inf.*), aiuto del computer.
computerisierbar (*Inf.*), computerizzabile.
computerisieren (*Inf.*), computerizzare.
computerisiert (*Inf.*), computerizzato.
Computerisierung (*f. - Inf.*), computerizzazione.
Computerkunst (*f. - Inf.*), computer art.
Computerkurs (*m. - Inf.*), corso di computer.
computerlesbar (*Inf.*), leggibile tramite computer.
Computermagazin (*n. - Zeitg. - Inf.*), rivista di computer.
Computernetz (*n. - Inf.*), rete di computer.
computerorientiert (*Inf.*), orientato al computer, computer oriented.
Computerprogramm (*n. - Inf.*), programma per computer.
Computersimulation (*f. - Inf.*), simulazione computerizzata.
Computersoftware (*f. - Inf.*), software per computer.
Computerspiel (*n. - Inf.*), videogioco per computer.
Computertisch (*m. - Möbel - Inf.*), tavolo per computer.
Computertomographie (*f. - Med. - Inf.*), tomografia computerizzata.
computerunterstützt (*Inf.*), assistito da computer.
Computervirus (*m. - n. - Inf.*), virus (di computer). **2 ein Computervirus isolieren** (*Inf.*), isolare un virus (di computer). **3 mit einem Computervirus infiziert** (*Inf.*), infettato con un virus (di computer).
Computervisualisierung (*f. - Inf.*), visualizzazione computerizzata.
Computing (*n. - Inf.*), computing.
Container-Terminal (*n. - naut. - etc.*), terminal per container.
Controller (*m. - Inf.*), controllore.
Copolymer (*n. - Chem.*), copolimero.
Copolymerisat (*n. - Chem.*), copolimerizzato.
Copolymerisation (*f. - Chem.*), copolimerizzazione.
Coprozessor (*m. - Inf.*), coprocessore.
CPU-Kapazität (*f. - Inf.*), capacità della CPU.
Cursor (*m. - Inf.*), cursore.
Cursorbewegung (*f. - Inf.*), movimento del cursore.
Cursorkoordinaten (*f. - pl. - Inf.*), coordinate del cursore.
Cursorposition (*f. - Inf.*), posizione del cursore.
Cursorpositionierung (*f. - Inf.*), posizionamento del cursore.
Cyanat (*n. - Chem.*), cianato.
Cybermarkt (*m. - Inf.*), cybermercato.
Cyberraum (*m. - Inf.*), ciberspazio.
Cyberspace (*n. - engl. - Inf.*), cyberspace.

D

Danksagung (f. - *allg.*), ringraziamento.
darstellbar (*allg.*), rappresentabile.
Database (f. - *engl.* - *Inf.*), data base.
Datei: eine Datei komprimieren, dekomprimieren (*Inf.*), comprimere, decomprimere un file. 2 eine Datei downloaden (*Inf.*), downloadare un file. 3 eine Datei erstellen (*Inf.*), creare un file. 4 eine Datei exportieren (*Inf.*), esportare un file. 5 eine Datei laden, herunterladen (*Inf.*), caricare, scaricare un file. 6 eine Datei importieren (*Inf.*), importare un file. 7 eine Datei installieren (*Inf.*), installare un file. 8 eine Datei konfigurieren (*Inf.*), configurare un file. 9 eine Datei konvertieren (*Inf.*), convertire un file. 10 eine Datei kopieren (*Inf.*), copiare un file. 11 eine Datei löschen (*Inf.*), cancellare un file. 12 eine Datei schicken (*Inf.*), inviare un file. 13 eine Datei speichern (*Inf.*), memorizzare un file. 14 eine Datei umbenennen (*Inf.*), rinominare un file. 15 eine Datei verschieben (*Inf.*), spostare un file. 16 in einer Datei gespeichert (*Inf.*), memorizzato in un file.
Dateiarchivierungsprogramm (n. - *Inf.*), programma di archiviazione file.
Dateidekompression (f. - *Inf.*), decompressione di file.
Dateierstellung (f. - *Inf.*), creazione di file.
Dateiformat (n. - *Inf.*), formato di file.
Dateigruppe (f. - *Inf.*), gruppo di file.
Dateikompression (f. - *Inf.*), compressione di file.
Dateiliste (f. - *Inf.*), elenco di file.
Dateiname (m. - *Inf.*), nome di file.
Dateiorganisation (f. - *Inf.*), organizzazione di file.
Dateischutz (m. - *Inf.*), protezione di file.
Datei-Suche (f. - *Inf.*), ricerca di file.
Dateitransfer (m. - *Inf.*), trasferimento di file.
Dateitransferprogramm (n. - *Inf.*), programma per trasferimento di file.
Dateityp (m. - *Inf.*), tipo di file.
Dateiübertragungsprogramm (n. - *Inf.*), programma di trasmissione file.
Dateiübertragungssoftware (f. - *Inf.*), software di trasmissione file.
Dateiverwaltung (f. - *Inf.*), gestione di file.
Dateiverzeichnis (n. - *Inf.*), directory.
Datei-Virus (m. - n. - *Inf.*), virus di file.
Dateizugriff (m. - *Inf.*), accesso al file.
Datenadresse (f. - *Inf.*), indirizzo di dati.
Datenanalyse (f. - *Inf.*), analisi dei dati.
Datenarchiv (n. - *Inf.*), archivio (di) dati.
Datenarchivierung (f. - *Inf.*), archiviazione di dati.
Datenarchivierungsprogramm (n. - *Inf.*), programma di archiviazione dati.
Datenaustausch (m. - *Inf.*), scambio di dati.
Datenauswertung (f. - *Inf.*), interpretazione di dati.

Datenbankabfrage (f. - *Inf.*), interrogazione di banca dati.
Datenbankprogramm (n. - *Inf.*), programma di banca dati.
Datenbankrecherche (f. - *Inf.*), ricerca in banche dati.
Datenbanksystem (n. - *Inf.*), sistema di banche dati.
Datenbankzugriff (m. - *Inf.*), accesso alla banca dati.
Datenbasis (f. - *Inf.*), data base, base di dati.
Datenblock (m. - *Inf.*), blocco di dati.
Datenbus (m. - *Inf.*), bus di dati.
Datendekodierung (f. - *Inf.*), decodifica dei dati.
Datendekompression (f. - *Inf.*), decompressione di dati.
Dateneingabe (f. - *Inf.*), immissione di dati.
Datenerfassung (f. - *Inf.*), acquisizione di dati.
Datenerfassungsmethode (f. - *Inf.*), metodo di acquisizione dati.
Datenerfassungsprogramm (n. - *Inf.*), programma di acquisizione dati.
Datenerfassungssoftware (f. - *Inf.*), software di acquisizione dati.
Datenerfassungstechnik (f. - *Inf.*), tecnica di acquisizione dati.
Datenerfassungssystem (n. - *Inf.*), sistema di acquisizione dati.
Datenfeld (n. - *Inf.*), campo di dati.
Datenfluss (m. - *Inf.*), flusso di dati.
Datenformat (n. - *Inf.*), formato di dati.
Datenformatierung (f. - *Inf.*), formattazione di dati.
Datengenerierung (f. - *Inf.*), generazione di dati.
Datenkohärenz (f. - *Inf.*), coerenza dei dati.
Datenkommunikation (f. - *Inf.*), comunicazione di dati.
Datenkompression (f. - *Inf.*), compressione di dati.
Datenkomprimierungsprogramm (n. - *Inf.*), programma di compressione dati.
Datenkonvertierung (f. - *Inf.*), conversione di dati.
Datenleser (m. - *Inf.*), lettore di dati.
Datenmanipulation (f. - *Inf.*), manipolazione di dati.
Datenprozessor (m. - *Inf.*), processore di dati.
Datenregistrierung (f. - *Inf.*), registrazione di dati.
Datensatz (m. - *Inf.*), set di dati.
Datenschnittstelle (f. - *Inf.*), interfaccia dati.
Datenspeichertechnik (f. - *Inf.*), tecnica di memorizzazione dei dati.
Datenspeicherung (f. - *Inf.*), memorizzazione di dati.
Datenstruktur (f. - *Inf.*), struttura dei dati.
Datensuche (f. - *Inf.*), ricerca di dati.
Datentransfer (m. - *Inf.*), trasferimento di dati.

Datenübertragung (*f.* - *Inf.*), trasmissione di dati.
Datenübertragungsfehler (*m.* - *Inf.*), errore del trasferimento di dati.
Datenübertragungsgeschwindigkeit (*f.* - *Inf.*), velocità di trasmissione dei dati.
Datenübertragungskosten (*f.* - *pl.* - *komm.*), costi del trasferimento di dati.
Datenübertragungsprogramm (*n.* - *Inf.*), programma di trasmissione dei dati.
Datenübertragungssoftware (*f.* - *Inf.*), software di trasmissione dei dati.
Datenverlust (*m.* - *Inf.*), perdita di dati.
Datenverwaltung (*f.* - *Inf.*), gestione di dati.
Datenverwaltungsprogramm (*n.* - *Inf.*), programma di gestione dati.
Datenzentrum (*n.* - *Inf.*), centro dati.
datierbar (*allg.*), databile.
Datierung (*f.* - *allg.*), datazione.
Datierungsmethode (*f.* - *allg.*), metodo di datazione.
Dauerbetrieb (*m.* - *Masch.* - *Mot.*), funzionamento continuo.
Dauerelektrode (*f.* - *Elekt.*), elettrodo continuo.
deaktivierbar (*allg.*), disattivabile.
deaktivieren (*allg.*), disattivare.
Deaktivierung (*allg.*), disattivazione.
Decarbonylierung (*f.* - *Chem.*), decarbonilazione.
Decarboxylierung (*f.* - *Chem.*), decarbossilazione.
dediziert (*allg.*), dedicato.
Defaultdrucker (*m.* - *Inf.*), stampante di default.
Defaultwert (*m.* - *Inf.*) valore di default.
Defibrillator (*m.* - *med. Instr.*), defibrillatore.
defibrillieren (*Med.*), defibrillare.
definierbar (*allg.*), definibile.
Definierbarkeit (*allg.*), definibilità.
definieren (*allg.*), definire.
definiert (*allg.*), definito.
Defizitgrenze (*f.* - *finanz.*), limite di disavanzo.
deformierbar (*Phys.* - *mech. Technol.*), deformabile.
Deformierbarkeit (*f.* - *Phys.* - *mech. Technol.*), deformabilità.
deformieren (*Phys.* - *mech. Technol.*), deformare.
defragmentieren (*allg.*), deframmentare.
Defragmentierung (*f.* - *allg.*), deframmentazione.
dehydratisieren (*chem. Ind.* - *etc.*), disidratare.
Deinstallation (*f.* - *Inf.*), disinstallazione.
deinstallieren (*Inf.*), disinstallare.
deionisieren (*Phys.*), deionizzare.
deklarierte Variable (*f.* - *Inf.*), variabile dichiarata.
deklassieren (*allg.*), declassare.
Deklassierung (*f.* - *allg.*), declassamento.
Dekoder (*m.* - *Fernspr.*), decoder.
dekodierbar (*Inf.* - *etc.*), decodificabile.
Dekodierung (*f.* - *Inf.* - *etc.*), decodifica.
dekompilieren (Software) (*Inf.*), decompilare.
Dekompilierung (einer Software) (*f.* - *Inf.*), decompilazione.
dekomprimieren (*allg.*), decomprimere.
dekomprimiert (*allg.*), decompresso.
dekomprimierte Datei (*f.* - *Inf.*), file decompresso.
dekontaminieren (*Kernphys.* - *Radioakt.*), decontaminare.
dekrementieren (*Math.*), decrementare.
Delete-Taste (*f.* - *Inf.*), tasto delete.
dematerialisieren (*allg.*), smaterializzare.
Dematerialisierung (*f.* - *allg.*), smaterializzazione.
Demineralisation (*f.* - *Chem.*), demineralizzazione.
demineralisieren (*Chem.*), demineralizzare.
demineralisiertes Wasser (*n.* - *Chem.*), acqua demineralizzata.
Demo (*f.* - *engl.* - *Inf.*), demo.
Demographie (*f.* - *Stat.*), demografia.
demographisch (*Stat.*), demografico.
demographische Entwicklung (*f.* - *Stat.*), sviluppo demografico.
Demonstrationsflug (*m.* - *Flugw.*), volo dimostrativo.
demontierbar (*Mech.* - *etc.*), smontabile.
Demoprogramm (*n.* - *Inf.*), programma demo.
Demosoftware (*f.* - *Inf.*), software demo.
Demoversion (*f.* - *Inf.*), versione demo.
dendritisch (*Metall.*), dendritico.
Dendroklimatologie (*f.* - *Holz.* - *Meteor.*), dendroclimatologia.
Dendrologie (*f.* - *Holz.*), dendrologia.
dendrologisch (*Holz.*), dendrologico.
Dendrometer (*n.* - *Holz.* - *Instr.*), dendrometro.
Denitrierung (*f.* - *Chem.*), denitrazione.
denkend (*allg.*), pensante.
Densimeter (*n.* - *Phys.* - *Instr.*), densimetro.
Densitometrie (*f.* - *Phot.*), densitometria.
Deodorantspray (*m.* - *n.* - *Chem.*), spray deodorante.
Dermatitis (*f.* - *Med.*), dermatite.
Dermatologe (*m.* - *Med.*), dermatologo.
Dermatologie (*f.* - *Med.*), dermatologia.
dermatologisch (*Med.*), dermatologico.
Dermatose (*f.* - *Med.*), dermatosi.
desensibilisieren (*allg.*), desensibilizzare.
Desensibilisierung (*f.* - *allg.*), desensibilizzazione.
Design (*n.* - *engl.* - *Mech.* - *etc.*), design.
Desktop (*m.* - *engl.* - *Inf.*), desktop.
Desktop-Computer (*m.* - *Inf.*), desktop computer.
Desktop-Publishing (*n.* - *engl.* - *Inf.*), desktop publishing.
deutsch-deutscher Einigungsvertrag (*m.* - *Politik*), trattato di riunificazione tedesco.
deutsche Wiedervereinigung (*f.* - *Geogr.*), riunificazione tedesca.
dezentral (*allg.*), decentrato.
dezentralisierbar (*allg.*), decentrabile.
Dezentralisierung (*f.* - *allg.*), decentralizzazione.
Dezimalschreibweise (*f.* - *Inf.*), notazione decimale.
Dezimalzahl (*f.* - *Math.*), numero decimale.
Dezimalziffer (*f.* - *Inf.* - *Math.*), cifra decimale.
Diagnoseprogramm (*n.* - *Inf.*), programma di diagnosi.
Diagnosesoftware (*f.* - *Inf.*), software di diagnosi.
Dialogfenster (*n.* - *Inf.*), finestra di dialogo.

dialysierbar

dialysierbar (*Chem.*), dializzabile.
Dialysierbarkeit (*f. - Chem.*), dializzabilità.
dicht verschlossen (*allg.*), chiuso ermeticamente.
Dichtheitsprüfung (*f. - Hydr.*), controllo perdite. **2** (*f. - Technol.*), prova di tenuta.
Dickenmessung (*f. - Mech. - etc.*), misurazione di spessore.
Dienstleistungsangebot (*n. - komm. - etc.*), offerta di servizi.
Diethylamin (*n. - Chem.*), dietilammina.
Differentialdiagnose (*f. - Med.*), diagnosi differenziale.
differenzierbar (*Math.*), differenziabile.
Differenzierbarkeit (*f. - Math.*), differenziabilità.
Differenzierung (*f. - allg.*), differenziazione.
Differenzierungsprozess (*m. - allg.*), processo di differenziazione.
Diffraktometrie (*f. - Phys.*), diffrattometria.
Digitaldarstellung (*f. - Elektronik*), rappresentazione digitale.
Digitaldaten (*n. - pl. - Inf.*), dati digitali.
digitale Avionik (*f. - Flugw.*), avionica digitale.
digitale Bildverarbeitung (*f. - Inf.*), elaborazione digitale dell'immagine.
digitale Kamera (*f. - Phot.*), macchina fotografica digitale.
digitale Kommunikation (*f. - Inf.*), comunicazione digitale.
digitale Leitung (*f. - Inf.*), linea digitale.
digitale Regelung (*f. - Regelung*), regolazione digitale.
digitale Schaltung (*f. - Elekt.*), circuito digitale.
digitale Speicherung (*f. - Inf.*), memorizzazione digitale.
digitale Telekommunikation (*f. - Telem. - etc.*), telecomunicazione digitale.
Digitalelektronik (*f. - Elektronik*), elettronica digitale.
digitaler Speicher (*m. - Inf.*), memoria digitale.
digitales Modell (*n. - Werkz.masch.bearb.*), modello digitale.
Digitalfilm (*m. - Filmtech.*), film digitale.
Digitalgraphik (*f. - Inf.*), grafica digitale.
digitalisierbar (*Inf.*), digitalizzabile.
digitalisiert (*Inf.*), digitalizzato.
digitalisierte Stimme (*f. - Inf.*), voce digitalizzata.
Digitalisierung (*f. - Inf.*), digitalizzazione.
Digitalmodem (*m. - Inf.*), modem digitale.
Digitalnetz (*n. - Fernspr.*), rete digitale.
Digitalprozessor (*m. - Inf.*), processore digitale.
Digitalschnittstelle (*f. - Inf.*), interfaccia digitale.
Digitalsignal (*n. - Elektronik*), segnale digitale.
Digitalsimulation (*f. - Inf.*), simulazione digitale.
Digitalsimulator (*m. - Inf.*), simulatore digitale.
Digitalsteuerung (*f. - Inf.*), controllo digitale.
Digitalsystem (*n. - Inf.*), sistema digitale.
Digitaltechnologie (*f. - Inf.*), tecnologia digitale.
Digitalübertragung (*f. - Inf.*), trasferimento digitale.
Digitalvoltmeter (*n. - Elekt.*), voltmetro digitale.
Digitalwelt (*f. - Inf.*), mondo digitale.
Dilatometrie (*f. - Phys.*), dilatometria.

dimensionierbar (*allg.*), dimensionabile.
dimensionieren (*allg.*), dimensionare.
dimensioniert (*allg.*), dimensionato.
Dimensionierung (*f. - allg.*), dimensionamento.
Dimmer (*m. - Beleucht. - App.*), variatore di luminosità.
Dimorphismus (*m. - Biol.*), dimorfismo.
Directory (*n. - engl. - Inf.*), directory. **2 leeres Directory** (*Inf.*), directory vuota. **3 ein neues Directory erzeugen** (*Inf.*), creare una nuova directory.
Directoryname (*m. - Inf.*), nome della directory.
Directorystruktur (*f. - Inf.*), struttura della directory.
Direktbestellung (*f. - komm.*), ordinazione diretta.
direkte Adresse (*f. - Inf.*), indirizzo diretto.
direkte Adressierung (*f. - Inf.*), indirizzamento diretto.
Direkteinspritzung (*f. - Mot.*), iniezione diretta.
Direktinvestition (*f. - finanz.*), investimento diretto.
Direktzugriffsspeicher (*m. - Inf.*), memoria ad accesso diretto.
Dirichlet-Problem (*n. - Math.*), problema di Dirichlet.
Diskette (*f. - Inf.*), dischetto, floppy disk. **2 auf Diskette kopieren** (*Inf.*), copiare su dischetto. **3 von Diskette laden** (*Inf.*), caricare da dischetto. **4 3,5-Zoll-Diskette** (*f. - Inf.*), dischetto da 3,5 pollici. **5 5 1/4-Zoll-Diskette** (*f. - Inf.*), dischetto da 5 pollici e 1/4.
Diskettenformat (*n. - Inf.*), formato del dischetto.
Diskettenkapazität (*f. - Inf.*), capacità del dischetto.
Diskettenlaufwerk (*n. - Inf.*), unità per floppy disk, floppy drive.
diskrete Mathematik (*f. - Math.*), matematica discreta.
diskrete Optimierung (*f. - Math.*), ottimizzazione discreta.
Diskriminante (*f. - Math.*) discriminante.
Display (*n. - Inf.*), display.
Display-Auflösung (*f. - Inf.*), risoluzione del display.
dissipativ (*Phys.*), dissipativo.
Dissoziationsenergie (*f. - Chem. - Phys.*), energia di dissociazione.
dissoziativ (*Chem. - Phys.*), dissociativo.
dissoziierbar (*Chem. - Phys.*), dissociabile.
Distanzblock (*m. - Mech.*), blocco distanziale.
Diterpen (*n. - Chem.*), diterpene.
DNA-Fragment (*n. - Biol.*), frammento del DNA.
DNA-Rekombination (*f. - Biol.*), ricombinazione del DNA.
DNA-Replikation (*f. - Biol.*), replicazione del DNA.
DNA-Sequenz (*f. - Biol.*), sequenza del DNA.
DNC-System (*f. - Werkz.masch.*), sistema DNC.
Domain (*m. - engl. - Inf.*), domain.
Domainregistrierung (*f. - Inf.*), registrazione del domain.
Doping (*n. - Med. - Sport.*), doping.
doppeladrig (*Elekt.*), bifilare.
Doppel-Airbag (*m. - Aut.*), doppio airbag.

Doppelarbeit (*f. - allg.*), doppio lavoro.
Doppeldiode (*f. - Elektronik*), doppio diodo.
doppelklicken (*Inf.*), cliccare due volte.
Doppelklicken (*n. - Inf.*), doppio clic.
Doppelprozessor (*m. - Inf.*), doppio processore.
doppelseitig (*Inf.*), a doppia faccia.
doppelseitige Diskette (*f. - Inf.*), dischetto a doppia faccia.
Doppelstern (*m. - Astr.*), stella doppia.
doppelte Dichte (*f. - Inf.*), doppia densità.
Dosimetrie (*f. - Atomphys.*), dosimetria.
dosimetrisch (*Atomphys.*), dosimetrico.
Dow-Jones-Index (*m. - finanz.*), indice Dow Jones.
Download (*n. - engl. - Inf.*), download.
downloadbar (*Inf.*), downloadabile.
downloadbare Datei (*f. - Inf.*), file downloadabile.
downloaden (*Inf.*), downloadare.
Downloading (*n. - engl. - Inf.*), downloading.
Downsizing (*n. - engl. - Inf.*), downsizing.
Down-Syndrom (*n. - Med.*), sindrome di Down.
Drahtzuführung (*f. - Schweissen*), alimentazione del filo.
Drehbearbeitung (*f. - Werkz.masch.bearb.*), lavorazione di tornitura.
Drehdimmer (*m. - Elekt. - Beleucht.*), variatore di luminosità a pomello.
Drehzahlversteller (*m. - Mot. - etc.*), regolatore del numero di giri.
Drehzentrum (*n. - Werkz.masch.*), centro di tornitura.
Drei Letter Code (*m. - allg.*), codice trilitterale.
dreiachsiges Fräsen (*n. - Werkz.masch. bearb.*), fresatura a tre assi.
dreidimensionale Graphik (*f. - Inf.*), grafica tridimensionale.
dreidimensionale Manipulation (*f. - Inf.*), manipolazione tridimensionale.
dreidimensionale Modellierung (*f. - Inf.*), modellazione tridimensionale.
dreidimensionales Modell (*n. - Werkz.masch.bearb.*), modello tridimensionale.
dreidimensionales Objekt (*n. - Inf.*), oggetto tridimensionale.
Dreidimensionalität (*f. - Geom.*), tridimensionalità.
Dreiphasenleitung (*f. - Elekt.*), linea trifase.
Dreiphasenmotor (*m. - Elektromot.*), motore trifase.
dreistellige Zahl (*f. - Math.*), numero a tre cifre.
Dreiweg-Katalysator (*m. - Chem. - Aut.*), catalizzatore a tre vie.
Dreizylindermotor (*m. - Mot.*), motore a tre cilindri.
Drohne (*f. - Flugw.*), drone, velivolo senza pilota.
Druckbeaufschlagung (*f. - allg.*), pressurizzazione.
Druckbefehl (*m. - Inf.*), comando di stampa.
Druckbegrenzungsventil (*n. - Leit.*), valvola limitatrice di pressione.
Druckbelüftung (*f. - Bauw.*), ventilazione forzata.
Druckbetankung (*f. - Flugw.*), rifornimento in pressione.
Druckdatei (*f. - Inf.*), file di stampa.
Druckeremulation (*f. - Inf.*), emulazione di stampante.
Druckerhöhung (*f. - allg.*), aumento di pressione.
Druckerkabel (*n. - Inf.*), cavo della stampante.
Druckerpapier (*n. - Inf.*), carta per stampante.
Druckerschnittstelle (*f. - Inf.*), interfaccia della stampante.
Druckersoftware (*f. - Inf.*), software della stampante.
Druckgasflasche (*f. - chem. Ind.*), bombola.
Druckgeschwindigkeit (*f. - Inf.*), velocità di stampa.
Druckkommando (*n. - Inf.*), comando di stampa.
Druckkopf (*m. - Inf.*), testina stampante.
Druckluftbeaufschlagung (*f. - Ind.*), alimentazione di aria compressa.
Druckmessung (*f. - Leit. - etc.*), misurazione di pressione.
Druckminderer (*m. - Leit. - etc.*), riduttore di pressione.
Druckminderung (*f. - Leit. - etc.*), riduzione di pressione.
Druckoptionen (*f. - pl. - Inf.*), opzioni di stampa.
Druckreduzierung (*f. - Leit. - etc.*), riduzione di pressione.
Druckserver (*m. - Inf.*), server di stampa.
Drucktaste (*f. - Elekt.*), pulsante.
Dumortierit (*m. - Min.*), dumortierite.
Dumping (*n. - engl. - komm.*), dumping.
dünnwändige Leitung (*f. - Leit.*), tubazione a parete sottile.
Durchflussbegrenzer (*m. - App.*), limitatore di flusso.
Durchflussmesser (*m. - Instr.*), flussometro.
Durchführbarkeitsstudie (*f. - allg.*), studio di fattibilità.
durchlüftet (*allg.*), ventilato.
duroplastisch (*chem. Ind.*), termoindurente.
Dynamik: nichtlineare Dynamik (*f. - Mech.*), dinamica non lineare.
dynamische RAM (*f. - Inf.*), RAM dinamica.
dynamische Rekristallisation (*f. - Min.*), ricristallizzazione dinamica.
dynamische Speicherverwaltung (*f. - Inf.*), gestione dinamica della memoria.
dynamischer Speicher (*m. - Inf.*), memoria dinamica.
dynamisches Unternehmen (*n. - Ind. - komm.*), impresa dinamica.

E

ebullioskopisch (*Chem. - Phys.*), ebullioscopico.
Echographie (*f. - Med.*), ecografia.
Echokardiographie (*f. - Med.*), ecocardiografia.
echokardiographisch (*Med.*), ecocardiografico.
Echtzeitprogrammierung (*f. - Inf.*), programmazione in tempo reale.
Echtzeitverarbeitung (*f. - Inf.*), elaborazione in tempo reale.
Echtzeitvisualisierung (*f. - Inf.*), visualizzazione in tempo reale.
Ecu (*m. - finanz.*), Ecu.
Edelgasatmosphäre (*f. - Chem.*), atmosfera di gas inerte.
editierbar (*Inf.*), editabile.
editieren (*Inf.*), editare.
editiert (*Inf.*), editato.
editierte Datei (*f. - Inf.*), file editato.
Editing (*n. - engl. - Inf.*), editing.
Editor (*m. - engl. - Inf.*), editor.
Effektivdruck (*m. - Verbr.*), pressione effettiva.
effektive Adresse (*f. - Inf.*), indirizzo effettivo.
Effektor (*m. - Autom.*), attuatore.
Eigenlast (*f. - Baukonstr.lehre*), peso proprio.
eigens vorgesehen (*allg.*), appositamente previsto.
Eiltransporte (*m. - pl. - Transp.*), trasporti celeri.
einachsig (*Fahrz.*), monoasse.
einatomig (*Chem.*), monoatomico.
Einbaubackofen (*m. - Ofen*), forno di cottura incassato.
Einbaumodem (*m. - Inf.*), modem incorporato.
Einbauort (*m. - Mech. - etc.*), punto d'installazione.
einchecken (*Flugw.*), eseguire il controllo d'imbarco, fare il check in.
einfahrbar (*Flugw.*), retrattile.
Einfuhrlizenz (*f. - komm.*), licenza di importazione.
Einfuhrpreis (*m. - komm.*), prezzo all'importazione.
Eingabe-Ausgabe (E/A) (*Inf.*), ingresso-uscita, input-output (I/O).
Eingabeblock (*m. - Inf.*), blocco di ingresso.
Eingabedaten (*n. - pl. - Inf.*), dati di ingresso.
Eingabefeld (*m. - Inf.*), campo di immissione.
Eingabefenster (*n. - Inf.*), finestra di immissione.
Eingabetaste (Dateneingabe) (*f. - Inf.*), tasto di invio.
Eingabeterminal (*n. - Inf.*), terminale di immissione.
eingebauter Lautsprecher (*m. - Funk.*), altoparlante incorporato.
eingebautes Mikrophon (*n. - Funk.*), microfono incorporato.
eingespeister Strom (*m. - Elekt.*), corrente alimentata.
Einhand-Bedienung (*f. - Masch.*), comando a una mano.
einhändig (*allg.*), con una mano.
einhändig biegsam (*allg.*), piegabile con una mano.
einjährig (*allg.*), di un anno, annuale.
einjährige Garantie (*f. - komm.*), garanzia di un anno.
Einkaufsprovision (*f. - komm.*), provvigione sull'acquisto.
Einlage (*f. - Mech.*), inserto.
Einlassstutzen (*m. - Mot.*), tubo di immissione.
einmessen (*Instr.*), tarare.
einjährig (*allg.*), di un anno, annuale.
Einsatz: zum Einsatz kommen (*allg.*), essere impiegato.
einsatzbereit (*allg.*), pronto all'uso.
Einsatzmöglichkeit (*f. - allg.*), possibilità d'impiego.
einschaltbar (*Elekt.*), inseribile.
Einschaltschlüssel (*m. - Aut.*), chiave di accensione.
einschliesslich Verpackung (*komm.*), imballaggio compreso.
Einschnitt (Schweissfehler) (*m. - mech. Technol.*), solco.
einschossig (*allg.*), di un piano.
einsetzbar (*allg.*), impiegabile.
Einsichtnahme (*f. - allg.*), presa visione. **2 im elektronischen Wege vorgenommene Einsichtnahme** (*f. - recht.*), presa visione eseguita con mezzi elettronici.
Einspannzapfen (*m. - Mech.*), perno di serraggio.
Einsprache (*f. - recht.*), ricorso. **2 einsprache erheben** (*recht.*), avanzare ricorso.
Einsprechende (*f. - recht.*), opponente.
Einspritzanlage (*f. - Mot.*), impianto di iniezione.
Einspruchsrecht (*n. - recht.*), diritto d'opposizione.
Einsteiger (*m. - allg.*), neofita.
Einstein-Koeffizient (*m. - Atomphys.*), coefficiente di Einstein.
Einsteinsche Relativitätstheorie (*f. - Phys.*), teoria della relatività di Einstein.
Einstellung (*f. - allg.*), impostazione.
einstückig (*allg.*), di un solo pezzo.
Eintritt in die EWU (*m. - finanz.*), ingresso nell'UME.
Einzelhandelsumsatz (*m. - komm.*), giro di affari del commercio al dettaglio.
einziehbar (*Flugw.*), retrattile.
einziehbares Fahrwerk (*n. - Flugw.*), carrello (di atterraggio) retrattile.
Eizelle (*f. - Biol.*), cellula uovo.
Eizellenspende (*f. - Biol.*), donazione della cellula uovo.
elastisch nachgebend (*allg.*), che cede elasticamente.

elastisch verformbar (*Technol.*), deformabile elasticamente.
elastisch verformen (*Technol.*), deformare elasticamente.
elektrisch-hydraulisch (*Elekt. - Hydr.*), elettroidraulico.
elektrischer Fensterheber (*m. - Aut.*), alzacristallo elettrico.
elektrisches Schiebedach (*n. - Aut.*), tetto apribile elettrico.
Elektroauto (*n. - Aut.*), automobile elettrica.
Elektrobiologie (*f. - Biol.*), elettrobiologia.
elektrobiologisch (*Biol.*), elettrobiologico.
Elektrodiagnostik (*f. - Med.*), elettrodiagnostica.
Elektroenzephalographie (*f. - Med.*), elettroencefalografia.
Elektroinstallation (*f. - Elekt.*), impianto elettrico.
Elektrokardiographie (*f. - Med.*), elettrocardiografia.
elektrologisch (*Elekt.*), elettrologico.
elektrolysieren (*Elektrochem.*), elettrolizzare.
Elektromäher (*m. - Landw. - Masch.*), tagliaerba elettrico.
Elektronenaffinität (*f. - Chem.*), affinità elettronica.
Elektronenbeschleuniger (*m. - Atomphys.*), acceleratore di elettroni.
Elektronenfluss (*m. - Elekt.*), flusso elettronico.
Elektronengas (*n. - Atomphys.*), gas di elettroni.
Elektronenpaar (*n. - Atomphys.*), coppia di elettroni.
Elektronenradius (*m. - Atomphys.*), raggio dell'elettrone.
Elektronenstrahlröhre (*f. - Fernseh.*), tubo a raggi catodici.
Elektronentransfer (*m. - Atomphys.*), trasferimento elettronico.
Elektronik-Telekommunikation (*f. - Telem. - etc.*), telecomunicazione elettronica.
elektronisch geregelt (*Elektronik*), regolato elettronicamente.
elektronische Bremskraftverteilung (*f. - Aut.*), distribuzione elettronica della forza frenante.
elektronische Kamera (*f. - Phot.*), macchina fotografica elettronica.
elektronische Post (*f. - Inf.*), posta elettronica.
elektronische Speicherung (*f. - Inf.*), memorizzazione elettronica.
elektronische Vorwahluhr (*f. - Elektronik*), temporizzatore elettronico, timer elettronico.
elektronischer Baustein (*m. - Elektronik*), componente elettronico.
elektronisches Archivsystem (*n. - Inf.*), sistema di archiviazione elettronico.
elektronisches Geld (*n. - finanz.*), denaro elettronico.
elektronisches Wörterbuch (*n. - Inf.*), dizionario elettronico.
Elektronvolt (*n. - Elekt.*), elettronvolt.
elektrooptisch (*Elekt. - Opt.*), elettroottico.
elektrooptischer modulator (*m. - Elekt. - Opt.*), modulatore elettroottico.
Elektroplan (*m. - Elekt.*), schema elettrico.
Elektrothermie (*f. - Phys. - etc.*), elettrotermia.

Elementarteilchenphysik (*f. - Phys.*), fisica delle particelle elementari.
ellipsoidisch (*Geom.*), elissoidale.
elliptische Galaxie (*f. - Astr.*), galassia elittica.
E-mail (*f. - engl. - Inf.*), e-mail. **2 eine E-mail schicken** (*Inf.*), spedire una e-mail. **3 per E-Mail** (*Inf.*), tramite posta elettronica.
E-Mail-Adresse (*f. - Inf.*), indirizzo di e-mail.
Embryo (*m. - Biol.*), embrione.
Embryologe (*m. - Biol.*), embriologo.
Embryologie (*f. - Biol.*), embriologia.
embryologisch (*Biol.*), embriologico.
embryonal (*Biol.*), embrionale.
embryonale Zelle (*f. - Biol.*), cellula embrionale.
Emissionsgrenzwerte (*m. - pl. - Mot.*), valori limite delle emissioni.
emissionsarm (*allg.*), a bassa emissione.
Emissionskontrolle (*f. - Mot.*), controllo delle emissioni.
Emissionsmessung (*f. - Mot.*), misurazione delle emissioni.
Emissionswerte (*m. - pl. - Mot.*), valori delle emissioni.
empirische Daten (*n. - pl. - Math. - etc.*), dati empirici.
Emulation (*f. - allg.*), emulazione.
emulieren (*allg.*), emulare.
Endanwender (*m. - allg.*), utente finale.
Endbenutzer (*m. - allg.*), utente finale.
Endeffektor (*m. - Autom.*), attuatore di estremità, end effector.
Endoenzym (*n. - Biochem.*), endoenzima.
endogen (*allg.*), endogeno.
endokrin (*Biol.*), endocrino.
endotherme Reaktion (*f. - Chem.*), reazione endotermica.
Energieabsorption (*f. - Phys.*), assorbimento di energia.
energiearm (*allg.*), povero di energia.
Energieaustausch (*m. - Phys.*), scambio di energia.
Energiebilanz (*f. - Phys.*), bilancio energetico.
Energiedissipation (*f. - Phys.*), dissipazione di energia.
Energieeinsparung (*f. - allg.*), risparmio energetico.
Energieniveau (*n. - Phys.*), livello energetico.
energiereich (*allg.*), ricco di energia.
Energiereserve (*f. - Phys.*), riserva di energia.
Energiespartechnik (*f. - Technol. - Ökol.*), tecnica di risparmio energetico.
Engineering (*n. - engl. - Ind.*), engineering.
entfernbar (*Med.*), asportabile.
entfernen (*allg.*), eliminare.
Entkalker (*Geschirrspüler*) (*m. - elekt. App.*), decalcificatore.
entlacken (*Anstr.*), sverniciare.
Entlacken (*n. - Anstr.*), sverniciatura.
Entlüftungsleitung (*f. - Leit. - etc.*), tubazione di sfiato.
entnehmbar (*allg.*), desumibile.
Entrichtung einer Kaution (*f. - recht.*), pagamento di una cauzione.
Entriegelung (*f. - Mech. - etc.*), sblocco.
Entrosten (*n. - Metall.*), eliminazione della ruggine, disossidazione.
Entscheidungsfreiheit (*f. - allg.*), libertà di decisione.

Entscheidungssammlung

Entscheidungssammlung (*f. - recht.*), raccolta di sentenze.
Entscheidungstabelle (*f. - Planung - etc.*), tabella decisionale.
Entwässerungspumpe (*f. - Masch.*), pompa di drenaggio.
Entwässerungsreaktion (*f. - Chem.*), reazione di disidratazione.
Entwicklungsperspektive (*f. - allg.*), prospettiva di sviluppo.
Entwicklungsphase (*f. - allg.*), fase di sviluppo.
Entwicklungsplattform (*f. - Inf.*), piattaforma di sviluppo.
Entwicklungspolitik (*f. - allg.*), politica di sviluppo.
Entwicklungsprozess (*m. - allg.*), processo di sviluppo.
Entwicklungspsychologie (*f. - Psychol.*), psicologia dello sviluppo.
Entwicklungsumgebung (*f. - Inf.*), ambiente di sviluppo.
Entwicklungszeit (*f. - allg.*), periodo di sviluppo.
Entwicklungszentrum (*n. - allg.*), centro di sviluppo.
entzündungshemmend (*Med.*), antinfiammatorio.
entzündungshemmende Substanz (*f. - Med.*), sostanza antinfiammatoria.
entzündungshemmende Wirkung (*f. - Med.*), effetto antinfiammatorio.
Enzephalogramm (*n. - Med.*), encefalogramma.
Enzephalographie (*f. - Med.*), encefalografia.
enzymatisch (*Biochem.*), enzimatico.
Enzymologie (*f. - Biochem.*), enzimologia.
enzymologisch (*Biochem.*), enzimologico.
epistemisch (*allg.*), epistemico.
Epistemologe (*m. - allg.*), epistemologo.
Epistemologie (*f. - allg.*), epistemologia.
epistemologisch (*allg.*), epistemologico.
Epoxydierung (*f. - Chem.*), epossidazione.
EPROM (Erasable Programmable Read Only Memory, löschbarer-/ programmierbarer-/ nur lesbarer Speicher) (*m. - Inf.*), EPROM, memoria a sola lettura programmabile e cancellabile.
EPROM-Speicher (*m. - Inf.*), memoria EPROM.
erdähnlich (*Astr.*), simile alla Terra.
erdähnlicher Planet (*m. - Astr.*), pianeta simile alla Terra.
Erdbeobachtung (*f. - Astr.*), osservazione della Terra.
Erdbeobachtungssatellit (*m. - Astr.*), satellite per l'osservazione della Terra.
Erddrehung (*f. - Phys.*), rotazione della Terra.
erdfernster Punkt (einer Bahn) (*m. - Astr.*), punto più distante dalla Terra.
Erdrotation (*f. - Phys.*), rotazione della Terra.
Erdtag (*m. - Astr.*), giorno terrestre.
erdwärts (*allg.*), verso terra.
Erdwissenschaften (*f. - pl. - Geol.*), scienze della terra.
erfahrener Bediener (*m. - Arb.*), operatore esperto.
erfinderische Leistung (*f. - recht.*), attività inventiva.
erfindungsgemäss (*recht.*), secondo l'invenzione.
erfindungswesentlich (*recht.*), essenziale per l'invenzione.
Erfolgspotential (*f. - allg.*), potenziale di successo.
Ergometrie (*f. - Phys.*), ergometria.
Ergonom (*m. - Arb. - etc.*), ergonomista.
Ergotherapie (*f. - Psychol.*), ergoterapia.
Ermittlungsbehörde (*f. - recht.*), autorità inquirente.
Ermüdungsverschleiss (*m. - Mech.*), usura da fatica.
erneuerbare Energiequelle (*f. - Phys.*), fonte di energia rinnovabile.
Erosionsprozess (*m. - Geol. - etc.*), processo di erosione.
Erregerkreis (*m. - Elekt.*), circuito di eccitazione.
erreichbar (*allg.*), raggiungibile.
Erreichbarkeit (*f. - allg.*), raggiungibilità.
Ersatzkarte (*f. - finanz.*), carta sostitutiva.
Ersatzteilliste (*f. - Mech. - komm. - etc*), elenco delle parti di ricambio.
Ersatzteilpreise (*m. - pl. - Mech. - komm. - etc*), prezzi delle parti di ricambio.
Ersatzteilservice (*m. - Mech. - komm. - etc*), servizio parti di ricambio.
Ersatzteilverkauf (*m. - Mech. - komm. - etc*), vendita parti di ricambio.
Ersatzteilversand (*m. - Mech. - komm. - etc*), spedizione parti di ricambio.
Erschienener (*m. - recht.*), comparente.
Erstauslieferung (*f. - komm.*), prima consegna.
eruptiv (*Geol.*), eruttivo.
erweichen (*allg.*), ammorbidire.
erweiterbar (*allg.*), ampliabile.
Erweiterbarkeit (*f. - allg.*), ampliabilità.
erweiterungsfähig (*Inf.*), espandibile.
Erweiterungsfähigkeit (*f. - Inf.*), espandibilità.
Erweiterungskarte (*f. - Inf.*), scheda di espansione.
Erweiterungsmodul (*m. - Inf.*), modulo di espansione.
ESA (European Space Agency, Europäische weltraumorganisation) (*f. - Astr.*), ESA, Agenzia Spaziale Europea.
Escape-Taste (*f. - Inf.*), tasto escape.
esokrin (*Biol.*), esocrino.
Establishment (*n. - engl. - allg.*), establishment.
Ethanol (*n. - Chem.*), etanolo.
Ethanolamin (*n. - Chem.*), etanolammina.
Ether (*n. - Chem.*), etere.
Ethylacrylat (*n. - Chem.*), etilacrilato.
Ethylamin (*n. - Chem.*), etilammina.
Ethylbromid (*n. - Chem.*), etilbromuro.
Ethylcyanid (*n. - Chem.*), etilcianuro.
Ethylen (*n. - Chem.*), etilene.
Ethylenbromid (*n. - Chem.*), etilenbromuro.
Ethylendiamin (*n. - Chem.*), etilendiammina.
EU (Europäische Union) (*f. - Politik*), UE, Unione Europea.
EU-Land (*n. - Geogr.*), paese dell'UE.
EU-Mitglied (*n. - Geogr.*), membro dell'UE.
EU-Staat (*m. - Geogr.*), stato dell'UE.
Eulersche Funktion (*f. - Math.*), funzione di Eulero.
Euro (*m. - finanz.*), Euro.
Euro-Burokrat (*m. - Politik*), euroburocrate.
Eurocheque (*m. - finanz.*), eurochèque.
Eurofighter (*m. - Luftw.*), eurofighter.

Euromarkt (*m. - komm.*), euromercato.
Europäische Kommission (*f. - Politik*), Commissione Europea.
europäische Währung (*f. - finanz.*), moneta europea.
europäisches Kampfflugzeug (*n. - Flugw.*), caccia europeo.
Europäisches Patentamt (*n. - recht.*), ufficio brevetti europeo.
Europäische Rat (*m. - Politik*), Consiglio europeo.
Europäische Rechnungshof (*m. - finanz. - Adm.*), Corte dei Conti europea.
Europäisches Währungsinstitut (*n. - finanz.*), Istituto Monetario Europeo.
Europäisches Währungssystem (EWS) (*n. - finanz.*), Sistema Monetario Europeo (SME).
Europäisierung (*f. - allg.*), europeizzazione.
EWA (Europäisches Währungsabkommen) (*n. - finanz.*), AME, Accordo Monetario Europeo.
EWI (Europäisches Währungsinstitut) (*n. - finanz.*), IME, Istituto Monetario Europeo.
EWU (Europäische Währungsunion) (*f. - finanz.*), UME, Unione Monetaria Europea.
Exobiologie (*f. - Astr.*), esobiologia.
Expansionsprogramm (*n. - komm.*), programma di espansione.
Experimentaltherapie (*f. - Med.*), terapia sperimentale.
experimentelle Medizin (*f. - Med.*), medicina sperimentale.
Experte (*m. - allg.*), esperto.
Expertsystem (*n. - Inf.*), sistema esperto.
Exponentialgleichung (*f. - Math.*), equazione esponenziale.
exportierbar (*komm.*), esportabile.
Exportpreis (*m. - komm.*), prezzo di esportazione.
Exportvolumen (*n. - komm.*), volume delle esportazioni.
externer Rechner (*m. - Inf.*), calcolatore esterno.
extrahierbar (*Chem. - etc.*), estraibile.
extrahieren (*Chem. - etc.*), estrarre.
extrakorporal (*Med.*), extracorporeo.
extralogisch (*allg.*), extralogico.
extranukleär (*Biol.*), extranucleare.
extrasolar (*Astr.*), extrasolare.
extrasolare Planeten (*m. - pl. - Astr.*), pianeti extrasolari.
extraterrestrische Intelligenz (*f. - Astr.*), intelligenza extraterrestre.
extraterrestrische Physik (*f. - Phys.*), fisica extraterrestre.
extraterrestrisches Leben (*n. - Astr.*), vita extraterrestre.
extrauterin (*Med.*), extrauterino.
extrazellulär (*Biol.*), extracellulare.

F

fabrikneu (*allg.*), nuovo di fabbrica.
Fachmagazin (*n. - Zeitg.*), rivista specializzata.
Factoring (*n. - engl. - komm.*), factoring.
Fahrerairbag (*m. - Aut.*), airbag conducente.
Fahrerseite (*f. - Aut.*), lato conducente.
Fahrfreude (*f. - Aut. - etc.*), piacere di guida.
Fahrgastzelle (*f. - Aut.*), cellula abitacolo.
Fahrkomfort (*m. - Aut. - etc.*), comfort di guida.
Fahrprogramm (bei Automatikgetrieben z. B.) (*n. - Aut.*), programma di guida.
Fahrvergnügen (*n. - Aut. - etc.*), piacere di guida.
Fahrwerkschacht (*m. - Flugw.*), vano carrello (di atterraggio).
Fahrzeugdeck (*n. - Schiffbau*), ponte trasporto veicoli.
Fahrzeugdynamik (*f. - Mech.*), dinamica del veicolo.
Fahrzeugmechanik (*f. - Mech.*), meccanica del veicolo.
fahrzeugstabilisierend (*Aut.*), stabilizzante per il veicolo.
Fahrzeugtechnik (*f. - Aut.*), tecnica automobilistica.
Falschkommando (*n. - Inf.*), comando errato.
Faltkante (*f. - allg.*), bordo piegato.
Faltungsart (*f. - allg.*), tipo di piegatura.
Familienberatung (*f. - allg.*), consulenza familiare.
Fangbremse (für Seilwinde) (*f. - Hebevorr.*), freno di arresto.
Faradaysche Gesetze (*n. - pl. - Elektrochem.*), leggi di Faraday.
Faradaysche Konstante (*f. - Elektrochem.*), costante di Faraday.
Färbbarkeit (*f. - allg.*), colorabilità.
Farbbildschirm (*m. - Fernseh.*), schermo a colori.
Farbdisplay (*n. - Inf.*), display a colori.
Farbdrucker (*m. - Inf.*), stampante a colori.
Farb-Laserdrucker (*m. - Inf.*), stampante laser a colori.
farbloses Gas (*n. - Chem.*), gas incolore.
Farbmonitor (*m. - Inf.*), monitor a colori.
Farbnuance (*f. - Opt.*), gradazione di colore.
Farbplotter (*m. - Inf.*), plotter a colori.
Farbscanner (*m. - Inf.*), scanner a colori.
Farb-Tintenstrahldrucker (*m. - Inf.*), stampante a getto d'inchiostro a colori.
Fasergehalt (*m. - Text. - Metall. - etc.*), contenuto di fibre.
faserverstärkter Kunststoff (*m. - chem. Ind.*), plastica rinforzata con fibre.
Fax (*n. - Telem.*), fax. **2 ein Fax empfangen** (*Telem.*), ricevere un fax. **3 ein Fax schicken** (*Telem.*), mandare, inviare, spedire un fax.
Faxempfang (*m. - Telem.*), ricevimento di fax.
faxen (*Telem.*), faxare.
Faxnummer (*f. - Telem.*), numero di fax.

Faxpapier (*n. - Telem.*), carta per fax.
Faxsoftware (*f. - Telem. - Inf.*), software per fax.
Faxübertragung (*f. - Telem.*), trasmissione di fax.
Faxversand (*m. - Telem.*), spedizione di fax.
FCKW (Fluorchlorkohlenwasserstoff) (*m. - Chem.*), CFC, clorofluoroidrocarburo.
FCKW-frei (*Chem.*), senza CFC.
Federelement (*n. - Mech.*), elemento elastico.
Feedback (*n. - engl.- Inf. - etc.*), feedback.
Feeling (*n. - engl. - allg.*), feeling.
Fehlerdiagnose (*f. - Inf.*), diagnosi degli errori.
Fehlererkennung (*f. - Inf.*), riconoscimento degli errori.
Fehlerkorrektur (*f. - Inf.*), correzione degli errori.
Fehlermeldung (*f. - Inf.*), messaggio di errore.
Fehlersignal (*n. - Inf.*), segnale di errore.
Fehlersuche (*f. - Inf.*), ricerca degli errori.
Fehlerverwaltung (*f. - Inf.*), gestione degli errori.
Feinabstimmung (*f. - Technol.*), messa a punto fine.
Feldgleichung (*f. - Elekt.*), equazione di campo.
Felgenkappen (*f. - pl. - Aut.*), copricerchioni.
Fensterbriefhülle (*f. - Büro*), busta con finestra.
Fenstertitel (*m. - Inf.*), titolo della finestra.
Fermentationsprodukt (*n. - Chem.*), prodotto di fermentazione.
Fermentationsprozess (*m. - Chem.*), processo di fermentazione.
fermentativ (*Chem.*), fermentativo.
fermentiert (*Chem.*), fermentato.
Fermi-Gas (*n. - Phys.*), gas di Fermi.
Ferndiagnose (*f. - Med. - etc.*), telediagnosi.
Fernsehprogramm (*n. - Fernseh.*), programma televisivo.
Fernsehstation (*f. - Fernseh.*), stazione televisiva.
fernsteuerbare Drohne (*f. - Flugw.*), drone telecomandabile.
Fernwärmenetz (*n. - Verbr.*), rete di teleriscaldamento.
Fertigungsbedingungen (*f. - pl. - Technol.*), condizioni di produzione.
Fertigungsinsel (*f. - Ind.*), isola di lavorazione.
Fertigungsprogramm (*n. - Ind.*), programma di produzione.
Fertigungsschritt (*m. - Arb. - Organ.*), fase di produzione.
Fertigungsstand (*m. - Ind.*), avanzamento della produzione.
Fertigungsverfahren (*n. - Technol.*), processo di fabbricazione.
Fertigungszelle (*f. - Ind.*), cella di fabbricazione.
Fertigungszwischenschritt (*m. - Arb. - Organ.*), fase intermedia di produzione.
Festbestellung (*f. - komm.*), ordine fermo.

Festplatte (*f. - Inf.*), disco fisso, disco rigido, hard disk. **2 die Festplatte formatieren** (*Inf.*), formattare l'hard disk.
Festplattendaten (*n. - pl. - Inf.*), dati del disco fisso.
Festplattenformatierung (*f. - Inf.*), formattazione del disco fisso.
Festplattenkapazität (*f. - Inf.*), capacità del disco fisso.
Festplattenpartition (*f. - Inf.*), partizione del disco fisso.
Festplattenspeicherplatz (*m. - Inf.*), spazio di memoria del disco fisso.
Festplattenzugriff (*m. - Inf.*), accesso al disco fisso.
Feststoffbooster (*m. - Astronautik*), booster a propellente solido.
Feuerbeständigkeit (*f. - Prüfung*), incombustibilità, refrattarietà al fuoco.
Feuerlöschanlage (*f. - Feuerbekämpfung*), impianto antincendio.
Feuerlöschmittel (*n. - Chem. - Feuerbekämpfung*), sostanza antincendio.
feuersicher (*allg.*), a prova di fuoco, a prova di incendio.
Feuerwarnanlage (*f. - Feuerbekämpfung*), impianto di segnalazione incendio.
Feuerwiderstand (*m. - allg.*), resistenza al fuoco.
Fibrom (*n. - Med.*), fibroma.
Fibromatose (*f. - Med.*), fibromatosi.
fibrös (*allg.*), fibroso.
filtrierbar (*allg.*), filtrabile.
Filtrierbarkeit (*f. - allg.*), filtrabilità.
finanzielle Unterstützung (*f. - finanz.*), supporto finanziario.
finanzieller Engpass (*m. - finanz.*), periodo di difficoltà finanziarie.
Finanzierungsgesellschaft (*f. - finanz.*), società finanziaria.
Finanzierungsinstitution (*f. - finanz.*), istituzione finanziaria.
Finanz-Informatik (*f. - Inf.*), informatica finanziaria.
Finanzkontrolle (*f. - finanz.*), controllo finanziario.
Finanzministerium (*n. - finanz. - Adm.*), ministero delle finanze.
Finanzrecht (*n. - recht.*), diritto finanziario.
Finanz-Software (*f. - Inf.*), software finanziario.
Finanzstruktur (*f. - finanz.*), struttura finanziaria.
Finanzsystem (*n. - finanz.*), sistema finanziario.
Finanzverwaltung (*f. - finanz.*), gestione finanziaria.
Finanzverwaltungsprogramm (*n. - Inf.*), programma di gestione finanziaria.
Finanzverwaltungssoftware (*f. - Inf.*), software di gestione finanziaria.
Finanzzentrum (*n. - finanz.*), centro finanziario.
Finite-Element-Berechnung (*f. - Math.*), calcolo a elementi finiti.
Firewall (*m. - engl. - Inf.*), firewall.
Firewalling (*n. - engl. - Inf.*), firewalling.
Firmenkonsortium (*n. - komm.*), consorzio di aziende.

Firmensprecher (*m. - Pers.*), portavoce dell'azienda.
Firmware (*f. - Inf.*), firmware.
Fiscal Drag (*m. - engl. - finanz.*), fiscal drag.
Fischereiflotte (*f. - Fischerei - naut.*), flotta di pescherecci.
Flachbildschirm (*m. - Fernseh.*), schermo piatto.
Flachbildschirmmonitor (*m. - Inf.*), monitor a schermo piatto.
Flächenanalyse (*f. - Inf.*), analisi di superfici.
Flächenerzeugung (*f. - Inf.*), generazione di superfici.
Flammenmelder (*m. - Ger.*), rivelatore di fiamma.
flanschartig (*allg.*), a forma di flangia.
Flaschenbatterie (*f. - chem. Ind.*), batteria di bombole.
flexible Fertigung (*f. - Ind.*), lavorazione flessibile.
flexible Software (*f. - Inf.*), software flessibile.
flexibler Speicher (*m. - Inf.*), memoria flessibile.
flexibles Fertigungssystem (*n. - Ind.*), sistema flessibile di produzione.
fliegendes Personal (*n. - Luftw.*), personale di volo.
fliessfähig (*allg.*), fluido.
Fliessgeschwindigkeit (*f. - Hydr.*), velocità di scorrimento.
Floppywerk (*n. - Inf.*), floppy drive, unità per floppy disk.
Fluchtgeschwindigkeit (*f. - Astr.*), velocità di fuga.
flüchtiger Speicher (*m. - Inf.*), memoria volatile.
Flugbetankung (*f. - Flugw.*), rifornimento in volo.
Flügel-/Rumpfübergang (*m. - Aerodyn.*), raccordo fra ala e fusoliera.
Flügelgeometrie (*f. - Flugw.*), geometria alare.
Flügelsehne (*f. - Flugw.*), corda alare.
Flügelspitze (*f. - Flugw.*), estremità dell'ala.
Flügelstruktur (*f. - Flugw.*), struttura alare.
Flügelwurzel (*f. - Flugw.*), radice dell'ala.
Flugerfahrung (*Flugw.*), esperienza di volo.
Flugerprobung (*f. - Flugw.*), prova in volo.
flugfähig: in flugfähigem Zustand (*Flugw.*), in condizioni di volo.
Fluggastbrücke (*f. - Flugw. - etc.*), ponte d'imbarco passeggeri.
Flugmanöver (*n. - Flugw.*), manovra di volo.
Flugplanung (*f. - Flugw.*), pianificazione del volo.
Flugsicherheit (*f. - Flugw.*), sicurezza del volo.
Flugsteuerungssystem (*n. - Flugw.*), sistema di controllo del volo.
Flugstunde: 1000 Flugstunden pro Jahr (*f. - pl. - Flugw.*), 1000 ore di volo all'anno.
Flugtarif (*m. - Flugw.*), tariffa aerea.
Flugunfall (*m. - Flugw.*), incidente aereo.
Flugzeugdynamik (*f. - Mech.*), dinamica del velivolo.
Flugzeugkonstrukteur (*m. - Pers. - Flugw.*), progettista di velivoli.
Flugzeugzelle (*f. - Flugw.*), cellula del velivolo.
Fluidisierung (*f. - Chem.*), fluidizzazione.
Fluidtechnik (*f. - Fluidik*), fluidotecnica.
fluktuierend (*allg.*), fluttuante.

Fluorborat (*n. - Chem.*), fluoroborato.
fluorometrisch (*Phys.*), fluorometrico.
Flussdiagramm (*n. - Inf.*), diagramma di flusso.
Flüssigkristall-Bildschirm (*m. - Inf.*), schermo a cristalli liquidi.
Flüssigsauerstoff (*m. - Chem.*), ossigeno liquido.
Flusskontrolle (*f. - Inf.*), controllo del flusso.
flüsterleis (*allg.*), silenzioso.
Fly-by-wire-System (*n. - Flugw.*), sistema fly by wire.
Fly-by-wire-Technologie (*f. - Flugw.*), tecnologia fly by wire.
FMS (Flexible Manufacturing System, flexibles Fertigungssystem) (*n. - Ind.*), FMS.
föderalistischer Staat (*m. - recht.*), stato federalista.
föderalistisches System (*n. - Politik*), sistema federalistico.
Fokussierring (*m. - Opt.*), anello di messa a fuoco.
folgenschwere Verletzung (*f. - Med.*), ferita con conseguenze gravi.
Folienschweissnaht (*f. - Kunststoff. - Ind.*), cordone di saldatura dei film.
Folienstärke (*f. - Kunststoff. - Ind.*), spessore del film.
Font (*m. - engl. - Inf.*), font.
Formamid (*n. - Chem.*), formammide.
formatierbar (*Inf.*), formattabile.
formatieren (*Inf.*), formattare.
formatiert (*Inf.*), formattato.
formatierte Diskette (*f. - Inf.*), dischetto formattato.
formatierter Text (*m. - Inf.*), testo formattato.
Formatierung (*f. - Inf.*), formattazione.
Formatierungsfehler (*m. - Inf.*), errore di formattazione.
formgebend (*mech. Technol.*), che dà la forma, di formatura.
Formgebungsverfahren (*n. - mech. Technol.*), metodo di formatura.
Formhohlraum (*m. - Giess.*), cavità dello stampo.
Forminnenwandung (*f. - Giess.*), parete interna dello stampo.
formstabil (*allg.*), di forma stabile.
formulierbar (*allg.*), formulabile.
Formulierbarkeit (*f. - allg.*), formulabilità.
Forschungsaktivität (*f. - Ind.*), attività di ricerca.
Forschungsauto (*n. - Aut.*), automobile sperimentale.
Forschungsbüro (*n. - Ind.*), ufficio ricerche.
Forschungsgruppe (*f. - Ind.*), gruppo di ricerca.
Forschungsplattform (*f. - Astronautik*), piattaforma di ricerca.
Forschungssonde (*f. - Astronautik*), sonda per ricerca.
Forschungszentrum (*n. - Ind. - etc.*), centro di ricerca.
fortschrittlichste Technologie (*f. - allg.*), tecnologia più avanzata.
Forum (*n. - engl. - allg.*), forum.
Fotofinish (*n. - engl. - Sport*), fotofinish.
Fotowettbewerb (*m. - Phot.*), concorso fotografico.

Fouriertransformierte (*f. - Math.*), trasformata di Fourier.
Frachtflug (*m. - Flugw.*), volo cargo.
Frachtraum (*m. - Astronautik*), vano di carico.
fragmentieren (*allg.*), frammentare.
Fragmentierung (*f. - allg.*), frammentazione.
fraktal (*Math.*), frattale.
Fraktal (*n. - Math.*), frattale.
fraktale Geometrie (*f. - Geom.*), geometria frattale.
Fraktionierung (*f. - Chem.*), frazionamento.
Franchising (*n. - engl. - komm.*), franchising.
Fräsbearbeitung (*f. - Werkz.masch.bearb.*), lavorazione di fresatura.
Fräsprogramm (*n. - Werkz.masch.*), programma di fresatura.
Frässpindel Aus (*NC*), arresto mandrino.
Frässpindel Linkslauf (*NC*), senso antiorario mandrino.
Frässpindel Rechtslauf (*NC*), senso orario mandrino.
Frässimulation (*f. - Inf.*), simulazione di fresatura.
Fräszeit (*f. - Werkz.masch.*), tempo di fresatura.
Freeware (*f. - engl. - Inf.*), freeware.
Freeware-Produkt (*n. - Inf.*), prodotto freeware.
Freewareprogramm (*n. - Inf.*), programma freeware.
Freeware-Software (*f. - Inf.*), software freeware.
Freeware-Spiel (*n. - Inf.*), gioco freeware.
Freeware-Version (*f. - Inf.*), versione freeware.
frei verlegen (*Elekt. - Leit.*), posare fuori terra.
freier Speicher (*m. - Inf.*), memoria libera.
Freigabe (*f. - allg.*), approvazione, benestare. 2 (*f. - Elekt. - etc.*), rilascio, sblocco.
Freigabeschlüssel (zum Ausbauen eines Geräts) (*m. - Mech. - Ger.*), chiave di rilascio.
freigeben (*Elekt. - etc.*), rilasciare. 2 (*Inf.*), abilitare.
freigegeben (*Elekt. - etc.*), rilasciato. 2 (*Inf.*), abilitato.
Freilaufnabe (*f. - Fahrz.*), mozzo libero.
freistehend (*allg.*), autonomo, indipendente.
Fremdgegenstand (*m. - allg.*), oggetto estraneo.
Fremdwährung (*f. - finanz.*), valuta straniera.
Frequenzstabilisierung (*f. - Elekt.*), stabilizzazione della frequenza.
Fresnel-Linse (*f. - Opt.*), lente di Fresnel.
Friedenstruppe (*f. - milit.*), truppa di pace.
Front-Airbag (*m. - Aut.*), airbag frontale.
Frontalkollision (*f. - Aut. - etc.*), collisione frontale.
Front-Allradantrieb (*m. - Aut.*), trazione integrale anteriore.
Frontalunfall (*m. - Aut. - etc.*), incidente frontale.
Frontplatte (*f. - Funk. - Aut.*), frontalino, pannello anteriore.
Frontscheibenwischer (*m. - Aut.*), tergicristallo anteriore.
frontseitig (*allg.*), frontalmente.
Frontspoiler (*m. - Aut.*), spoiler anteriore.
fruchtschädigend (*Med.*), lesivo per il feto.
fruchtschädigende Wirkung (*f. - Med.*), effetto lesivo per il feto.

fruchtschädigender Stoff (*m. - Med.*), sostanza lesiva per il feto.
Fruchtschädigung (*f. - Med.*), danno fetale.
frühere Ausgaben (*f. - pl. - Druck.*), edizioni precedenti.
Führungsplatte (*f. - Mech.*), piastra di guida.
Führungsrolle (*f. - Arb.*), ruolo guida.
Fülldruck (*m. - allg.*), pressione di riempimento.
Fulltime-Job (*m. - Arb.*), lavoro full time.
Fünfganggetriebe (*n. - Aut.*), cambio a cinque marce.
Fünf-Gang-Schaltgetriebe (*n. - Mech. - Aut.*), cambio a cinque marce.
Fungizid (*n. - Chem.*), funghicida.
Funktelefon (*n. - Funk. - Fernspr.*), telefono cellulare.
Funktelefonnummer (*f. - Funk. - Fernspr.*), numero di telefono cellulare.
Funktionsablauf (*m. - Masch.*), ciclo di funzionamento.
Funktionsabnahme (*f. - mech. Technol.*), collaudo funzionamento.
funktionsnotwendig (*allg.*), necessario per il funzionamento.
Funktionsprinzip (*n. - allg.*), principio di funzionamento.
Funktionsverbesserung (*f. - allg.*), miglioramento del funzionamento.
Futurologe (*m. - allg.*), futurologo.

G

Galaxie (*f. - Astr.*), galassia.
Galaxie-Dynamik (*f. - Phys.*), dinamica delle galassie.
Galaxie-Kinematik (*f. - Phys.*), cinematica delle galassie.
Galaxienentstehung (*f. - Astr.*), formazione di galassie.
Galaxienhaufen (*m. - Astr.*), ammasso di galassie.
Galaxienkern (*m. - Astr.*), nucleo galattico.
Galileo-Sonde (*f. - Astronautik*), sonda Galileo.
Galliumarsenid (*n. - Chem.*), arseniuro di gallio.
Galliumnitrid (*n. - Chem.*), nitruro di gallio.
Galliumphosphat (*n. - Chem.*), fosfato di gallio.
Galliumphosphid (*n. - Chem.*), fosfuro di gallio.
Galvanotherapie (*f. - Med.*), galvanoterapia.
Gamet (*m. - Biol.*), gamete.
Gametogenese (*f. - Biol.*), gametogenesi.
Gang: den Gang einlegen (*m. - Aut.*), inserire la marcia.
ganzjährig geöffnet (*allg.*), aperto tutto l'anno.
Garantie auf das ganze Fahrzeug (*f. - komm. - Aut.*), garanzia sull'intero veicolo.
Garantie auf den Lack (*f. - komm. - Aut.*), garanzia sulla vernice.
Garantie auf Originalteile (*f. - komm. - Aut.*), garanzia sulle parti originali.
Garantie gegen Durchrosten (*f. - komm. - Aut.*), garanzia contro la perforazione da corrosione.
Garantie gegen Oberflächenkorrosion (*f. - komm. - Aut.*), garanzia contro la corrosione superficiale.
Garantie ohne Kilometerbegrenzung (*f. - komm. - Aut.*), garanzia senza limitazione di percorrenza.
Gasanalysator (*m. - Chem.*), analizzatore di gas.
Gaschromatographie (*f. - Chem.*), gascromatografia.
gaschromatographisch (*Chem.*), gascromatografico.
Gasgerät (*n. - App.*), apparecchio a gas.
Gasmasse (*f. - Chem.*), massa gassosa.
Gasphase (*f. - Chem.*), fase gassosa.
Gasreinigung (*f. - Chem.*), depurazione del gas.
Gasreinigungssystem (*n. - Chem.*), sistema di depurazione del gas.
Gastrektomie (*f. - Med.*), gastrectomia.
gastrisch (*Med.*), gastrico.
Gastritis (*f. - Med.*), gastrite.
gastroduodenal (*Med.*), gastroduodenale.
Gastroenteritis (*f. - Med.*), gastroenterite.
Gastroenterologie (*f. - Med.*), gastroenterologia.
gastroenterologisch (*Med.*), gastroenterologico.
gastrointestinal (*Med.*), gastrointestinale.
Gastroskop (*n. - med. Instr.*), gastroscopio.
Gastroskopie (*f. - Med.*), gastroscopia.
Gastrotomie (*f. - Med.*), gastrotomia.
Gastrula (*f. - Biol.*), gastrula.
Gastrulation (*f. - Biol.*), gastrulazione.
Gaswandkessel (*m. - Kessel*), caldaia murale a gas.
Gas-Wasserheizer (*m. - Kessel*), scaldaacqua a gas.
Gateway (*n. - engl. - Inf.*), gateway.
Gatewaysystem (*n. - Inf.*), sistema gateway.
Gaussscher Algorithmus (*m. - Geom.*), algoritmo di Gauss.
Gebrauchtcomputer (*m. - Inf.*), computer usato.
gefrorener Embryo (*m. - Biol.*), embrione congelato.
Gegenbedienseite (*f. - Masch.*), lato opposto al lato comandi.
gegenüberliegend (*allg.*), contrapposto.
Geheimcode (*m. - Inf.*), codice segreto.
Geheimzahl (*f. - allg.*), numero segreto.
geistiges Eigentum (*n. - recht.*), proprietà intellettuale.
geleast (*komm.*), acquistato in leasing.
gemeinsamer Speicher (*m. - Inf.*), memoria comune.
Gemeinschaftsorgan (*n. - recht.*), organo comunitario.
Gemeinschaftsrecht (*n. - recht.*), diritto comunitario.
Genauigkeitsforderungen (*f. - pl. - allg.*), requisiti di precisione.
generalisierbar (*allg.*), generalizzabile.
generalisieren (*allg.*), generalizzare.
generalisiert (*allg.*), generalizzato.
Generalisierung (*f. - allg.*), generalizzazione.
Generalvertretung (*f. - komm.*), rappresentanza generale.
generierbar (*Inf.*), generabile.
generieren (*Inf.*), generare.
Generierung (*f. - Inf.*), generazione.
genetisch (*Biol.*), genetico.
genetisch manipuliert (*Biol.*), manipolato geneticamente.
genetisch veränderte Pflanze (*f. - allg.*), pianta modificata geneticamente.
Genforschung (*f. - Biol.*), ricerca genetica.
Genmanipulation (*f. - Biol.*), manipolazione genetica.
genmanipuliert (*Biol.*), manipolato geneticamente.
Genmutation (*f. - Biol.*), mutazione genetica.
Genom (*n. - Biol.*), genoma.
Genotyp (*m. - Biol.*), genotipo.
Gensequenz (*f. - Biol.*), sequenza dei geni.
Gentechnologie (*f. - Biol. - Technol.*), tecnologia genetica.
Gentherapie (*f. - Med.*), terapia genetica.
Geochemie (*f. - Geol. - Chem.*), geochimica.
geodynamisch (*Geophys.*), geodinamico.

Geohydrologie (*f. - Geol.*), geoidrologia.
Geoinformatik (*f. - Geol. - Inf.*), geoinformatica.
geologische Datierung (*f. - Geol.*), datazione geologica.
geomagnetisch (*Geophys.*), geomagnetico.
Geometrieelement (*n. - Geom.*), elemento geometrico.
Geomorphologie (*f. - Geol.*), geomorfologia.
geomorphologisch (*Geol.*), geomorfologico.
geopolitisch (*Geogr. - Politik*), geopolitico.
geostationär (*Astronautik*), geostazionario.
geostazionäre Umlaufbahn (*m. - Astronautik*), orbita geostazionaria.
Geosynklinale (*f. - Geol.*), geosinclinale.
Geotechnik (*f. - Geol.*), geotecnica.
geotechnisch (*Geol.*), geotecnico.
Geothermometrie (*f. - Geol.*), geotermometria.
geozentrisch (*Astr.*), geocentrico.
Geräuscharmut (*f. - Aut. - etc.*), silenziosità.
Geräuschemission (*f. - Akus.*), emissione di rumore.
Geräuschminderung (*f. - Akus.*), riduzione del rumore.
Geräuschquelle (*f. - Akus.*), sorgente di rumore.
Geriatrie (*f. - Med.*), geriatria.
geriatrisch (*Med.*), geriatrico.
gerichtlich anerkennbar (*recht.*), riconoscibile legalmente.
Germaniumsulfid (*n. - Chem.*), solfuro di germanio.
geruchloses Gas (*n. - Chem.*), gas inodore.
Gesamtqualität (*f. - Ind. - etc.*), qualità totale.
gescannt (*Inf.*), scannerizzato.
gescanntes bild (*n. - Inf.*), immagine scannerizzata.
gescannte Seite (*f. - Inf.*), pagina scannerizzata.
gescannter Text (*m. - Inf.*), testo scannerizzato.
Geschäftsverbindung (*f. - komm.*), relazione commerciale.
Geschirrkorb (einer Geschirrspülmaschine) (*m. - elekt. App.*), cesto, cestello.
Geschirrspülmittel (*n. - Chem.*), detersivo per stoviglie.
Geschlechtschromosom (*n. - Biochem.*), cromosoma sessuale.
geschmacksverbessernder Zusatz (*m. - Chem.*), additivo per il miglioramento del gusto.
Geschwindigkeitsanzeige (*f. - Aut.*), indicazione della velocità.
Geschwindigkeitsmodulation (*f. - Elektronik*), modulazione di velocità.
Geschwindigkeitsverlust (*m. - allg.*), perdita di velocità.
Geschwindigkeitsweltrekord (*m. - allg.*), record del mondo di velocità.
Gesetz von Gay Lussac (*n. - Chem.*), legge di Gay Lussac.
Gesetzentwurf (*m. - recht.*), progetto di legge.
Gesetztext (*m. - recht.*), testo di legge.
gesondert lieferbar (*komm.*), disponibile separatamente.
gespeicherte Daten (*n. - pl. - Inf.*), dati memorizzati.

gestreckte Version (*f. - Flugw.*), versione allungata.
Gesundheitsreform (*f. - Med. - recht.*), riforma sanitaria.
Gesundheitssystem (*n. - Med.*), sistema sanitario.
getrennt erhältlich (*komm.*), disponibile separatamente.
gewährbar (*allg.*), concedibile.
Gewährleistung: volle Gewährleistung für Teile und Montage (*f. - komm.*), garanzia totale per parti e montaggio.
Gewebeeinlage (eines Schlauches) (*f. - Hydr.*), rinforzo tessile.
Gewichtsreduzierung (*f. - allg.*), riduzione del peso.
Gewichtsverteilung (*f. - allg.*), distribuzione del peso.
gewonnene Energie (*f. - Phys.*), energia ricavata.
gezeichnetes Kapital (*n. - finanz.*), capitale sottoscritto.
giftiges Gas (*n. - Chem.*), gas tossico, gas velenoso.
Giftmüll (*m. - Ökol.*), rifiuti tossici.
Gigabit (*n. - Inf.*), gigabit.
Gigabyte (*n. - Inf.*), gigabyte.
Gigahertz (*n. - Elekt.*), gigahertz.
Glasfasergewebe (*n. - Technol.*), tessuto di fibre di vetro.
Glasfaserkabel (*n. - Technol.*), cavo in fibre di vetro.
Glaziologie (*f. - Geol.*), glaciologia.
glaziologisch (*Geol.*), glaciologico.
Gleichung: eine Gleichung mit drei Unbekannten lösen (*Math.*), risolvere un'equazione con tre incognite.
Gleitkommaarithmetik (*f. - Math.*), aritmetica in virgola mobile.
Gleitkommadarstellung (*f. - Math.*), notazione in virgola mobile.
Gleitkommaprozessor (*m. - Inf.*), processore a virgola mobile.
Gleitplatte (*f. - Mech.*), piastra di scorrimento.
Gleitreibung (*f. - Mech.*), attrito di scorrimento.
globales Dorf (*n. - allg.*), villaggio globale.
globalisiert (*allg.*), globalizzato.
Globalisierung (*f. - allg.*), globalizzazione.
Gluconat (*n. - Chem.*), gluconato.
Glutamat (*n. - Chem.*), glutammato.
Glutamin (*n. - Chem.*), glutammina.
Glycerophosphat (*n. - Chem.*), glicerofosfato.
Glycogen (*n. - Chem. - Biol.*), glicogeno.
Glycolsäure (*f. - Chem.*), acido glicolico.
Glycolyse (*f. - Biol.*), glicolisi.
Glycoprotein (*n. - Chem.*), glicoproteina.
Glyoxal (*n. - Chem.*), gliossale.
goldbeschichtet (*chem. Ind.*), rivestito d'oro.
Goldchlorid (*n. - Chem.*), cloruro d'oro.
Golfkrieg (*m. - milit.*), guerra del golfo.
Gopher (*m. - engl. - Inf.*), gopher.
GPS (Global Positioning System, Globales Positionierungssystem) (*n. - Navig.*), GPS, Sistema di Posizionamento Globale.
granitoid (*Min.*), granitoide.
Graphikanwendung (*f. - Inf.*), applicazione grafica.
Graphikbeschleuniger (*m. - Inf.*), acceleratore grafico.

Graphikbeschleunigung (f. - Inf.), accelerazione grafica.
Graphikbildschirm (m. - Inf.), schermo grafico.
Graphik-Browser (m. - Inf.), browser grafico.
Graphik-Chip (m. - Inf.), chip grafico.
Graphikcomputer (m. - Inf.), computer grafico.
Graphik-Controller (m. - Inf.), controllore grafico.
Graphikdarstellung (f. - Zeichn. - Inf.), rappresentazione grafica.
Graphikdatei (f. - Inf.), file grafico.
Graphikdesign (n. - Ind.), design grafico.
Graphikdrucker (m. - Inf.), stampante grafica.
Graphikeditor (m. - Inf.), editor grafico.
graphikfähig (Inf.), con capacità grafica.
Graphikfenster (n. - Inf.), finestra grafica.
Graphikformat (n. - Inf.), formato grafico.
Graphikkarte (f. - Inf.), scheda grafica.
Graphikkonvertierung (f. - Inf.), conversione grafica.
Graphikmöglichkeiten (f. - pl. - Inf.), possibilità grafiche.
Graphikmonitor (m. - Inf.), monitor grafico.
Graphikobjekt (n. - Inf.), oggetto grafico.
Graphikpaket (n. - Inf.), pacchetto grafico.
Graphik-Programm (n. - Inf.), programma grafico.
Graphikprogrammierung (f. - Inf.), programmazione grafica.
Graphik-Prozessor (m. - Inf.), processore grafico.
Graphikschnittstelle (f. - Inf.), interfaccia grafica.
Graphiksoftware (f. - Inf.), software grafico.
Graphiksprache (f. - Inf.), linguaggio grafico.
Graphikstandard (m. - Inf.), standard grafico.
Graphikterminal (n. - Inf.), terminale grafico.
Graphikumgebung (f. - Inf.), ambiente grafico.
Graphikunterstützung (f. - Inf.), supporto grafico.
graphisch darstellbar (Zeichn. - etc.), rappresentabile graficamente.
graphische Effekte (m. - pl. - Inf.), effetti grafici.
graphisches Display (n. - Inf.), display grafico.
Graustufen (f. - pl. - Opt.), livelli di grigio.
Gravitationskraft (f. - Phys.), forza gravitazionale.
Gravitationsphysik (f. - Phys.), fisica gravitazionale.
Gravitationspotential (n. - Phys.), potenziale gravitazionale.
Gravitationswelle (f. - Phys.), onda gravitazionale.
Grosshandelspreise (m. - komm.), prezzi all'ingrosso.
Grosshandelspreisindex (m. - komm.), indice dei prezzi all'ingrosso.
Grossraumlimousine (f. - Aut.), monovolume.
Grossrechner (m. - Inf.), grande calcolatore.
Groupware (f. - engl. - Inf.), groupware.
Grundeinstellung (f. - Masch.), impostazione di base.
Grund-Konzept (n. - allg.), concetto base.
Grussformel (f. - Büro), formula di chiusura.
GSM-Telefon (n. - Fernspr.), telefono GSM.
gutgehende Firma (f. - komm.), ditta in buone condizioni.

H

Hacker (*m. - engl. - Inf.*), hacker.
Hadron (*n. - Atomphys.*), adrone.
hadronisch (*Atomphys.*), adronico.
Hadrontherapie (*f. - Med.*), adroterapia.
Hafenbehörde (*f. - naut.*), autorità portuale.
Hafendienstleistungen (*f. - pl. - naut.*), servizi portuali.
Hafeninfrastruktur (*f. - naut.*), infrastruttura portuale.
Halbleiterelektronik (*f. - Elektronik*), elettronica dei semiconduttori.
Halbleiterhersteller (*m. - Elektronik*), produttore di semiconduttori.
Halbleiterindustrie (*f. - Elektronik*), industria dei semiconduttori.
Halbleiterlaser (*m. - App.*), laser a semiconduttori.
Halbleiterspeicher (*m. - Inf.*), memoria a semiconduttore.
Halbleitertechnologie (*f. - Elektronik*), tecnologia dei semiconduttori.
halblogarithmisch (*Math.*), semilogaritmico.
halblogarithmische Darstellung (*f. - Math.*), grafico semilogaritmico.
halbtägige Arbeit (*f. - allg.*), lavoro a mezza giornata.
Halogenierung (*f. - Chem.*), alogenazione.
Halogen-Lampe (*f. - Beleucht.*), lampada alogena.
Halogenscheinwerfer (*m. - Aut.*), faro alogeno.
Halogen-Strahler (*m. - Beleucht.*), faretto alogeno.
Hämatologie (*f. - Med.*), ematologia.
Hämostase (*f. - Med.*), emostasi.
Hämotherapie (*f. - Med.*), emoterapia.
handhabbar (*allg.*), maneggevole.
Handhabungsroboter (*m. - Ind. - Autom.*), robot di manipolazione.
Handhabungssystem (*n. - allg.*), sistema di manipolazione.
Handscanner (*m. - Inf.*), scanner manuale.
Handschuhfach (*n. - Aut.*), cassetto portaoggetti.
Handschuhfachverschluss (*m. - Aut.*), dispositivo di chiusura del cassetto portaoggetti.
Handshake (*n. - engl. - Inf.*), handshake.
Handshaking (*n. - engl. - Inf.*), handshaking.
Handsteuerung (*f. - Inf.*), comando manuale.
Hardwareanforderungen (*f. - pl. - Inf.*), requisiti hardware.
Hardwarearchitektur (*f. - Inf.*), architettura hardware.
Hardwareentwicklung (*f. - Inf.*), sviluppo dell'hardware.
Hardwarehersteller (*m. - Inf.*), produttore di hardware.
Hardware-Konfiguration (*f. - Inf.*), configurazione dell'hardware.
Hardware-Paket (*n. - Inf.*), pacchetto hardware.
Hardware-Plattform (*f. - Inf.*), piattaforma hardware.
Hardware-Rekonfiguration (*f. - Inf.*), riconfigurazione dell'hardware.
Hardware-Schnittstelle (*f. - Inf.*), interfaccia hardware.
Hardwaretechniker (*m. - Inf.*), tecnico hardware.
Hardwarevoraussetzungen (*f. - pl. - Inf.*), requisiti hardware.
harmonisiert (*allg.*), armonizzato.
Hartmetallfräser (*m. - Werkz.*), fresa in carburo metallico.
Hauptabnehmer (*m. - komm.*), principale acquirente.
Hauptaktionär (*m. - finanz.*), azionista principale.
Hauptbestandteil (*m. - Chem. - etc.*), componente principale.
Hauptdatei (*f. - Inf.*), file principale.
Hauptfenster (*n. - Inf.*), finestra principale.
Hauptfunktion (*f. - allg.*), funzione principale.
Hauptmenu (*n. - Inf.*), menu principale.
Hauptmerkmal (*n. - allg.*), caratteristica principale.
Hauptnachteil (*m. - allg.*), svantaggio principale.
Hauptspeicher (*m. - Inf.*), memoria principale.
Hauptspeicher-Kapazität (*f. - Inf.*), capacità della memoria principale.
Hauptvorteil (*m. - allg.*), vantaggio principale.
Head-up-Display (*n. - engl. - Instr. - Flugw.*), head up display.
Heckflügel (*n. - Aut.*), alettone posteriore.
Heckscheibenwischer (*m. - Aut.*), tergicristallo posteriore.
Heckspoiler (*m. - Aut.*), spoiler posteriore.
Hedenbergit (*n. - Min.*), hedenbergite.
heilend (*Med.*), curativo, terapeutico.
Heim-PC (*m. - Inf.*), PC da casa.
Heisspresse (*f. - Masch.*), pressa a caldo.
Heisswasserbereiter (*m. - App.*), scaldaacqua, scaldabagno.
Heizer (*m. - App.*), riscaldatore.
Heizherd (*m. - Haushaltsgerät*), termocucina.
Heizkosten (*f. - pl. - Verbr. - komm.*), costi di riscaldamento.
Heizungstechnik (*f. - Heizung - Bauw. - etc.*), termotecnica.
heizungstechnisch (*Heizung - Bauw. - etc.*), termotecnico.
Helioseismologie (*f. - Astr.*), eliosismologia.
Hepatitis-C-Virus (HCV) (*n. - Med.*), virus dell'epatite C.
Heptachlor (*n. - Chem.*), eptacloro.
herausgleiten (*allg.*), scivolare fuori.
Herbizid (*n. - Ack.b. - Chem.*), diserbante, erbicida.
herbizidresistent (*Ack.b. - Chem.*), resistente ai diserbanti.
herstellbar (*Ind.*), producibile, fabbricabile.

Herstellbarkeit

Herstellbarkeit (*f. - Ind.*), producibilità, fabbricabilità.
Herstellercode (*m. - Ind.*), codice del produttore.
Herstelljahr (*n. - allg.*), anno di produzione.
Herstellungsprozess (*n. - Ind. - Technol.*), processo di fabbricazione.
heruntergeladen (*Inf.*), scaricato.
heruntergeladene Datei (*f. - Inf.*), file scaricato.
herunterladbar (*Inf.*), scaricabile.
herunterladbare Datei (*f. - Inf.*), file scaricabile.
herunterladen (*Inf.*), scaricare. **2 ein Programm herunterladen** (*Inf.*), scaricare un programma.
heterolog (*Biol. - Chem.*), eterologo.
Heteromorphie (*f. - allg.*), eteromorfismo.
Heterostruktur (*f. - Phys.*), eterostruttura.
heterotroph (*Biol.*), eterotrofo.
heterozygot (*Biol.*), eterozigote.
Heulandit (*n. - Min.*), heulandite.
Hexachlorbenzol (*n. - Chem.*), esaclorobenzene.
Hexachlorcyclohexan (*n. - Chem.*), esaclorocicloesano.
Hexachloroethan (*n. - Chem.*), esacloroetano.
Hexachlorophen (*n. - Chem.*), esaclorofene.
hexadezimal (*Math.*), esadecimale.
Hexadezimalcode (*m. - Inf.*), codice esadecimale.
Hexadezimaldarstellung (*f. - Math.*), rappresentazione esadecimale.
Hexadezimalschreibweise (*f. - Math.*), notazione esadecimale.
Hexadezimalwert (*m. - Math.*), valore esadecimale.
Hexadezimalzahl (*f. - Math.*), numero esadecimale.
Hexafluoraceton (*n. - Chem.*), esafluoroacetone.
Hexafluorid (*n. - Chem.*), esafluoruro.
Hexafluorsilikat (*n. - Chem.*), esafluorosilicato.
Hexamethylen (*n. - Chem.*), esametilene.
Hexamethylendiamin (*n. - Chem.*), esametilendiammina.
hierarchisch organisiert (*allg.*), organizzato gerarchicamente.
hierarchisch organisierte Struktur (*f. - Inf. - etc.*), struttura organizzata gerarchicamente.
High-Tech-Produkt (*n. - Ind.*), prodotto ad alta tecnologia.
Hilfeseite (*f. - Inf.*), pagina di aiuto.
Hilfsmittel (*n. - allg.*), mezzo ausiliario.
Hilfsprogramm (*n. - Inf.*), programma ausiliario.
Hilfssystem (*n. - Inf.*), sistema ausiliario.
hintere Aufhängung (*f. - Aut.*), sospensione posteriore.
hintere Kopfstütze (*f. - Aut.*), poggiatesta posteriore.
Hintergrundfarbe (*f. - Inf.*), colore di sfondo.
Histogramm (*n. - Stat.*), istogramma.
Histomorphometrie (*f. - Med.*), istomorfometria.
histomorphometrisch (*Med.*), istomorfometrico.
Histopathologie (*f. - Med.*), istopatologia.
histopathologisch (*Med.*), istopatologico.

hochauflösend (*Opt.*), ad alta risoluzione.
hochauflösender Drucker (*m. - Inf.*), stampante ad alta risoluzione.
hochautomatisiert (*Technol. - etc.*), altamente automatizzato.
hochdefizitär (*finanz.*), altamente deficitario.
Hochdruckeinspritzung (*f. - Mot.*), iniezione ad alta pressione.
Hochdruckgasanlage (*f. - Bauw.*), impianto del gas ad alta pressione.
hochempfindlich (*allg.*), altamente sensibile.
hochentwickelt (*allg.*), altamente sviluppato.
Hochfrequenzspindel (*f. - Werkz.masch.*), mandrino ad alta frequenza.
Hochfrequenzstrom (*m. - Elekt.*), corrente ad alta frequenza.
Hochgeschwindigkeit-Datenübertragung (*f. - Inf.*), trasmissione di dati ad alta velocità.
Hochgeschwindigkeit-Logik (*f. - Elektronik*), logica ad alta velocità.
Hochgeschwindigkeitsbearbeitung (*f. - Werkz.masch.bearb.*), lavorazione ad alta velocità.
Hochgeschwindigkeitsfräsen (*n. - Werkz.masch.bearb.*), fresatura ad alta velocità.
Hochgeschwindigkeitsmodem (*m. - Inf.*), modem ad alta velocità.
Hochgeschwindigkeitsnetz (*n. - Inf.*), rete ad alta velocità.
Hochgeschwindigkeitsstrecke (*f. - Aut. - Sport*), tratto ad alta velocità.
Hochleistungsrechner (*m. - Inf.*), calcolatore di grande potenza.
hochmotiviert (*allg.*), altamente motivato.
hochschädlich (*allg.*), altamente nocivo.
Hochtechnologie (*f. - Technol.*), alta tecnologia.
Hochtechnologieprodukte (*n. - pl. - Ind.*), prodotti ad alta tecnologia.
Hochtechnologieunternehmen (*n. - Ind.*), azienda ad alta tecnologia.
hochtechnologisch (*Technol.*), ad alta tecnologia.
höheneinstellbarer Vordersitz (*m. - Aut.*), sedile anteriore regolabile in altezza.
höhenverstellbar (*allg.*), regolabile in altezza.
höhenverstellbares Lenkrad (*n. - Aut.*), volante regolabile in altezza.
hoher Speicher (*m. - Inf.*), memoria alta.
höherentwickelt (*allg.*), maggiormente sviluppato.
höherentwickelte Länder (*n. - pl. - Ind.*), paesi maggiormente sviluppati.
holographisch (*Opt.*), olografico.
holographischer Speicher (*m. - Inf.*), memoria olografica.
holomorphe Funktion (*f. - Math.*), funzione olomorfa.
holzbearbeitende Industrie (*f. - Holz*), industria della lavorazione del legno.
Holzrecycling (*n. - Holz*), riciclaggio del legno.
Holztreppe (*f. - Bauw.*), scala di legno.
Homebanking (*n. - engl. - finanz.*), homebanking.
Homebanking-Programm (*n. - Inf.*), programma per homebanking.
Homebanking-Service (*m. - finanz. - Inf.*), servizio di homebanking.
Homebanking-Software (*f. - Inf.*), software per homebanking.

Homepage (*f. - engl. - Inf.*), homepage. 2 **herzlich willkommen auf unserer Homepage** (*Inf.*), benvenuti alla nostra homepage.
Homepageadresse (*f. - Inf.*), indirizzo di homepage.
Homepageerstellung (*f. - Inf.*), creazione di homepage.
homologe Chromosomen (*n. - pl. - Biol.*), cromosomi omologhi.
Homomorphismus (*m. - Math.*), omomorfismo.
Homöostase (*f. - Biol.*), omeostasi.
homöostatisch (*Biol.*), omeostasico.
homozygot (*Biol.*), omozigote.
Horizontalschnitt (*m. - Zeichn.*), sezione orizzontale.
hormonell (*Biol.*), ormonale.
Host-Computer (*m. - Inf.*), host computer.
Hosting (*n. - engl. - Inf.*), hosting.
Hostsystem (*n. - Inf.*), sistema host.
Hotline (*f. - allg.*), hotline.
Hotlist (*f. - engl. - Inf.*), hotlist.
Hovercraft (*n. - engl. - Transp.*), hovercraft.
Hubble Weltraum Teleskop (*m. - Opt. - Instr.*), telescopio spaziale Hubble.
Hubble-Gesetz (*n. - Astr.*), legge di Hubble.
Hubschrauberindustrie (*f. - Flugw.*), industria degli elicotteri.
Hubschrauberpilot (*m. - Flugw.*), pilota di elicotteri.
Humangenetik (*f. - Biol.*), genetica umana.
humanitäre Hilfe (*f. - allg.*), aiuto umanitario.
humanoid (*allg.*), umanoide.
humanoider Roboter (*m. - Elektronik*), robot umanoide.
Humit (*n. - Min.*), humite.
humoral (*Biol.*), umorale.
hundertprozentig (*Math.*), al cento percento. 2 **hundertprozentig geprüft** (*Technol.*), collaudato al cento percento.
Hybridsystem (*n. - Inf.*), sistema ibrido.
Hybrid-Virus (*m. - Inf.*), virus ibrido (di computer).
Hydraulikfilter (*m. - n. - Hydr.*), filtro idraulico.
Hydrid (*n. - Chem.*), idruro.
Hydroakustik (*f. - Akus.*), idroacustica.
hydroakustisch (*Akus.*), idroacustico.
Hydrobiologie (*f. - Biol.*), idrobiologia.
hydrobiologisch (*Biol.*), idrobiologico.
Hydroborierung (*f. - Chem.*), idroborazione.
Hydrochemie (*f. - Chem.*), idrochimica.
hydrochemisch (*Chem.*), idrochimico.
Hydrochlorid (*n. - Chem.*), idrocloruro.
Hydrodealkilierung (*f. - Chem.*), idrodealchilazione.
Hydrogenbromid (*n. - Chem.*), bromuro di idrogeno.
Hydrogeologie (*f. - Geol.*), idrogeologia.
hydrogeologisch (*geol.*), idrogeologico.
hydrographisch (*Geophys.*), idrografico.
hydrologisch (*Geol.*), idrologico.
Hydromechanik (*f. - Mech.*), idromeccanica.
hydromechanisch (*Mech.*), idromeccanico.
Hydrometrie (*allg.*), idrometria.
hydrometrisch (*allg.*) idrometrico.
Hydroperoxid (*n. - Chem.*), idroperossido.
Hydrophon (*n. - Elektroakus.*), idrofono.
Hydroponik (*f. - allg.*), idroponica.
hydroponisch (*allg.*), idroponico.
Hydrotherapie (*f. - Med.*), idroterapia.
hydrothermal (*Geol.*), idrotermale.
Hydroxylamin (*n. - Chem.*), idrossilammina.
hydroxyliert (*Chem.*), idrossilato.
Hydroxylierung (*f. - Chem.*), idrossilazione.
Hygrostat (*m. - Phys. - Instr.*), igrostato.
Hyperalgesie (*f. - Med.*), iperalgesia.
Hyperämie (*f. - Med.*), iperemia.
Hyperazidität (*f. - Med.*), iperacidità.
Hyperchromie (*f. - Med.*), ipercromia.
Hyperdaktilie (*f. - Med.*), iperdattilia.
hypergeometrisch (*Geom.*), ipergeometrico.
hyperkinetisch (*Psychol.*), ipercinetico.
Hyperlink (*m. - Inf.*), iperlink.
Hyperlipidämie (*f. - Med.*), iperlipidemia.
hypermedial (*Inf.*), ipermediale.
Hypermedia-Software (*f. - Inf.*), software ipermediale.
Hypermedia-System (*n. - Inf.*), sistema ipermediale.
Hypermedia-Technologie (*f. - Inf.*), tecnologia ipermediale.
Hyperschallflugzeug (*n. - Flugw.*), velivolo ipersonico.
Hyperschallgeschwindigkeit (*f. - Akus. - etc.*), velocità ipersonica.
hypersonisch (*allg.*), ipersonico.
Hypertext (*m. - Inf.*), ipertesto.
hypertextbasiert (*Inf.*), basato su ipertesto.
Hypertextdokument (*n. - Inf.*), documento ipertestuale.
Hypertext-Software (*f. - Inf.*), software ipertestuale.
Hypertext-System (*n. - Inf.*), sistema ipertestuale.
Hypertext-Technologie (*f. - Inf.*), tecnologia ipertestuale.
Hypertextualität (*f. - Inf.*), ipertestualità.
hypertextuell (*Inf.*), ipertestuale.
Hypervitaminose (*f. - Med.*), ipervitaminosi.
Hypophosphit (*n. - Chem.*), ipofosfito.
hypostatisch (*Biol.*), ipostatico.
Hypothekenrecht (*n. - recht.*), diritto ipotecario.
Hypothekenzinsen (*m. - pl. - komm.*), interessi ipotecari.
Hypovitaminose (*f. - Med.*), ipovitaminosi.
Hypoxie (*f. - Med.*), ipossia.
Hypsometer (*n. - Top. - Instr.*), ipsometro.
hypsometrisch (*Top.*), ipsometrico.

I

Identifikationsnummer (*f. - allg.*), numero di identificazione.
identifizierbar (*allg.*), identificabile.
Identifizierbarkeit (*f. - allg.*), identificabilità.
Identsystem (*n. - allg.*), sistema di identificazione.
Ideographie (*allg.*), ideografia.
ideographisch (*allg.*), ideografico.
Ikon (*n. - Inf.*), icona.
Ilvait (*n. - Min.*), ilvaite.
Immobilienberater (*m. - finanz.*), consulente immobiliare.
Immobilienberatung (*f. - finanz.*), consulenza immobiliare.
Immobilienbranche (*f. - finanz.*), settore immobiliare.
Immobiliendatenbank (*f. - komm.*), banca dati immobiliare.
Immobilienfinanzierung (*f. - finanz.*), finanziamento immobiliare.
Immobilienfonds (*m. - finanz.*), fondo immobiliare.
Immobilienleasing (*n. - finanz.*), leasing immobiliare.
Immobilienmakler (*m. - komm.*), mediatore immobiliare.
Immobilienmarkt (*m. - komm.*), mercato immobiliare.
Immobilienrecht (*n. - recht.*), diritto immobiliare.
Immobilienvermittlung (*f. - komm.*), mediazione immobiliare.
Immunchemie (*f. - Med.*), immunochimica.
immunchemisch (*Med.*), immunochimico.
Immunglobulin (*n. - Med.*), immunoglobulina.
Immunhämatologie (*f. - Med.*), immunoematologia.
Immunisierung (*f. - Med.*), immunizzazione.
Immunologe (*m. - Med.*), immunologo.
Immunologie (*f. - Med.*), immunologia.
immunologisch (*Med.*), immunologico.
Immunpathologie (*f. - Med.*), immunopatologia.
immunpathologisch (*Med.*), immunopatologico.
Immunsuppression (*f. - Med.*), immunosoppressione.
Immunsystem (*n. - Med.*), sistema immunitario.
Immuntherapie (*f. - Med.*), immunoterapia.
implementierbar (*allg.*), implementabile.
implementieren (*allg.*), implementare.
Implementierung (*f. - allg.*), implementazione.
importierbar (*allg.*), importabile.
importiert (*allg.*), importato.
importierte Datei (*f. - Inf.*), file importato.
Impulsdauer (*f. - Elekt.*), durata dell'impulso.
inaktivieren (*allg.*), inattivare.
Inaktivierung (*f. - allg.*), inattivazione.
indexiert (*Inf. - etc.*), indexato.

indirekte Adresse (*f. - Inf.*), indirizzo indiretto.
indirekte Adressierung (*f. - Inf.*), indirizzamento indiretto.
Indiumphosphid (*n. - Chem.*), fosfuro di indio.
Induktionsspule (*f. - Elekt.*), bobina a induzione.
induktiver Näherungsschalter (*m. - Elekt.*), interruttore di prossimità induttivo.
industralisiert (*Ind.*), industrializzato.
industrialisiertes Land (*n. - Ind.*), paese industrializzato.
Industriallogistik (*f. - Ind.*), logistica industriale.
Industrieinformatik (*f. - Inf.*), informatica industriale.
industrielle Automation (*f. - Mech. - etc.*), automazione industriale.
industrielle Software (*f. - Inf.*), software industriale.
industrieller PC (*m. - Inf.*), PC industriale.
Industriepolitik (*f. - Ind.*), politica industriale.
Industriereinigung (*f. - Ind.*), pulizia industriale.
Industriesoftware (*f. - Inf.*), software industriale.
Industriestadt (*f. - Geogr.*), città industriale.
induzierte Emission (von Strahlungen) (*f. - Phys.*), emissione indotta.
induzierte Spannung (*f. - Elekt.*), tensione indotta.
induzierter Strom (*m. - Elekt.*), corrente indotta.
inert (*Chem.*), inerte.
inerte Atmosphäre (*f. - Chem.*), atmosfera inerte.
inertes Gas (*n. - Chem.*), gas inerte.
Infertilität (*f. - Med.*), infertilità.
infiziert (*Inf.*), infetto. 2 **infiziertes Programm** (*n. - Inf.*), programma infetto.
infizierte Datei (*f. - Inf.*), file infetto.
Inflationsbekämpfung (*f. - finanz.*), lotta all'inflazione.
Inflationsdaten (*n. - pl. - finanz.*), dati dell'inflazione.
Inflationsindex (*m. - finanz.*), indice dell'inflazione.
Inflationsrisiken (*n. - pl. - finanz.*), rischi di inflazione.
Info-Broschüre (*f. - Druck. - komm.*), opuscolo informativo.
Info-Dienst (*m. - komm.*), servizio informazioni.
Informatikberater (*m. - Inf.*), consulente informatico.
Informatikberatung (*f. - Inf.*), consulenza informatica.
Informatikbildung (*f. - Inf.*), formazione informatica.
Informatikbranche (*f. - Inf.*), settore informatico.
Informatikdienste (*m. - pl. - Inf.*), servizi informatici.

Informatikingenieur (*m. - Inf.*), ingegnere informatico.
Informatiksicherheit (*f. - Inf.*), sicurezza informatica.
Informatiksystem (*n. - Inf.*), sistema informatico.
Information: freier Zugang zu Informationen (*allg.*), libero accesso a informazioni.
Informationsaustausch (*m. - Inf.*), scambio di informazioni.
Informationsautobahn (*f. - Inf.*), autostrada dell'informazione.
Informationsbeschaffung (*f. - allg.*), acquisizione di informazioni.
Informationsbranche (*f. - allg.*), settore dell'informazione.
Informationsdienst (*m. - allg.*), servizio informazioni.
Informationsethik (*f. - allg.*), etica dell'informazione.
Informationskontrolle (*f. - allg.*), controllo dell'informazione.
Informationsredundanz (*f. - allg.*), ridondanza di informazione.
Informationsspeicherung (*f. - Inf.*), memorizzazione delle informazioni.
Informationssuche (*f. - Inf. - etc.*), ricerca di informazioni.
Informationssystem (*n. - Inf.*), sistema informativo.
Informationstechnologie (*f. - Inf. - etc.*), tecnologia dell'informazione.
Informationstheorie (*f. - Inf.*), teoria dell'informazione.
Informationsübertragung (*f. - Fernspr. - etc.*), trasmissione delle informazioni.
informatisiert (*Inf.*), informatizzato.
informatisierte Datenbank (*f. - Inf.*), banca dati informatizzata.
Informatisierung (*f. - Inf.*), informatizzazione.
Infrarotkamera (*f. - Phot.*), macchina fotografica a raggi infrarossi.
Infrarot-Maus (*f. - Inf.*), mouse a raggi infrarossi.
Infrarotradar (*m. - Radar*), radar a raggi infrarossi.
Infrarotsensor (*m. - Ger.*), sensore a infrarossi.
Infrarot-Technologie (*f. - Inf. - etc.*), tecnologia a raggi infrarossi.
inhibitorisch (*Chem.*), inibitore.
initialisierbar (*Inf.*), inizializzabile.
initialisieren (*Inf.*), inizializzare.
Initialisierung (*f. - Inf.*), inizializzazione.
Initialisierungsbefehl (*m. - Inf.*), comando di inizializzazione.
Initialisierungsdatei (*f. - Inf.*), file di inizializzazione.
Initialisierungsfehler (*m. - Inf.*), errore di inizializzazione.
Initialisierungsprogramm (*n. - Inf.*), programma di inizializzazione.
Initialisierungsprozess (*m. - Inf.*), processo di inizializzazione.
Initialisierungssequenz (*f. - Inf.*), sequenza di inizializzazione.
Initialisierungsstring (*m. - Inf.*), stringa di inizializzazione.
inkl. MwSt. (inklusiv Mehrwertsteuer) (*f. - Adm.*), IVA inclusa.

Inkompatibilität (*f. - allg.*), incompatibilità.
inkrementale Massangabe (*f. - Zeichn.*), quota incrementale.
Inkrementalgeber (*m. - Instr.*), trasduttore incrementale.
inkrementieren (*allg.*), incrementare.
inkrementiert (*allg.*), incrementato.
Inkubationszeit (*f. - Med.*), periodo di incubazione.
innenbelüftet (Scheibenbremse) (*Aut.*), autoventilante.
Innenleitung (*f. - Leit.*), tubazione interna.
innenliegend (*allg.*), situato all'interno.
Innenraumbeleuchtung (*f. - Fahrz.*), illuminazione dell'abitacolo.
innovativ (*allg.*), innovativo.
innovatives Produkt (*n. - Ind.*), prodotto innovativo.
innovatives Unternehmen (*n. - Ind. - komm.*), impresa innovativa.
Input (*m. - engl. - Elektronik*), input.
Inputdatei (*f. - Inf.*), file di input.
Inputformat (*n. - Inf.*), formato di input.
Insgesamt-Verbrauch nach 93/116 EG (*m. - Aut.*), consumo totale secondo CE 93/116.
inspiratorisch (*Med.*), inspiratorio.
instabil (*allg.*), instabile.
Installationsdatei (*f. - Inf.*), file di installazione.
Installationsdiskette (*f. - Inf.*), dischetto di installazione.
Installationslizenz (*f. - Inf.*), licenza di installazione.
Installationsprogramm (*n. - Inf.*), programma di installazione.
Installationssoftware (*f. - Inf.*), software di installazione.
installierbar (*Elekt. - etc.*), installabile.
Installierbarkeit (*f. - Elekt. - etc.*), installabilità.
installiert: **installiertes Programm** (*n. - Inf.*), programma installato. **2 installierte Software** (*f. - Inf.*), software installato.
installierter Speicher (*m. - Inf.*), memoria installata.
Instruktionsdatei (*f. - Inf.*), file di istruzioni.
Instruktionssatz (*m. - Inf.*), set di istruzioni.
Insulin (*n. - Pharm.*), insulina.
Integralgeometrie (*f. - Geom.*), geometria integrale.
Integrationsarbeit (*f. - allg.*), lavoro di integrazione.
Integrierbarkeit (*f. - allg.*), integrabilità.
integrierter Speicher (*m. - Inf.*), memoria integrata.
Integro-Diffentialgleichung (*f. - Math.*), equazione integrodifferenziale
intelligenter Roboter (*m. - Ind. - Autom.*), robot intelligente.
Interaktion (*f. - Inf.*), interazione.
Interaktionsprozess (*m. - Inf.*), processo di interazione.
interaktiv (*Inf. - etc.*), interattivo. **2 interaktiver Dienst** (*m. - Inf.*), servizio interattivo. **3 interaktives Programm** (*n. - Inf.*), programma interattivo. **4 interaktives Spiel** (*n. - Inf.*), gioco interattivo.
interaktive Graphik (*f. - Inf.*), grafica interattiva.

interaktive Navigation (*f. - Inf.*), navigazione interattiva.
interaktives Fernsehen (*n. - Fernseh.*), televisione interattiva.
interaktives System (*n. - Inf.*), sistema interattivo.
Interaktivität (*f. - Inf. - etc.*), interattività.
interdisziplinär (*allg.*), interdisciplinare.
Interdisziplinarität (*f. - allg.*), interdisciplinarità.
Interfacekabel (*n. - Inf.*), cavo di interfaccia.
Interfacekarte (*f. - Inf.*), scheda di interfaccia.
interferieren (*allg.*), interferire.
Interferon (*n. - Biol.*), interferone.
Interkontinentalflug (*m. - Flugw.*), volo intercontinentale.
Interleukin (*n. - Chem.*), interleuchina.
intermedial (*allg.*), intermediale.
Intermedialität (*f. - allg.*), intermedialità.
intermittierend (*allg.*), intermittente.
intermodal (*allg.*), intermodale.
Intermodalität (*f. - allg.*), intermodalità.
internationalisieren (*allg.*), internazionalizzare.
Internationalisierung (*f. - allg.*), internazionalizzazione.
Internationalität (*f. - allg.*), internazionalità.
interner Kandidat (*m. - Arb. - etc.*), candidato interno.
Internet (*n. - Inf.*), Internet. **2 im Internet surfen** (*Inf.*), navigare in Internet.
Internet-Adresse (*f. - Inf.*), indirizzo Internet.
Internet-Anschluss (*m. - Inf.*), collegamento a Internet.
Internetanwendung (*f. - Inf.*), applicazione Internet.
Internetarchitektur (*f. - Inf.*), architettura di Internet.
Internetausgabe (eines Kataloges z. B.) (*f. - Inf.*), edizione Internet.
internetbasiert (*Inf.*), basato su Internet.
internetbasiertes Informationssystem (*n. - Inf.*), sistema informativo basato su Internet.
Internetbenutzer (*m. - Inf.*), utente di Internet.
Internetbesucher (*m. - Inf.*), visitatore di Internet.
Internetexperte (*m. - Inf.*), esperto di Internet.
Internetgemeinde (*f. - Inf.*), comunità Internet.
Internetlink (*m. - Inf.*), link Internet.
Internet-Marketing (*n. - Inf.*), Internet marketing.
Internet-Markt (*m. - Inf.*), mercato di Internet.
Internet-Navigationsprogramm (*n. - Inf.*), programma di navigazione in Internet.
Internetnutzer (*m. - recht.*), utente di Internet.
Internet-Plattform (*f. - Inf.*), piattaforma Internet.
Internetpräsenz (*f. - Inf.*), presenza in Internet.
Internetprogramm (*n. - Inf.*), programma per Internet.
Internetprotokoll (*n. - Inf.*), protocollo Internet.
Internetprovider (*m. - Inf.*), Internet provider, provider di Internet.
Internet-providing (*n. - engl. - Inf.*), Internet Providing.
Internet-Seite (*f. - Inf.*), pagina Internet.
Internetserver (*m. - Inf.*), Internet server.
Internetsoftware (*f. - Inf.*), software per Internet.
Internet-Suche (*f. - Inf.*), ricerca in Internet.
Internet-Terminal (*n. - Inf.*), terminale Internet.
Internetworking (*n. - engl. - Inf.*), Internetworking.
Internetzugang (*m. - Inf.*), accesso a Internet.
Internetzugriff (*m. - Inf.*), accesso a Internet.
Interoperabilität (*f. - Inf.*), interoperabilità.
interparlamentarisch (*Politik*), interparlamentare.
interpersonell (*allg.*), interpersonale.
interplanetare Materie (*f. - Astronautik*), materia interplanetaria.
interplanetarer Raum (*m. - Astronautik*), spazio interplanetario.
Interpolationsdaten (*n. - pl. - Inf.*), dati di interpolazione.
Interpolationsfehler (*m. - Math.*), errore di interpolazione.
Interpolationsformel (*f. - Math.*), formula di interpolazione.
Interpolationskurve (*f. - Math.*), curva di interpolazione.
Interpolationsmethode (*f. - Math.*), metodo di interpolazione.
Interpolationspolynom (*n. - Math.*), polinomio di interpolazione.
Interpolationstechnik (*f. - Math.*), tecnica di interpolazione.
interpolieren (*Math.*), interpolare.
Interpreterprogramm (*n. - Inf.*), programma interprete.
interpretieren (*Inf. - etc.*), interpretare.
interpretierend (*Inf. - etc.*), interpretativo.
Interrupt (*m. - engl. - Inf.*), interrupt.
interstellares Material (*n. - Astr.*), materiale interstellare.
interuniversitär (*Schule*), interuniversitario.
intramolekular (*Biol.*), intramoleculare.
Intranet (*n. - engl. - Inf.*), Intranet.
Intranetanwendung (*f. - Inf.*), applicazione Intranet.
Intranetlösungen (*f. - pl. - Inf.*), soluzioni Intranet.
Intranetserver (*m. - Inf.*), server Intranet.
Intranetsoftware (*f. - Inf.*), software Intranet.
Intranettechnologie (*f. - Inf.*), tecnologia Intranet.
intrauterin (*Med.*), intrauterino.
intrazellular (*Biol.*), intracellulare.
intrazellulärer Speicher (*m. - Biol.*), memoria intracellulare.
Inverkehrbringen (*n. - allg.*), messa in circolazione.
invertierbar (*allg.*), invertibile.
invertieren (*allg.*), invertire.
invertierend (*allg.*), invertente.
Invertierung (*f. - allg.*), inversione.
Investitionsbudget (*n. - finanz.*), budget di investimento.
Investitionsfinanzierung (*f. - finanz.*), finanziamento degli investimenti.
Investitionsfonds (*m. - finanz.*), fondo di investimento.
Investitionsform (*f. - finanz.*), forma di investimento.

Investitionsobjekt (*n.* - *finanz.*), oggetto di investimento.
Investitionspolitik (*f.* - *finanz.*), politica degli investimenti.
Investitionsstrategie (*f.* - *finanz.*), strategia di investimento.
Investitionstyp (*m.* - *finanz.*), tipo di investimento.
Investor (*m.* - *finanz.*), investitore.
In-Vitro-Fertilisation (*f.* - *Med.*), fecondazione in vitro.
involutorisch (*Math.*), involutivo.
Iodbenzol (*n.* - *Chem.*), iodobenzene.
Iodtrichlorid (*n.* - *Chem.*), tricloruro di iodio.
Ionenaustausch (*m.* - *Chem.*), scambio di ioni.
Ionisationspotential (*n.* - *Phys.*), potenziale di ionizzazione.
ionisiertes Gas (*n.* - *Chem.*), gas ionizzato.
Ionisierungsenergie (*f.* - *Atomphys.*), energia di ionizzazione.
ionosphärisch (*Funk.* - *etc.*), ionosferico.
IP (Internet Protocol, Internet Protokoll) (*n.* - *Inf.*), IP.
IP-Adresse (*f.* - *Inf.*), indirizzo IP.
IP-Konfiguration (*f.* - *Inf.*), configurazione IP.
IP-Nummer (*f.* - *Inf.*), numero IP.
Irreversibilität (*f.* - *Phys.*), irreversibilità.
ISDN-Leitung (*f.* - *Elektronik*), linea ISDN.
ISDN-Netz (*n.* - *Elektronik*), rete ISDN.
ISO 9000 zertifiziert (*Ind.* - *etc.*), certificato ISO 9000.
ISO 9000 Zertifizierung (*f.* - *Ind.* - *etc.*), certificazione ISO 9000.
ISO 9000-zertifiziertes Service (*m.* - *n.* - *Ind.* - *etc.*), assistenza tecnica certificata ISO 9000.
Isobutanol (*n.* - *Chem.*), isobutanolo.
Isobuten (*n.* - *Chem.*), isobutene.
Isobutylacetat (*n.* - *Chem.*), isobutilacetato.
Isobutylalkohol (*n.* - *Chem.*), alcol isobutilico.
Isobutylamin (*n.* - *Chem.*), isobutilammina.
Isochron (*n.* - *Phys.*), isocrono.
isoelektronisch (*Atomphys.*), isoelettronico.
Isoenzym (*n.* - *Chem.*), isoenzima.
Isoleucin (*n.* - *Chem.*), isoleucina.
Isomorphismus (*m.* - *Math.*), isomorfismo.
Isonitril (*n.* - *Chem.*), isonitrile.
ISO-Programmiersprache (*f.* - *Inf.*), linguaggio di programmazione ISO.
ISO-Schnittstelle (*f.* - *NC*), interfaccia ISO.
Isopropyl (*n.* - *Chem.*), isopropile.
Isopropylalkohol (*n.* - *Chem.*), alcol isopropilico.
Isopropylamin (*n.* - *Chem.*), isopropilammina.
isotaktisch (*Chem.*), isotattico. **2 isotaktisches Polypropylen** (*n.* - *Chem.*), polipropilene isotattico.
Isotonie (*f.* - *Med.*), isotonia.
isotonisch (*Med.*), isotonico.
iterativ (*allg.*), iterativo.

J

Jadeit (*n. - Min.*), giadeite.
Jahresdurchschnitt (*m. - Stat. - etc.*), media annuale.
jahresdurchschnittlich (*Stat. - etc.*), medio annuale. **2 jahresdurchschnittliche Arbeitslosenrate** (*f. - Ind.*), tasso di disoccupazione medio annuale.
Jahresversammlung (*f. - allg.*), assemblea annuale.
jahrzentelange Erfahrung (*f. - allg.*), esperienza decennale.
Jamesonit (*n. - Min.*), jamesonite.
Jarosit (*n. - Min.*), jarosite.
Jeans (*f. - pl. - Textilind.*), jeans.
Jersey (*m. - engl. - Textilind.*), jersey.
Jodid (*n. - Chem.*), ioduro.
Joint Venture (*n. - engl. - komm.*), joint-venture.
Jordansche Normalform (*f. - Math.*), forma normale di Jordan.
Joystick (*m. - Inf.*), joystick.
Joystick-Funktionen (*f. - pl. - Inf.*), funzioni del joystick.
Joystick-Kabel (*n. - Inf.*), cavo del joystick.
Jupiteratmosphäre (*f. - Astr.*), atmosfera di Giove.
Jupiterbeobachtungen (*f. - pl. - Astr.*), osservazioni di Giove.
Jupitermond (*m. - Astr.*), luna di Giove.
Just-in-Time-System (*n. - Ind.*), sistema Just in Time.

K

Kabelkonfektionierung (*m. - Elekt.*), confezionamento di cavi.
Kadmiumazetat (*n. - Chem.*), acetato di cadmio.
Kadmiumchlorid (*n. - Chem.*), cloruro di cadmio.
Kadmiumsulfat (*n. - Chem.*), solfato di cadmio.
Kaliumantimonat (*n. - Chem.*), antimonato di potassio.
Kaliumazetat (*n. - Chem.*), acetato di potassio.
Kaliumbisulfat (*n. - Chem.*), bisolfato di potassio.
Kaliumbromat (*n. - Chem.*), bromato di potassio.
Kaliumbromid (*n. - Chem.*), bromuro di potassio.
Kaliumchlorid (*n. - Chem.*), cloruro di potassio.
Kaliumchromat (*n. - Chem.*), cromato di potassio.
Kaliumcyanat (*n. - Chem.*), cianato di potassio.
Kaliumcyanid (*n. - Chem.*), cianuro di potassio.
Kaliumdichromat (*n. - Chem.*), dicromato di potassio.
Kaliumdisulfat (*n. - Chem.*), disolfato di potassio.
Kaliumdisulfit (*n. - Chem.*), disolfito di potassio.
Kaliumfluorid (*n. - Chem.*), fluoruro di potassio.
Kaliumfluoroborat (*n. - Chem.*), fluoroborato di potassio.
Kaliumgluconat (*n. - Chem.*), gluconato di potassio.
Kaliumjodat (*n. - Chem.*), iodato di potassio.
Kaliumjodid (*n. - Chem.*), ioduro di potassio.
Kaliumkarbonat (*n. - Chem.*), carbonato di potassio.
Kaliumnitrit (*n. - Chem.*), nitrato di potassio.
Kaliumoxalat (*n. - Chem.*), ossalato di potassio.
Kaliumperchlorat (*n. - Chem.*), perclorato di potassio.
Kaliumpermanganat (*n. - Chem.*), permanganato di potassio.
Kaliumphosphat (*n. - Chem.*), fosfato di potassio.
Kaliumsulfat (*n. - Chem.*), solfato di potassio.
Kaliumtetrafluoroborat (*n. - Chem.*), tetrafluoroborato di potassio.
Kaliumtetraoxalat (*n. - Chem.*), tetraossalato di potassio.
Kaliumthiocyanat (*n. - Chem.*), tiocianato di potassio.
kalthärtend (*Technol.*), indurente a freddo.
Kaltstartemission (*f. - Mot.*), emissione all'avviamento a freddo.
Kaltumformung (*f. - Blechbearb.*), formatura a freddo.
kaltzuformend (*mech. Technol.*), da formare a freddo.

Kalziumarsenat (*n. - Chem.*), arsenato di calcio.
Kalziumazetat (*n. - Chem.*), acetato di calcio.
Kalziumchromat (*n. - Chem.*), cromato di calcio.
Kalziumhydrid (*n. - Chem.*), idruro di calcio.
Kalzium-Verlust (*m. - Med.*), perdita di calcio.
Kampfhelikopter (*m. - Flugw.*), elicottero da combattimento.
Kampfhubschrauber (*m. - Flugw.*), elicottero da combattimento.
Kanalzahl (*f. - Fernseh.*), numero di canale.
kapazitiver Strom (*m. - Elekt.*), corrente capacitiva.
Kapitalbildung (*f. - finanz.*), formazione di capitale.
kapitalisierbar (*finanz.*), capitalizzabile.
kapitalisiert (*finanz.*), capitalizzato.
Karbonylchlorid (*n. - Chem.*), cloruro di carbonile.
kardiochirurgisch (*Med.*), cardiochirurgico.
kardiologisch (*Med.*), cardiologico.
Kardiomyopathie (*f. - Med.*), cardiomiopatia.
kardiopulmonal (*Med.*), cardiopolmonare.
Kardiovaskularchirurgie (*f. - Med.*), chirurgia cardiovascolare.
kataklastisch (*Min.*), cataclastico.
katalytisch wirkend (*chem. Ind.*), a effetto catalitico.
katalytische Oxydation (*f. - Chem.*), ossidazione catalitica.
kategorial (*allg.*), categoriale.
Katheterventil (*n. - Med.*), valvola per catetere.
Kationenaustausch (*m. - Chem.*), scambio di cationi.
Kaufdatum (*n. - komm.*), data di acquisto.
kennzeichnen: dadurch gekennzeichnet dass... (*allg.*), caratterizzato dal fatto che...
Kennzeichnungsschild (*m. - allg.*), targhetta di identificazione.
Keramikträger (*m. - Metall.*), supporto ceramico.
Kerndurchmesser (*m. - Kernphys.*), diametro del nucleo.
Kernit (*n. - Min.*), kernite.
Kernphysiker (*m. - Kernphys.*), fisico nucleare.
Kilobit (*n. - Inf.*), kilobit.
Kilobit pro Sekunde (*n. - Inf.*), kilobit al secondo.
Kilobyte (*n. - Inf.*), kilobyte.
Kilobyte pro Sekunde (*n. - Inf.*), kilobyte al secondo.
Kilokalorie (*f. - Masseinheit*), chilocaloria.
Klagepartei (*f. - recht.*), parte attrice.
Klassendefinition (*f. - allg.*), definizione di classi.
Klebverbindung (*f. - Technol.*), unione con incollaggio.
Klemmorgan (*n. - Mech.*), organo di bloccaggio, organo di serraggio.
Klick (*m. - Inf.*), clic.

klickbar

klickbar (*Inf.*), cliccabile.
klicken (*Inf.*), cliccare.
Klimaänderungssignal (*n. - Meteor.*), segnale di variazione del clima.
Klimaanlage (*f. - Aut.*), climatizzatore.
klimatisierbar (*Aut.*), climatizzabile.
Klimavariabilität (*f. - Meteor.*), variabilità climatica.
Klinozoisit (*n. - Min.*), clinozoisite.
klonen (*Biol.*), clonare.
Klonen (*n. - Biol.*), clonazione.
Kloning (*n. - Biol.*), clonazione.
Klopfgeräusch (*n. - Aut. - etc.*), rumore di battito.
Klosettsitz (*m. - Bauw.*), sedile del water.
Know-how (*n. - engl. - allg.*), know-how.
Kobaltchlorid (*n. - Chem.*), cloruro di cobalto.
Kobaltnitrat (*n. - Chem.*), nitrato di cobalto.
Kobaltsulfat (*n. - Chem.*), solfato di cobalto.
Koenzym (*n. - Biol.*), coenzima.
Kofferraumhaube (*f. - Aut.*), sportello del baule.
Kohlefaser (*f. - Chem.*), fibra di carbonio.
Kohlefaserverbundwerkstoff (*m. - Technol.*), materiale composito in fibra di carbonio.
Kommanditgesellschaft auf Aktien (KGaA) (*f. - komm.*), società in accomandita per azioni.
kommerzialisierbar (*komm.*), commercializzabile.
Kommerzialisierung (*f. - komm.*), commercializzazione.
kommerziell verwertbar (*komm.*), utilizzabile commercialmente.
kommerzielle Luftfahrt (*f. - Flugw.*), aviazione commerciale.
kommerzielle Organisation (*f. - komm.*), organizzazione commerciale.
Kommerzsender (*m. - Fernseh.*), emittente commerciale.
Kommissionsmitglied (*n. - allg.*), commissario, membro di commissione.
Kommunikationsbranche (*f. - allg.*), settore delle comunicazioni.
Kommunikationsinfrastruktur (*f. - allg.*), infrastruttura di comunicazione.
Kommunikationskapazität (*f. - allg.*), capacità di comunicazione.
Kommunikationskarte (*f. - Inf.*), scheda di comunicazione.
Kommunikationsprotokoll (*m. - Inf.*), protocollo di comunicazione.
Kommunikationssoftware (*f. - Inf.*), software di comunicazione.
Kommunikationsstandard (*m. - Inf.*), standard di comunicazione.
Kompaktbauweise (*f. - Ind.*), design compatto, disegno compatto.
kompaktierte Datei (*f. - Inf.*), file compattato.
kompatibles System (*n. - Inf.*), sistema compatibile.
kompilierbar (*Inf.*), compilabile.
kompilieren (*Inf.*), compilare.
Komplettpaket (*n. - komm.*), pacchetto completo.
kompressibel (*Phys.*), compressibile.
Kompressibilität (*f. - Phys.*), compressibilità.
kompromisslos (*allg.*), senza compromessi.
kondensiert (*allg.*), condensato.

Konfigurationsdatei (*f. - Inf.*), file di configurazione.
konfigurierbar (*allg.*), configurabile. **2 konfigurierbare Software** (*f. - Inf.*), software configurabile.
konfigurieren (*allg*), configurare.
konjunktival (*Med.*), congiuntivale.
konjunkturell (*allg.*), congiunturale.
Konkursantrag (*m. - recht.*), richiesta di fallimento.
Konkursgericht (*n. - recht.*), tribunale fallimentare.
Konkursrecht (*n. - recht.*), diritto fallimentare.
Konkursverfahren (*n. - recht.*), procedura fallimentare.
Konkursvoraussetzungen (*f. - pl. - recht.*), presupposti del fallimento.
konstante Spannung (*f. - Elekt.*), tensione costante.
konstanter Strom (*m. - Elekt.*), corrente costante.
Konstruktionsleiter (*m. - Pers. - Arb. - Organ.*), direttore della progettazione.
Konstruktionsrichtlinien (*f. - pl. - Zeichn. - etc.*), direttive di progettazione.
Konsumentenberatung (*f. - komm.*), servizio consumatori.
Konsumentenpreis (*m. - komm.*), prezzo al consumo.
Konsumentenpreisindex (*m. - komm.*), indice dei prezzi al consumo.
Kontakt: in Kontakt treten (*allg.*), entrare in contatto.
Kontaktperson (*f. - allg.*), persona da contattare.
kontextuell (*allg.*), contestuale.
Kontinentaleuropa (*n. - Geogr.*), Europa continentale.
Kontobelastung (*f. - Buchhaltung*), addebitamento sul conto.
kontraproduktiv (*allg.*), controproducente.
Kontrastfilter (*n. - Opt.*), filtro di contrasto.
Kontrolle der Exekutive (*f. - Politik*), controllo dell'esecutivo.
kontrollierte Atmosphäre (eines Ofens z. B.) (*f. - Wärmebeh.*), atmosfera controllata.
kontrollierter Wiedereintritt (von Satelliten z. B.) (*m. - Astronautik*), rientro controllato.
Kontrollstation (*f. - Radar*), stazione di controllo.
Kontrollzentrum (*n. - Radar*), centro di controllo.
konvektiv (*Phys.*), convettivo.
konventioneller Speicher (*m. - Inf.*), memoria convenzionale.
Konvergenzkriterien (*n. - pl. - allg.*), criteri di convergenza.
Konvertierungsprogramm (*n. - Inf.*), programma di conversione.
Konvertierungssoftware (*f. - Inf.*), software di conversione.
Koordinatenberechnung (*f. - Math.*), calcolo delle coordinate.
Koordinatenformat (*n. - Math.*), formato delle coordinate.
Koordinatennetz (*n. - Math.*), reticolo delle coordinate.
Koordinatenpaar (*n. - Math.*), coppia di coordinate.

Koordinatentransformation (*f. - Math.*), trasformazione di coordinate.
Kopfhörerbuchse (*f. - Elektroakus.*), presa della cuffia.
Kopf-Reinigung (*f. - Chem.*), pulizia della testina.
Korrekturfaktor (*m. - allg.*), fattore di correzione.
Korrespondenzbüro (*n. - Zeitg.*), ufficio di corrispondenza.
korrosionsgefährdet (*Chem. - Metall. - etc.*), soggetto a rischio di corrosione.
korrosionsgeschützt (*Chem. - Metall. - etc.*), protetto da corrosione.
kostendeckend (*finanz.*), di copertura delle spese.
kostengünstiger Tarif (*m. - komm. - etc.*), tariffa economica.
Kostenoptimierung (*f. - Adm.*), ottimizzazione dei costi.
Kovarianz (*f. - Math.*), covarianza.
Kraft: in Kraft treten (Vertrag z.B.) (*recht.*), entrare in vigore.
Kraftkontroll-Einheit (*f. - Hydr.*), unità di regolazione della potenza.
Kraftstoffvorratsanzeige (*f. - Aut.*), indicazione del livello del carburante.
Kraftübertragung (*f. - Mech.*), trasmissione della forza.
Krankheitserreger: auf den Darm einwirkender Krankheitserreger (*m. - Med.*), agente patogeno che agisce sull'intestino.
kratzfest (*allg.*), resistente all'abrasione.
krebserzeugend (*Med.*), cancerogeno.
krebserzeugende Wirkung (*f. - Med.*), effetto cancerogeno.
krebserzeugender Stoff (*m. - Med.*), sostanza cancerogena.
Krebsrisiko (*n. - Med.*), rischio di cancro.
Kredit: einen Kredit einräumen (*Buchführung*), concedere un credito.
Kreditkarte: mit einer Kreditkarte bezahlen (*Buchführung*), pagare con una carta di credito. 2 mit Kreditkarte im Internet bezahlen (*Buchführung - Inf.*), pagare con carta di credito in Internet. 3 Bezahlung per Kreditkarte (*komm. - Adm.*), pagamento mediante carta di credito.
Kreditkartendaten (*n. - pl. - Buchführung*), dati della carta di credito.
kreditkartengross (*allg.*), grande come una carta di credito.
Kreditkartennummer (*f. - Buchführung*), numero di carta di credito.
Kryobiologie (*f. - Biol.*), criobiologia.

kryobiologisch (*Biol.*), criobiologico.
Kryochirurgie (*f. - Med.*), criochirurgia.
kryochirurgisch (*Med.*), criochirurgico.
Kryogenie (*f. - Phys.*), criogenia.
kryogenisch (*Phys.*), criogenico.
Kryoskopie (*f. - Phys.*), crioscopia.
kryoskopisch (*Phys.*), crioscopico.
Kryotherapie (*f. - Med.*), crioterapia.
Kryptogramm (*n. - allg.*), crittogramma.
Kryptographie (*f. - Inf. - etc.*), crittografia.
kryptographisch (*Inf. - etc.*), crittografico.
Kryptologe (*m. - Inf. - etc.*), crittologo.
Kühlmittel Aus (*Werkz.masch.bearb.*), arresto refrigerante.
Kühlmittel Ein (*Werkz.masch.bearb.*), erogazione refrigerante.
Kulturgebiet (*n. - allg.*), area culturale.
Kundenbindung (*f. - komm.*), legame con il cliente.
kundenorientiert (*komm.*), orientato alla clientela.
kundenspezifisch (*komm.*), specifico per il cliente.
kundenspezifische Lösung (*f. - komm.*), soluzione specifica per il cliente.
Kundenzufriedenheit (*f. - komm.*), soddisfazione del cliente.
Kunstflug (*m. - Flugw.*), volo acrobatico.
Kunstflugfiguren (*f. - pl. - Flugw.*), figure di volo acrobatico.
Kunstflugmeisterschaft (*f. - Sport - Flugw.*), campionato di volo acrobatico.
Kunstflugteam (*n. - Flugw.*), squadra di volo acrobatico.
künstliche Intelligenz (*f. - Inf.*), intelligenza artificiale. 2 symbolische künstliche Intelligenz (*f. - Inf.*), intelligenza artificiale simbolica.
künstliches Chromosom (*n. - Biochem.*), cromosoma artificiale.
Kunzit (*n. - Min.*), kunzite.
Kupferazetat (*n. - Chem.*), acetato di rame.
Kupferchlorid (*n. - Chem.*), cloruro di rame.
Kupferkarbonat (*n. - Chem.*), carbonato di rame.
Kupfernitrat (*n. - Chem.*), nitrato di rame.
Kupferrohr (*n. - Leit.*), tubo di rame.
kürzbar (*allg.*), accorciabile.
Kürzungen im Sozialetat (*f. - pl. - finanz.*), tagli allo stato sociale.
kyrillisch (*allg.*), cirillico. 2 kyrillischer Buchstabe (*m. - Druck.*), lettera cirillica. 3 kyrillische Schrift (*f. - Büro*), scrittura cirillica. 4 kyrillisches Zeichen (*n. - Büro*), carattere cirillico.

L

Laborexperiment (*n. - Ind. - etc.*), esperimento di laboratorio.
Labormethode (*f. - Ind. - etc.*), metodo di laboratorio.
Lackgarantie (*f. - komm. - Aut.*), garanzia sulla vernice.
Lackieranlage (*f. - Anstr.*), impianto di verniciatura.
Lackierarbeiten (*f. - pl. - Anstr.*), lavori di verniciatura.
Lackiertechnik (*f. - Anstr.*), tecnica di verniciatura.
Ladebedingungen (*f. - pl. - allg.*), condizioni di carico.
Lagerbüro (*n. - Büro - Ind.*), ufficio del magazzino.
Lagerkosten (*f. - pl. - Ind.*), costi di magazzino.
Lagerverwaltung (*f. - Ind.*), gestione di magazzino.
Lagerverwaltungsprogramm (*n. - Ind.*), programma di gestione magazzino.
Lagerverwaltungssoftware (*f. - Ind.*), software di gestione magazzino.
Lagrange-Formulierung (*f. - Math.*), formulazione lagrangiana.
Lagrange-Gleichung (*f. - Math.*), equazione lagrangiana.
Lagrange-Multiplikatoren (*m. - pl. - Math.*), moltiplicatori lagrangiani.
Lambdasonde (*f. - Mot.*), sonda lambda.
Laminarprofil (*n. - Aerodyn.*), profilo laminare.
Langlaufski (*f. - Sport*), sci da fondo.
Langsamflug (*m. - Flugw.*), volo lento.
Längsschnitt entlang der Linie A-A (*m. - Zeichn.*), sezione longitudinale lungo la linea A-A.
längsverleimt (Holzplatten z. B.) (*Holz*), incollato nel senso della lunghezza.
Langzeitverwendung (*f. - allg.*), impiego per lungo tempo.
Laplace-Gleichung (*f. - Math.*), equazione di Laplace.
Laplace-Methode (*f. - Math.*), metodo di Laplace.
Laplaceoperator (*m. - Math.*), operatore di Laplace.
Laptop-Computer (*m. - Inf.*), lap-top computer.
Lärmbekämpfung (*f. - Akus.*), lotta al rumore.
Laseranemometrie (*f. - Meteor.*), anemometria laser.
Laserbohren (*n. - mech. Technol.*), foratura a laser.
Laserdiagnostik (*f. - Med.*), diagnostica laser.
Laserdrucker (*m. - Inf.*), stampante laser.
lasergesteuerte Rakete (*f. - Expl. - Flugw.*), missile a guida laser.
Laserinterferometrie (*f. - Opt.*), interferometria laser.
Laserlicht (*n. - Opt.*), luce laser.
Lasermedizin (*f. - Med.*), medicina laser.

Laseroptik (*f. - Opt.*), ottica laser.
Laserscanner (*m. - Ind.*), scanner laser.
Laserschneiden (*n. - mech. Technol.*), taglio laser.
Laserschutzbrille (*f. - Arb.*), occhiali di protezione dai raggi laser.
Laserspektroscopie (*f. - Opt.*), spettroscopia laser.
Laserstrahlschneiden (*n. - mech. Technol.*), taglio a raggio laser.
Laserstrahlschweissen (*n. - mech. Technol.*), saldatura a raggio laser.
Lasertechnologie (*f. - Opt.*), tecnologia laser.
laserunterstützt (*Technol.*), assistito da laser.
laserunterstützte Bearbeitung (*f. - Technol.*), lavorazione assistita da laser.
Laserwaffe (*f. - milit.*), arma laser.
lateinische Schrift (*f. - Büro*), scrittura latina.
lateinisches Zeichen (*n. - Büro*), carattere latino.
laufende Kosten (*f. - pl. - Adm.*), spese correnti.
Laufwerk (*n. - Inf.*), drive, unità disco.
Laufwerkbezeichnung (*f. - Inf.*), nome del drive.
Laufwerkbuchstabe (*m. - Inf.*), lettera del drive.
Laumontit (*n. - Min.*), laumontite.
Lautsprecherpaar (*n. - Elektroakus.*), coppia di altoparlanti.
Leasingrate (*f. - komm.*), rata di leasing.
lebenslange Garantie (*f. - komm.*), garanzia a vita.
Lebensqualität (*f. - allg.*), qualità della vita.
Lederausstattung (*f. - Aut.*), rivestimento in pelle.
Lederlenkrad (*n. - Aut.*), volante in pelle.
Lederpolsterung (*f. - Aut.*), selleria in pelle.
Lederschaltknauf (*m. - Aut.*), manopola della leva del cambio rivestita in pelle.
Leichtmetallfelge (*f. - Aut.*), cerchione in lega leggera.
Leichtmetallrad (*n. - Aut.*), ruota in lega leggera.
Leistungselektronik (*f. - Elektronik*), elettronica di potenza.
leistungsstarke Motorisierung (*f. - Mot.*), motorizzazione con elevate prestazioni.
Leitstand (*m. - Ind.*), posto di comando.
Lenkwinkel (*m. - Aut.*), angolo di sterzata.
Lepidolith (*n. - Min.*), lepidolite.
Lesefehler (*m. - Inf.*), errore di lettura.
Lesekopf (*m. - Inf.*), testina di lettura.
Leuchtmelder (*m. - Elekt.*), segnalatore luminoso.
Leukozytenzahl (*f. - Biol.*), numero di leucociti.
Leukozytose (*f. - Med.*), leucocitosi.
Liberalisierung des Luftverkehrs (*f. - komm. - Flugw.*), liberalizzazione del traffico aereo.

Lichtwellenleiter (*m.* - *Elektronik*), cavo a fibre ottiche.
Lichtwellenleitung (*f.* - *Elektronik*), linea a fibre ottiche.
Lieferplan (*m.* - *komm.*), programma consegne, programma di fornitura.
Lieferumfang (*m.* - *komm.*), volume di fornitura.
limitiert verfügbar (*komm.*), disponibile in quantità limitata.
limnologisch (*Biol.*), limnologico.
lineare Viskoelastizität (*f.* - *Chem.* - *Phys.*), viscoelasticità lineare.
linearer Speicher (*m.* - *Inf.*), memoria lineare.
lineares Modell (*n.* - *Stat.*), modello lineare.
Linienflugzeug (*m.* - *Flugw.*), velivolo di linea.
Link (*m.* - *engl.* - *Inf.*), link.
Linkliste (*f.* - *Inf.*), elenco di link.
Linkssammlung (*f.* - *Inf.*), raccolta di links.
Lipolyse (*f.* - *Med.*), lipolisi.
Lipoprotein (*n.* - *Chem.*), lipoproteina.
Liquiditätsreserve (*f.* - *finanz.*), riserva di liquidità.
Lithiumbromid (*n.* - *Chem.*), bromuro di litio.
Lithiumchlorid (*n.* - *Chem.*), cloruro di litio.
Lithiumcyanid (*n.* - *Chem.*), cianuro di litio.
Lithiumfluorid (*n.* - *Chem.*), fluoruro di litio.
Lithiumhydrid (*n.* - *Chem.*), idruro di litio.
Lithiumhydroxyd (*n.* - *Chem.*), idrossido di litio.
Lithiumiodid (*n.* - *Chem.*), ioduro di litio.
Lithiumkarbonat (*n.* - *Chem.*), carbonato di litio.
Lithiumnitrat (*n.* - *Chem.*), nitrato di litio.
Lithiumperchlorat (*n.* - *Chem.*), perclorato di litio.
Lithiumsulfat (*n.* - *Chem.*), solfato di litio.
Lizenzvertrag (*m.* - *komm.*), contratto di licenza.
Lkw-Kolonne (*f.* - *Aut.*), colonna di camion.
Logdatei (*f.* - *Inf.*), file di log.
Logikbaustein (*m.* - *Inf.*), blocco logico.
Logik-Gleichung (*f.* - *Math.*), equazione logica.
logikorientiert (*Inf.*) orientato alla logica.
logikorientierte Programierung (*f.* - *Inf.*) programmazione orientata alla logica.
Logikprogramm (*n.* - *Inf.*), programma logico.
Logikprogrammiersprache (*f.* - *Inf.*), linguaggio di programmazione logica.
Logiksimulation (*f.* - *Inf.*), simulazione logica.
Logikstruktur (*f.* - *Inf.*), struttura logica.
Logiksystem (*n.* - *Inf.*), sistema logico.
Logikverarbeitung (*f.* - *Inf.*), elaborazione logica.
Login (*n.* - *engl.* - *Inf.*), login.
logische Einheit (*f.* - *Elektronik*), unità logica.
logischer Fehler (*m.* - *Inf.*), errore logico.
logisches Element (*n.* - *Elektronik*), elemento logico.
logisches Netz (*n.* - *Inf.*), rete logica.
Logistiknetz (*n.* - *Ind.*), rete logistica.
Logistikorganisation (*f.* - *allg.*), organizzazione logistica.
Logistik-Programm (*n.* - *Inf.*), programma logistico.
Logistik-Software (*f.* - *Inf.*), software logistico.
Logistik-System (*n.* - *Inf.*), sistema logistico.
Logout (*n.* - *engl.* - *Inf.*), logout.
Lokalausgabe (*f.* - *Druck.*), edizione locale.
lokaler Bus (*m.* - *Inf.*), bus locale.
lokaler Rechner (*m.* - *Inf.*), calcolatore locale.
lokaler Speicher (*m.* - *Inf.*), memoria locale.
Lokalsender (*m.* - *Fernseh.*), emittente locale.
Loop (*n.* - *engl.* - *Inf.*), loop.
lösbar (*Mech.*), distaccabile, separabile, smontabile.
löschbarer Speicher (*m.* - *Inf.*), memoria cancellabile.
Löslichkeit in Wasser (*f.* - *Chem.*), solubilità in acqua.
Lösungsmöglichkeit (*f.* - *allg.*), possibilità di soluzione.
Lotverbindung (*f.* - *mech. Technol.*), giunto brasato.
Luft- und Raumindustrie (*f.* - *Luftw.* - *Astronautik*), industria aerospaziale.
Luftbefeuchtung (*f.* - *allg.*), umidificazione dell'aria.
luftgetrocknet (*Ind.*), essiccato all'aria.
Luftstrom (*m.* - *allg.*), flusso, corrente d'aria.
Lufttaxi (*n.* - *Flugw.*), aerotaxi.
Luftverteidigung (*f.* - *Flugw.*), difesa aerea.
Luminanz (*f.* - *Opt.*), luminanza.
Lungentransplantation (*f.* - *Med.*), trapianto polmonare.

M

Maastricht-Kriterien (*n. - pl. - finanz.*), criteri di Maastricht.
Maastrichter Konvergenzkriterien (*n. - pl. - finanz.*), criteri di convergenza di Maastricht.
Maastrichter Vertrag (*m. - finanz.*), trattato di Maastricht.
Machtzentrum (*n. - allg.*), centro di potere.
Mackinawit (*n. - Min.*), mackinawite.
magmatisch (*Geol.*), magmatico.
Magmatologie (*f. - Geol.*), magmatologia.
Magnesiumazetat (*n. - Chem.*), acetato di magnesio.
Magnesiumbromid (*n. - Chem.*), bromuro di magnesio.
Magnesiumchlorid (*n. - Chem.*), cloruro di magnesio.
Magnesiumfluorid (*n. - Chem.*), fluoruro di magnesio.
Magnesiumgluconat (*n. - Chem.*), gluconato di magnesio.
Magnesiumhydroxyd (*n. - Chem.*), idrossido di magnesio.
Magnesiumiodid (*n. - Chem.*), ioduro di magnesio.
Magnesiumkarbonat (*n. - Chem.*), carbonato di magnesio.
Magnesiumnitrat (*n. - Chem.*), nitrato di magnesio.
Magnesiumperchlorat (*n. - Chem.*), perclorato di magnesio.
Magnesiumphosphat (*n. - Chem.*), fosfato di magnesio.
Magnesiumsilikat (*n. - Chem.*), silicato di magnesio.
Magnesiumsulfat (*n. - Chem.*), solfato di magnesio.
magnetisierbar (*Elekt.*), magnetizzabile.
magnetisiert (*Elekt.*), magnetizzato.
Magnetit (*n. - Min.*), magnetite.
Magnetkarte (*f. - Inf. - etc.*), carta magnetica.
Magnetkartenleser (*m. - Inf. - etc.*), lettore di carta magnetica.
magnetoelastisch (*Elekt.*), magnetoelastico.
Magnetohydrodynamik (*f. - Elekt.*), magnetoidrodinamica.
magnetohydrodynamisch (*Elekt.*), magnetoidrodinamico.
Magnetooptik (*f. - Opt.*), magnetoottica.
magneto-optischer Speicher (*m. - Inf.*), memoria magneto-ottica.
Magnetosphäre (*f. - Astr.*), magnetosfera.
magnetosphärisch (*Astr.*), magnetosferico.
Magnetotellurik (*f. - Geol.*), magnetotellurica.
magnetotellurisch (*Geol.*), magnetotellurico.
Mailbox (*f. - engl. - Inf.*), mailbox.
Mailing (*n. - engl. - komm.*), mailing.
Mailing-Liste (*f. - Inf.*), mailing list.
Mainframe (*f. - engl. - Inf.*), mainframe.
Mainframe-System (*n. - Inf.*), sistema mainframe.
Makrobefehl (*m. - Inf.*), macrocomando.
makromolekülar (*Chem.*), macromolecolare.
Makronukleus (*m. - Biol.*), macronucleo.
makroökonomisch (*finanz.*), macroeconomico.
Makrosprache (*f. - Inf.*), macrolinguaggio.
Malthusianismus (*m. - allg.*), malthusianesimo.
Management (*n. - engl. - Organ. - Adm.*), management.
Managementerfahrung (*f. - Organ. - Adm.*), esperienza di management.
Manganazetat (*n. - Chem.*), acetato di manganese.
Manganit (*n. - Min.*), manganite.
Manganoxyd (*n. - Chem.*), ossido di manganese.
Mangansulfat (*n. - Chem.*), solfato di manganese.
Mängelbeseitigung (*f. - allg.*), eliminazione dei difetti.
Manipulation (*f. - allg.*), manipolazione.
manipulierbar (*allg.*), manipolabile.
manipuliert (*allg.*), manipolato.
Mannschaftskabine (*f. - naut. - etc.*), cabina dell'equipaggio.
Marketing-Abteilung (*f. - komm. - Organ.*), ufficio marketing.
Marketingexperte (*m. - Inf.*), esperto di marketing.
Marketinggesellschaft (*f. - komm. - Organ.*), società di marketing.
Marketinginstrument (*n. - komm. - Organ.*), strumento di marketing.
Marketingplan (*m. - komm. - Organ.*), piano di marketing.
Marketingpolitik (*f. - komm. - Organ.*), politica di marketing.
Marketingstrategie (*f. - komm. - Organ.*), strategia di marketing.
Markt: auf dem Markt erhältlich (*komm.*), disponibile sul mercato.
Marktanteil (*m. - komm.*), quota di mercato.
Marktdaten (*n. - pl. - komm.*), dati di mercato.
Marktentwicklung (*f. - komm.*), sviluppo del mercato.
Marktpotential (*n. - komm.*), potenziale di mercato.
Marktsegment (*n. - komm.*), segmento di mercato.
Marssonde (*f. - Astronautik*), sonda per lo studio di Marte.
Martensitbildung (*f. - Metall.*), formazione di martensite.
Martensitbildungstemperatur (*f. - Metall.*), temperatura di formazione della martensite.
Maschendrahtzaun (*m. - Bauw.*), recinzione in rete metallica.
Maschinenarbeitsraum (*m. - Masch.*), spazio di lavoro della macchina.
Maschinengeneration (*f. - Masch.*), generazione di macchine.
Maschineninstruktion (*f. - Inf.*), istruzione macchina.

Maschinennullpunkt (*m. - NC - Werkz. masch.*), origine macchina. **2 die Koordinaten beziehen sich auf den Maschinennullpunkt** (*NC - Werkz. masch.*), le coordinate si riferiscono all'origine macchina.
Massenarbeitslosigkeit (*f. - Arb.*), disoccupazione di massa.
Massengüter (*n. - pl. - komm*), beni di massa.
Massenkommunikation (*f. - allg.*), comunicazione di massa.
Massenspeicher (*m. - Inf.*), memoria di massa.
Massivholzplatte (*f. - Holz*), pannello di legno massiccio.
Master (*m. - engl. - Schule*), master.
Mastering (*n. - engl. - Elektroakus.*), mastering.
materialsparend (*allg.*), con risparmio di materiale.
materialsparende Herstellung (*f. - Ind.*), fabbricazione con risparmio di materiale.
Mathematikdidaktik (*f. - Math.*), didattica matematica.
Mathematik-Programm (*n. - Inf.*), programma matematico.
Mathematik-Software (*f. - Inf.*), software matematico.
mathematische Physik (*f. - Phys.*), fisica matematica.
mathematischer Coprozessor (*m. - Inf.*), coprocessore matematico.
mathematisieren (*Math.*), matematizzare.
Mathematisierung (*f. - Math.*), matematizzazione.
Matrixalgebra (*f. - Math.*), algebra matriciale.
Matrixprodukt (*n. - Math.*), prodotto matriciale.
Mauerfall (9.11.1989) (*m. - Politik*), caduta del muro di Berlino.
Maus (*f. - Inf.*), mouse.
Mausbewegung (*f. - Inf.*), movimento del mouse.
Mausfunktionen (*f. - pl. - Inf.*), funzioni del mouse.
mausgesteuert (*Inf.*), comandato con il mouse.
Mauskabel (*n. - Inf.*), cavo del mouse.
Mausklick (*m. - Inf.*), clic del mouse.
Mauskugel (*f. - Inf.*), pallina del mouse.
Mausmatte (*f. - Inf.*), tappetino per mouse.
Mauspad (*n. - Inf.*), mouse pad.
Mauspfeil (*m. - Inf.*), freccia, puntatore del mouse.
Mausposition (*f. - Inf.*), posizione del mouse.
Maustaste (*f. - Inf.*), tasto del mouse.
maximale Zeichenzahl (*f. - Inf.*), numero massimo di caratteri.
maximale Zeilenlänge (*f. - Inf.*), lunghezza massima della riga.
maximale Zeilenzahl (*f. - Inf.*), numero massimo di righe.
Maximalleistung (*f. - allg.*), potenza massima.
Maximalvorschub (*m. - Werkz.masch.bearb.*), avanzamento massimo.
Maxwellsche Gleichung (*f. - Phys.*), equazione di Maxwell.
mechanische und thermische Schockbelastungen (*f. - pl. - Mot.*), sollecitazioni dovute a shock meccanici e termici.
mechanisierbar (*Mech.*), meccanizzabile.
mechanisiert (*Mech.*), meccanizzato.
Mechatronik (*f. - Autom.*), mecatronica.

mechatronisch (*Autom.*), mecatronico.
Medizin-Informatik (*f. - Inf.*), informatica medica.
Meeresbiologie (*f. - Biol.*), biologia marina.
Meeresökologie (*f. - Ökol.*), ecologia marina.
Meerwasserentsalzungsanlage (*f. - chem. Ind.*), impianto di dissalazione dell'acqua di mare.
Megabit (*n. - Inf.*), megabit.
Megabit pro Sekunde (*n. - Inf.*), megabit al secondo.
Megabyte (*n. - Inf.*), megabyte.
Megabyte pro Sekunde (*n. - Inf.*), megabyte al secondo.
mehrachsig (*Technol. - etc.*), multiasse.
mehrdimensional (*allg.*), multidimensionale.
mehrfaktoriell (*Math.*), multifattoriale.
Mehrfamilienhaus (*n. - Bauw.*), casa plurifamiliare.
Mehrheit: **mit Mehrheit beschliessen** (*Politik - etc.*), deliberare a maggioranza.
mehrheitlich (*allg.*), in maggioranza.
Mehrheitsaktionär (*m. - finanz.*), azionista di maggioranza.
Mehrheitsanteil (*m. - finanz.*), quota di maggioranza.
mehrjährige Arbeit (*f. - allg.*), lavoro pluriennale.
mehrjährige Erfahrung (*f. - allg.*), esperienza pluriennale.
mehrkanalig (*Elektronik. - etc.*), multicanale.
mehrlagig (*allg.*), multistrato.
Mehrprozessorensystem (*n. - Inf.*), sistema multiprocessore.
Mehrrobotersystem (*n. - Autom.*), sistema a robot multipli.
Mehrwertsteuerbefreiung (*f. - finanz.*), esenzione dall'imposta sul valore aggiunto.
Mehrwertsteuersatz (*m. - finanz.*), aliquota IVA. **2 den Mehrwertsteuersatz erhöhen** (*finanz.*), aumentare l'aliquota IVA.
mehrwöchig (*allg.*), che dura più settimane.
Mehrzweckflugzeug (*n. - Flugw.*), velivolo multiruolo.
Mehrzweckhelikopter (*m. - Flugw.*), elicottero multiruolo.
Mehrzweckhubschrauber (*m. - Flugw.*), elicottero multiruolo.
Mehrzweckkampfflugzeug (*m. - Luftw.*), caccia multiruolo.
Meldungsfenster (*n. - Inf.*), finestra dei messaggi.
Melilit (*n. - Min.*), melilite.
Mengentheorie (*f. - Math.*), teoria degli insiemi.
Mensch-Computer-Interaktion (*f. - Inf.*), interazione uomo-computer.
Mensch-Computer-Kommunikation (*f. - Inf.*), comunicazione uomo-computer.
Mensch-Computer-Schnittstelle (*f. - Inf.*), interfaccia uomo-computer.
Menschen-Kloning (*n. - Biol.*), clonazione umana.
Menschenrechte (*n. - pl. - recht.*), diritti umani.
menschliches Chromosom (*n. - Biochem.*), cromosoma umano.
Mensch-Maschine-Interaktion (*f. - Inf.*), interazione uomo-macchina.

Mensch-Maschine-Interface (f. - Inf.), interfaccia uomo-macchina.
Mensch-Maschine-Kommunikation (f. - Inf.), comunicazione uomo-macchina.
Mensch-Maschine-Schnittstelle (f. - Inf.), interfaccia uomo-macchina.
Menübalken (m. - Inf.), barra del menu.
Menüelement (n. - Inf.), elemento del menu.
Menüfunktionen (f. - pl. - Inf.), funzioni del menu.
menügeführte Bedienung (f. - Inf.), comando da menu.
Menüleiste (f. - Inf.), barra del menu.
Menüoptionen (f. - pl. - Inf.), opzioni del menu.
Menüstruktur (f. - Inf.), struttura del menu.
Merchandising (n. - engl. - komm.), merchandising.
Metaanalyse (f. - Stat.), metaanalisi.
Metabolit (n. - Biol.), metabolita.
Metaldehyd (n. - Chem.), metaldeide.
metallen (Metall.), metallico.
Metallhülle (f. - allg.), involucro metallico.
Metallorganik (f. - Chem.), metallorganica.
metallorganisch (Chem.), metallorganico.
Metalltreppe (f. - Bauw.), scala metallica.
metalogisch (allg.), metalogico.
metamathematisch (Math.), metamatematico.
Metaprogrammierung (f. - Inf.), metaprogrammazione.
Metastabilität (f. - Phys. - Wärme), metastabilità.
Meteoroid (n. - Astr.), meteoroide.
Meterkonvention (f. - Masseinheit), convenzione del metro.
Methacrylat (n. - Chem.), metacrilato.
Methacrylsäure (f. - Chem.), alcol metacrilico.
Methanisierung (f. - Chem.), metanizzazione.
Methylacetat (n. - Chem.), metilacetato.
Methylacrylat (n. - Chem.), metilacrilato.
Methylamin (n. - Chem.), metilammina.
Methylmethacrylat (n. - Chem.), metilmetacrilato.
Microcontroller (m. - Elektronik), microcontrollore.
Mikroarchitektur (f. - Inf.), microarchitettura.
Mikrobiologie (f. - Biol.), microbiologia.
mikrobiologisch (Biol.), microbiologico.
Mikrochip (m. - Inf.), microchip.
Mikrocomputer (m. - Inf.), microcomputer.
Mikroelektronik (f. - Elektronik), microelettronica.
mikroelektronisch (Elektronik), microelettronico.
Mikrofilter (m. - n. - allg.), microfiltro.
Mikrogravitation (f. - Phys.), microgravità.
Mikroinformatik (f. - Inf.), microinformatica.
Mikrokassette (f. - Fernspr.), microcassetta.
mikroklimatisch (Meteor.), microclimatico.
Mikromanipulation (f. - allg.), micromanipolazione.
Mikromechanik (f. - Phys.), micromeccanica.
mikroökonomisch (finanz.), microeconomico.
Mikrophonbuchse (f. - Funk. - etc.), presa per microfono.
mikroprogrammierbar (Inf.), microprogrammabile.
Mikroprogrammierung (f. - Inf.), microprogrammazione.

Mikroprozessor-Chip (m. - Inf.), chip del microprocessore.
mikroprozessorgesteuert (Inf.), comandato da microprocessore.
Mikrorechner (m. - Inf.), microcalcolatore.
Mikrospektroskopie (f. - Opt.), microspettroscopia.
mikrospektroskopisch (Opt.), microspettroscopico.
Mikrosystem (n. - Elekt. - etc.), microsistema.
Mikrosystemtechnik (f. - Elekt. - etc.), tecnica dei microsistemi.
Mikrotechnik (f. - allg.), microtecnica.
Militärpilot (m. - Flugw.), pilota militare.
Millerit (n. - Min.), millerite.
Milliardstel (n. - Math.), miliardesimo.
Minderheitsaktionär (m. - finanz.), azionista di minoranza.
Minderheitsregierung (f. - Politik), governo di minoranza.
Mindestabstand (m. - Geom. - etc.), distanza minima.
miniaturisierbar (allg.), miniaturizzabile.
miniaturisieren (allg.), miniaturizzare.
miniaturisiert (allg.), miniaturizzato.
Miniaturisierung (f. - allg.), miniaturizzazione.
Minicomputer (m. - engl. - Inf.), minicomputer.
Minirechner (m. - Inf.), minicalcolatore.
Minitower (m. - engl. - Inf.), minitower.
Mirror (m. - engl. - Inf.), mirror.
Missionsspezialist (m. - Astronautik), specialista di missione.
Missionstag (m. - milit. - etc.), giorno di missione.
mitbegründen (allg.), cofondare, fondare insieme.
Mitbegründer (m. - allg.), cofondatore.
Mitbegründung (f. - allg.), cofondazione.
Miterfinder (m. - recht.), coinventore.
mitfinanzieren (finanz.), cofinanziare.
mitfinanziert (finanz.), cofinanziato.
Mitfinanzierung (f. - finanz.), cofinanziamento.
Mitgliedstaat (m. - recht.), stato membro.
Mitgliedstaat der Europäischen Union (m. - recht.), stato membro dell'Unione Europea.
mittel- und langfristige Strategie (f. - finanz. - etc.), strategia a medio e lungo termine.
Mittelarmlehne (f. - Aut.), bracciolo centrale.
mittelgross (allg.), di media grandezza.
mittelkörnig (Metall. - etc.), a grana media.
Mittelstreckenjet (m. - Flugw.), aviogetto di linea a medio raggio.
mittlere Maustaste (f. - Inf.), tasto centrale del mouse.
mittleres Infrarot (n. - Phys.), medio infarosso.
Mnemotechnik (f. - allg.), mnemotecnica.
mnemotechnisch (allg.), mnemotecnico.
Möbeldesign (n. - Ind.), design di mobili.
Möbelfabrik (f. - Ind.), mobilificio.
Möbelmesse (f. - komm.), fiera del mobile.
mobiler Roboter (m. - Ind. - Autom.), robot mobile.
Mobiltelefon (n. - Fernspr.), telefono cellulare.
Mobiltelefonnetz (n. - Fernspr.), rete di telefonia mobile.
Modellbeschreibungssprache (f. - Inf.), linguaggio di descrizione di modelli.
Modemadapter (m. - Inf.), adattatore modem.

Modemanschluss (*m. - Inf.*), collegamento modem.
modembasiert (*Inf.*), basato su modem.
Modememulation (*f. - Inf.*), emulazione del modem.
Modemgeschwindigkeit (*f. - Inf.*), velocità del modem.
Modeminitialisierung (*f. - Inf.*), inizializzazione del modem.
Modeminterface (*f. - Inf.*), interfaccia modem.
Modemkabel (*n. - Inf.*), cavo del modem.
Modemkarte (*f. - Inf.*), scheda del modem.
Modemleitung (*f. - Inf.*), linea del modem.
modernisiert (*allg.*), modernizzato.
Modernisierungsarbeiten (*f. - pl. - allg.*), lavori di modernizzazione.
Modernisierungskosten (*f. - pl. - allg.*), costi di modernizzazione.
Modernisierungsphase (*f. - allg.*), fase di modernizzazione.
Modernisierungsprogramm (*n. - allg.*), programma di modernizzazione.
Modernisierungsprojekt (*n. - allg.*), progetto di modernizzazione.
Modernisierungsprozess (*m. - allg.*), processo di modernizzazione.
modularisierbar (*allg.*), modularizzabile.
modularisieren (*allg.*), modularizzare.
Modularisierung (*f. - allg.*), modularizzazione.
Moldavit (*n. - Min.*), moldavite.
Molekularbiologe (*m. - Biol.*), biologo molecolare.
Molekularbiologie (*f. - Biol.*), biologia molecolare.
Molekularbiophysik (*f. - Phys.*), biofisica molecolare.
Molekulardinamik (*f. - Phys.*), dinamica molecolare.
molekulare Embryologie (*f. - Biol.*), embriologia molecolare.
Molekularphysik (*f. - Phys.*), fisica molecolare.
Molekülorbital (*n. - Chem.*), orbitale molecolare.
Molekülspektroskopie (*f. - Opt.*), spettroscopia molecolare.
monatliche Veränderungsrate (*f. - finanz. - etc.*), tasso di variazione mensile.
Monitoranschluss (*m. - Inf.*), collegamento del monitor.
Monitorauflösung (*f. - Inf.*), risoluzione del monitor.
Monitoring (*n. - engl. - allg.*), monitoring, monitoraggio.
Monitoring-Software (*f. - Inf.*), software di monitoraggio.
Monitoring-System (*n. - allg.*), sistema di monitoraggio.
Monitorkabel (*n. - Inf.*), cavo del monitor.
Monitorkarte (*f. - Inf.*), scheda del monitor.
Monoamin (*n. - Chem.*), monoammina.
Monochrom-Monitor (*m. - Inf.*), monitor monocromatico.
Monoid (*n. - Math.*), monoide.
monokristallin (*Min. - etc.*), monocristallino.
mononuklear (*Chim.*), mononucleare.
Monoterpen (*n. - Chem.*), monoterpene.
Monotherapie (*f. - Med.*), monoterapia.
Monzonit (*n. - Min.*), monzonite.
Morganit (*n. - Min.*), morganite.
Morphing (*n. - Inf.*), morphing.
Morphingeffekte (*m. - pl. - Inf.*), effetti morphing.
Morphingprogramm (*n. - Inf.*), programma morphing.
Morphogenese (*f. - Biol.*), morfogenesi.
morphosyntaktisch (*allg.*), morfosintattico.
Motherboard (*n. - engl - Elektronik*), mother board, scheda madre.
Motorenpalette (*f. - Mot.*), gamma di motori.
Motorsegler (*m. - Flugw.*), motoaliante.
Mukoviszidose (*f. - Med.*), mucoviscidosi.
multidimensional (*allg.*), multidimensionale.
multidisziplinär (*allg.*), multidisciplinare.
Multidisziplinarität (*f. - allg.*), multidisciplinarità.
multifunktional (*allg.*), multifunzionale.
Multifunktionalität (*f. - allg.*), multifunzionalità.
multilateral (*allg.*), multilaterale
multilaterale Kooperation (*f. - allg.*), cooperazione multilaterale.
multilinear (*Math.*), multilineare.
multilineare Algebra (*f. - Math.*), algebra multilineare.
Multimedia-Anwendung (*f. - Inf.*), applicazione multimediale.
Multimediacomputer (*m. - Inf.*), computer multimediale.
Multimedia-Kommunikation (*f. - Inf. - etc.*), comunicazione multimediale.
multimediale Information (*f. - Inf.*), informazione multimediale.
Multimedialität (*f. - Inf.*), multimedialità.
Multimedia-Notebook (*m. - Inf.*), notebook multimediale.
Multimedia-Programm (*n. - Inf.*), programma multimediale.
Multimedia-Rechner (*m. - Inf.*), calcolatore multimediale.
Multimedia-Software (*f. - Inf.*), software multimediale.
Multimedia-Technologie (*f. - Inf.*), tecnologia multimediale.
Multiprocessing (*n. - engl. - Inf.*), multiprocessing.
Multiprogramming (*n. - engl. - Inf.*), multiprogramming.
Multiprotokoll-Netz (*n. - Inf.*), rete multiprotocollo.
Multiprozessor (*m. - Inf.*), multiprocessore.
multisensoriell (*allg.*), multisensoriale.
multisensorielle Systemen (*n. - pl. - Inf.*), sistemi multisensoriali.
multispektral (*Opt.*), multispettrale.
Multitasking (*n. - engl. - Inf.*), multitasking.
Multitasking-Architektur (*f. - Inf.*), architettura multitasking.
Multitasking-Programm (*n. - Inf.*), programma multitasking.
Multitasking-Software (*f. - Inf.*), software multitasking.
Multitasking-System (*n. - Inf.*), sistema multitasking.
muttersprachlich (*allg.*), madrelingua.

N

Nachbrenner (*m. - Flugw.*), postbruciatore.
Nachfrageelastizität (*f. - komm.*), elasticità della domanda.
Nadeldrucker (*m. - Inf.*), stampante ad aghi.
naheres Infrarot (*n. - Phys.*), infarosso vicino.
Näherungsschalter (*m. - Elekt.*), interruttore di prossimità.
Nanosekunde (*f. - Masseinheit*), nanosecondo.
NATO-Erweiterung (*f. - Politik*), allargamento della NATO.
Natriumaluminat (*n. - Chem.*), alluminato di sodio.
Natriumazetat (*n. - Chem.*), acetato di sodio.
Natriumbenzoat (*n. - Chem.*), benzoato di sodio.
Natriumbromat (*n. - Chem.*), bromato di sodio.
Natriumbromid (*n. - Chem.*), bromuro di sodio.
Natriumchlorat (*n. - Chem.*), clorato di sodio.
Natriumchloroacetat (*n. - Chem.*), cloroacetato di sodio.
Natriumchromat (*n. - Chem.*), cromato di sodio.
Natriumcitrat (*n. - Chem.*), citrato di sodio.
Natriumcyanat (*n. - Chem.*), cianato di sodio.
Natriumcyanid (*n. - Chem.*), cianuro di sodio.
Natriumdichromat (*n. - Chem.*), dicromato di sodio.
Natriumdisulfit (*n. - Chem.*), bisolfito, disolfito di sodio.
Natriumfluorborat (*n. - Chem.*), fluoroborato di sodio.
Natriumfluorid (*n. - Chem.*), fluoruro di sodio.
Natriumfluorsilikat (*n. - Chem.*), fluorosilicato di sodio.
Natriumgluconat (*n. - Chem.*), gluconato di sodio.
Natriumhydrid (*n. - Chem.*), idruro di sodio.
Natriumjodat (*n. - Chem.*), iodato di sodio.
Natriumjodid (*n. - Chem.*), ioduro di sodio.
Natriumkarbonat (*n. - Chem.*), carbonato di sodio.
Natriummolybdat (*n. - Chem.*), molibdato di sodio.
Natriumnitrat (*n. - Chem.*), nitrato di sodio.
Natriumnitrit (*n. - Chem.*), nitrito di sodio.
Natriumoxalat (*n. - Chem.*), ossalato di sodio.
Natriumperborat (*n. - Chem.*), perborato di sodio.
Natriumperchlorat (*n. - Chem.*), perclorato di sodio.
Natriumperoxyd (*n. - Chem.*), perossido di sodio.
Natriumsalicylat (*n. - Chem.*), salicilato di sodio.
Natriumsilikat (*n. - Chem.*), silicato di sodio.
Natriumsuccinat (*n. - Chem.*), succinato di sodio.
Natriumsulfid (*n. - Chem.*), solfuro di sodio.
Natriumsulfit (*n. - Chem.*), solfito di sodio.
Natriumtartrat (*n. - Chem.*), tartrato di sodio.
Natriumthiosulfat (*n. - Chem.*), tiosolfato di sodio.
Natriumwismutat (*n. - Chem.*), bismutato di sodio.
Natriumwolframat (*n. - Chem.*), wolframato di sodio.
natürliches Chromosom (*n. - Biochem.*), cromosoma naturale.
Navigationscomputer (*m. - Navig. - Inf.*), computer per la navigazione.
NC-Bearbeitung (*f. - Werkz.masch.*), lavorazione CN.
NC-Daten (*n. - pl. - Werkz.masch.*), dati CN.
NC-Drehzentrum (*n. - Werkz.masch.*), centro di tornitura CN.
NC-Programm (*n. - Werkz.masch.*), programma CN.
NC-Programmiersystem (*n. - Werkz.masch.*), sistema di programmazione CN.
NC-Programmierung (*f. - Werkz.masch.*), programmazione a CN.
NC-Software (*f. - Werkz.masch.*), software CN.
NC-Technik (*f. - Werkz.masch.*), tecnica CN.
Nebelscheinwerfer (*m. - Aut.*), fendinebbia.
Nebenarbeit (*f. - allg.*), lavoro secondario, secondo lavoro.
negative Entwicklung (*f. - allg.*), sviluppo negativo.
Neonatologie (*f. - Med.*), neonatologia.
Nephelin (*n. - Min.*), nefelina.
Nerd (*m. - engl. - allg.*), nerd.
Nesosilikat (*n. - Min.*), nesosilicato.
Netiquette (*f. - engl. - Inf.*), netiquette.
Network Computer (*m. - engl. - Inf.*), Network Computer.
Netzadministration (*f. - Inf.*), amministrazione della rete.
Netzadministrator (*m. - Inf.*), amministratore della rete.
Netzarchitektur (*f. - Inf.*), architettura di rete.
Netzausfall (*m. - Inf.*), caduta della rete.
Netzclient (*m. - Inf.*), client di rete.
Netzserver (*m. - Inf.*), server di rete.
Netzwerkbetriebssystem (*n. - Inf.*), sistema operativo di rete.
Netzwerk-Hardware (*f. - Inf.*), hardware di rete.
Netzwerksicherheit (*f. - Inf.*), sicurezza della rete.
Netzwerk-Software (*f. - Inf.*), software di rete.
Netzwerkumgebung (*f. - Inf.*), ambiente di rete.
netzwerkunabhängig (*Inf.*), indipendente dalla rete.
Netzzugang per Modem (*m. - Inf.*), accesso alla rete via modem.
Netzzugriff (*m. - Inf.*), accesso alla rete.
neunstellige Zahl (*f. - Math.*), numero a nove cifre.
Neuritis (*f. - Med.*), neurite.

Neurobiologie (*f. - Biol.*), neurobiologia.
neurobiologisch (*Biol.*), neurobiologico.
Neurochirurg (*m. - Med.*), neurochirurgo.
Neurochirurgie (*f. - Med.*), neurochirurgia.
neurochirurgisch (*Med.*), neurochirurgico.
Neurolinguistik (*f. - Psychol.*), neurolinguistica.
neurolinguistisch (*Psychol.*), neurolinguistico.
 2 **neurolinguistische Programmierung** (*f. - Psychol.*), programmazione neurolinguistica.
Neurom (*n. - Med.*), neuroma.
Neurontransmission (*f. - Biol.*), neurotrasmissione.
Neuropathologe (*m. - Med.*), neuropatologo.
Neuropathologie (*f. - Med.*), neuropatologia.
Neuropatie (*f. - Med.*), neuropatia.
Neurophysiologie (*f. - Med.*), neurofisiologia.
neurophysiologisch (*Med.*), neurofisiologico.
Neuropsychologie (*f. - Med.*), neuropsicologia.
neuropsychologisch (*Med.*), neuropsicologico.
Neurotransmitter (*m. - Biol.*), neurotrasmettitore.
Neuverfilmung (*f. - Filmtech.*), remake.
neuverlegt (*Elekt. - Leit.*), posato ex-novo.
Newsgruppe (*f. - Inf.*), newsgroup.
nicht wiederverwendbar (*allg.*), non riutilizzabile.
nichtalgebraisch (*Math.*), non algebrico.
nichtalgebraische Gleichung (*f. - Math.*), equazione non algebrica.
nichtausführbar (*Inf.*), non eseguibile.
nichtbiologisch (*Biol.*), non biologico.
Nichtdeterminismus (*m. - Phys. - Math.*), non determinismo.
nichtdeterministisch (*Phys. - Math.*), non deterministico.
nichteuklidisch (*Geom.*), non euclideo.
nichteuklidische Geometrie (*f. - Geom.*), geometria non euclidea.
nichtflüchtig (*Inf.*), non volatile.
nichtflüchtiger Speicher (*m. - Inf.*), memoria non volatile.
nichtindustriell (*allg.*), non industriale.
nichtinteraktiv (*Inf.*), non interattivo.
nichtkompatibles System (*n. - Inf.*), sistema non compatibile.
nichtlineare Programmierung (*f. - Inf.*), programmazione non lineare.
nichtlineare Viskoelastizität (*f. - Chem. - Phys.*), viscoelasticità non lineare.
nichtlineares Modell (*n. - Stat.*), modello non lineare.
nichtlineares System (*n. - Mech.*), sistema non lineare.
nichtmetrisch (*allg.*), non metrico.
nichtparametrisch (*Math. - etc.*), non parametrico.

nichtrelativistisch (*Phys.*), non relativistico.
Nickelazetat (*n. - Chem.*), acetato di nickel.
Nickel-Cadmium-Batterie (*f. - Elekt.*), batteria al nichel - cadmio.
Nickelkarbonat (*n. - Chem.*), carbonato di nickel.
Nickeloxyd (*n. - Chem.*), ossido di nickel.
Nickelpyrit (*n. - Min.*), nickelpirite.
Nickelsulfat (*n. - Chem.*), solfato di nickel.
nicotinisch (*Chem.*), nicotinico.
Niederdruckgasanlage (*f. - Leit.*), impianto del gas a bassa pressione.
niederenergetisch (*Phys.*), a bassa energia.
Nitriersäure (*f. - Chem.*), acido nitrico.
Nitroethan (*n. - Chem.*), nitroetano.
Nitromethan (*n. - Chem.*), nitrometano.
Niveau: wir haben gute Referenzen über dem technischen Niveau Ihrer Produktion gewonnen (*komm.*), abbiamo ottenuto buone referenze sul livello tecnico della Vostra produzione.
Nobelpreisträger (*m. - allg.*), vincitore del premio Nobel.
Nonprofit Unternehmen (*n. - komm.*), impresa non profit.
Nonstop-Verbindung (*f. - Fluw.*), collegamento non stop.
nonverbale Kommunikation (*f. - Psychologie*), comunicazione non verbale.
Normalpapier (*n. - Inf.*), carta normale.
Normformat (*n. - Papierind.*), formato unificato.
normgerecht (*allg.*), conforme alla norma.
Notebook (*n. - engl. - Inf.*), notebook.
nuklearer Sprengkopf (*m. - Expl.*), testata nucleare.
Nuklearingenieur (*m. - Kernphys.*), ingegnere nucleare.
Nuklearwaffe (*f. - Expl.*), arma nucleare.
Nuklearwaffensystem (*n. - milit.*), sistema d'arma nucleare.
Nuklease (*f. - Chem. - Biol.*), nucleasi.
numerische Daten (*n. - pl. - Inf.*), dati numerici.
numerische Programmierung (*f. - Inf.*), programmazione numerica.
numerische Tastatur (*f. - Inf.*), tastiera numerica.
numerische Variable (*f. - Inf.*), variabile numerica.
numerischer Coprozessor (*m. - Inf.*), coprocessore numerico.
numerischer Prozessor (*m. - Inf.*), processore numerico.
numerischer String (*m. - Inf.*), stringa numerica.

O

Oberflächenbeschichtung (*f. - Technol.*), rivestimento superficiale.
Oberflächenstruktur (*f. - allg.*), struttura superficiale.
Objektbeschreibung (*f. - Inf.*), descrizione di oggetti.
Objektbeschreibungssprache (*f. - Inf.*), linguaggio di descrizione di oggetti.
Objekteigenschaften (*f. - pl. - Inf.*), caratteristiche dell'oggetto.
Objekterkennung (*f. - Inf.*), riconoscimento di oggetti.
Objekterzeugung (*f. - Inf.*), generazione di oggetti.
Objekt-Name (*m. - Inf.*), nome dell'oggetto.
objektorientiert (*Inf.*), orientato a oggetti.
objektorientierte Programmierung (*f. - Inf.*), programmazione orientata a oggetti.
objektorientierte Modellierung (*f. - Inf.*), modellazione orientata a oggetti.
Objektvariable (*f. - Inf.*), variabile oggetto.
Objektvisualisierung (*f. - Inf.*), visualizzazione di oggetti.
offener Brief (*m. - Politik. - etc.*), lettera aperta.
öffentliche Sitzung (*f. - allg.*), seduta pubblica.
öffentliches Netz (*n. - Inf.*), rete pubblica.
offizieller Site im Internet (*m. - Inf.*), sito ufficiale in Internet.
offizielles Dokument (*n. - allg.*) documento ufficiale.
Off-line Simulation (*f. - Inf.*), simulazione off-line.
Offline-Editing (*n. - Inf.*), editing offline.
Offline-Programmierung (*f. - Inf.*), programmazione offline.
Ohrhörerbuchse (*f. - App.*), presa per auricolare.
ökologisch verträglich (*Ökol.*), tollerabile ecologicamente.
Ökonometrie (*f. - finanz.*), econometria.
ökonometrisch (*finanz.*), econometrico.
Ölkonzern (*m. - finanz. - Chem.*), gruppo petrolifero.
Ölplattform (*f. - chem. Ind.*), piattaforma petrolifera.
online (*engl. - Inf.*), online. **2 online buchen** (*Inf.*), prenotare online. **3 online kommunizieren** (*Inf.*), comunicare online. **4 online verfügbar** (*Inf.*), disponibile online.
Onlinebestellung (*f. - komm. - Inf.*), ordinazione online.
Onlinebuchung (*f. - Inf.*), prenotazione online.
Onlinedatenbank (*f. - Inf.*), banca dati online.
Onlinedienst (*m. - Inf.*), servizio online.
Online-Dokument (*n. - Inf.*), documento online.
Online-Editing (*n. - Inf.*), editing online.
Online-Hilfe (*f. - Inf.*), aiuto online.
Online-Informationen (*f. - pl. - Inf.*), informazioni online.
Onlinekatalog (*m. - Inf.*), catalogo online.
Online-Magazin (*n. - Zeitg. - Inf.*), rivista online.
Online-Programmierung (*f. - Inf.*), programmazione online.
Online-Publikationen (*f. - pl. - Inf.*), pubblicazioni online.
Online-Shopping (*n. - komm. - Inf.*), shopping online.
Online-Site (*f. - Inf.*), sito online.
Online-Spiel (*n. - Inf.*), gioco online.
Online-Terminal (*n. - Inf.*), terminale online.
Online-Visualisierung (*f. - Inf.*), visualizzazione online.
Online-Werbung (*f. - Inf.*), pubblicità online.
Online-Wörterbuch (*n. - Inf.*), dizionario online.
Online-Zugang (*m. - Inf.*), accesso online.
Operatortheorie (*f. - Math.*), teoria degli operatori.
Ophtalmoskopie (*f. - Med.*), oftalmoscopia.
Optimierungsmethode (*f. - allg.*), metodo di ottimizzazione.
Optionenmenü (*n. - Inf.*), menu delle opzioni.
Optionsvertrag (*m. - komm.*), contratto con diritto di opzione.
optische Maus (*f. - Inf.*), mouse ottico.
optischer Speicher (*m. - Inf.*), memoria ottica.
optoelektrisch (*Elekt. - Opt.*), optoelettrico.
Optoelektronik (*f. - Elektronik - Opt.*), optoelettronica.
optoelektronisch (*Elektronik - Opt.*), optoelettronico.
Optomechanik (*f. - Mech. - Opt.*), optomeccanica.
optomechanisch (*Mech. - Opt.*), optomeccanico.
oral verabreicht (*Med.*), somministrato per via orale.
orale Verabreichung (*Med.*), somministrazione per via orale.
Orbit (*m. - Astronautik*), orbita. **2 den vorgesehenen Orbit erreichen** (*Astronautik*), raggiungere l'orbita prevista.
Orbitalstation (*f. - Astr.*), stazione orbitale.
Orbitaltheorie (*f. - Chem.*), teoria orbitale.
Orbitkorrektur (*f. - Astr.*), correzione dell'orbita.
Organisationskriterien (*n. - pl. - Organ.*), criteri organizzativi.
organisches Lösungsmittel (*n. - Chem.*), solvente organico.
organisches Pigment (*n. - Anstr.*), pigmento organico.
Organoleptik (*f. - allg.*), organolettica.
Organspende (*f. - Med.*), donazione di organi.
Orthonormalisierung (*f. - Geom.*), ortonormalizzazione.
Orthoptik (*f. - Med.*), ortottica.
orthoptisch (*Med.*), ortottico.
Orthopyroxin (*n. - Min.*), ortopirosseno.
Orthosilikat (*n. - Min.*), ortosilicato.
örtliche Behörde (*f. - allg.*), autorità locale.

Östrogen (*n. - Biol.*), estrogeno.
Output (*m. - engl. - Elektronik*), output.
Outputdatei (*f. - Inf.*), file di output.
Outputformat (*n. - Inf.*), formato di output.
Oxydationskatalysator (*m. - Chem.*), catalizzatore ossidante.
Oxydationspotential (*n. - Chem.*), potenziale di ossidazione.
Ozeanograph (*m. - Geophys.*), oceanografo.
ozeanographisch (*Geophys.*), oceanografico.
ozeanographisches Insitut (*n. - Geophys.*), istituto oceanografico.

Ozongehalt (*n. - Chem.*), contenuto di ozono.
Ozonkonzentration (*f. - Chem.*), concentrazione di ozono.
Ozonolyse (*f. - Chem.*), ozonolisi.
ozonschädigend (*Chem.*), dannoso per l'ozono.
Ozontherapie (*f. - Med.*), ozonoterapia.
Ozonwerten (*m. - pl. - Chem.*), valori dell'ozono.
Ozonzerstörung (*f. - Chem.*), distruzione dell'ozono.

P

Pacemaker (*m. - med. Instr.*), pace-maker.
Palette (*f. - komm.*), gamma. **2 die Palette unserer Produkte** (*komm.*), la gamma dei nostri prodotti.
Palettisieren (*n. - Ind.*), pallettizzazione.
Papierstil (*m. - Büro*), stile burocratico.
Paraformaldehyd (*n. - Chem.*), paraformaldeide.
Paragleiten (*n. - Sport*), parapendio.
Paragliding (*n. - engl. - Sport*), paragliding.
Parallelalgorithmen (*m. - pl. - Inf.*), algoritmi paralleli.
Parallelarchitektur (*f. - Inf.*), architettura parallela.
Paralleldrucker (*m. - Inf.*), stampante parallela.
parallele Leitungen (*f. - pl. - Inf.*), linee parallele.
parallele Schnittstelle (*f. - Inf.*), interfaccia parallela.
Parallelentwicklung (*f. - Inf.*), sviluppo parallelo.
paralleles Kabel (*n. - Elekt.*), cavo parallelo.
parallelisierbar (*Math.*), parallelizzabile.
Parallelisierbarkeit (*f. - Math.*), parallelizzabilità.
parallelisieren (*Math.*), parallelizzare.
parallelisiert (*Math.*), parallelizzato.
Parallelisierung (*f. - Math.*), parallelizzazione.
Parallelisierungstechnik (*f. - Math.*), tecnica di parallelizzazione.
Parallelkarte (*f. - Inf.*), scheda parallela.
parallelle Kommunikation (*f. - Inf.*), comunicazione parallela.
Parallelport (*m. - Inf.*), porta parallela.
Parallelprozessor (*m. - Inf.*), processore parallelo.
Parallelrechner (*m. - Inf.*), calcolatore parallelo.
Parallelrechnerarchitektur (*f. - Inf.*), architettura dei calcolatori paralleli.
Parallelrechnung (*f. - Inf.*), calcolo parallelo.
Parallelschnittstelle (*f. - Inf.*), interfaccia parallela.
Parallelübertragung (*f. - Inf.*), trasmissione parallela.
Parallelverarbeitung (*f. - Inf.*), elaborazione parallela.
Parameter: einen Parameter variabel gestalten (*mech. Technol. - etc.*), configurare in modo variabile un parametro.
Parameterdarstellung (*f. - Inf.*), rappresentazione parametrica.
Parameterliste (*f. - Inf.*), elenco dei parametri.
Parameterprogrammierung (*f. - Inf.*), programmazione parametrica.
parametrierbar (*Math.*), parametrabile.
parametrieren (*Math.*), parametrare.
Paritätsbit (*n. - Inf.*), bit di parità.
Parteienfinanzierung (*f. - finanz.*), finanziamento ai partiti.
partiell gefüllt (*allg.*), riempito parzialmente.

partielle Sonnenfinsternis (*f. - Astr.*), eclissi parziale di sole.
Partnerschaft (*f. - allg.*), partnership.
passive Karte (*f. - Inf.*), scheda passiva.
Passivraucher (*m. - Med.*), fumatore passivo.
Password (*n. - engl. - Inf.*), password, parola chiave.
Patch (*n. - engl. - Inf.*), patch.
Patchdatei (*f. - Inf.*), file patch.
Patenterteilung (*f. - recht.*), concessione di brevetto.
patentierbare Erfindung (*f. - recht.*), invenzione brevettabile.
patentierte Erfindung (*f. - recht.*), invenzione brevettata.
pathognomisch (*Med.*), patognomico.
Pauschalkosten (*f. - pl. - Adm.*), spese forfetarie.
Pausentaste (*f. - App.*), tasto di pausa.
PC (Personalcomputer) (*m. - Inf.*), PC (personal computer).
PC-Architektur (*f. - Inf.*), architettura PC.
PC-basiert (*Inf.*), basato su PC.
Pensionsfonds (*m. - finanz. Adm.*), fondo pensionistico.
Pentabromid (*n. - Chem.*), pentabromuro.
Pentachlorid (*n. - Chem.*), pentacloruro.
Pentachlorphenol (*n. - Chem.*), pentaclorofenolo.
Pentadecan (*n. - Chem.*), pentadecano.
Pentafluorid (*n. - Chem.*), pentafluoruro.
Pentahydrat (*n. - Chem.*), pentaidrato.
Pentoxyd (*n. - Chem.*), pentossido.
Pepton (*n. - Chem.*), peptone.
Perchlorsäure (*f. - Chem.*), acido perclorico.
Periodsäure (*f. - Chem.*), acido periodico.
Peripherie-Computer (*m. - Inf.*), computer periferico.
Peripherieeinheit (*f. - Inf.*), unità periferica.
Peripherie-Schnittstelle (*f. - Inf.*), interfaccia della periferica.
Peripheriespeicher (*m. - Inf.*), memoria periferica.
Perkolation (*f. - Phys.*), percolazione.
permanenter Allradantrieb (*m. - Fahrz.*), trazione integrale permanente.
permanenter Speicher (*m. - Inf.*), memoria permanente.
Perovskit (*n. - Min.*), perovskite.
Personalbedarf (*m. - Ind.*), fabbisogno di personale.
personalisierbar (*allg.*), personalizzabile.
personalisieren (*allg.*), personalizzare.
personalisiert (*allg.*), personalizzato.
Personalisierung (*f. - allg.*), personalizzazione.
Personal-Screening (*n. - Arb.*), screening del personale.
persönliche Geheimnummer (*f. - allg.*), numero segreto personale.
Persönlichkeitspsychologie (*f. - Psychol.*), psicologia della personalità.

perspektivisch: Figur 1 zeigt perspektivisch... (*Zeichn.*), la figura 1 indica in prospettiva....
Petrologie (*f. - Min.*), petrologia.
petrologisch (*Min.*), petrologico.
Pflegekosten (*f. - pl. - Med. - etc.*), spese di assistenza.
Pharmaindustrie (*f. - Med.*), industria farmaceutica.
Phasenmodulator (*m. - Funk.*), modulatore di fase.
phenolisch (*Chem.*), fenolico.
Phosphorpentabromid (*n. - Chem.*), pentabromuro di fosforo.
Phosphorpentachlorid (*n. - Chem.*), pentacloruro di fosforo.
Photoelektronik (*f. - Elektronik*), fotoelettronica.
photoelektronisch (*Phys.*), fotoelettronico.
Photoionisation (*f. - Phys.*), fotoionizzazione.
Photonik (*f. - Opt.*), fotonica.
photonisch (*Opt.*), fotonico.
Photoqualität (*f. - Inf.*), qualità fotografica.
photovoltaisch (*Elekt.*), fotovoltaico.
photovoltaische Anlage (*f. - Elekt.*), impianto fotovoltaico.
photovoltaische Solaranlage (*f. - Elekt.*), impianto solare fotovoltaico.
photovoltaischer Effekt (*m. - Elekt.*), effetto fotovoltaico.
Phrasensuche (*f. - Inf.*), ricerca di frasi.
Phyllit (*n. - Min.*), fillite.
Phyllosilikat (*n. - Min.*), fillosilicato.
physikalisch-chemische Eigenschaften (*f. - pl.- Phys. - Chem.*), caratteristiche fisico-chimiche.
physikalisches Modell (*n. - Werkz.masch.bearb.*), modello fisico.
Physiklabor (*n. - Phys.*), laboratorio di fisica.
Physiognomik (*f. - allg.*), fisiognomica.
physiognomisch (*allg.*), fisiognomico.
Physiologie (*f. - Biol.*), fisiologia.
physiologisch (*Biol.*), fisiologico.
physischer Speicher (*m. - Inf.*), memoria fisica.
Piktogramm (*n. - Inf.*), icona.
Pilotenfehler (*m. - Flugw.*), errore del pilota.
Pilotprojekt (*n. - allg.*), progetto pilota.
Pilotversuch (*m. - allg.*), esperimento pilota.
PIN (Personal Identification Number, Persönliche Identifikationsnummer) (*f. - Buchhaltung*), PIN, numero di identificazione personale.
Pipelining (*n. - engl. - Inf.*), pipelining.
Pixel (*n. - Inf.*), pixel.
Pixelzahl (*f. - Inf.*), numero di pixel.
Plan: alles verläuft nach Plan (*allg.*), tutto si svolge secondo i piani.
Planetologe (*m. - Astr.*), planetologo.
Planungsabteilung (*f. - Arb.*), ufficio pianificazione.
Plasmaprotein (*n. - Biol.*), plasmaproteina.
Plasmaschneiden (*n. - mech. Technol.*), taglio al plasma.
Plasmozyt (*n. - Biol.*), plasmocito.
Plastikflasche (*f. - chem. Ind.*), bottiglia di plastica.
plattformunabhängig (*Inf.*), indipendente dalla piattaforma.
plattformunabhängige Anwendung (*f. - Inf.*), applicazione indipendente dalla piattaforma.
plattformunabhängiges Programm (*n. - Inf.*), programma indipendente dalla piattaforma.
plattformunabhängige Software (*f. - Inf.*), software indipendente dalla piattaforma.
Playstation (*f. - engl. - Inf.*), playstation.
Playstation-Spiel (*n. - Inf.*), gioco per playstation.
Plotten (*n. - Inf.*), plottaggio.
Plug and play (*n. - engl. - Inf.*), plug and play.
Polargleichung (*f. - Math.*), equazione polare.
polarisierbar (*Elekt. - Opt.*), polarizzabile.
Polarisierbarkeit (*f. - Elekt. - Opt.*), polarizzabilità.
polarisierte Positronen (*n. - pl. - Phys.*), positroni polarizzati.
Polartransformation (*f. - Math.*), trasformazione polare.
Pole Position (*f. - engl. - Aut. - etc.*), pole position.
Pollenfilter (*n. - Aut. - etc.*), filtro antipolline.
polychloriert (*Chem.*), policlorato.
Polyederfläche (*f. - Geom.*), superficie poliedrica.
Polyelektrolyt (*n. - Chem.*), polielettrolita.
Polyesterfaser (*f. - Chem.*), fibra di poliestere.
Polyimid (*n. - Chem.*), poliimmide.
Polyisopren (*n. - Chem.*), poliisoprene.
Polykarbonat (*n. - Chem.*), policarbonato.
polykristallin (*Min. - etc.*), policristallino.
polykristallines Silizium (*n. - Chem.*), silicio policristallino.
Polymerchemie (*f. - Chem.*), chimica dei polimeri.
Polymerphysik (*f. - Chem.*), fisica dei polimeri.
polymorpher Virus (*m. - Inf.*), virus polimorfo.
Polysiloxan (*n. - Chem.*), polisilossano.
Polyurethan-Kleber (*m. - chem. Ind.*), adesivo poliuretanico.
polyzyklisch (*Chem.*), policiclico.
poröse Masse (einer Druckgasflasche) (*f. - chem. Ind.*), massa porosa.
porphyrisch (*Min.*), porfidico.
Portnummer (*f. - Inf.*), numero di porta.
Positioniersystem (*n. - Werkz.masch.*), sistema di posizionamento.
positive Entwicklung (*f. - allg.*), sviluppo positivo.
positives Denken (*n. - Psychol.*), pensiero positivo.
Positronenemissionstomographie (*f. - Med.*), tomografia a emissione di positroni.
postkommunistisch (*Politik*), postcomunista.
Postleitzahlensuchprogramm (*n. - Inf.*), programma di ricerca dei numeri del codice postale.
Postprocessing (*n. - Inf.*), postprocessing.
Postscheck (*m. - Post - finanz.*), assegno postale.
postsynaptisch (*Biol.*), postsinaptico.
potentieller Investor (*m. - finanz.*), potenziale investitore.
Präsidentschaftswahlkampf (*f. - Politik*), campagna elettorale presidenziale.
praxisorientiert (*allg.*), orientato alla pratica.
praxisorientierte Bildung (*f. - allg.*), formazione orientata alla pratica.
Praxisversuch (*m. - Technol.*), esperimento pratico.
Prehnit (*n. - Min.*), prenite.

Preis-Leistungsverhältnis

Preis-Leistungsverhältnis (*n. - komm.*), rapporto qualità prezzo.
Preisindex (*m. - Stat.*), indice dei prezzi.
Preiskämpfen (*n. - komm.*), guerra dei prezzi.
Preispolitik (*f. - komm.*), politica dei prezzi.
Preisstabilisierung (*f. - komm.*), stabilizzazione dei prezzi.
Preissystem (*n. - komm.*), sistema dei prezzi.
Preiswettbewerb (*m. - komm.*), concorrenza di prezzo.
Prepreg (*n. - chem. Ind.*), prepreg.
Preprocessing (*n. - Inf.*), preprocessing.
Pressluftzufuhr (*f. - Leit.*), alimentazione dell'aria compressa.
Primäraufklärung (*f. - Milit. - Flugw.*), ricognizione primaria.
Primärdaten (*n. - pl. - allg.*), dati primari.
Primärprävention (*f. - Med.*), prevenzione primaria.
Primärtherapie (*f. - Med.*), terapia primaria.
Primärtumor (*m. - Med.*), tumore primario.
Primärversorgung (*f. - Med.*), alimentazione primaria.
Prime Rate (*f. - engl. - finanz.*), prime rate.
Prioritätsdatum (*n. - recht.*), data di priorità.
Privatdetektiv (*m. - allg.*), detective privato.
private Homepage (*f. - engl. - Inf.*), homepage privata.
privater Site (*m. - Inf.*), sito privato.
privater Verbrauch (*m. - allg.*), consumo privato.
Privathafen (*m. - naut.*), porto privato.
Privatisierungsform (*f. - allg.*), forma di privatizzazione.
Privatisierungspolitik (*f. - allg.*), politica di privatizzazione.
Privatisierungsprogramm (*n. - allg.*), programma di privatizzazione.
Privatisierungsprojekt (*n. - allg.*), progetto di privatizzazione.
Privatisierungsprozess (*m. -allg.*), processo di privatizzazione.
Privatjet (*m. - Flugw.*), jet privato.
Privatrecht (*n. - recht.*), diritto privato.
Privatsender (*m. - Fernseh.*), emittente privata.
Privatwagen (*m. - Fahrz.*), auto privata.
priviligiert (*allg.*), privilegiato.
Probeabonnement (*n. - allg.*), abbonamento di prova.
Probeauftrag (*m. - komm.*), ordine di prova.
Probeversion (*f. - allg.*), versione di prova.
Produktdesign (*n. - Ind.*), design di prodotti.
Produktdifferenzierung (*f. - Ind.*), differenziazione di prodotto.
Produktentwicklung (*f. - Ind.*), sviluppo del prodotto.
Produktentwicklungszeit (*f. - Ind.*), tempo di sviluppo del prodotto.
Produktgeneration (*f. - Ind.*), generazione di prodotti.
Produktinnovation (*f. - Ind.*), innovazione del prodotto.
Produktionsanlage (*f. - Ind.*), impianto di produzione.
Produktionsfluss (*m. - Ind.*), flusso della produzione.
Produktionsindex (*m. - Ind.*), indice della produzione.

Produktionsinformatik (*f. - Ind. - Inf.*), informatica di produzione.
produktionsintegriert (*Ind.*), integrato nella produzione.
Produktionsplanung (*f. - Ind.*), pianificazione della produzione.
Produktionsplanung und Steuerung (*f. - Ind.*), pianificazione e controllo della produzione.
Produktionsüberschuss (*m. - Ind.*), eccedenza di produzione.
Produktlebensdauer (*f. - Ind.*), durata del prodotto.
Produktlebezyklus (*m. - Ind.*), ciclo di vita del prodotto.
Produktname (*m. - Ind.*), nome del prodotto.
Produktoptimierung (*f. - Technol.*), ottimizzazione di prodotto.
Produktpalette: eine breite Produktpalette (*komm.*), un'ampia gamma di prodotti.
Produktqualität (*f. - Ind.*), qualità del prodotto.
Programm: ein Programm laden (*Inf.*), caricare un programma. 2 **ein Programm korrigieren** (*Inf.*), correggere un programma.
Programmausdruck (*m. - Inf.*), listato del programma.
Programmbibliothek (*f. - Inf.*), biblioteca di programmi.
Programmdebugging (*n. - Inf.*), debugging del programma.
Programmelement (*n. - Inf.*), elemento del programma.
Programmentwicklung (*f. - Inf.*), sviluppo di programma.
programmgeneriert (*Inf.*), generato dal programma.
programmgesteuerte Werkzeugmaschine (*f. - Werkz.masch*), macchina utensile controllata da programma.
Programmieranleitung (*f. - Inf.*), istruzioni di programmazione.
Programmierarbeit (*f. - Inf.*), lavoro di programmazione.
programmierbare Drohne (*f. - Flugw.*), drone programmabile.
programmierbare Logik (*f. - Inf.*), logica programmabile.
programmierbarer Speicher (*m. - Inf.*), memoria programmabile.
Programmiererfahrung (*f. - Inf.*), esperienza di programmazione.
Programmiermethodik (*f. - Inf.*), metodica di programmazione.
Programmierniveau (*n. - Inf.*), livello di programmazione.
Programmierpraktikum (*n. - Inf.*), pratica di programmazione.
Programmierschnittstelle (*f. - Inf.*), interfaccia di programmazione.
Programmierstil (*m. - Inf.*), stile di programmazione.
Programmiersyntax (*f. - allg.*), sintassi di programmazione.
Programmiersystem (*n. - Inf.*), sistema di programmazione.
Programmiersystem (*n. - Werkz.masch.*), sistema di programmazione.

Programmierumgebung (f. - Inf.), ambiente di programmazione.
Programmierwerkzeug (n. - Inf.), strumento di programmazione.
Programmierzeile (f. - Inf.), riga di programmazione.
Programminhalt (m. - allg.), contenuto del programma.
Programmkontrolle (f. - Inf.), controllo del programma.
Programmlogik (f. - Inf.), logica del programma.
Programmname (m. - Inf.), nome del programma.
Programmoptimierung (f. - Inf.), ottimizzazione del programma.
Programmpaket (n. - Inf.), pacchetto di programmi.
Programm-Syntax (f. - Inf.), sintassi del programma.
Programmvariable (f. - Inf.), variabile di programma.
Programm-Zugriff (m. - Inf.), accesso al programma.
Protoplaneten (m. - pl. - Astr.), protopianeti.
Prototypenfertigung (f. - allg.), produzione di prototipi.
Proustit (n. - Min.), proustite.
Provider (m. - engl. - Inf.), provider.
Provitamin (f. - Med. - Pharm.), provitamina.
Prozessinformatik (f. - Inf.), informatica di processo.
Prozessoptimierung (f. - Technol.), ottimizzazione di processo.
Prozessorarchitektur (f. - Inf.), architettura del processore.
Prozessorgeschwindigkeit (f. - Inf.), velocità del processore.
prozessorientiert (Arb. Organ.), orientato al processo.
prozessorientierte Zusammenarbeit (f. - Arb. Organ.), cooperazione orientata al processo.
Prozessorkühlung (f. - Inf.), raffreddamento del processore.
Prozessornetzwerk (n. - Inf.), rete di processori.
Prozessortechnologie (f. - Inf.), tecnologia del processore.
Prüfungsangst (f. - Psychol.), paura degli esami.
pseudomorph (Min.), pseudomorfo.
psychoaktiv (Med.), psicoattivo.
psychoaktive Substanz (f. - Med.), sostanza psicoattiva.
Psychodiagnostik (f. - Psychol.), psicodiagnostica.
Psycholinguistik (f. - Psychol.) psicolinguistica.
psycholinguistisch (Psychol.), psicolinguistico.
Psychometrie (f. - Psychol.), psicometria.
psychometrisch (Psychol.), psicometrico.
Public Relations, PR (pl. - engl. - allg.), PR, public relations, relazioni pubbliche.
Pufferspeicher (m. - Inf.), memoria tampone.
pulmonal (Med.), polmonare.
pulsierender Stern (m. - Astr.), stella pulsante.
pyroelektrisch (Elekt.), piroelettrico.
pyroklastisch (Min.), piroclastico.
Pyrolusit (n. - Min.), pirolusite.
Pyromorphit (n. - Min.), piromorfite.

Q

Quadratrohr (*f. - metall. Ind.*), tubo quadrato.
qualifizierbar (*allg.*), qualificabile.
qualifizierte Arbeit (*f. - allg.*), lavoro qualificato.
qualifiziertes Personal (*m. - Pers.*), personale qualificato.
Qualitätsanalyse (*f. - mech. Technol.*), analisi della qualità.
Qualitätsforderungen (*f. - pl. - allg.*), requisiti di qualità.
Qualitätskriterien (*n. - pl. - finanz.*), criteri di qualità.
Qualitätsmanagement (*n. - allg.*), management della qualità.
Qualitätsnorm: nach strengsten Qualitätsnormen gefertigt (*Ind.*), prodotto secondo i più elevati standard di qualità.
qualitätsorientiert (*Ind. - etc.*), orientato alla qualità.
qualitätsrelevant (*allg.*), rilevante per la qualità.
qualitätsrelevante Aspekte (*m. - pl. - allg.*), aspetti rilevanti per la qualità.
Qualitätsverbesserung (*f. - allg.*), miglioramento della qualità.
Qualitätszertifizierung (*f. - allg.*), certificazione della qualità.
Qualitätsziel (*n. - allg.*), obiettivo di qualità.
Quantenchaos (*n. - Phys.*), caos quantistico.
Quantenchemie (*f. - Chem.*), chimica quantistica.
Quantenchromodynamik (*f. - Phys.*), cromodinamica quantistica.
Quantengravitation (*f. - Phys.*), gravitazione quantistica.
Quantenkohärenz (*f. - Phys.*), coerenza quantistica.
Quantenstatistik (*f. - Phys.*), statistica quantistica.
Quantensystem (*n. - Phys.*), sistema quantistico.
quantifizierbar (*allg.*), quantificabile.
Quark (*n. - engl. - Phys.*), quark.
Quasar (*m. - Astr.*), quasar.
Quecksilberazetat (*n. - Chem.*), acetato di mercurio.
Quecksilberdichlorid (*n. - Chem.*), dicloruro di mercurio.
Quecksilberoxyd (*n. - Chem.*), ossido di mercurio.
Quecksilbersulfid (*n. - Chem.*), solfuro di mercurio.
Quecksilberthyocyanat (*n. - Chem.*), tiocianato di mercurio.
Quecksilberwerte (*m. - pl. - Ökol.*), valori di mercurio.
Quellcode (*m. - Inf.*), codice sorgente.
Quellformat (*n. - Inf.*), formato sorgente.
Quellprogramm (*n. - Inf.*), programma sorgente.
Query (*n. - engl. - Inf.*), query.

R

Radarstation (*f. - Radar*), stazione radar.
radioastronomisch (*Astr.*), radioastronomico.
Radiobiologe (*m. - Biol.*), radiobiologo.
Radiobiologie (*f. - Biol.*), radiobiologia.
radiobiologisch (*Biol.*), radiobiologico.
radiochemisch (*Chem.*), radiochimico.
radiochemisches Labor (*n. - Chem.*), laboratorio radiochimico.
Radiodiagnostik (*f. - Med.*), radiodiagnostica.
radiodiagnostisch (*Med.*), radiodiagnostico.
Radiogalaxie (*f. - Astr.*), radiogalassia.
Radionuklid (*n. - Atomphys.*), radionuclide.
Radioökologie (*f. - Ökol.*), radioecologia.
Radioquelle (*f. - Astr.*), radiosorgente.
Radiuskorrektur (*f. Werkz.masch.bearb.*), correzione del raggio.
Raketentechnologie (*f. - Flugw.*), tecnologia missilistica.
RAM-Speicher (*m. - Inf.*), memoria RAM.
randomisieren (*Stat.*), randomizzare.
Randomisierung (*f. - Stat.*), randomizzazione.
Raoultsches Gesetz (*n. - Chem.*), legge di Raoult.
rationale Funktion (*f. - Math.*), funzione razionale.
Ratsmitglied (*n. - allg.*), consigliere, membro del consiglio.
Raucherwagen (*m. - Eisenb.*), vagone fumatori.
Raumfahrtagentur (*f. - Astronautik*), agenzia spaziale.
Raumfahrtfirma (*f. - Astronautik*), azienda spaziale.
Raumfahrtindustrie (*f. - Astronautik*), industria spaziale.
Raumfahrttechnologie (*f. - Astronautik*), tecnologia spaziale.
Raumflugmechanik (*f. - Astronautik*), meccanica del volo spaziale.
Raumtransportsystem (*n. - Astronautik*), sistema di trasporto spaziale.
Rauschunterdrückung (*f. - Elektroakus.*), riduzione del rumore.
Reallohn (*m. - Arb. - Pers.*), salario reale.
realsozialistisch (*Politik*), del socialismo reale.
Realzeitkommunikation (*f. - Inf.*), comunicazione in tempo reale.
Realzeitsimulation (*f. - Inf.*), simulazione in tempo reale.
Realzeitübertragung (*f. - Inf.*), trasmissione in tempo reale.
Realzeitverarbeitung (*f. - Inf.*), elaborazione in tempo reale.
Recherche (*f. - franc. - allg.*), ricerca.
Recherchenbericht (*m. - allg.*), relazione di ricerca.
Rechnenleistung (*f. - Inf.*), potenza di calcolo.
Rechneradresse (Adressierung einer E-Mail z. B.) (*f. - Inf.*), indirizzo di computer.
Rechnerarithmetik (*f. - Inf.*), aritmetica del calcolatore.
Rechnerkonfiguration (*f. - Inf.*), configurazione del computer.
Rechnernetz (*n. - Inf.*), rete di calcolatori.
Rechnungsdatum (*n. - Adm.*), data (della) fattura.
Rechteckrohr (*f. - metall. Ind.*), tubo rettangolare.
Rechtsinformatik (*f. - Inf.*), informatica giuridica.
rechtsverbindlich (*allg.*), giuridicamente vincolante.
Rechtswörterbuch (*n. - recht.*), dizionario giuridico.
rechtwinklig bewegbar (*allg.*), mobile ad angolo retto.
recycelbar (*allg.*), riciclabile.
recycelfähig (*allg.*), riciclabile.
recyceln (*allg.*), riciclare.
Recyclingmethoden (*f. - pl. - allg.*), metodi di riciclaggio.
Redaktionsschluss (*m. - Druck.*), chiusura redazionale.
Redistribution (*f. - allg.*), ridistribuzione.
Reduktionspotential (*n. - Chem.*), potenziale di riduzione.
reduzierend (*Chem.*), riducente.
reduzierende Atmosphäre (*f. - Chem.*), atmosfera riducente.
Referenzbrief (*m. - komm. - etc.*), lettera di referenze.
Reflektometrie (*f. - Phys.*), riflettometria.
Reformpolitik (*f. - Politik*), politica riformista.
Reformpolitiker (*m. - Politik*), politico riformista.
Reformprojekt (*n. - Politik*), progetto di riforma.
Refresh (*n. - engl. - Inf.*), refresh.
Refresh-Frequenz (*f. - Inf.*), frequenza di refresh.
Regelalgorithmus (*m. - Regelung*), algoritmo di regolazione.
Regionalflugzeug (*m. - Flugw.*), velivolo regionale.
Regressionsanalyse (*f. - Stat.*), analisi di regressione.
reibungsarm (*Mech.*), a basso attrito, ad attrito ridotto.
Reihenfolge (f. - *allg.*), *sequenza*.
Reihenhaus (*n. - Bauw.*), casa a schiera.
Reinigung (von Abgasen z.B.) (*f. - Aut.*), depurazione.
Reinigungskassette (*f. - Chem.*), cassetta di pulizia.
reinitialisieren (*Inf.*), reinizializzare.
Reinitialisierung (*f. - Inf.*), reinizializzazione.
rekonfigurierbar (*allg.*), riconfigurabile.
rekonfigurierbare Hardware (*f. - Inf.*), hardware riconfigurabile.
rekonfigurieren (*allg.*), riconfigurare.
Rekordhalter (*m. - allg.*), detentore del record.
relational (*allg.*), relazionale.
relationale Daten (*n. - pl. - allg.*), dati relazionali.

relationale Datenbank (*f.* - *Inf.*), banca dati relazionale.
relationaler Speicher (*m.* - *Inf.*), memoria relazionale.
relative Adresse (*f.* - *Inf.*), indirizzo relativo.
relative Feuchte (*f.* - *Meteor.* - *etc.*), umidità relativa.
relative Koordinaten (*f.* - *pl.* - *Math.*), coordinate relative.
Relativisierung (*f.* - *allg.*), relativizzazione.
Remake (*n.* - *engl.* - *Filmtech.*), remake.
Remote Banking (*n.* - *engl.* - *finanz.*), remote banking.
Rendering (*n.* - *engl.* - *Inf.*), rendering.
Rentenreform (*f.* - *finanz.* - *recht.*), riforma delle pensioni.
Reparaturzentrum (*n.* - *Inf.* - *etc.*), centro riparazioni.
Reprogrammierbarkeit (*f.* - *Inf.*), riprogrammabilità.
reprogrammieren (*Inf.*), riprogrammare.
reprogrammiert (*Inf.*), riprogrammato.
Reprogrammierung (*f.* - *Progr.* - *Inf.*), riprogrammazione.
Reset (*n.* - *engl.* - *Elekt.*), reset.
Resetknopf (*m.* - *Elekt.* - *etc.*), pulsante di reset.
Resetkommando (*n.* - *Elekt.*), comando di reset.
Resettaste (*f.* - *Elekt.*), tasto di reset.
resident (*Inf.*), residente.
residente Software (*f.* - *Inf.*), software residente.
residentes Programm (*n.* - *Inf.*), programma residente.
Ressourcen (*f.* - *pl.* - *allg.*), risorse. **2 die Verwendung der natürlichen Ressourcen** (*allg.*), l'utilizzazione delle risorse naturali.
Restmenge (*f.* - *allg.*), quantità residua.
Retrovirus (*n.* - *Biol.*), retrovirus.
Rettungshubschrauber (*m.* - *Flugw.*), elicottero di soccorso.
rheumatisch (*Med.*), reumatico.
Rheumatologe (*m.* - *Med.*), reumatologo.
Rheumatologie (*f.* - *Med.*), reumatologia.
rheumatologisch (*Med.*), reumatologico.
Rhinologie (*f.* - *Med.*), rinologia.
rhinologisch (*Med.*), rinologico.
Rhinoskopie (*f.* - *Med.*), rinoscopia.
Rhodochrosit (*n.* - *Min.*), rodocrosite.
Ribosom (*n.* - *Biol.*), ribosoma.
Riesenstern (*m.* - *Astr.*), stella gigante.
Risikoinvestition (*f.* - *finanz.*), investimento a rischio.
risikolos (*allg.*), senza rischi.
Roboteranlage (*f.* - *Ind.* - *Autom.*), impianto robotizzato.
Roboterarm (*m.* - *Ind.* - *Autom.*), braccio robotizzato.
roboterbasiert (*Ind.* - *Autom.*), basato su robot.
Roboterbewegung (*f.* - *Autom.*), movimento del robot.
robotergestützt (*Ind.* - *Autom.*), assistito da robot, supportato da robot.
Roboterhersteller (*m.* - *Ind.* - *Autom.*), produttore di robot.
Roboterlackierung (*f.* - *Ind.* - *Autom.*), verniciatura robotizzata.
Robotermanipulation (*f.* - *Ind.* - *Autom.*), manipolazione robotizzata.
Robotermontage (*f.* - *Ind.* - *Autom.*), montaggio robotizzato.
Roboterprogrammierung (*f.* - *Ind.* - *Autom.*), programmazione di robot.
Roboterschweissen (*n.* - *Ind.* - *Autom.*), saldatura robotizzata.
Robotersonde (*f.* - *Astronautik*), sonda robotizzata.
Robotersteuerung (*f.* - *Ind.* - *Autom.*), controllo di robot.
Robotersystem (*n.* - *Ind.* - *Autom.*), sistema robotizzato.
Robotertechnologie (*f.* - *Ind.* - *Autom.*), tecnologia robotizzata.
roboterunterstützt (*Ind.* - *Autom.*), assistito da robot, supportato da robot.
roboterunterstütztes Entlacken (für Flugzeuge z. B.) (*n.* - *Anstr.*), sverniciatura assistita da robot.
Roboterzelle (*f.* - *Ind.* - *Autom.*), cella robotizzata.
robotisiert (*Ind.* - *Autom.*), robotizzato.
robotisierte Montageoperationen (*f.* - *pl.* - *Ind.* - *Autom.*), operazioni di montaggio robotizzate.
Rohrdurchmesser (*m.* - *Leit.*), diametro del tubo.
Rohrreibungsdruckgefälle (*n.* - *Leit.*), caduta di pressione per attrito nei tubi.
ROM-Speicher (*m.* - *Inf.*), memoria ROM.
Röntgen-Diffraktion (*f.* - *Phys.*), diffrazione a raggi X.
Röntgen-Diffraktometer (*m.* - *Ger.*), diffrattometro a raggi X.
Röntgen-Diffraktometrie (*f.* - *Phys.*), diffrattometria a raggi X.
Röntgenfluoreszenz (*f.* - *Phys.*), fluorescenza a raggi X.
Röntgen-Reflektometer (*m.* - *Ger.*), riflettometro a raggi X.
Röntgen-Reflektometrie (*f.* - *Phys.*), riflettometria a raggi X.
Röntgen-Spektrometer (*m.* - *Ger.*), spettrometro a raggi X.
Röntgen-Spektrometrie (*f.* - *Phys.*), spettrometria a raggi X.
Röntgen-Spektrophotometer (*m.* - *Ger.*), spettrofotometro a raggi X.
Röntgen-Spektrophotometrie (*f.* - *Opt.*), spettrofotometria a raggi X.
Röntgen-Spektroskopie (*f.* - *Phys.*), spettroscopia a raggi X.
rotatorische Achse (*f.* - *Mech.*), asse di rotazione.
rotatorische Bewegung (*f.* - *Phys.*), moto rotatorio.
rückläufige Preise (*m.* - *pl.* - *komm.*), prezzi in diminuzione.
rücksetzen (*Elektronik*), resettare.
Rücksetzen (*n.* - *Elektronik*), reset.
Rückspultaste (*f.* - *App.*), tasto di riavvolgimento.
Rückstelltaste (*f.* - *App.*), tasto di azzeramento.
Rückwärtszähler (*m.* - *Instr.*), contatore decrementale.
Rückzahlung des Bankdarlehens (*f.* - *komm.*), rimborso del mutuo bancario.
Rumpfsektion (*f.* - *Flugw.*), sezione di fusoliera.
Rundnaht (*f.* - *mech. Technol.*), cordone circonferenziale.

S

S-förmig (*allg.*), a forma di S.
Sachbearbeiter (*m. - allg.*), compilatore.
Saisonarbeitnehmer (*m. - Arb.*), lavoratore stagionale.
Salicylamid (*n. - Chem.*), salicilammide.
Salmonelle (*f. - Biol.*), salmonella.
Samenspende (*f. - Biol.*), donazione del seme.
Sammlungskatalog (*m. - Druck.*), catalogo della collezione.
sanduhrförmig (*allg.*), a forma di clessidra.
Sanitätsmaterial (*n. - Med.*), materiale sanitario.
Satellitenantenne (*f. - Fernseh.*), antenna satellitare.
Satellitendaten (*n. - pl. - Astronautik*), dati del satellite.
satellitengestützt (*Funknav.*), assistito da satellite.
satellitengestütztes Navigationssystem (*n. - Funknav.*), sistema di navigazione assistito da satellite.
scannen (*Inf.*), scannerizzare.
Scanner (*m. - engl. - Inf.*), scanner. **2 per Scanner eingelesen** (*Inf.*), trasferito in memoria tramite scanner.
Scannerdaten (*n. - pl. - Inf.*), dati dello scanner.
Scanner-Kabel (*n. - Inf.*), cavo dello scanner.
Scannerprogramm (*n. - Inf.*), programma dello scanner.
Scannersoftware (*f. - Inf.*), software dello scanner.
Scanvorgang (*m. - Inf.*), scannerizzazione.
Schachprogramm (*n. - Inf.*), programma di scacchi.
Schadensfall (*m. - Recht.*), sinistro.
schalenförmig (*allg.*), a forma di guscio.
schallabsorbierend (*Akus.*), fonoassorbente.
Schallmauer: die Schallmauer durchbrechen (*Flugw.*), rompere il muro del suono.
Schaltknauf (*m. - Aut.*), manopola della leva del cambio.
Schaltkontakt (*m. - Elekt.*), contatto d'inserzione.
Schaltungsanalyse (*f. - Inf.*), analisi del circuito.
Schaltungsarchitektur (*f. - Inf.*), architettura del circuito.
Schaltungsfrequenz (*f. - Elekt.*), frequenza del circuito.
Schaltungslayout (*n. - Elekt.*), layout del circuito.
Scheelit (*n. - Min.*), scheelite.
Scheinwerfer (*m. - Aut.*), faro.
Scheinwerferwaschanlage (*f. - Aut.*), lavafari.
Schiessbefehl (*m. - milit. - etc.*), ordine di sparare.
Schlafstadt (*f. - Geogr.*), città dormitorio.
Schlauchleitung (*f. - Leit.*), tubazione flessibile.
Schlüsselfaktor (*m. - Inf.*), fattore chiave.
Schlüsseltechnologie (*f. - Inf.*), tecnologia chiave.
Schlüsselwort (*n. - Inf.*), parola chiave.
schmalbandig (*Funk.*), a banda stretta.
Schmalbandnetz (*n. - Inf.*), rete a banda stretta.
Schmelzgeschwindigkeit (*f. - Metall.*), velocità di fusione.
Schmelzprozess (*m. - Metall.*), processo di fusione.
Schmiegsamkeit (*f. - allg.*), plasmabilità.
schnelle Speicherung (*f. - Inf.*), memorizzazione veloce.
schneller Modem (*m. - Inf.*), modem veloce.
Schnellflug (*m. - Flugw.*), volo veloce.
Schnellformatierung (*f. - Inf.*), formattazione rapida.
Schnellrücklauf (*m. - Elektroakus.*), riavvolgimento rapido.
Schnellspannplatte (einer Presse) (*f. - Masch.*), piastra a serraggio rapido.
Schnellspeicher (*m. - Inf.*), memoria veloce.
Schnellvorlauf (*m. - Elektroakus.*), avanzamento rapido.
Schnellwechselsystem (eines Werkzeuges) (*n. - Masch.*), sistema a cambio rapido.
Schnittbedingungen (*f. - pl. - Werkz.masch.bearb.*), condizioni di taglio.
Schnitthöhenverstellung (Mäher) (*f. - Landw. - Masch.*), regolazione dell'altezza di taglio.
Schnittstellenadapter (*m. - Inf.*), adattatore di interfaccia.
Schnittstellenerkennung (*f. - Inf.*), riconoscimento di interfaccia.
Schnittstellenkabel (*n. - Inf.*), cavo di interfaccia.
Schnittstellenkarte (*f. - Inf.*), scheda di interfaccia.
Schnittstellenmodul (*m. - Inf.*), modulo di interfaccia.
Schnittstellenproblem (*n. - Inf.*), problema di interfaccia.
Schnittstellenprogramm (*n. - Inf.*), programma di interfaccia.
Schnittstellenprogrammierung (*f. - Inf.*), programmazione di interfaccia.
Schnittstellenprotokoll (*n. - Inf.*), protocollo di interfaccia.
Schnittstellensoftware (*f. - Inf.*), software di interfaccia.
schnurlos (*Fernspr.*), senza fili.
schnurlose Maus (*f. - Inf.*), mouse senza fili.
Schnurlostelefon (*n. - Fernspr.*), telefono senza fili.
schockierend (*allg.*), scioccante.
schockiert (*allg.*), scioccato.
Schockwelle (*f. - Phys.*), onda d'urto.
Schraube: auf Zug beanspruchte Schraube (*f. - Mech.*), vite sollecitata a trazione.
Schraubschelle (*f. - Leit.*), fascetta con vite.

schreibbar (*allg.*), scrivibile.
schreibgeschützt (*Inf.*), protetto da scrittura.
Schriftgrösse (*f. - Druck.*), grandezza dei caratteri. **2 die Schriftgrösse festlegen** (*Druck.*), stabilire la grandezza dei caratteri. **3 die Schriftgrösse ist auf 8 Punkt voreingestellt** (*Druck.*), la grandezza dei caratteri è preimpostata a 8 punti. **4 die Schriftgrösse wählen** (*Druck.*), scegliere la grandezza dei caratteri.
schriftlich (*allg.*), per iscritto. **2 schriftlich bestätigen** (*allg.*), confermare per iscritto.
Schriftzeichen (*n. - Inf.*), carattere di scrittura.
Schritt: die erforderlichen gerichtlichen Schritte einleiten (*recht.*), avviare le azioni legali necessarie.
Schuhbranche (*f. - Ind.*), settore calzaturiero.
Schuhfabrik (*f. - Ind.*), fabbrica di calzature.
Schuhhersteller (*m. - Ind.*), produttore di scarpe.
Schuhtechnik (*f. - Ind.*), tecnica calzaturiera.
Schulberatung (*f. - Schule*), consulenza scolastica.
Schulbibliothek (*f. - Schule*), biblioteca scolastica.
Schulbuch (*n. - Druck.*), libro scolastico.
Schuldbetrag (*m. - finanz.*), ammontare dovuto.
Schulreform (*f. - Schule*), riforma scolastica.
Schulterriemen (*m. - allg.*), tracolla.
Schutzauflage (*f. - Technol.*), rivestimento protettivo.
Schutzetui (*n. - allg.*), custodia.
Schutzschirm (*m. - Arb.*), schermo di protezione.
schwarzes Loch (*n. - Astr.*), buco nero.
Schweissarbeiten (*f. - pl. - mech. Technol.*), lavori di saldatura.
Schweisserprüfung (*f. - mech. Technol.*), esame di saldatore.
Schweisslinse (*f. - mech. Technol.*), lente di saldatura.
Schwerion (*n. - Kernphys.*), ione pesante.
Schwerionenphysik (*f. - Kernphys.*), fisica degli ioni pesanti.
Schwindungsspannung (*f. - Giess.*), tensione da ritiro.
Screen Saver (*n. - engl. - Inf.*), salvaschermo, screen saver. **2 das Screen Saver installieren** (*Inf.*), installare lo screen saver.
Screening (*n. - engl. - allg.*), screening.
Sechsganggetriebe (*n. - Aut.*), cambio a sei marce.
sechsstellige Zahl (*f. - Math.*), numero a sei cifre.
sedimentär (*Min.*), sedimentario.
sedimentiert (*Min.*), sedimentato.
Seefischmarkt (*m. - naut. - komm.*), mercato del pesce di mare.
sehbehindert (*allg.*), non vedente.
sehbehinderter Mensch (*m. - allg.*), persona non vedente.
seismoakustisch (*Geol.*), sismoacustico.
seismographisch (*Geol.*), sismografico.
seismologisch (*Geol.*), sismologico.
seismologische Station (*f. - Geol.*), stazione sismologica.
Seismometrie (*f. - Geol.*), sismometria.
seismometrisch (*Geol.*), sismometrico.
seismotektonisch (*Geol.*), sismotettonico.

Seitenairbag (*m. - Aut.*), airbag laterale.
Seitenanfang (*m. - Inf.*), inizio pagina.
Seitenlayout (*n. - Inf.*), layout di pagina.
Seitennumerierung (*f. - Druck.*), numerazione della pagina.
Seitennummer (*f. - Druck.*), numero della pagina.
Seitentitel (*m. - Druck.*), titolo della pagina.
seitlich über etwas überstehen (*allg.*), sporgere lateralmente da qualcosa.
Sekanten-Methode (*f. - Math.*), metodo delle secanti.
sekundäres Fenster (*n. - Inf.*), finestra secondaria.
sekundenschnell (*allg.*), nell'arco di pochi secondi.
selbstdurchschreibendes Papier (*n. - Papierind.*), carta autoricalcante.
Selbstentladung (eines Akkumulators) (*f. - Elekt.*), autoscaricamento.
selbstgebaut (*allg.*), autocostruito.
Selbstmanagement (*n. - Organ. - Adm.*), autogestione.
selbstreinigend (*allg.*), autopulente.
selbsttätige Schliessfunktion (*f. - allg.*), funzione di chiusura automatica.
selektives Herbizid (*n. - Ack.b. - Chem.*), diserbante selettivo.
Selendioxyd (*n. - Chem.*), diossido di selenio.
Selenologie (*f. - Astr.*), selenologia.
Selenverbindung (*f. - Chem.*), composto di selenio.
semilinear (*allg.*), semilineare.
semilineare Gleichung (*f. - Math.*), equazione semilineare.
Semilinearität (*f. - allg.*), semilinearità.
semipermanent (*allg.*), semipermanente.
semipermanenter Speicher (*m. - Inf.*), memoria semipermanente.
Semipermeabilität (*f. - Phys. - Chem.*), semipermeabilità.
Senkrechtstarter (*m. - Flugw.*), velivolo a decollo verticale.
Sequentialität (*f. - allg.*), sequenzialità.
sequentielle Adressierung (*f. - Inf.*), indirizzamento sequenziale.
sequentielle Datei (*f. - Inf.*), file sequenziale.
sequentielle Daten (*n. - pl. - Inf.*), dati sequenziali.
sequentielle Speicherung (*f. - Inf.*), memorizzazione sequenziale.
Sequentierung (*f. - allg.*), sequenziamento.
Serialdrucker (*m. - Inf.*), stampante seriale.
serialisierbar (*Inf.*), serializzabile.
Serialisierbarkeit (*f. - Inf.*), serializzabilità.
serialisieren (*Inf.*), serializzare.
serialisiert (*Inf.*), serializzato.
Serialisierung (*f. - Inf.*), serializzazione.
Serialnummer (*f. - Inf.*), numero seriale.
seriell (*Inf.*), seriale.
serielle Kommunikation (*f. - Inf.*), comunicazione seriale.
serielle Schnittstelle (*f. - Inf.*), interfaccia seriale.
serielle Übertragung (*f. - Inf.*), trasmissione seriale.
serielles Kabel (*n. - Elekt.*), cavo seriale.
Seriellkarte (*f. - Inf.*), scheda seriale.

Serienanlauf (*m. - Aut. - etc.*), avviamento della serie.
Serienausstattung (*f. - Aut. - Mot. - etc.*), dotazione di serie.
Serienautomobil (*n. - Aut.*), automobile di serie.
Serienbearbeitung (*f. - Werkz.masch.bearb.*), lavorazione in serie.
Serienlack (*m. - Aut. - etc.*), vernice di serie.
Serienstart (*m. - Aut. - etc.*), avviamento della serie.
Serizit (*n. - Min.*), sericite.
Server (*m. - Inf.*), server.
Serveradresse (*f. - Inf.*), indirizzo di server.
serverbasiert (*Inf.*), basato su server.
serverbasierte Software (*f. - Inf.*), software basato su server.
Server-Computer (*m. - Inf.*), computer server.
Serverdienst (*m. - Inf.*), servizio server.
Serveridentifizierung (*f. - Inf.*), identificazione del server.
Servername (*m. - Inf.*), nome del server.
Serverplattform (*f. - Inf.*), piattaforma server.
Serverprogramm (*n. - Inf.*), programma server.
Serverrechner (*m. - Inf.*), elaboratore server.
Serversoftware (*f. - Inf.*), software server.
Serversystem (*n. - Inf.*), sistema server.
Serverumgebung (*f. - Inf.*), ambiente server.
Serverzugriff (*m. - Inf.*), accesso al server.
Service-Annahmestelle (*f. - allg.*), centro assistenza tecnica.
Serviceintervalle (*n. - pl. - Aut. - etc.*), intervalli di assistenza.
Sesquiterpen (*n. - Chem.*), sesquiterpene.
Setup-Programm (*n. - Inf.*), programma di setup.
sezessionistisch (*Politik*), secessionista.
Shadowing (*n. - engl. - Inf.*), shadowing.
Sharen (*n. - Inf.*), sharing.
Shareware (*f. - engl. - Inf.*), shareware.
Shareware-Produkt (*n. - Inf.*), prodotto shareware.
Shareware-Programm (*n. - Inf.*), programma shareware.
Shareware-Software (*f. - Inf.*), software shareware.
Shareware-Spiel (*n. - Inf.*), gioco shareware.
Shareware-Version (*f. - Inf.*), versione shareware.
Shigelle (*f. - Biol.*), shigella.
Shopping Center (*n. - engl. - komm.*), shopping center.
Showbusiness (*n. - engl. - allg.*), show business.
Showroom (*m. - engl. - allg.*), show-room.
Sicherheitsanschlag (*m. - Mech.*), arresto di sicurezza.
Sicherheitsbeiwert (*m. - allg.*), coefficiente di sicurezza.
Sicherheitsbranche (*f. - allg.*), settore della sicurezza.
Sicherheitslenksäule (*f. - Aut.*), piantone di sicurezza.
Sicherheitslücken (in Computernetzen) (*f. - pl. - Inf.*), lacune nella sicurezza.
Sicherheitsrelais (*n. - Elekt.*), relè di sicurezza.
sicherheitsrelevant (*allg.*), importante per la sicurezza, rilevante per la sicurezza.
Sicherheitsstandard (*m. - allg.*), norma di sicurezza.
Sicherheitstreppe (*f. - Bauw.*), scala di sicurezza.
Sicherung (*f. - Elekt.*), fusibile.
Sicherung der Güte (*f. - Ind.*), assicurazione della qualità.
Sicherungskopie (*f. - Inf.*), copia di sicurezza.
Sicherungsring (*m. - Mech.*), anello elastico.
siebenstellige Zahl (*f. - Math.*), numero a sette cifre.
Signalanalyse (*f. - allg.*), analisi dei segnali.
Signalerkennung (*f. - Inf.*), riconoscimento dei segnali.
Signalfilterung (*f. - Elektronik*), filtraggio di segnali.
Signalgenerator (*m. - Elekt. - Funk.*), generatore di segnali.
Signalgenerierung (*Elekt. - Funk.*), generazione di segnali.
Signaltheorie (*f. - Elektronik*), teoria dei segnali.
Signalübertragung (*f. - Elekt. - Funk.*), trasmissione di segnali.
Signalverarbeitung (*f. - Inf.*), elaborazione di segnali.
Silberazetat (*n. - Chem.*), acetato d'argento.
Silberchlorid (*n. - Chem.*), cloruro d'argento.
Silberdifluorid (*n. - Chem.*), difluoruro d'argento.
Silberiodid (*n. - Chem.*), ioduro d'argento.
Silberkarbonat (*n. - Chem.*), carbonato d'argento.
Silberoxyd (*n. - Chem.*), ossido d'argento.
Silberperchlorat (*n. - Chem.*), perclorato d'argento.
Silbertetrafluoroacetat (*n. - Chem.*), tetrafluoroacetato d'argento.
Silbertetrafluoroborat (*n. - Chem.*), tetrafluoroborato d'argento.
Siliziummonoxyd (*n. - Chem.*), monossido di silicio.
Siliziumnitrid (*n. - Chem.*), nitruro di silicio.
Siliziumoxyd (*n. - Chem.*), ossido di silicio.
Siliziumtetrachlorid (*n. - Chem.*), tetracloruro di silicio.
Siliziumtetrafluorid (*n. - Chem.*), tetrafluoruro di silicio.
Simulation des Fahrverhaltens (*f. - Aut. - etc.*), simulazione del comportamento su strada.
Simulationsmodell (*n. - Stat.*), modello di simulazione.
Simulationssoftware (*f. - Inf.*), software di simulazione.
Simulationssystem (*n. - Inf.*), sistema di simulazione.
Simulationszyklus (*m. - Inf.*), ciclo di simulazione.
simulierbar (*allg.*), simulabile.
simulieren (*allg.*), simulare. **2 im Kleinmassstab simulieren** (*allg.*), simulare in scala ridotta.
simuliert (*allg.*), simulato.
simuliertes Bild (*n. - Inf.*), immagine simulata.
Simultaneous Engineering (*n. - engl. - Ind.*), simultaneous engineering.
Simultanität (*f. - allg.*), simultaneità.
Simultanübersetzung (*f. - Büro*), traduzione simultanea.

Simultanverarbeitung (*f. - Inf.*), elaborazione simultanea.
Site (*m. - engl. - Inf.*), sito.
Sitzbelegungserkennung (*f. - Aut.*), riconoscimento presenza passeggero.
sitzintegriert (*Aut.*), integrato nel sedile.
Sitzverstellung (*f. - Aut.*), regolazione del sedile.
Skalarfunktion (*f. - Math.*), funzione scalare.
Skalarmultiplikation (*f. - Math.*), moltiplicazione scalare.
Skalarvariable (*f. - Math.*), variabile scalare.
Ski alpin (*m. - Sport*), sci alpino.
Skipper (*m. - engl. - naut.*), skipper.
Skischule (*f. - Sport*), scuola di sci.
Skispitze (*f. - Sport*), punta dello sci.
Sklerodermie (*f. - Med.*), sclerodermia.
Snowboard (*n. - engl. - Sport*), snowboard.
Sodalith (*m. - Min.*), sodalite.
Softball (*m. - Sport*), softball.
Software: eine Software laden, herunterladen (*Inf.*), caricare, scaricare un software.
Softwareagent (*m. - Inf.*), agente software.
Softwareanforderungen (*f. - pl. - Inf.*), requisiti software.
Softwarearchitektur (*f. - Inf.*), architettura software.
Software-Debugging (*n. - Inf.*), debugging del software.
Software-Download (*n. - Inf.*), download di software.
Software-Element (*n. - Inf.*), elemento software.
Softwareentwicklung (*f. - Inf.*), sviluppo del software.
Software-Ergonomie (*f. - Inf.*), ergonomia del software.
Software-Experte (*m. - Inf.*), esperto di software.
Softwarefirma (*f. - Inf. - komm.*), azienda software.
Softwarehaus (*n. - Inf.*), software house.
Softwarehersteller (*m. - Inf.*), produttore di software.
Softwareherstellung (*f. - Inf.*), produzione di software.
Softwarekompatibilität (*f. - Inf.*), compatibilità del software.
Software-Konfiguration (*f. - Inf.*), configurazione software.
Softwarelizenz (*f. - komm.*), licenza software.
Software-Paket (*n. - Inf.*), pacchetto software.
Software-Palette (*f. - Inf.*), gamma di software.
Software-Plattform (*f. - Inf.*), piattaforma software.
Softwarerezension (*f. - Inf.*), recensione di software.
Software-Schnittstelle (*f. - Inf.*), interfaccia software.
Softwaretechnik (*f. - Inf.*), tecnica software.
Softwaretechniker (*m. - Inf.*), tecnico software.
Software-Technologie (*f. - Inf.*), tecnologia software.
Softwareumgebung (*f. - Inf.*), ambiente software.
Softwarevoraussetzungen (*f. - pl. - Inf.*), requisiti software.
Software-Vorstellung (*f. - Inf.*), presentazione di software.
Solaranlage (*f. - Elekt.*), impianto a energia solare.
Solarenergienutzung (*f. - Phys.*), utilizzo di energia solare.
Solargenerator (*m. - Elekt.*), generatore solare.
Solarhaus (*n. - Bauw.*), casa alimentata a energia solare.
Solarheizung (*f. - Bauw.*), riscaldamento a energia solare.
Solarpaneel (*n. - Bauw. - etc.*), pannello solare.
Solvatationsenergie (*f. - Chem.*), energia di solvatazione.
Sommersprachkurs (*m. - Schule - Pers.*), corso di lingue estivo.
Sonderabfall (*m. - allg.*), rifiuto speciale.
Sondermodellreihe (*f. - Aut.*), serie di modelli speciali.
Sonderrabatt (*m. - komm.*), sconto speciale.
Sonderversion (*f. - Ind. - komm.*), versione speciale.
Sonderwärmebehandlung (*f. - Wärmebeh.*), trattamento termico speciale.
Sonderzeichen (*n. - Inf.*), carattere speciale.
Sonnenblende (*f. - Phot.*), paraluce.
sonnenfernst (*Astr.*), più distante dal Sole.
sonnenfernster Punkt (einer Bahn) (*m. - Astr.*), punto più distante dal Sole.
Sonnenkraftwerk (*n. - Elekt.*), centrale elettrica a energia solare.
sonnennächst (*Astr.*), più vicino al Sole.
sonnennächster Punkt (einer Bahn) (*m. - Astr.*), punto più vicino al Sole.
Sonnenphysik (*f. - Phys.*), fisica solare.
Sonnensonde (*f. - Astronautik*), sonda per lo studio del Sole.
Sonnen-Spektroskopie (*f. - Opt.*), spettroscopia solare.
Sonnenteleskop (*n. - Astr.*), telescopio solare.
Sonnenwind (*m. - Astr.*), vento solare.
sortenrein (*allg.*), diviso per tipologia.
soziale Intelligenz (*f. - allg.*), intelligenza sociale.
soziale Sicherheit (*f. - allg.*), sicurezza sociale.
Sozialpakt (*m. - Politik*), patto sociale.
Sozialrecht (*n. - recht.*), diritto sociale.
Sozialschutz (*m. - allg.*), protezione sociale.
Soziobiologe (*m. - Biol.*), sociobiologo.
Soziobiologie (*f. - Biol.*), sociobiologia.
soziobiologisch (*Biol.*), sociobiologico.
soziokulturell (*allg.*), socioculturale.
Soziolinguistik (*f. - allg.*), sociolinguistica.
soziolinguistisch (*allg.*), sociolinguistico.
Soziometrie (*f. - allg.*), sociometria.
soziometrisch (*allg.*), sociometrico.
Sozioökonomie (*f. - finanz.*), socioeconomia.
sozioökonomisch (*finanz.*), socioeconomico.
Spalt (*m. - allg.*), luce. 2 (*m. - Mech.*), gioco.
spaltfüllend (*allg.*), di riempimento della fessura.
Spalturan (*n. - Chem. - Radioakt.*), uranio fissile.
spanabhebende Bearbeitung (*f. - Mech.*), lavorazione con asportazione di truciolo.
Spannplatte (*f. - werkz. Masch.*), piastra di fissaggio.
Spannungsbegrenzung (*f. - Elekt.*), limitazione della tensione.

Spannungsberechnung (f. - *Elekt.*), calcolo della tensione.
Spannungslosigkeit (f. - *Elekt.*), assenza di tensione.
Spannungsmessung (f. - *Elekt.*), misurazione della tensione.
Spannungsniveau (n. - *Elekt.*), livello di tensione.
Spannungsstabilisierung (f. - *Elekt.*), stabilizzazione della tensione.
Spannungsverlust (m. - *Elekt.*), perdita di tensione.
Spannungsverstärkung (f. - *Elekt.*), amplificazione della tensione.
Speicher: 4 MB Speicher zur Verfügung haben (*Inf.*), avere 4 MB di memoria a disposizione. 2 den Speicher verschmutzen (*Inf.*), sporcare la memoria. 3 es benötigt 4 MB interner Speicher (*Inf.*), occorrono 4 MB di memoria interna. 4 mit wenig Speicher (*Inf.*), con poca memoria. 5 nur lesbarer Speicher (*Inf.*), memoria a sola lettura.
Speicherabruf (m. - *Inf.*), richiamo di memoria.
Speicherbelegung (f. - *Inf.*), occupazione della memoria.
Speicherbereich (m. - *Inf.*), area di memoria.
Speicherbus (m. - *Inf.*), bus di memoria.
Speicher-Chip (m. - *Inf.*), chip della memoria.
Speicherdaten (n. - *pl.* - *Inf.*), dati della memoria.
Speicher-Erweiterung (f. - *Inf.*), ampliamento della memoria.
Speicherfeld (n. - *Inf.*), campo della memoria.
Speicherfragmentierung (f. - *Inf.*), frammentazione della memoria.
Speicherhierarchie (f. - *Inf.*), gerarchia della memoria.
Speicherinhalt (m. - *Inf.*), contenuto della memoria.
Speicherkarte (f. - *Inf.*), scheda di memoria.
Speicherknoten (m. - *Inf.*), nodo di memoria.
Speicherorganisation (f. - *Inf.*), organizzazione della memoria.
Speicher-Problem (n. - *Inf.*), problema di memoria.
speicherprogrammierbare Steuerung (f. - *Masch. - etc.*), controllore programmabile.
Speicherprogrammierung (f. - *Inf.*), programmazione della memoria.
Speicherregister (n. - *Inf.*), registro di memoria.
speicherresident (*Inf.*), residente in memoria.
speicherresidente Daten (n. - *pl.* - *Inf.*), dati residenti in memoria.
speicherresidente Software (f. - *Inf.*), software residente in memoria.
speicherresidenter Virus (m. - *Inf.*), virus residente in memoria.
speicherresidentes Programm (n. - *Inf.*), programma residente in memoria.
Speicherschreibmaschine (f. - *Büromaschine*), macchina da scrivere con memoria.
Speichersegment (n. - *Inf.*), segmento di memoria.
Speicherseite (f. - *Inf.*), pagina di memoria.
Speicherstruktur (f. - *Inf.*), struttura della memoria.
Speicherungsform (f. - *Inf.*), forma di memorizzazione.
Speicherungssystem (n. - *Inf.*), sistema di memorizzazione.
Speicherungstechnik (f. - *Inf.*), tecnica di memorizzazione.
Speicherverwaltung (f. - *Inf.*), gestione della memoria.
Speicherzelle (f. - *Inf.*), cella di memoria.
Speicherzugriff (m. - *Inf.*), accesso alla memoria.
Speicherzugriff-Geschwindigkeit (f. - *Inf.*), velocità di accesso alla memoria.
Speicherzuweisung (f. - *Inf.*), assegnazione della memoria.
Spektralanalysator (m. - *Opt.*), analizzatore di spettro.
Spektralphotometrie (f. - *Opt.*), spettrofotometria.
spektralphotometrisch (*Opt.*), spettrofotometrico.
Spektrochemie (f. - *Opt. - Phys.*), spettrochimica.
Spektroelektrochemie (f. - *Opt. - Phys.*), spettroelettrochimica.
Spektrographie (f. - *Opt. - Phys.*), spettrografia.
Spektrophotometrie (f. - *Opt.*), spettrofotometria.
spektrophotometrisch (*Opt.*), spettrofotometrico.
spektroskopische Analyse (f. - *Chem.*), analisi spettroscopica.
Spezialwerkzeug (n. - *Mech. - etc.*), attrezzo speciale.
Sphärizität (f. - *Geom.*), sfericità.
sphärolithisch (*Min.*), sferolitico.
Spiegelglas (n. - *Glasind.*), vetro da specchi.
Spielausgleich (m. - *Mech.*), recupero del gioco.
Spieldauer (einer Kassette z. B.) (f. - *Elektroakus.*), durata.
Spindeldrehzahl (f. - *Werkz.masch.*), numero di giri del mandrino.
Spindel-Halt (m. - *Werkz.masch.*), arresto mandrino.
Spindelorientierung (f. - *Werkz.masch.bearb.*), orientamento mandrino.
Spindeltyp (m. - *Werkz.masch.*), tipo di mandrino.
Spionagesatellit (m. - *Astronautik - milit.*), satellite spia.
Spiralgalaxie (f. - *Astr.*), galassia a spirale.
Spitzenmodell (n. - *komm.*), modello di punta.
Sponsorenvertrag (m. - *komm.*), contratto di sponsorizzazione.
Sponsoring (n. - *engl. - komm.*), sponsorizzazione.
spontane Emission (von Strahlungen) (f. - *Phys.*), emissione spontanea.
Spooling (n. *engl. - Inf.*), spooling.
Sportanlage (f. - *Bauw.*), impianto sportivo.
Sportausschuss (m. - *Sport*), comitato sportivo.
Sportchef (m. - *Sport*), responsabile sportivo.
Sportcoupé (n. - *Aut.*), coupé sportivo.
Sportpsychologie (f. - *Psychol.*), psicologia dello sport.
Sprachauswahl (f. - *allg.*), scelta della lingua.
Sprachdigitalisierung (f. - *Inf.*), digitalizzazione della voce.

Sprachelement

Sprachelement (*n. - Inf.*), elemento del linguaggio.
Spracherkennung (*f. - Inf.*), riconoscimento vocale.
Spracherkennungssoftware (*f. - Inf.*), software di riconoscimento vocale.
Spracherkennungssystem (*n. - Inf.*), sistema di riconoscimento vocale.
Sprachgeographie (*f. - allg.*), geografia linguistica.
Sprachsoziologie (*f. - allg.*), sociologia linguistica.
Sprachsyntax (*f. - Inf.*), sintassi del linguaggio.
Sprachverarbeitung (*f. - Inf.*), elaborazione vocale.
Sprachverarbeitungssystem (*n. - Inf.*), sistema di elaborazione vocale.
Sprachvertiefung (*f. - allg.*), approfondimento delle lingue.
Sprachzentrum (*n. - Med.*), centro del linguaggio.
Spray (*m. - n. - engl. - Chem.*), spray.
Spreadsheet (*n. - engl. - Inf.*), spreadsheet.
Sprechzeit (*f. - Fernspr.*), tempo della telefonata.
Sprengkopf (*m. - Expl.*), testata.
Spritzgiesswerkzeug (*n. - Masch.*), stampo a iniezione.
Spröde-Duktil-Übergangstemperatur (*f. - Metall.*), temperatura di transizione da fragile a duttile.
Spültisch (*m. - Möbel*), lavello.
Squash (*n. - Sport*), squash.
Staatsarchiv (*n. - Bauw.*), archivio di stato.
Staatsbibliothek (*f. - Bauw.*), biblioteca di stato.
Staatsmonopol (*n. - finanz.*), monopolio statale.
stabilisierte Spannung (*f. - Elekt.*), tensione stabilizzata.
Stabilisierungsfaktor (*m. - allg.*), fattore di stabilizzazione.
Stabilisierungsphase (*f. - allg.*), fase di stabilizzazione.
Stabilisierungspolitik (*f. - allg.*), politica di stabilizzazione.
Stabilisierungsprozess (*m. - allg.*), processo di stabilizzazione.
Stabilitätsanforderungen (*f. - pl. - finanz. - etc.*), requisiti di stabilità.
Stabilitätsbedingungen (*f. - pl. - allg.*), condizioni di stabilità.
Stabilitätsfaktor (*m. - allg.*), fattore di stabilità.
Stabilitätskriterien (*n. - pl. - allg.*), criteri di stabilità.
Stabilitätspakt (*m. - Politik*), patto di stabilità.
Stabilitätszone (*f. - allg.*), zona di stabilità.
Stadtauto (*n. - Aut.*), auto da città.
Stadtflughafen (*m. - Flugw.*), aeroporto cittadino.
Stagnation des privaten Verbrauchs (*f. - finanz.*), stagnazione nel consumo privato.
Stahlkonzern (*m. - finanz. - Metall.*), gruppo metallurgico.
Stahlrohr (*n. - Leit.*), tubo di acciaio.
Stand der Technik (*allg. - recht.*), stato della tecnica. **2** dies entspricht dem bekannten **Stand der Technik** (*allg. - recht.*), questo corrisponde allo stato noto della tecnica.
Standalone-Anwendung (*f. - Inf.*), applicazione stand alone.
Standalone-Produkt (*n. - Inf.*), prodotto stand alone.
Standalone-Programm (*n. - Inf.*), programma stand alone.
Standalone-Software (*f. - Inf.*), software stand alone.
Standalone-System (*n. - Inf.*), sistema stand alone.
Standalone-Version (*f. - Inf.*), versione stand alone.
Standardformat (*n. - Inf.*), formato standard.
Standardinstallation (einer Software) (*f. - Inf.*), installazione standard.
standardisiert (*allg.*), standardizzato.
standardisierte Schnittstelle (*f. - Inf.*), interfaccia standardizzata.
Standardisierungsgrad (*m. - Technol.*), grado di standardizzazione.
Standardisierungsgremium (*n. - Technol.*), comitato di standardizzazione.
Standardisierungsmethode (*f. - Technol.*), metodo di standardizzazione.
Standardisierungspolitik (*f. - Technol.*), politica di standardizzazione.
Standardisierungsprozess (*m. - Technol.*), processo di standardizzazione.
Standardkomponente (*f. - Mech. - etc.*), componente standard.
Standardkonfiguration (*f. - Inf.*), configurazione standard.
Standard-Software (*f. - Inf.*), software standard.
Standardspeicher, Standard-Speicher (*m. - Inf.*), memoria standard.
Standbild (*n. - Fernseh.*), immagine ferma.
Standby-Zeit (*Inf.*), intervallo di attesa.
standfest (*allg.*), fisso.
starre Anschlussleitung (*f. - Leit.*), tubazione rigida di allacciamento.
Startbit (*n. - Inf.*), bit di start.
Startdatei (*f. - Inf.*), file di avvio.
Starterseil (*n. - Mot.*), fune di avviamento.
Start-Freigabe (*f. - Elekt. - Mech.*), consenso all'avviamento.
Startmenü (*n. - Inf.*), menu di partenza.
Startrampe (*f. - Flugw.*), rampa di decollo.
Startseite (*f. - Inf.*), pagina di partenza.
Station Wagon (*m. - engl. - Aut.*), station wagon.
stationärer Flug (*m. - Flugw.*), volo stazionario.
Statistikanalyse (*f. - Stat.*), analisi statistica.
Statistikinformationen (*f. - pl. - Stat.*), informazioni statistiche.
Statistikprogramm (*n. - Inf.*), programma statistico.
Statistiksoftware (*f. - Inf.*), software statistico.
statistisches Modell (*n. - Stat.*), modello statistico.
Statusfenster (*n. - Inf.*), finestra di stato.
Statusregister (*n. - Inf.*), registro di stato.
Staubfilter (*m. - n. - Aut. - etc.*), filtro antipolvere.
Staurolith (*n. - Min.*), staurolite.
Steckanschluss (*m. - Leit.*), raccordo a innesto.
stehenbleiben (*allg.*), arrestarsi.

Steinkohleförderung (*f. - Bergbau*), estrazione di carbone fossile.
Steintreppe (*f. - Bauw.*), scala di pietra.
Stellarastronomie (*f. - Astr.*), astronomia stellare.
Stellardynamik (*f. - Phys.*), dinamica stellare.
stellare Dynamik (*f. - Phys.*), dinamica stellare.
stellare Kinematik (*f. - Phys.*), cinematica stellare.
stellare Seismologie (*f. - Geol.*), sismologia stellare.
Stellarstatistik (*f. - Stat.*), statistica stellare.
Stellteil (*m. - n. - allg.*), elemento di comando, elemento di regolazione.
Stellungnahme (*f. - allg.*), parere.
Stempelaufnahme (*f. - Mech.*), portapunzone.
Stereoanlage (*f. - Elektroakus.*), impianto stereofonico.
Stereoisomer (*n. - Chem.*), stereoisomero.
Stereo-Kopfhörer (*m. - Elektroakus.*), cuffia stereo.
stereometrisch (*Geom.*), stereometrico.
Stereophotographie (*f. - Phot.*), stereofotografia.
stereoselektiv (*Chem.*), stereoselettivo.
Stereoselektivität (*f. - Chem.*), stereoselettività.
sterilisierbar (*Chem. - etc.*), sterilizzabile.
Sternatmosphäre (*f. - Astr.*), atmosfera stellare.
Sternbeobachtungen (*f. - pl. - Astr.*), osservazioni stellari.
Sterngeschwindigkeit (*f. - Astr.*), velocità delle stelle.
Sternhaufen (*m. - Astr.*), ammasso stellare.
Sternphysik (*f. - Phys.*), fisica stellare.
Sternspektroskopie (*f. - Opt.*), spettroscopia stellare.
Steuerrecht (*n. - recht.*), diritto tributario.
Steuerungssoftware (*f. - Inf.*), software di comando.
Steuerwort (*n. - Inf.*), parola di controllo.
stochastisches Modell (*n. - Stat.*), modello stocastico.
Stoffausstattung (*f. - Aut.*), rivestimento in tessuto.
Stopbit (*n. - Inf.*), bit di stop.
Stoptaste (*f. - App.*), tasto di arresto.
Störfestigkeit (*n. - Funk.*), resistenza alle interferenze.
Strafbarkeit (*f. - recht.*), punibilità.
Strafbarkeitsbedingung (*f. - recht.*), condizione di punibilità.
Strahler (*m. - Beleucht.*), faretto.
Stretch (*m. - engl. - Textilind.*), stretch.
Stretching (*n. - Sport*), stretching.
Stretchkleid (*n. - Textilind.*), vestito elasticizzato.
String (*m. - Inf.*), stringa.
Stringlänge (*f. - Inf.*), lunghezza di stringa.
Stromaufnahme (*f. - Elekt.*), assorbimento di corrente.
Strombegrenzung (*f. - Elekt.*), limitazione di corrente.
Stromersparnis (*f. - Elekt.*), risparmio di corrente.
Stromerzeugung (*f. - Elekt.*), generazione di corrente.
Stromgrenze (*f. - Elekt.*), limite di corrente.
Stromknoten (*m. - Elekt.*), nodo di corrente.
Stromkreisberechnung (*f. - Elekt.*), calcolo del circuito elettrico.
Stromkreislänge (*f. - Elekt.*), lunghezza del circuito elettrico.
Stromkreiswiderstand (*m. - Elekt.*), resistenza del circuito elettrico.
Stromlosigkeit (*f. - Elekt.*), assenza di corrente.
Strommenge (*f. - Elekt.*), quantità di corrente.
Stromniveau (*n. - Elekt.*), livello di corrente.
Stromproduktion (*f. - Elekt.*), produzione di corrente.
Stromsensor (*m. - Elekt.*), sensore di corrente.
Stromsparfunktion (*f. - Elekt.*), funzione di risparmio energetico.
Stromstabilisierung (*f. - Elekt.*), stabilizzazione di corrente.
Stromversorgungskabel (*n. - Elekt.*), cavo di alimentazione.
Stromwert (*m. - Elekt.*), valore di corrente.
Strontiumchlorid (*n. - Chem.*), cloruro di stronzio.
Strontiumchromat (*n. - Chem.*), cromato di stronzio.
Strontiumnitrat (*n. - Chem.*), nitrato di stronzio.
Strontiumsulfat (*n. - Chem.*), solfato di stronzio.
strukturiert (*allg.*), strutturato.
strukturiertes Programm (*n. - Inf.*), programma strutturato.
strukturierte Programmierung (*f. - Inf.*), programmazione strutturata.
Stück: aus einem Stück gefertigt (*allg.*), realizzato in un solo pezzo.
Stücklistenverwaltung (*f. - Inf.*), gestione delle distinte base.
stufenweiser Angriff (der Bremsen z. B.) (*m. - Aut.*), intervento graduale.
Stummschalten (*n. - Elektroakus.*), silenziamento rapido.
Stummschaltknopf (*m. - Elektroakus.*), tasto di silenziamento rapido.
subakut (*Med.*), subacuto.
Subdomain (*m. - engl. - Inf.*), subdomain.
subkrustal (*Geogr.*), subcrostale.
subliminal (*Psychol.*), subliminale.
Subroutine (*f. - Inf.*), subroutine. **2 eine Subroutine definieren** (*Inf.*), definire una subroutine. **3 eine Subroutine deklarieren** (*Inf.*), dichiarare una subroutine.
Subroutine-Name (*m. - Inf.*), nome della subroutine.
Substitutionsreaktion (*f. - Chem.*), reazione di sostituzione.
subsymbolisch (*allg.*), subsimbolico.
Subsystem (*n. - allg.*), sottosistema.
Succinat (*n. - Chem.*), succinato.
Suchalgorithmus (*m. - Inf.*), algoritmo di ricerca.
Suche (*f. - allg.*), ricerca.
Suchelement (in einer Datenbank z. B.) (*n. - Inf.*), elemento di ricerca.
Suchergebnis (in einer Datenbank z. B.) (*n. - Inf.*), risultato della ricerca.
Suchkopf (von Luft-Luft-Raketen z. B.) (*m. - Flugw.*), testa di ricerca.
Suchkriterien (*n. - pl. - Inf.*), criteri di ricerca.
Suchmaschine (*f. - Inf.*), macchina di ricerca.

Suchmechanismus (*m. - Inf.*), meccanismo di ricerca.
Suchoption (*f. - Inf.*), opzione di ricerca.
Suchparameter (*m. - Inf.*), parametro di ricerca.
Suchpfad (*m. - Inf.*), percorso di ricerca.
Suchprogramm (*n. - Inf.*), programma di ricerca.
Suchrobot (*m. - Inf.*), robot di ricerca.
Suchroutine (*f. - Inf.*), routine di ricerca.
Suchtechnik (*f. - Inf.*), tecnica di ricerca.
Supercomputer (*m. - Inf.*), supercomputer.
superleicht (*allg.*), superleggero.
Supermacht (*f. - Politik*), superpotenza.
supermassiv (*Astr.*), supermassivo.
Supernova (*f. - Astr.*), supernova.
Supernova-Explosion (*f. - Astr.*), esplosione di supernova.
superplastisch (*Metall. - etc.*), superplastico.
superplastische Eigenschaften (*f. - pl. - Metall. - etc.*), caratteristiche superplastiche.
superplastische Umformung (*f. - Blechbearb.*), formatura superplastica.
superplastischer Zugversuch (*m. - Baukonstr.lehre*), prova di trazione superplastica.
superplastischer Zustand (*m. - Metall. - etc.*), stato superplastico.
superplastisches Verhalten (*n. - Metall. - etc.*), comportamento superplastico.
Superplastizität (*f. - Metall. - etc.*), superplasticità.
superskalar (*Inf.*), superscalare.
superskalarer Prozessor (*m. - Inf.*), processore superscalare.
Supersymmetrie (*f. - Phys.*), supersimmetria.
supersymmetrisch (*Phys.*), supersimmetrico.
Supraleitfähigkeit (*f. - Metall. - Elekt.*), superconduttività.
supranational (*allg.*), sopranazionale, sovranazionale.
Suprastruktur (*f. - naut. - etc.*), soprastruttura.
Surfer (*m. - engl. - naut.*), surfer.
symbiotischer Stern (*m. - Astr.*), stella simbiotica.
Symbolbibliothek (*f. - Inf.*), biblioteca dei simboli.
Symbolik (*f. - allg.*), simbolica.
symbolische Adresse (*f. - Inf.*), indirizzo simbolico.
symbolische Mathematik (*f. - Math.*), matematica simbolica.
symbolische Programmierung (*f. - Inf.*), programmazione simbolica.
symbolische Simulation (*f. - Elekt.*), simulazione simbolica.
symbolischer Name (*m. - Inf.*), nome simbolico.
symbolisiert (*allg.*), simbolizzato.
Symbolsprache (*f. - Inf.*), linguaggio simbolico.
Symboltabelle (*f. - Inf.*), tabella dei simboli.
Synchronisationsgrad (*m. - allg.*), grado di sincronizzazione.
Synchronisationsphase (*f. - allg.*), fase di sincronizzazione.
Synchronisationssystem (*n. - Inf.*), sistema di sincronizzazione.
Synchron-Übertragung (*f. - Inf.*), trasmissione sincrona.
Syntax (*f. - allg.*), sintassi.
Synthetiköl (*n. - Chem.*), olio sintetico.
synthetische Stimme (*f. - Inf.*), voce sintetica.
Systemadministration (*f. - Inf.*), amministrazione di sistema.
Systemadministrator (*m. - Inf.*), amministratore di sistema.
Systemarchitektur (*f. - Inf.*), architettura di sistema.
Systembus (*m. - Inf.*), bus di sistema.
Systemdatei (*f. - Inf.*), file di sistema.
Systemdaten (*n. - pl. - Inf.*), dati di sistema.
Systemdiskette (*f. - Inf.*), dischetto di sistema.
Systemdynamik (*f. - allg.*), dinamica del sistema.
Systemfehler (*m. - Inf.*), errore di sistema.
Systemfehlermeldung (*f. - Inf.*), messaggio di errore di sistema.
Systemfrequenz (*f. - Elekt. - etc.*), frequenza del sistema.
Systemhardware (*f. - Inf.*), hardware di sistema.
Systemprogramm (*n. - Inf.*), programma di sistema.
Systemprogrammierer (*m. - Inf.*), programmatore di sistema.
Systemprogrammierung (*f. - Inf.*), programmazione di sistema.
System-RAM (*f. - Inf.*), RAM di sistema.
System-ROM (*f. - Inf.*), ROM di sistema.
Systemsoftware (*f. - Inf.*), software di sistema.
Systemumgebung (*f. - Inf.*), ambiente del sistema.
Systemvariable (*f. - Inf.*), variabile di sistema.
Systemvoraussetzungen (*f. - pl. - Inf.*), requisiti di sistema.

T

Tabelle: eine Tabelle erzeugen (*Inf.*), generare una tabella.
Tabellenbreite (*f. - allg.*), larghezza della tabella.
Tabellenkalkulation (*f. - Math.*), calcolo tabellare.
Tabellenrand (*m. - allg.*), bordo della tabella.
Tabellenspalte (*f. - allg.*), colonna della tabella.
Tachigraphie (*f. - Büro*), tachigrafia.
tachigraphisch (*Büro*), tachigrafico.
tachistoskopisch (*Psychol.*), tachistoscopico.
taktiler Fingersensor (von Roboter) (*m. - Ind. - Autom.*), sensore tattile.
Tangentialkomponente (*f. - Mech.*), componente tangenziale.
Tangentialkraft (*f. - Mech.*), forza tangenziale.
Tangentialpunkt (*m. - Geom.*), punto tangenziale.
Tankdeckelfernentriegelung (*f. - Aut. - etc.*), sblocco a distanza del tappo del serbatoio.
Tankflugzeug (*n. - Flugw.*), velivolo cisterna.
Tarifsystem (*n. - komm.*), sistema tariffario.
Taschencomputer (*m. - Inf.*), computer tascabile.
Tastaturkabel (*n. - Inf.*), cavo della tastiera.
Tastaturkonfiguration (*f. - Inf.*), configurazione della tastiera.
Tastdimmer (*Elekt. - Beleucht.*), variatore di luminosità a tasto.
Taucheruhr (*f. - Uhr*), orologio subacqueo.
Tauchrohr (*n. - Leit.*), pescante.
Technikentwicklung (*f. - Technol.*), sviluppo tecnico.
technische Hotline (*f. - allg.*), hotline tecnica.
technische Informatik (*f. - Inf.*), informatica tecnica.
technische Software (*f. - Inf.*), software tecnico.
technisches Know-how (*n. - allg.*), know-how tecnico.
technokratisch (*allg.*), tecnocratico.
Technologieberatung (*f. - Technol.*), consulenza tecnologica.
Technologiedatenbank (*f. - Inf. - Technol.*), banca dati tecnologica.
Technologieentwicklung (*f. - Technol.*), sviluppo tecnologico.
Technologieparameter (*m. - Technol.*), parametro tecnologico.
Technologietransfer (*m. - Technol.*), technology transfer, trasferimento di tecnologia.
Technology Transfer (*m. - engl. - Ind.*), technology transfer.
Teilchenbeschleuniger (*m. - Atomphys.*), acceleratore di particelle.
Teilnummer (*Ind.*), numero di elemento.
Teilzeitarbeit (*f. - allg.*), lavoro part time.
Telearbeit (*f. - allg.*), telelavoro.
Telebanking (*n. - engl. - finanz.*), telebanking.
Telefax (*n. - engl. - Telem.*), telefax.

telefonische Befragung (*f. - komm. - etc.*), sondaggio telefonico.
telefonische Bestellung (*f. - komm.*), ordinazione telefonica.
Telefonkarte (*f. - Fernspr.*), scheda telefonica.
Telefonmarkt (*m. - komm. - Fernspr.*), mercato telefonico.
Telefonsteckdose (*f. - Fernspr.*), presa del telefono.
Teleinformatik (*f. - Inf.*), teleinformatica.
Telekommunikationsanlage (*f. - Telem. - etc.*), impianto di telecomunicazione.
Telekommunikationsformen (*f. - pl. - Telem. - etc.*), forme di telecomunicazione.
Telekommunikationsmarkt (*m. - Telem. - etc.*), mercato delle telecomunicazioni.
Telekommunikationsnetzwerk (*n. - Telem. - etc.*), rete di telecomunicazione.
Telekommunikationssatellit (*m. - Astronautik.*), satellite per telecomunicazioni.
Telekommunikationssystem (*n. - Telem. - etc.*), sistema di telecomunicazione.
Telekonferenz (*f. - Fernseh.*), teleconferenza.
Telematik (*f. - Inf. - etc.*), telematica.
Telematikanwendung (*f. - Inf. - etc.*), applicazione telematica.
Telematikdienst (*m. - Inf. - etc.*), servizio telematico.
Telematikentwicklung (*f. - Inf. - etc.*), sviluppo telematico.
Telematikmarkt (*m. - Inf. - etc.*), mercato telematico.
Telematikprogramm (*n. - Inf.*), programma telematico.
Telematikserver (*m. - Inf.*), server telematico.
Telematiksoftware (*f. - Inf.*), software telematico.
Telematiksystem (*n. - Inf. - etc.*), sistema telematico.
Telematiktechnologie (*f. - Inf. - etc.*), tecnologia telematica.
telematisch (*Inf. - etc.*), telematico.
Telemedizin (*f. - Wissens.*), telemedicina.
Telemetrie (*f. - Opt.*), telemetria.
Telemetrie-System (*n. - Opt.*), sistema di telemetria.
telemetrisch (*Opt.*), telemetrico.
Teleprocessing (*n. - engl. - Inf.*), teleprocessing.
Teleshopping (*n. - engl. - komm.*), teleshopping.
Teleskopschienen (*f. - pl. - Mech.*), guide telescopiche.
Telesoftware (*f. - Inf.*), telesoftware.
Teletex (*n. - Telem.*), teletex.
Telexnummer (*f. - Telem.*), numero di telex.
Telomer (*n. - Biol.*), telomero.
Temperaturanzeige (für Kühlflüssigkeit) (*f. - Aut.*), indicazione della temperatura.
Temperaturanzeiger (für Kühlflüssigkeit) (*m. - Aut.*), indicatore della temperatura.

Temperaturgeber

Temperaturgeber (*m. - Instr.*), trasmettitore di temperatura.
temporärer Speicher (*m. - Inf.*), memoria temporanea.
Terabit (*n. - Inf.*), terabit.
Terabit pro Sekunde (*n. - Inf.*), terabit al secondo.
Terabyte (*n. - Inf.*), terabyte.
Terabyte pro Sekunde (*n. - Inf.*), terabyte al secondo.
teratogen (*Med.*), teratogeno.
teratogene Wirkung (*f. - Med.*), effetto teratogeno.
Teratologie (*f. - Med.*), teratologia.
Terephtaldehyd (*n. - Chem.*), tereftaldeide.
Terminaladapter (*m. - Inf.*), adattatore di terminale.
Terminalanschluss (*m. - Inf.*), collegamento del terminale.
Terminal-Bildschirm (*m. - Inf.*), schermo del terminale.
Terminalemulation (*f. - Inf.*), emulazione di terminale.
Terminalfenster (*n. - Inf.*), finestra di terminale.
Terminalserver (*m. - Inf.*), server di terminale.
Terminal-Software (*f. - Inf.*), software del terminale.
Terminal-Tastatur (*f. - Inf.*), tastiera del terminale.
Terminalzugang (*m. - Inf.*), accesso al terminale.
Terpen (*n. - Chem.*), terpene.
Testzentrum (*n. - Ind.*), centro prove.
Tetrabuthylammonium (*n. - Chem.*), tetrabutilammonio.
Tetrachlorethan (*n. - Chem.*), tetracloroetano.
Tetrachlorethylen (*n. - Chem.*), tetracloroetilene.
Tetrachlormethan (*n. - Chem.*), tetraclorometano.
Tetrachlorphenol (*n. - Chem.*), tetraclorofenolo.
Tetracyclin (*n. - Chem.*), tetraciclina.
Tetradecan (*n. - Chem.*), tetradecano.
Tetradecylamin (*n. - Chem.*), tetradecilammina.
Tetraethyl (*n. - Chem.*), tetraetile.
Tetraethylblei (*n. - Chem.*), piombo tetraetile.
Tetraethylpyrophosphat (*n. - Chem.*), tetraetilpirofosfato.
Tetrafluorid (*n. - Chem.*), tetrafluoruro.
tetragonal (*Geom.*), tetragonale.
Tetrahydrofuran (*n. - Chem.*), tetraidrofurano.
Tetramethylammonium (*n. - Chem.*), tetrametilammonio.
Tetramethylendiamin (*n. - Chem.*), tetrametilendiammina.
Tetranitromethan (*n. - Chem.*), tetranitrometano.
Tetraplegie (*f. - Med.*), tetraplegia.
Tetraterpen (*n. - Chem.*), tetraterpene.
Textdatei, Text-Datei (*f. - Inf.*), file di testo.
Texteditor (*m. - engl. - Inf.*), editor di testo.
Texteingabefeld (*n. - Inf.*), campo d'immissione testo.
Texterkennung (*f. - Inf.*), riconoscimento del testo.
Texterkennungsprogramm (*n. - Inf.*), programma di riconoscimento testi.
Texterkennungssoftware (*f. - Inf.*), software di riconoscimento testi.
Textfarbe (*f. - Inf.*), colore del testo.
Textfenster (*n. - Inf.*), finestra di testo.
Textformat (*n. - Inf.*), formato del testo.
Textformatierung (*f. - Inf.*), formattazione di testo.
Textileinlage (*f. - Leit.*), anima di tessuto.
Textlänge (*f. - Druck.*), lunghezza del testo.
Textstring (*m. - Inf.*), stringa di testo.
Textstring Browser (*m. - Inf.*), browser testuale.
Textueller Browser (*m. - Inf.*), browser testuale.
Textverarbeitung (*n. - Inf.*), elaborazione di testi.
Textverarbeitungsprogramm (*n. - Inf.*), programma di elaborazione testi.
Textverarbeitungssystem (*n. - Inf.*), sistema di elaborazione testi.
Textzeichen (*n. - Inf.*), carattere di testo.
Textzeile (*f. - Inf.*), riga di testo.
Themenpark (*m. - Bauw.*), parco a tema.
theoretische Informatik (*f. - Inf.*), informatica teorica.
thermochemisch (*Chem.*), termochimico.
thermochemische Reaktion (*f. - Chem.*), reazione termochimica.
thermographisch (*Phot.*), termografico.
Thermogravimetrie (*f. - Chem.*), termogravimetria.
thermogravimetrisch (*Chem.*), termogravimetrico.
thermogravimetrische Analyse (*f. - Chem.*), analisi termogravimetrica.
Thermometrie (*f. - Phys.*), termometria.
thermometrisch (*Phys.*), termometrico.
thermophil (*Biol.*), termofilo.
Thermophysik (*f. - Phys.*), termofisica.
thermophysikalisch (*Phys.*), termofisico.
Thermoplastizität (*f. - Chem.*), termoplasticità.
Thermostabilität (*f. - Phys.*), termostabilità.
thermostatgesteuert (*allg.*), comandato da termostato.
Thermotherapie (*f. - Med.*), termoterapia.
Thermotransferdrucker (*m. - Inf.*), stampante a trasferimento termico.
Thioacetal (*n. - Chem.*), tioacetale.
Thioamid (*n. - Chem.*), tioammide.
Thiochloroethylen (*n. - Chem.*), tiocloroetilene.
Thiocyanat (*n. - Chem.*), tiocianato.
Thiocyanierung (*f. - Chem.*), tiocianazione.
Thiokarbonat (*n. - Chem.*), tiocarbonato.
Thiophenol (*n. - Chem.*), tiofenolo.
Thiosulfat (*n. - Chem.*), tiosolfato.
Tierbiologie (*f. - Biol.*), biologia animale.
Tintenstrahldrucker (*m. - Inf.*), stampante a getto d'inchiostro.
Tippbetrieb (*m. - Masch.*), funzionamento a impulsi.
Titantetrachlorid (*n. - Chem.*), tetracloruro di titanio.
Topmanager (*m. - Arb.*), top manager.
Torsionsbelastung (*f. - Mech.*), carico torsionale.

Torsionswinkel (*m.* - *Mech.*), angolo di torsione.
Tortendiagramm (*n.* - *Inf.*), diagramma a torta.
Total Quality Management (*n.* - *engl.* - *Organ.* - *Adm.*), Total Quality Management.
Total Quality Management-Philosophie (*f.* - *Organ.* - *Adm.*), filosofia del Total Quality Management.
totale Sonnenfinsternis (*f.* - *Astr.*), eclissi totale di Sole.
Totmannschalter (Sicherheitsfahrschaltung) (*m.* - *App.*), interruttore di uomo morto.
Tower (*m.* - *engl.* - *Inf.*), tower.
trachytisch (*Min.*), trachitico.
Trackball (*m.* - *engl.* - *Inf.*), trackball.
tragbarer Computer (*m.* - *Inf.*), computer portatile.
tragbarer Drucker (*m.* - *Inf.*), stampante portatile.
tragende Konstruktion (*f.* - *Bauw.*), struttura portante.
Trägerfolie (*f.* - *Metall.*), lamina di supporto.
Trägergehäuse (*n.* - *allg.*), contenitore di supporto.
Tragetasche (*f.* - *allg.*), valigetta di trasporto.
Transaktionskosten (*f.* - *pl.* - *finanz.*), costi di transazione.
Transaminierung (*f.* - *Chem.*), transamminazione.
transatmosphärisch (*allg.*), transatmosferico.
transatmosphärisches Flugsystem (*n.* - *Astronautik*), sistema di volo transatmosferico.
transeuropäisch (*allg.*), transeuropeo.
transeuropäisches Telekommunikationsnetz (*n.* - *Telem.* - *etc.*), rete di telecomunicazioni transeuropea.
Transferrin (*f.* - *Chem.* - *Biol.*), transferrina.
Transferstrasse (*f.* - *Werkz.masch.*), linea a trasferta, linea transfer.
Transformationsprozess (*m.* - *allg.*), processo di trasformazione.
transformatorlos (*Elekt.*), senza trasformatore.
Transistorlogik (*f.* - *Elektronik*), logica a transistor.
Transistorpaar (*n.* - *Elektronik*), coppia di transistor.
translatorische Achse (*f.* - *Mech.*), asse di traslazione.
translatorische Bewegung (*f.* - *Phys.*), moto traslatorio.
Transliteration (*f.* - *Büro*), traslitterazione.
transliteriert (*Büro*), traslitterato.
Transponder (*m.* - *Radar*), trasponditore.

Transportagentur (*f.* - *Transp.*), agenzia trasporti.
Transporthelikopter (*m.* - *Flugw.*), elicottero da trasporto.
transportierbar (*allg.*), trasportabile.
Transportlogistik (*f.* - *Transp.*), logistica di trasporto.
Transportministerium (*m.* - *Transp.*), ministero dei trasporti.
Treibstoffeinsparung (*f.* - *Brennst.*), risparmio di carburante.
Trendwende (*f.* - *Stat.*), inversione di tendenza.
trennende Schutzeinrichtung (*f.* - *Elekt.*), dispositivo sezionatore di protezione.
Trennmesser (*m.* - *Werkz.*), tranciasfridi.
Tribometrie (*f.* - *Mech.*), tribometria.
tribometrisch (*Mech.*), tribometrico.
Trichlorbenzol (*n.* - *Chem.*), triclorobenzene.
Trichlorfluormethan (*n.* - *Chem.*), triclorofluorometano.
Trichlorid (*n.* - *Chem.*), tricloruro.
Triebwerkfamilie (*f.* - *Mot.*), famiglia di propulsori.
Triethylamin (*n.* - *Chem.*), trietilammina.
Triethylenglycol (*n.* - *Chem.*), trietilenglicole.
Triethylphosphat (*n.* - *Chem.*), trietilfosfato.
Triethylphosphit (*n.* - *Chem.*), trietilfosfito.
Trifluorid (*n.* - *Chem.*), trifluoruro.
Triglyzerid (*n.* - *Chem.*), trigliceride.
Trimethylamin (*n.* - *Chem.*), trimetilammina.
Trimethylborat (*n.* - *Chem.*), trimetilborato.
Trimethylglycol (*n.* - *Chem.*), trimetilglicole.
trinational (*allg.*), trinazionale.
Triphenylmethan (*n.* - *Chem.*), trifenilmetano.
Triphenylmethanol (*n.* - *Chem.*), trifenilmetanolo.
Triphenylmethyl (*n.* - *Chem.*), trifenilmetile.
Triphenylphosphat (*n.* - *Chem.*), trifenilfosfato.
Triphenylphosphin (*n.* - *Chem.*), trifenilfosfina.
Triphenylphosphit (*n.* - *Chem.*), trifenilfosfito.
Trisomie (*f.* - *Med.*), trisomia.
Triterpen (*n.* - *Chem.*), triterpene.
trittfest (*allg.*), resistente al calpestio.
trojanisches Pferd (*n.* - *Inf.*), cavallo di Troia.
Tunnelling (*n.* - *engl.* - *Inf.*), tunnelling.
Turbomotor (*m.* - *Mot.*), motore turbo.
Türpaneel (*n.* - *Aut.*), pannello dello sportello.
Türzentralverriegelung (*f.* - *Aut.*), chiusura centralizzata.
Twinjet (*m.* - *Flugw.*), bigetto.
typischerweise (*allg.*), tipicamente.

U

überarbeiten (*allg.*), rifare.
überbauen (*Bauw.*), sopraelevare.
überdimensioniert (*allg.*), sovradimensionato.
Übereinstimmung: in Übereinstimmung mit dem Anspruch 1 (Patente) (*recht.*), in conformità alla rivendicazione 1.
Überkapazität (*f. - allg.*), sovracapacità.
überlappend (*allg.*), che si sovrappone.
Überleben: ums Überleben kämpfen (*komm.*), lottare per la sopravvivenza.
Übernahme des Mehrheitsanteils (einer Gesellschaft z. B.) (*finanz.*), acquisizione della quota di maggioranza.
überproportionaler Anstieg (*m. - finanz.*), aumento superiore alla media.
Überschuldung (*f. - finanz.*), pesante indebitamento.
Übersetzungsdienst (*m. - Büro*), servizio traduzioni.
Übersetzungsproblem (*n. - Büro*), problema di traduzione.
Übersetzungssoftware (*f. - Büro*), software di traduzioni.
Übersetzungstechnik (*f. - Büro*), tecnica di traduzione.
übersteigen (*allg.*), eccedere.
Übertragung von Vibrationen (*f. - Mech. - etc.*), trasmissione di vibrazioni.
Übertragungsformat (*n. - Inf.*), formato di trasmissione.
Übertragungsgeschwindigkeit (*f. - Inf.*), velocità di trasmissione.
Übertragungsprotokoll (*n. - Inf.*), protocollo di trasferimento.
Übertragungsqualität (*f. - Inf.*), qualità di trasmissione.
Übertragungssystem (*n. - Inf.*), sistema di trasmissione.
Übertragungsweg (*m. - Inf.*), percorso di trasmissione.
Übertragungszeit (*f. - Inf.*), tempo di trasmissione.
U-förmig (*allg.*), a forma di U.
UHF-Antenne (*f. - Funk.*), antenna UHF.
ultraleicht (*allg.*), ultraleggero.
Ultraleichtflugzeug (*n. - Flugw.*), ultraleggero.
Ultraschallabsorption (*f. - Akus.*), assorbimento di ultrasuoni.
Ultraschallmessung (*f. - mech. Technol.*), misurazione con ultrasuoni.
Ultraschallquelle (*f. - Akus.*), sorgente di ultrasuoni.
Ultraschallsensor (*m. - Ger.*), sensore a ultrasuoni.
Ultraschallsignal (*n. - Elektronik*), segnale a ultrasuoni.
Ultraviolett-Filter (*n. - Phot.*), filtro ultravioletto.
Ulzeration (*f. - Med.*), ulcerazione.
Umformung (*f. - Blechbearb.*), formatura.

umnumerieren (*allg.*), rinumerare.
Umrechnungsfaktor (*m. - allg.*), fattore di conversione.
Umrechnungsformel (*f. - Technol.*), formula di conversione.
Umrechnungskoeffizient (*m. - Technol.*), coefficiente di conversione.
Umrüstkosten (*f. - pl. - allg.*), costi di conversione.
Umsatzzuwachs (*m. - komm.*), incremento del fatturato.
Umschlag: in unfrankiertem Umschlag zurückschicken (*komm.*), rispedire, in busta non affrancata.
Umstellung von Computern in der Produktion (*f. - Ind.*), inserimento di computer nella produzione.
Umwälzpumpe (*f. - Masch.*), circolatore.
Umweltberater (*m. - Ökol.*), consulente ambientale.
Umweltberatung (*f. - Ökol.*), consulenza ambientale.
Umweltbiochemie (*f. - Chemie*), biochimica ambientale.
Umweltbiologie (*f. - Biol.*), biologia ambientale.
Umweltbundesamt (*n. - recht.*), ministero dell'ambiente.
Umweltchemie (*f. - Chemie*), chimica ambientale.
Umweltdaten (*n. - pl. - Ökol.*), dati ambientali.
Umweltdynamik (*f. - Phys.*), dinamica ambientale.
umweltentlastend (*Ökol.*), ecologico.
Umweltfaktor (*m. - Ökol.*), fattore ambientale.
umweltfreundlich (*Ökol.*), ecologico.
Umweltgeologie (*f. - Geol.*), geologia ambientale.
Umweltinformatik (*f. - Inf.*), informatica ambientale.
Umweltmessungen (*f. - pl. - Ökol.*), misurazioni ambientali.
Umweltorganisation (*f. - Ökol.*), organizzazione ecologista.
Umweltphysik (*f. - Phys.*), fisica ambientale.
Umweltradioaktivität (*f. - Radioakt.*), radioattività ambientale.
Umweltrecht (*n. - recht.*), diritto ambientale.
Umweltrechtsvorschriften (*n. - Ökol. - recht.*), normativa ambientale.
Umweltschutzpapier (*n. - Ökol. - Papierind.*), carta ecologica.
Umweltstatistik (*f. - Phys.*), statistica ambientale.
umweltverträglich (*Ökol.*), tollerabile per l'ambiente.
unbeabsichtigte Betätigung (*f. - Mech.*), azionamento involontario.
unbeaufsichtigt (*allg.*), incustodito.

unbegrenzte Garantie (*f. - komm.*), garanzia illimitata.
unbegrenzter Speicher (*m. - Inf.*), memoria illimitata.
unbelastete Stellung einer Feder (*f. - Mech.*), posizione scarica di una molla.
uneffektiv (*allg.*), inefficace.
unerwünschter Effekt (*m. - allg.*), effetto indesiderato.
unformatiert (*Inf.*), non formattato.
unformatierte Diskette (*f. - Inf.*), dischetto non formattato.
unformatierter Text (*m. - Inf.*), testo non formattato.
ungiftiges Gas (*n. - Chem.*), gas non tossico, gas non velenoso.
ungleichförmig (*allg.*), non uniforme.
unidirektional (*allg.*), unidirezionale.
Universalierung (*f. - allg.*), universalizzazione.
Universalprogramm (*n. - Inf.*), programma universale.
Universalrechner (*m. - Inf.*), calcolatore universale.
Universalwörterbuch (*n. - Druck.*), dizionario universale.
unkomprimiert (*Inf.*), non compresso.
unkomprimierte Daten (*n. - pl. - Inf.*), dati non compressi.
Unkrautbekämpfungsmittel (*n. - Ack.b.*), diserbante.
unqualifizierte Arbeit (*f. - allg.*), lavoro non qualificato.
unter: unter 1) (*allg.*), al punto 1). **2 unter einen vorbestimmten Wert fallen** (*allg.*), scendere al di sotto di un valore prestabilito.
Unterbrecherschalter (*m. - Mot.*), interruttore di arresto.
Unterdirectory (*n. - Inf.*), sottodirectory.
Unterentwicklung (*f. - allg.*), sottosviluppo.
Unterlieferung (*f. - komm. - Ind.*), subfornitura.
Unterlieferungsvertrag (*m. - komm.*), contratto di subfornitura.
Untermenü (*n. - Inf.*), sottomenu.
Unternehmensberatung (*f. - Ind. - komm.*), consulenza aziendale.
Unternehmensentwicklung (*f. - Ind. - komm.*), sviluppo aziendale.
Unternehmensforschung (*f. - Ind. - komm.*), ricerca aziendale.
Unternehmenskultur (*f. - Ind. - komm.*), cultura aziendale.
Unternehmensorganisation (*f. - Ind. - komm.*), organizzazione aziendale.
Unternehmenspolitik (*f. - Ind. - komm.*), politica aziendale.
Unternehmensprofil (*n. - Ind. - komm.*), profilo aziendale.
Unternehmensstrategie (*f. - Ind. - komm.*), strategia aziendale.
Unternehmensstruktur (*f. - Ind. - komm.*), struttura aziendale.
Unterprogrammaufruf (*m. - Inf.*), richiamo del sottoprogramma.
Unterprogrammname (*m. - Inf.*), nome del sottoprogramma.
Untersystem (*n. - allg.*), sottosistema.
Unterwasserphotograph (*m. - Phot.*), fotografo subacqueo.
unverbindlich (*allg.*), non vincolante.
unverstärkt (*allg.*), non rinforzato.
unvollständige Umwandlung der Abgasstoffe (beim Kaltstart) (*f. - Aut.*), trasformazione insufficiente dei prodotti dei gas di scarico.
unvorhersehbar (*allg.*), imprevedibile.
unzweifelhaft (*allg.*), indubbiamente.
Update (*n. - engl. - Inf. - etc.*), update.
uploaden (*Inf.*), uploadare.
Uploading (*n. - engl. - Inf.*), uploading.
Uranylperchlorat (*n. - Chem.*), perclorato di uranile.
Uranylsulfat (*n. - Chem.*), solfato di uranile.
urheberrechtlich geschützt (*Recht.*), protetto da copyright.
Urknalltheorie (*f. - Astr.*), teoria del big bang.
User (*m. - engl. - Inf.*), utente.
Username (*m. - engl. - Inf.*), nome dell'utente, username.
Utility (*n. - engl. - Inf.*), utility.

V

Vanadat (*n. - Chem.*), vanadato.
Vanadiumpentoxyd (*n. - Chem.*), pentossido di vanadio.
Vanadiumtrichlorid (*n. - Chem.*), tricloruro di vanadio.
Vanillin (*n. - Chem.*), vanillina.
Variable: eine Variable erkennen (*Inf.*), riconoscere una variabile.
Variablendefinition (*f. - Inf.*), definizione di variabile.
Variablendeklaration (*f. - Inf.*), dichiarazione di variabile.
Variablenname (*m. - Inf.*), nome di variabile.
Variablensubstitution (*f. - Inf.*), sostituzione di variabile.
Variablentyp (*m. - Inf.*), tipo di variabile.
Variablenzuweisung (*f. - Inf.*), assegnazione di variabile.
vasoaktiv (*Med.*), vasoattivo.
vasokonstriktorisch (*Med.*), vasocostrittore.
VCR (Video Cassette Recorder, Videorekorder) (*m. - Fernseh.*), VCR, videoregistratore.
Vektoralgebra (*f. - Math.*), algebra vettoriale.
Vektoranalyse (*f. - Math.*), analisi vettoriale.
Vektorcode (*m. - Inf.*), codice vettoriale.
Vektoreinheit (*f. - Math.*), unità vettoriale.
Vektorformat (*n. - Inf.*), formato vettoriale.
Vektorgleichung (*f. - Math.*), equazione vettoriale.
Vektorgraphik (*f. - Inf.*), grafica vettoriale.
Vektorgraphikprogramm (*n. - Inf.*), programma di grafica vettoriale.
vektorielle Beschreibung (*f. - Phys.*), descrizione vettoriale.
vektorielle Grösse (*f. - Mech.*), grandezza vettoriale.
vektorisieren (*Inf.*), vettorizzare.
Vektorisierung (*f. - Inf.*), vettorizzazione.
Vektorprogramm (*n. - Inf.*), programma vettoriale.
Vektorquantisierung (*f. - Inf.*), quantizzazione vettoriale.
Vektorschreibweise (*f. - Inf.*), notazione vettoriale.
Ventilaustritt (*m. - Masch. - Mot. - etc.*), uscita della valvola.
Ventilspielausgleich (*m. - Mot.*), compensazione del gioco della valvola.
Verabreichung (*f. - Med.*), somministrazione.
verarbeitbar (*Inf.*), elaborabile.
verarbeitet (*Inf.*), elaborato.
verarbeitete Daten (*n. - pl. - Inf.*), dati elaborati.
Verarbeitungsgeschwindigkeit (*f. - Inf.*), velocità di elaborazione.
Verarbeitungskapazität (*f. - Inf.*), capacità di elaborazione.
Verarbeitungstechnik (*f. - Math.*), tecnica di elaborazione.
Verarbeitungszeit (*f. - Inf.*), tempo di elaborazione.

verbessert (*allg.*), migliorato.
verbesserte Version (*f. - allg.*), versione migliorata.
Verbindung: sich in Verbindung setzen (*komm.*), mettersi in contatto. 2 Verbindung über einen seriellen Bus (*Inf.*), collegamento tramite un bus seriale.
Verbindungselement (*n. - allg.*), elemento di giunzione.
Verbraucherverband (*m. - komm.*), associazione dei consumatori.
verbrauchsarmes Auto (*n. - Aut.*), automobile con bassi consumi.
Verbrauchswert (Liter pro Kilometer) (*m. - Aut.*), consumo.
Verbrennungsluftversorgung (*f. - Verbr.*), alimentazione dell'aria per la combustione.
Verbund (*m. - Chem.*), composto.
verdrehbar (*allg.*), ruotabile.
Veresterung (*f. - Chem.*), esterificazione.
Veretherung (*f. - Chem.*), eterificazione.
Verfahrenskosten (*f. - pl. - recht.*), spese processuali.
Verfahrensschritt (*m. - Arb. - Organ.*), fase di procedimento.
verfärbt (*allg.*), scolorito.
verflüssigtes Gas (*n. - Chem.*), gas liquefatto.
verformbar (*Technol.*), deformabile.
verfügbarer Speicher (*m. - Inf.*), memoria disponibile.
vergilbtes Foto (*n. - Phot.*), fotografia ingiallita.
Vergleichbarkeit (*f. - allg.*), comparabilità.
Vergleichstest (*m. - Aut. - etc.*), test comparativo.
vergrössert (*Opt. - etc.*), ingrandito.
vergrösserter Ausschnitt (*m. - Zeichn.*), particolare ingrandito.
Vergrösserungsfaktor (*m. - Opt.*), fattore d'ingrandimento.
Verhandlungspartner (*m. - komm.*), partner nelle trattative.
Verkaufslänge (von Kabel, usw.) (*f. - komm.*), lunghezza commerciale.
Verkaufsstelle (*f. - komm.*), punto vendita.
Verkaufsstrategie (*f. - komm. - Organ.*), strategia di vendita.
verkehrsarm (*Strasse*), a basso traffico.
verkehrsarme Strasse (*f. - Strasse*), strada a basso traffico.
Verkehrsprognose (*f. - Strass.ver - etc.*), previsione del traffico.
verkehrsreich (*Strasse*), ad alto traffico.
verkehrsreiche Strasse (*f. - Strasse*), strada ad alto traffico.
Verkehrsspitze (*f. - Strass.ver - etc.*), picco di traffico.
Verkleidungsblech (*n. - Mech.*), lamiera di rivestimento.
Verkleidungsteil (*m. - Aut.*), elemento di rivestimento.

Verlust: mit Verlust verkaufen (*komm.*), vendere in perdita.
Verlustbeiwert (*m. - Leit.*), coefficiente di perdita.
Vermögensanlage (*f. - finanz.*), investimento di beni.
Vermögenslosigkeit (*n. - recht.*), mancanza di beni.
Vermögensverhältnisse (*n. - pl. - finanz.*), situazione finanziaria.
vernetzt (*Inf.*), collegato in rete.
vernetzter PC (*m. - Inf.*), PC collegato in rete.
Vernetzung (*f. - Inf.*), collegamento in rete.
Vernetzung via Internet (*f. - Inf.*), collegamento attraverso Internet.
Vernietung (*f. - mech. Technol.*), ribaditura.
Verpackung: ohne Verpackung (*komm.*), imballaggio escluso.
Verpackungsmüll (*m. - Transp.*), rifiuti derivanti da imballaggi.
Verpflanzung in den Uterus (*f. - Med.*), trapianto nell'utero.
Verschliessmechanismus (*m. - Mech.*), meccanismo di chiusura.
Versicherungsinformatik (*f. - Inf. - finanz.*), informatica assicurativa.
Versicherungssoftware (*f. - Inf.*), software assicurativo.
Versicherungsstatistik (*f. - Stat. - finanz.*), statistica assicurativa.
Versicherungssumme (*f. - finanz.*), somma assicurata.
Versorgungskreis (*m. - Hydr. - etc.*), circuito di alimentazione.
Verstärkungseinlage (*f. - Mech.*), inserto di rinforzo.
Verteiler (*m. - allg.*), elenco di distribuzione.
verteilter Speicher (*m. - Inf.*), memoria distribuita.
Vertikalfrequenz (*f. - Fernseh.*), frequenza verticale.
Vertikalisierung (*f. - allg.*), verticalizzazione.
Vertikalschnitt (*m. - Zeichn.*), sezione verticale.
verträgliche Entwicklung (*f. - allg.*), sviluppo sostenibile.
Vertragsstaat (*m. - recht.*), stato contraente.
Vertragstext (*m. - recht.*), testo contrattuale.
Verwaltungsinformatik (*f. - Inf.*), informatica gestionale.
Verwaltungsorganisation (*f. - Adm.*), organizzazione amministrativa.
Verwaltungspersonal (*n. - Adm.*), personale amministrativo.
Verwaltungsprogramm (*n. - Inf.*), programma gestionale.
Verwaltungsrecht (*n. - recht.*), diritto amministrativo.
Verwaltungssoftware (*f. - Inf.*), software gestionale.
Verwertbarkeit (*f. - allg.*), utilizzabilità.
verzinktes Stahlblech (*n. - metall. Ind.*), lamiera zincata.
verzögerungsfrei (*Inf. - etc.*), senza ritardo.
Verzögerungszeit (*f. - Inf.*), tempo di ritardo.
Verzugsschaden (*m. - recht.*), danno derivante da ritardo.
V-förmig (*allg.*), a forma di V.
V-förmig gebogen (*Blechbearb.*), piegato a forma di V.
V-formig gebogene Feder (*f. - Mech.*), molla piegata a forma di V.
VHF-Antenne (*f. - Funk.*), antenna VHF.
Videoband (*n. - Filmtech.*), videonastro.
Video-CD (*f. - Inf.*), CD video.
Videoclip (*m. - Fernseh.*), videoclip.
Videofilm (*m. - Filmtech.*), videofilm.
Videoformat (*n. - Inf.*), formato video.
Videokamera (*f. - Filmtech.*), videocamera.
Videokarte (*f. - Inf.*), scheda video.
Videokassette (*f. - Filmtech.*), videocassetta.
Videokonferenz (*f. - Fernseh.*), videoconferenza.
Videokonferenzdienst (*m. - Inf.*), servizio di videoconferenza.
Videokonferenz-Software (*f. - Inf.*), software di videoconferenza.
Videokopf (*m. - Filmtech.*), testina video.
Videopräsentation (*f. - Büro*), videopresentazione.
Videoserver (*m. - Fernseh.*), video server.
Videotext (*f. - Fernseh.*), televideo.
Videothek (*f. - Filmtech.*), videoteca.
Vielsprachler (*m. - allg.*), poliglotta.
Vier-Gang-Automatikgetriebe (*n. - Aut.*), cambio automatico a quattro marce.
Vierradantrieb (*m. - Aut.*), trazione integrale.
viersitzig (*Flugw.*), quadriposto.
vierstellige Zahl (*f. - Math.*), numero a quattro cifre.
vierstrahlig (*Flugw.*), quadrireattore.
Vinylbenzol (*n. - Chem.*), vinilbenzene.
virtualisieren (*Inf.*), virtualizzare.
virtualisiert (*Inf.*), virtualizzato.
Virtualisierung (*f. - Inf.*), virtualizzazione.
Virtualität (*f. - Inf.*), virtualità.
Virtual-Reality (*f. - engl. - Inf.*), realtà virtuale.
virtuelle Adresse (*f. - Inf.*), indirizzo virtuale.
virtuelle Adressierung (*f. - Inf.*), indirizzamento virtuale.
virtuelle Funktion (*f. - Inf.*), funzione virtuale.
virtuelle Kommunikation (*f. - Inf.*), comunicazione virtuale.
virtuelle Realität (*f. - Inf.*), realtà virtuale.
virtuelle Welt (*f. - Inf.*), mondo virtuale.
virtueller Katalog (*m. - Inf.*), catalogo virtuale.
virtueller Server (*m. - Inf.*), server virtuale.
virtueller Speicher (*m. - Inf.*), memoria virtuale.
virtuelles Objekt (*n. - Inf.*), oggetto virtuale.
virulent (*Med. - Inf.*), virulento.
virulente Software (*f. - Inf.*), software infetto (da virus).
virulentes Programm (*n. - Inf.*), programma infetto (da virus).
Virus: einen Virus entdecken (*Med.*), scoprire un virus.
Virussuche (*f. - Inf.*), ricerca di virus.
visioplastisch (*mech. Technol.*), visioplastico.
Viskoelastizität (*f. - Chem. - Phys.*), viscoelasticità.
Viskositätsmessung (*f. - Phys. - Chem.*), misurazione della viscosità.
Viskosymmetrie (*f. - Chem. - Phys.*), viscosimmetria.
viskosymmetrisch (*Chem. - Phys.*), viscosimmetrico.
visualisieren (*Inf.*), visualizzare. **2 die Daten visualisieren** (*Inf.*), visualizzare i dati.

Visualisierung (f. - Inf.), visualizzazione.
Visualisierungsfenster (n. - Inf.), finestra di visualizzazione.
Visualisierungsmethode (f. - Inf.), metodo di visualizzazione.
Visualisierungsprogramm (n. - Inf.), programma di visualizzazione.
Visualisierungssoftware (f. - Inf.), software di visualizzazione.
Visualisierungstechnik (f. - Inf.), tecnica di visualizzazione.
Visualisierungssystem (n. - Inf.), sistema di visualizzazione.
vollautomatisch (allg.), completamente automatico.
vollgetankt (Fahrz. - etc.), rifornito con il pieno di carburante.
vollverzinkt (mech. Technol.), completamente zincato.
Vorbemerkung (f. - allg.), nota preliminare.
Vorbenutzung (f. - recht.), uso anteriore.
vordere Aufhängung (f. - Aut.), sospensione anteriore.
voreinstellbar (allg.), preimpostabile.
Vorflugkontrolle (f. - Flugw.), controllo prevolo.
vorimprägniert (allg.), preimpregnato.
Vorinstallation (f. - Inf.), preinstallazione.
vorinstallieren (Inf.), preinstallare.
vorinstalliert (Inf.), preinstallato.
Vorjahresniveau (n. - finanz. - etc.), livello dell'anno precedente.
Vorjahresvergleich: im Vorjahresvergleich (allg.), in confronto con l'anno precedente.
Vormonat (m. - allg.), mese precedente.
Vor-Ort-Service (m. - n. - allg.), assistenza tecnica in loco.
Vorquartal (n. - allg.), trimestre precedente.
Vorrat: der Vorrat ist verbraucht (allg.), la scorta è consumata.
Vorruhestand (m. - Arb. - pers.), prepensionamento.
Vorsprung: nach aussen abstehender Vorsprung (m. - allg.), sporgenza rivolta verso l'esterno.
Vorspülen (n. - allg.), prelavaggio.
Vorspultaste (f. - App.), tasto di avanzamento rapido.
Vorwärmtemperatur (f. - Phys. - Chem.), temperatura di preriscaldo.
Vorwärtsspulen (einer Kassette z. B.) (n. - Elektroakus.), avanzamento.

W

Wabensandwich (n. - Flugw. - etc.), sandwich a nido d'ape.
Wabenstruktur (f. - Flugw. - etc.), struttura a nido d'ape.
Wachstumsgen (n. - Biol.), gene della crescita.
Wachstumshormon (n. - Biol.), ormone della crescita.
wachstumsorientiert (allg.), orientato alla crescita.
Wachstumsphase (f. - allg.), fase di crescita.
Wachstumspotential (n. - allg.), potenziale di crescita.
Wachstumsprozess (m. - allg.), processo di crescita.
Waffensystem (n. - milit.), sistema d'arma.
Wahlperiode (f. - Politik), periodo elettorale.
wahlweise (allg.), alternativamente.
Wahrscheinlichkeitsgrad (m. - Stat.), grado di probabilità.
Wahrscheinlichkeitstheorie (f. - Stat.), teoria delle probabilità.
Wahrscheinlichkeitsverteilung (f. - Stat.), distribuzione probabilistica.
Währungsparität (f. - finanz.), parità monetaria.
Währungspolitik (f. - finanz.), politica monetaria.
Währungsunion (f. - finanz.), unione monetaria.
Wanddicke (f. - allg.), spessore di parete.
Wärmebelastung (eines Gasgerätes z. B.) (f. - Heizung), carico termico.
Wärmedämmeeigenschaften (f. - pl. - Phys.), caratteristiche di isolamento termico.
Wärmeschutzglas (n. - Aut.), cristallo atermico.
Warnton (m. - Akus.), suoneria di avvertimento.
Wartezimmer (n. - Bauw.), sala d'attesa.
Wartungskosten (f. - pl. - komm. - etc.), spese di manutenzione.
Wasserbasislack (m. - Anstr.), pittura ad acqua.
Wasserheizer (m. - App.), scaldaacqua.
Wasserpark (m. - Bauw.), parco acquatico.
Webadresse (f. - Inf.), indirizzo web.
Web-Anwendung (f. - Inf.), applicazione web.
Web-Client (m. - Inf.), client web.
Web-Gemeinde (f. - Inf.), comunità web.
Web-Programm (n. - Inf.), programma web.
Web-Protokoll (n. - Inf.), protocollo web.
Web-Seite (f. - Inf.), pagina web.
Web-Server (m. - Inf.), server web.
Web-Site (m. - Inf.), sito web.
Web-Software (f. - Inf.), software web.
Wechselkursstabilität (f. - finanz.), stabilità dei cambi.
Wegfahrsperre (f. - Aut.), immobilizzatore.
weiches Tuch (n. - Textilind.), panno morbido.
Weissabgleich (m. - Opt.), equilibratura del bianco.
Weiterbildung (einer Erfindung) (f. - recht.), perfezionamento.
Weltmarktführer (m. - komm.), leader mondiale del mercato.
Weltneuheit (f. - komm.), novità mondiale.
Weltraumbiologie (f. - Astr.), biologia spaziale.
Weltraumdaten (n. - pl. - Astr.), dati spaziali.
Weltraumexperiment (n. - Astronautik), esperimento spaziale.
Weltraummedizin (f. - Med.), medicina spaziale.
Weltraummission (f. - Astronautik), missione spaziale.
Weltraumphysik (f. - Phys.), fisica dello spazio.
Weltraumprogramm (n. - Astronautik), programma spaziale.
Weltraumrecht (n. - recht.), diritto spaziale.
Weltraumrobotik (f. - Astronautik - Autom.), robotica spaziale.
Weltraumtechnologie (f. - Astronautik), tecnologia spaziale.
Weltraumteleskop (n. - Opt. - Instr. - Astr.), telescopio spaziale.
Weltraumwissenschaften (f. - pl. - Astr.), scienze spaziali.
Werbekampagne (f. - komm.), campagna pubblicitaria.
Werksanlage (f. - Ind.), impianto di stabilimento.
werkseitig (Ind.), da parte del produttore.
Werksferien Jahreswechsel (f. - pl. - Ind.), chiusura dello stabilimento per il periodo natalizio.
Werkstattaufenthalt (m. - Aut.), sosta in officina.
Werkstückgenauigkeit (f. - mech. Bearb.), precisione del pezzo.
Werkstück-Ordnungsautomat (m. - Masch.), dispositivo automatico di ordinamento di pezzi.
Werkzeugberührpunkt (m. - Werkz.), punto di contatto dell'utensile.
Werkzeugbruch (m. - Werkz.), rottura dell'utensile.
Werkzeugdeformation (f. - Werkz.), deformazione dell'utensile.
Werkzeugdrehzahl (f. - Werkz.), numero di giri dell'utensile.
Werkzeuggeometrie (f. - Werkz.), geometria dell'utensile.
Werkzeughersteller (m. - Werkz.), produttore di utensili.
Werkzeugorientierung (f. - Werkz.), orientamento dell'utensile.
Werkzeugradius (m. - Werkz.), raggio dell'utensile.
Werkzeug-Schnellwechselsystem (n. - Mech.), sistema a cambio rapido di stampa.

Werkzeug-Voreinstellung (f. - *Werkz.*), presettaggio utensile.
Wernicke-Zentrum (n. - *Med.*), centro di Wernicke.
Wert: einen vorbestimmten Wert überschreiten (*allg.*), superare un valore prestabilito.
Wertzuweisung (f. - *Inf.*), assegnazione del valore.
Wettbewerbsbedingungen (f. - *pl.* - *komm.*), condizioni di concorrenza.
Wettbewerbsprodukt (n. - *komm.*), prodotto della concorrenza.
Wettbewerbsregeln (f. - *pl.* - *komm.*), regole di concorrenza.
Wettbewerbstheorie (f. - *komm.*), teoria della concorrenza.
WHO (World Health Organisation, Weltgesundheitsorganisation) (f. - *Med.*), WHO, Organizzazione mondiale della sanità.
Widerstandsbeiwert (m. - *Elekt.*), coefficiente di resistenza.
Widerstandsmessung (f. - *Elekt.*), misurazione di resistenza.
wiederaufladbar (*Elekt.*), ricaricabile.
Wiederaufnahme der Verhandlungen (f. - *allg.*), ripresa delle trattative.
Wiedereintritt (in die Atmosphäre) (m. - *Astronautik*), rientro.
Wiedereintrittskapsel (f. - *Astronautik*), capsula di rientro (nell'atmosfera terrestre).
Wiedergabetaste (f. - *App.*), tasto di riproduzione.
wiederherstellen (*allg.*), ripristinare.
Wiedervereinigung (f. - *allg.*), riunificazione.
wiederverwendbar (*allg.*), riutilizzabile.
Wiederverwendbarkeit (f. - *allg.*), riutilizzabilità.
wiederverwenden (*allg.*), riutilizzare.
Wiederverwendung: zwecks Wiederverwendung (*allg.*), da riutilizzare, riutilizzabile.
wiederverwertbar (*allg.*), riciclabile.
wiederverwertbares Material (n. - *Ind.*), materiale riciclabile.
Wiederverwertbarkeit (f. - *allg.*), riciclabilità.
wiederverwerten (*allg.*), riciclare.
Wiederwahl (f. - *Arb.* - *Organ.* - *etc.*), rielezione.
Wildkard-Zeichen (n. - *Inf.*), carattere jolly.
Windkanalmodell (n. - *Flugw.* - *etc.*), modello da galleria del vento.
Windkanaltest (m. - *Flugw.* - *etc.*), test nella galleria del vento.
Windkanalversuche (m. - *pl.* - *Flugw.* - *etc.*), prove nella galleria del vento.
Windkraftanlage (f. - *Elekt.*), impianto eolico.

Windlauf (m. - *Aut.*), parabrezza.
Windsichtung (f. - *Technol.*), depolverizzazione a ciclone.
wirtschaftliche Entwicklung (f. - *allg.*), sviluppo economico.
Wirtschaftsgrossmacht (f. - *Politik*), potenza economica.
Wirtschafts- und Sozialausschuss (EU) (m. - *Adm.*), comitato economico e sociale.
Wirtschaftsinformatik (f. - *Inf.*), informatica economica.
Wirtschaftsrezession (f. - *finanz.*), recessione economica.
Wirtschaftssoziologie (f. - *finanz.*), sociologia economica.
Wirtschaftswachstum (n. - *finanz.*), crescita economica.
Wismutchlorid (n. - *Chem.*), cloruro di bismuto.
Wismutnitrat (n. - *Chem.*), nitrato di bismuto.
Wissenschaft-Informatik (f. - *Inf.*), informatica scientifica.
Wissenschaftsmagazin (n. - *Zeitg.*), rivista scientifica.
Wissenschaft-Software (f. - *Inf.*), software scientifico.
Wissenschaftssatellit (m. - *Wissens.* - *Astr.*), satellite scientifico.
Wobbeindex (m. - *Verbr.*), indice di Wobbe.
Wochenprogramm (n. - *Fernseh.* - *etc.*), programma della settimana, programma settimanale.
Wohngebäude (n. - *Bauw.*), edificio residenziale.
Wohnviertel (n. - *Bauw.*), quartiere residenziale.
Wolframat (n. - *Chem.*), wolframato.
Wolframlampe (f. - *Beleucht.*), lampada al tungsteno.
Workstation (f. - *engl.* - *Inf.*), work station.
Workstation-Konsole (f. - *Inf.*), console di work station.
Workstation-Terminal (n. - *engl.* - *Inf.*), terminale di work station.
World Wide Web (n. - *engl.* - *Inf.*), World Wide Web.
Wörterbuch auf CD-ROM (n. - *Inf.*), dizionario su CD-ROM.
WWW (World Wide Web) (n. - *engl.* - *Inf.*), WWW, web.
WWW-Ausgabe (einer Tageszeitung z. B.) (f. - *Druck.*), pagina web.
WWW-Dokument (n. - *Inf.*), documento web.
WWW-Seite (f. - *Inf.*), pagina web.
WWW-Server (m. - *Inf.*), server web.

X

Xanthen (*n. - Chem.*), xantene.
Xanthin (*n. - Chem.*), xantina.
X-Chromosom (*n. - Biochem.*), cromosoma X.
Xenongas (*n. - Chem.*), gas xenon.
Xenonhexafluorid (*n. - Chem.*), esafluoruro di xenon.
Xenontetrafluorid (*n. - Chem.*), tetrafluoruro di xenon.
xerographieren (*Druck.*), xerografare.
Xeroradiographie (*f. - Med.*), xeroradiografia.
X-förmig (*allg.*), a forma di X.
X-Modem (Transferprotokoll) (*m. - Inf.*), X-modem.
Xylit (*m. - Chem.*), xilitolo.
Xylol (*n. - Chem.*), xilolo.
xylometrisch (*Holz.*), xilometrico.
Xylose (*f. - Biochem.*), xilosio.

Y

Y-Chromosom (*n. - Biochem.*), cromosoma Y.
Y-Modem (Transferprotokoll) (*m. - Rechner*), Y-modem.

Z

Zahlencode (*m. - Inf.*), codice numerico.
Zahlendarstellung (*f. - Inf.*), rappresentazione numerica.
Zahlenfolge (*f. - Inf.*), sequenza numerica.
Zahlentheorie (*f. - Math.*), teoria dei numeri.
Zählernische (*f. - Bauw.*), nicchia del contatore.
Zahlungserleichterung (*f. - komm.*), facilitazione di pagamento.
Zapfenloch (*n. - Mech.*), foro del perno.
zehnstellige Zahl (*f. - Math.*), numero a dieci cifre.
Zeichen pro Sekunde (*m. - Inf.*), carattere al secondo.
Zeicheneditor (*m. - Inf.*), editor di caratteri.
Zeichenerkennung (*f. - Inf.*), riconoscimento di caratteri.
Zeichenerkennungssoftware (*f. - Inf.*), software di riconoscimento di caratteri.
Zeichenfarbe (*f. - Inf.*), colore dei caratteri.
Zeichenformatierung (*f. - Inf.*), formattazione dei caratteri.
Zeichenkombination (*f. - Inf.*), combinazione di caratteri.
Zeichenlänge (*f. - Inf.*), lunghezza di caratteri.
Zeichennummer (*f. - Inf.*), numero di caratteri.
Zeichensatz (*m. - Inf.*), set di caratteri.
Zeichenstring (*m. - Inf.*), stringa di caratteri.
Zeichentabelle (*f. - Inf.*), tabella di caratteri.
Zeichenzahl (*f. - Inf.*), numero di caratteri.
Zeichnungsdatei (*f. - Inf.*), file di disegno.
Zeichnungsdaten (*n. - pl. - Zeichn.*), dati di disegno.
Zeichnungsdatenbank (*f. - Inf.*), banca dati di disegni.
Zeichnungseditor (*m. - Inf.*), editor di disegno.
Zeichnungsverwaltung (*f. - Inf.*), gestione di disegni.
Zeilenende (*f. - Inf.*), fine della riga.
Zeilenendezeichen (*n. - Inf.*), carattere di fine riga.
Zeilenlänge (*f. - Inf.*), lunghezza della riga.
Zeilennummer (*f. - Inf.*), numero di riga.
Zeilenzahl (*f. - Inf.*), numero di righe.
Zeiteinheit: pro Zeiteinheit (*allg.*), per unità di tempo.
Zeitintervall (*n. - allg.*), intervallo di tempo.
Zeitpunkt: bis zum angegebenen Zeitpunkt (*allg.*), entro la data indicata.
Zellbiologie (*f. - Biol.*), biologia cellulare.
Zelldifferenzierung (*f. - Biol.*), differenziazione cellulare.
Zementationszone (*f. - Geol. - Min.*), zona di cementazione.
zementierbar (*Wärmebeh.*), cementabile.
zementiert (*Wärmebeh.*), cementato.
Zentralbibliothek (*f. - Bauw. - Ind.*), biblioteca centrale.
zentralistisch (*allg.*), centralistico.
zentralistisches System (*n. - Politik*), sistema centralistico.
Zentralrechner (*m. - Inf.*), calcolatore centrale.
Zentralverriegelung (*f. - Aut.*), chiusura centralizzata.
Zentrierkegel (*m. - Masch.*), cono di centraggio.
zeolitisch (*Min.*), zeolitico.
zerebrovaskulär (*Med.*), cerebrovascolare.
zerstörungsfreie Werkstoffprüfung (*f. - mech. Technol. - etc.*), prova dei materiali non distruttiva.
zertifizierbar (*allg.*), certificabile.
zertifizieren (*allg.*), certificare.
Zervixkarzinom (*n. - Med.*), carcinoma della cervice.
zickzackförmig (*allg.*), a forma di zig zag, a zig zag.
Zickzackschnitt (*m. - allg.*), taglio a zig zag.
Zigarettenanzünderbuchse (eines Wagens), (*f. - allg.*), presa per accendisigari.
Zigarettenfabrik (*f. - Ind.*), fabbrica di sigarette.
Zigarettenhersteller (*m. - Ind.*), produttore di sigarette.
Zigarettenkonsum (*m. - Ind.*), consumo di sigarette.
Zigarettenmarke (*f. - Ind.*), marca di sigarette.
Zigarettenproduktion (*f. - Ind.*), produzione di sigarette.
Zigarettenwerbung (*f. - Ind. - komm.*), pubblicità di sigarette.
Zigarettenzünder (*m. - Aut.*), accendisigari.
Zimmer: ein reserviertes Zimmer stornieren (*allg.*), annullare una camera prenotata.
Zinkazetat (*n. - Chem.*), acetato di zinco.
Zinkbromid (*n. - Chem.*), bromuro di zinco.
Zinkchlorid (*n. - Chem.*), cloruro di zinco.
Zinkgluconat (*n. - Chem.*), gluconato di zinco.
Zinkhydroxyd (*n. - Chem.*), idrossido di zinco.
Zinknitrat (*n. - Chem.*), nitrato di zinco.
Zinksulfat (*n. - Chem.*), solfato di zinco.
zinserhöhend wirken (*finanz.*), avere l'effetto di aumentare gli interessi.
zirkumstellar (*Astr.*), circumstellare.
Zivilkammer (*f. - recht.*), sezione civile.
Zivilprozessrecht (*n. - recht.*), diritto processuale civile.
Z-Modem (Transferprotokoll) (*m. - Inf.*), Z-modem.
Zoisit (*n. - Min.*), zoisite.
Zollkontrolle (*f. - komm. - finanz.*), controllo doganale.
Zollrecht (*n. - recht.*), diritto doganale.
zoomen (*Opt.*), zumare.
Zoomfunktion (*f. - Inf.*), funzione di zoom.
Zoomring (*m. - Opt.*), anello dello zoom.
Zugangsdeckel (*m. - Flugw.*), sportello di accesso.
Zugangsmöglichkeit (*f. - allg.*), possibilità di accesso.
Zugangssoftware (*f. - Inf.*), software di accesso.
Zugriff ablehnen (*Inf.*), negare l'accesso.

Zugriffe pro Tag (*m. - pl. - Inf.*), accessi al giorno.
Zugriffseinschränkung (*f. - Inf.*), limitazione di accesso.
Zugriffsgeschwindigkeit (*f. - Inf.*), velocità di accesso.
Zugriffskontrolle (*f. - Inf.*), controllo dell'accesso.
Zugriffspfad (*m. - Inf.*), percorso di accesso.
Zugriffsrecht (*n. - Inf.*), diritto di accesso.
Zugriffssteuerwort (*n. - Inf.*), parola di controllo di accesso.
Zukunftsperspektiven (*f. - pl. - allg.*), prospettive future.
Zuladekapazität (*f. - Aut.*), capacità di carico.
Zündmechanismus (*m. - Expl.*), meccanismo d'innesco.
zurückschieben (*allg.*), spingere indietro.
zurückschnappen (eines Schlosses z. B.) (*Mech.*), scattare indietro.
Zurückschreiben (*n. - allg.*), riscrittura.
zurücksetzen (*allg.*), resettare.
Zurückspulen (einer Kassette z. B.) (*n. - Elektroakus.*), riavvolgimento.
zurückstellen (*allg.*), resettare.
Zurückstellen (*n. - allg.*), reset.
Zusatzforderung (*f. - allg.*), requisito aggiuntivo.
Zusatzfunktion (*f. - NC*), funzione ausiliaria.
Zusatzhardware (*f. - Inf.*), hardware aggiuntivo.
zusätzliche Bearbeitungsmöglichkeiten (*f. - pl. - Werkz.masch.bearb.*), possibilità di lavorazione aggiuntive.
zusätzlicher Speicher (*m. - Inf.*), memoria aggiuntiva.
Zusatzprogramm (*n. - Inf.*), programma aggiuntivo.
Zusatzsoftware (*f. - Inf.*), software aggiuntivo.
zuschaltbar (*allg.*), inseribile.
zuschaltbarer Allradantrieb (*m. - Fahrz.*), trazione integrale inseribile.
zuschaltbarer Vorderradantrieb (*m. - Aut.*), trazione anteriore inseribile.
Zustand: im plastischen Zustand (*m. - Metall. - etc.*), allo stato plastico.
Zustimmung: die Zustimmung erklären (*allg.*), dichiarare (il proprio) consenso.
Zuwachsrate (*f. - allg.*), tasso di crescita.
Zweck (*m. - allg.*), obiettivo.
zweckmässigerweise (*allg.*), in modo conveniente.
zweidimensionale Darstellung (*f. - Zeichn. - etc.*), rappresentazione bidimensionale.
zweidimensionale Fläche (*f. - Geom.*), superficie bidimensionale.
Zweidrittelmehrheit (*f. - Politik*), maggioranza dei due terzi.
Zweihandbedienung (*f. - Masch.*), comando a due mani.
Zweihand-Steuergerät (*n. - Masch.*), apparecchiatura di comando azionata con due mani.
zweistellige Zahl (*f. - Math.*), numero a due cifre.
zweiteilig (*allg.*), composto da due parti.
Zwischenlagerplatz (*m. - Ind.*), area di deposito intermedia.
Zwischenspeicher (*m. - Inf.*), memoria intermedia.
Zwischenstück (bei Einbauschwierigkeiten) (*n. - Masch.*), spessore intermedio.
Zwischentermin (*m. - Ind.*), scadenza intermedia.
Zwischenwand (*f. - allg.*), parete intermedia.
Zyklenfreigabe (*f. - Werkz.masch.bearb.*), sblocco ciclo.
Zyklensperre (*f. - Werkz.masch.bearb.*), blocco ciclo.
Zyklogenese (*f. - Geophys.*), ciclogenesi.
Zyklus-Aufruf (*m. - Werkz.masch.bearb.*), richiamo ciclo.
zytologisch (*Med.*), citologico.
Zytoplasma (*n. - Biol.*), citoplasma.
zytoplasmatisch (*Biol.*), citoplasmatico.
Zytosom (*n. - Biol.*), citosoma.
zzgl. MwSt. (zuzüglich Mehrwertsteuer) (*f. - Adm.*), IVA esclusa.

ITALIANO TEDESCO

ABBREVIAZIONI

A	ampere	*difetto di fond.*	difetto di fonderia
a.	aggettivo	*difetto di vn.*	difetto di verniciatura
acus.	acustica, acustico	*dis.*	disegno
avv.	avverbio	*disp.*	dispositivo
aer.	aeronautico, aeroplano	*dm*	decimet
aer. milit.	aeronautica, aviazione militare	*dm³*	decimetro cubo
		dm²	decimetro quadrato
aerodin.	aerodinamica	*doc.*	documentazione
agric.	agricoltura, agricolo		
amm.	amministrativo	*ecc.*	eccetera
anal.	analisi	*ecol.*	ecologia
app.	apparecchio, apparecchiatura	*ed.*	edilizio, edile
		elett.	elettricità, elettrico
app. di sollev.	apparecchio di sollevamento	*elettrochim.*	elettrochimica, elettrochimico
arch.	architettura, architettonico	*elettroacus.*	elettroacustico, elettroacustica
astr.	astronomia, astronomico	*elettromecc.*	elettromeccanica, elettromeccanico
atom.	atomico		
att.	attrezzo	*elettrotel.*	elettrotelefonia, elettrotelefonico
austr.	austriaco		
aut.	automobilistico, automobile, autocarro	*espl.*	esplosivo (a. e s.)
autom.	automazione	*f.*	femminile
		falegn.	falegnameria
biochim.	biochimica, biochimico	*farm.*	farmacia, farmaceutico
biol.	biologia, biologico	*ferr.*	ferrovia, ferroviario
		finanz.	finanza, finanziario
		fis.	fisica, fisico
		fis. atom.	fisica atomica
C. A.	corrente alternata	*fis. nucl.*	fisica nucleare
c. a.	cemento armato	*fond.*	fonderia
cald.	caldaia	*fot.*	fotografia, fotografico
carp.	carpenteria	*fotogr.*	fotogrammetria, fotogrammetrico
carrozz.	carrozzeria		
C. C.	corrente continua	*fotomecc.*	fotomeccanica, fotomeccanico
chim.	chimica, chimico		
chim. ind.	chimica industriale	*fucin.*	fucinatura
c. i.	combustione interna		
cinem.	cinematografo, cinematografia	*g*	grammo
		gen.	generale, generico
cm	centimetro	*geod.*	geodesia
cm³	centimetro cubo (o cubico)	*geofis.*	geofisico, geofisica
		geogr.	geografico, geografia
cm²	centimetro quadrato	*geol.*	geologico, geologia
c.n., c/n	comando numerico	*geom.*	geometria
comb.	combustibile (a. e s.), combustione	*giorn.*	giornalismo
comm.	commercio, commerciale	*idr.*	idraulica, idraulico
contab.	contabilità	*illum.*	illuminazione
costr.	costruzione, costruzioni	*imball.*	imballaggio
costr. idr.	costruzione idraulica	*ind.*	industria, industriale
costr. di ponti	costruzione di ponti	*ind. chim.*	industria chimica
costr. nav.	costruzione navale	*ind. graf.*	industria grafica
costr. strad.	costruzione stradale	*ind. tess.*	industria tessile
CV	cavallo	*inf.*	informatica

ing. civ.	ingegneria civile	*mm*	millimetro
ingl.	inglese	*mm³*	millimetro cubo
		mm²	millimetro quadrato
kg	chilogrammo	*mot.*	motore (motore primo: a combustione interna a reazione, a turbina a gas, ecc.)
kgm	chilogrammetro		
km	chilometro		
km²	chilometro quadrato		
kW	chilowatt	*mot. elett.*	motore elettrico
kWh	chilowattora	*mov. terra*	movimento terra
		m²	metro quadrato
l	litro	*mur.*	murario
lamin.	laminatoio		
lav.	lavoro, lavorazione, lavoratore	*n.*	neutro
		nav.	nautico, navale
lav. del legno	lavorazione del legno	*navig.*	navigazione
lav. dei metalli	lavorazione dei metalli	*norm.*	normazione, normalizzazione
lav. lamiera	lavorazione lamiera		
lav. macch. ut.	lavorazione macchina utensile	*off.*	officina
		oleoidr.	oleoidraulica
lav. mecc.	lavorazione meccanica	*op.*	operaio
leg.	legale	*operaz.*	operazione
legn.	legname	*operaz. mecc.*	operazione meccanica
lit.	litografia, litografico	*organ.*	organizzazione
lubrif.	lubrificante lubrificazione	*organ. del lav.*	organizzazione del lavoro
		organ. del pers.	organizzazione del personale
m.	maschile		
m	metro	*orolog.*	orologeria
macch.	macchina	*ott.*	ottica, ottico
macch. calc.	macchina calcolatrice		
macch. frigor.	macchina frigorifera	*per es.*	per esempio
macch. per stampa	macchina per stampa	*pers.*	personale
macch. ut.	macchina utensile	*pl.*	plurale
macch.ut. c/n o c.n.	macchina utensile a comando numerico	*plast.*	plastica, materia plastica
		progr.	programmazione
macch. tess.	macchina tessile	*psicol.*	psicologia, psicologico
mar.	mare, marino, marittimo	*psicol. ind.*	psicologia industriale
mar. milit.	marina da guerra	*psicotec.*	psicotecnica
mat.	matematica, matematico		
mater.	materiale, materiali	*q*	quintale
mat. plast.	materia plastica		
m³	metro cubo	*radioatt.*	radioattività, radioattivo
mecc.	meccanica, meccanico	*radionav.*	radionavigazione
mecc. dei fluidi	meccanica dei fluidi	*regol.*	regolazione
mecc. raz.	meccanica razionale	*riscald.*	riscaldamento
med.	medicina, medico		
metall.	metallo, metallurgico metallurgia	*s.*	sostantivo
		sald.	saldatura
meteor.	meteorologia	*sc.*	scienza
metrol.	metrologia	*sc. costr.*	scienza delle costruzioni
mft.	manifattura	*stat.*	statistica, statistico
mg	milligrammo	*strad.*	strada, stradale
milit.	militare	*strum.*	strumento
min.	miniera, minerario	*strum. med.*	strumento medico
min.	minerale, mineralogia	*svizz.*	svizzero
mis.	misura		

t	tonnellata	*tribol.*	tribologia
tecn.	tecnica	*tubaz.*	tubazioni
tecnol.	tecnologia		
tecnol. mecc.	tecnologia meccanica	*uff.*	ufficio
telef.	telefono, telefonia, telefonico	*urb.*	urbanistica
		ut.	utensile
telegr.	telegrafia		
telev.	televisione	*V*	volt
term.	termica, termico	*v*	verbo
termod.	termodinamica, termodinamico	*v. i.*	verbo intransitivo
		v. t.	verbo transitivo
tess.	tessile	*veic.*	veicolo
tip.	tipografia, tipografico	*vn.*	vernice, verniciatura
top.	topografia, topografico	*W*	watt
traff. strad.	traffico stradale	«	contrassegno per i termini stranieri e per quelli di correttezza non confermata
trasp.	trasporti		
tratt. term.	trattamento termico		

A

abbonamento di prova (*gen.*), Probeabonnement (*n.*).
abilitare (*inf.*), freigeben.
abilitato (*inf.*), freigegeben.
abiotico (*biol.*), abiotisch.
ablativo (*gen.*), ablativ.
abortire (*inf.*), abbrechen.
aborto (*inf.*), Abbruch (*m.*).
ABS (sistema antibloccaggio) (*aut.*), ABS (*n.*).
acariasi (*med.*), Akariasis (*f.*).
acaricida (*chim.*), Akarizid (*n.*).
accelerare da 0 a 100 Km/h in X secondi (*aut.*), von 0 auf 100 Km/h in X Sekunden beschleunigen.
acceleratore di elettroni (*fis. atom.*), Elektronenbeschleuniger (*m.*).
acceleratore di particelle (*fis. atom.*), Teilchenbeschleuniger (*m.*).
acceleratore grafico (*inf.*), Graphikbeschleuniger (*m.*).
accelerazione grafica (*inf.*), Graphikbeschleunigung (*f.*).
accendisigari (*aut.*), Zigarettenzünder (*m.*).
accessi al giorno (*inf.*), Zugriffe pro Tag (*m. - pl.*).
accesso a Internet (*inf.*), Internetzugang (*m.*), Internetzugriff (*m.*).
accesso al client (*inf.*), Clientzugriff (*m.*).
accesso al disco fisso (*inf.*), Festplattenzugriff (*m.*).
accesso al file (*inf.*), Dateizugriff (*m.*).
accesso al programma (*inf.*), Programm-Zugriff (*m.*).
accesso al server (*inf.*), Serverzugriff (*m.*).
accesso al terminale (*inf.*), Terminalzugang (*m.*).
accesso alla banca dati (*inf.*), Datenbankzugriff (*m.*).
accesso alla memoria (*inf.*), Speicherzugriff (*m.*).
accesso alla rete (*inf.*), Netzzugriff (*m.*).
accesso alla rete via modem (*inf.*), Netzzugang per Modem (*m.*).
accesso online (*inf.*), Online-Zugang (*m.*).
acciaio al boro (*metall.*), Borstahl (*m.*).
accoppiatore acustico (*inf.*), Akustikkoppler (*m.*).
accorciabile (*gen.*), kürzbar.
accordato (*strum. musicale*), abgestimmt.
accordo bilaterale (*comm.*), bilaterales Abkommen (*n.*).
accordo sul disarmo (*milit. - politica*), Abrüstungsabkommen (*n.*).
acenaftene (*chim.*), Azenaphten (*n.*).
acetale (*chim.*), Azetal (*n.*).
acetammide (*chim.*), Azetamid (*n.*).
acetanilide (*chim.*), Azetanilid (*n.*).
acetato d'argento (*chim.*), Silberazetat (*n.*).
acetato di ammonio (*chim.*), Ammoniumazetat (*n.*).
acetato di bario (*chim.*), Bariumazetat (*n.*).
acetato di cadmio (*chim.*), Kadmiumazetat (*n.*).
acetato di calcio (*chim.*), Kalziumazetat (*n.*).
acetato di magnesio (*chim.*), Magnesiumazetat (*n.*).
acetato di manganese (*chim.*), Manganazetat (*n.*).
acetato di mercurio (*chim.*), Quecksilberazetat (*n.*).
acetato di nichel (*chim.*), Nickelazetat (*n.*).
acetato di piombo (*chim.*), Bleiazetat (*n.*).
acetato di potassio (*chim.*), Kaliumazetat (*n.*).
acetato di rame (*chim.*), Kupferazetat (*n.*).
acetato di sodio (*chim.*), Natriumazetat (*n.*).
acetato di zinco (*chim.*), Zinkazetat (*n.*).
acetilacetone (*chim.*), Azetylazeton (*n.*).
acetilare (*chim.*), azetylieren.
acetilazione (*chim.*), Azetylierung (*f.*).
acetilcolina (*chim.*), Acetylcholin (*n.*).
acetiluro (*chim.*), Azetylid (*n.*).
acetofenone (*chim.*), Azetophenon (*n.*).
acetonitrile (*chim.*), Azetonitril (*n.*).
acido acrilico (*chim.*), Acrylsäure (*f.*).
acido adipico (*chim.*), Adipinsäure (*f.*).
acido arilico (*chim.*), Arylsäure (*f.*).
acido arsenico (*chim.*), Arsensäure (*f.*).
acido arsenioso (*chim.*), arsenige Säure (*f.*).
acido ascorbico (*chim.*), Ascorbinsäure (*f.*).
acido aspartico (*chim.*), Asparaginsäure (*f.*).
acido benzoico (*chim.*), Benzoesäure (*f.*).
acido bromico (*chim.*), Bromsäure (*f.*).
acido glicolico (*chim.*), Glycolsäure (*f.*).
acido metacrilico (*chim.*), Methacrylsäure (*f.*).
acido nitrico (*chim.*), Nitriersäure (*f.*).
acido perclorico (*chim.*), Perchlorsäure (*f.*).
acido periodico (*chim.*), Periodsäure (*f.*).
aconitina (*farm. - chim.*), Aconitin (*n.*).
acqua demineralizzata (*chim.*), demineralisiertes Wasser (*n.*).
acquisizione (*comm.*), Akquisition (*f.*).
acquisizione della quota di maggioranza (di una società p. es.) (*finanz.*), Übernahme des Mehreitsanteils (*f.*).
acquisizione di dati (*inf.*), Datenerfassung (*f.*).
acquisizione di informazioni (*gen.*), Informationsbeschaffung (*f.*).
acquisizione di nuovi clienti (*comm.*), Akquisition neuer Kunden (*f.*).
acquisizione di ordini (*comm.*), Akquisition von Aufträgen (*f.*).
acquistato in leasing (*comm.*), geleast.
acrilammide (*chim.*), Acrylamid (*n.*).
acrilato (*chim.*), Acrylat (*n.*).
acrilonitrile (*chim.*), Acrylnitril (*n.*).
acrodinia (*med.*), Acrodynie (*f.*).
acromatismo (*ott.*), Achromasie (*f.*).
adattatore di interfaccia (*inf.*), Schnittstellenadapter (*m.*).
adattatore di terminale (*inf.*), Terminaladapter (*m.*).

adattatore modem (*inf.*), Modemadapter (*m.*).
addebitamento sul conto (*contab.*), Kontobelastung (*f.*).
additivo per il miglioramento del gusto (*chim.*), geschmacksverbessernder Zusatz (*m.*).
adenoma (*med.*), Adenom (*n.*).
adenotomia (*med.*), Adenotomie (*f.*).
aderente (*gen.*), anhaftend.
adesivo poliuretanico (*ind. chim.*), Polyurethan-Kleber (*m.*).
adrone (*fis. atom.*), Hadron (*n.*).
adronico (*fis. atom.*), hadronisch.
adroterapia (*med.*), Hadron-therapie (*f.*).
aerobio (*biol.*), Aerobier (*m.*), Aerobiont (*m.*).
aeroelasticità applicata (*aer.*), angewandte Aeroelastizität (*f.*).
aerologia (*meteor.*), Aerologie (*f.*).
aerologico (*meteor.*), aerologisch.
aeromeccanica (*aeromecc.*), Aeromechanik (*f.*).
aeroplano charter (*aer.*), Charterflugzeug (*n.*).
aeroporto cittadino (*aer.*), Stadtflughafen (*m.*).
aerotaxi (*aer.*), Lufttaxi (*n.*).
afasia (*med.*), Aphasie (*f.*).
afasia di Broca (*med.*), Broca-Aphasie (*f.*).
affinità elettronica (*chim.*), Elektronenaffinität (*f.*).
agente antistatico (*fis. - chim. ind.*), Antistatikmittel (*n.*).
agente patogeno che agisce sull'intestino (*med.*), auf den Darm einwirkender Krankheitserreger (*m.*).
agente software (*inf.*), Softwareagent (*m.*).
agenzia spaziale (*astronautica*), Raumfahrtagentur (*f.*).
agenzia trasporti (*trasp.*), Transportagentur (*f.*).
agganciare (*astronautica*), andocken.
aggiornabile (*gen.*), aktualisierbar.
aggiornamento (*gen.*), Aktualisierung (*f.*).
aggiornato (*gen.*), aktualisiert. **2 aggiornato automaticamente** (*inf.*), automatisch aktualisiert. **3 aggiornato continuamente** (*gen.*), ständig aktualisiert.
aggiudicazione dell'ordine (*comm.*), Auftragsvergabe (*f.*).
agglomerare (*gen.*), agglomerieren.
agglomerato (*gen.*), agglomeriert.
agglutinare (*gen.*), agglutinieren.
agglutinazione (*biol.*), Agglutination (*f.*).
aggressività (*gen.*), Aggressivität (*f.*).
aglicone (*biochim.*), Aglykon (*n.*).
agorafobia (*psicol.*), Agoraphobie (*f.*).
agrafia (*med.*), Agraphie (*f.*).
agreement (*ingl. - gen.*), Agreement (*n.*).
agroindustria (*agric. - ind.*), Agrarindustrie (*f.*).
agroindustriale (*agric. - ind.*), agrarindustriell.
agrometeorologia (*agric. - meteor.*), Agrarmeteorologie (*f.*).
aikido (*sport*), Aikido (*n.*).
airbag (*aut.*), Airbag (*m.*).
airbag conducente (*aut.*), Fahrerairbag (*m.*).
airbag frontale (*aut.*), Front-Airbag (*m.*).
airbag laterale (*aut.*), Seitenairbag (*m.*).
airbag lato passeggero (*aut.*), Beifahrerairbag (*m.*).
aiuto del computer (*inf.*), Computerhilfe (*f.*).
aiuto online (*inf.*), Online-Hilfe (*f.*).

aiuto umanitario (*gen.*), humanitäre Hilfe (*f.*).
alanina (*chim.*), Alanin (*n.*).
albite (*min.*), Albit (*m.*).
alcaloide (*chim.*), Alkaloid (*n.*).
alcano (*chim.*), Alkan (*n.*).
alchene (*chim.*), Alken (*n.*).
alchilare (*chim.*), alkylieren.
alchino (*chim.*), Alkin (*n.*).
alcool isobutilico (*chim.*), Isobutylalkohol (*n.*).
alcool isopropilico (*chim.*), Isopropylalkohol (*n.*).
alcoolato (*chim.*), Alkoholat (*n.*).
alcoolisi (*chim.*), Alkoholyse (*f.*).
alessandrite (*min.*), Alexandrit (*n.*).
aletta di compensazione (*nav. - aer.*), Ausgleichruder (*n.*).
alettone posteriore (*aut.*), Heckflügel (*n.*).
algebra matriciale (*mat.*), Matrixalgebra (*f.*).
algebra multilineare (*mat.*), multilineare Algebra (*f.*).
algebra vettoriale (*mat.*), Vektoralgebra (*f.*).
algoritmi paralleli (*inf.*), Parallelalgorithmen (*m. - pl.*).
algoritmo di Gauss (*geom.*), Gaussscher Algorithmus (*m.*).
algoritmo di regolazione (*regol.*), Regelalgorithmus (*m.*).
algoritmo di ricerca (*inf.*), Suchalgorithmus (*m.*).
aliasing (*ingl. - inf.*), Aliasing (*n.*).
alimentato a batteria (*elett.*), batteriegespeist.
alimentazione del filo (*sald.*), Drahtzuführung (*f.*).
alimentazione dell'aria compressa (*tubaz.*), Pressluftzufuhr (*f.*) **2** (*ind.*), Druckluftbeaufschlagung (*f.*).
alimentazione dell'aria per la combustione (*comb.*), Verbrennungsluftversorgung (*f.*).
alimentazione di carburante (*aut. - mot.*), Brennstoffversorgung (*f.*).
alimentazione primaria (*med.*), Primärversorgung (*f.*).
aliquota IVA (*finanz.*), Mehrwertsteuersatz (*m.*). **2 aumentare l'aliquota IVA** (*finanz.*), den Mehrwertsteuersatz erhöhen.
allacciabile (*elett.*), anschliessbar.
allargamento della NATO (*politica*), NATO-Erweiterung (*f.*).
allergologia (*med.*), Allergologie (*f.*).
alloggiare (*mecc.*), aufnehmen.
alluminato (*chim.*), Aluminat (*n.*).
alluminato di sodio (*chim.*), Natriumaluminat (*n.*).
alogenazione (*chim.*), Halogenierung (*f.*).
altamente automatizzato (*tecnol. - ecc.*), hochautomatisiert.
altamente deficitario (*finanz.*), hochdefizitär.
altamente sviluppato (*gen.*), hochentwickelt.
alternativamente (*gen.*), wahlweise.
altezza dei caratteri (*tip.*), Buchstabenhöhe (*f.*).
altoparlante incorporato (*radio*), eingebauter Lautsprecher (*m.*).
alzacristallo elettrico (*aut.*), elektrischer Fensterheber (*m.*).
amagnetico (*elett.*), amagnetisch.
amazzonite (*min.*), Amazonit (*n.*).
ambiente client (*inf.*), Clientumgebung (*f.*).

ambiente del sistema (*inf.*), Systemumgebung (*f.*).
ambiente del sistema operativo (*inf.*), Betriebssystemumgebung (*f.*).
ambiente di programmazione (*inf.*), Programmierumgebung (*f.*).
ambiente di rete (*inf.*), Netzwerkumgebung (*f.*).
ambiente di sviluppo (*inf.*), Entwicklungsumgebung (*f.*).
ambiente grafico (*inf.*), Graphikumgebung (*f.*).
ambiente lavorativo (*gen.*), Arbeitsumgebung (*f.*).
ambiente server (*inf.*), Serverumgebung (*f.*).
ambiente software (*inf.*), Softwareumgebung (*f.*).
AME (Accordo Monetario Europeo) (*finanz.*), EWA, Europäisches Währungsabkommen (*n.*).
aminofenolo (*chim.*), Aminophenol (*n.*).
ammasso di galassie (*astr.*), Galaxienhaufen (*m.*).
ammasso di stelle (*astr.*), Sternhaufen (*m.*).
ammidazione (*chim.*), Amidierung (*f.*).
amminazione (*chim.*), Aminierung (*f.*).
amministratore della rete (*inf.*), Netzadministrator (*m.*).
amministratore di sistema (*inf.*), Systemadministrator (*m.*).
amministrazione della rete (*inf.*), Netzadministration (*f.*).
amministrazione di sistema (*inf.*), Systemadministration (*f.*).
ammontare dovuto (*finanz.*), Schuldbetrag (*n.*).
ammorbidire (*gen.*), erweichen.
amperometrico (*elett.*), amperometrisch.
ampliabile (*gen.*), erweiterbar.
ampliabilità (*gen.*), Erweiterbarkeit (*f.*).
ampliamento della memoria (*inf.*), Speicher-Erweiterung (*f.*).
amplificatore d'antenna (*radio*), Antennenverstärker (*m.*).
amplificazione della tensione (*elett.*), Spannungsverstärkung (*f.*).
anaerobio (*biol.*), anaerob.
anafilassi (*med.*), Anaphylaxie (*f.*).
anaforesi (*fis.*), Anaphorese (*f.*).
analgesico (*farm.*), Analgetikum (*n.*).
analisi computerizzata (*inf.*), Computeranalyse (*f.*).
analisi dei dati (*inf.*), Datenanalyse (*f.*).
analisi dei segnali (*gen.*), Signalanalyse (*f.*).
analisi del circuito (*inf.*), Schaltungsanalyse (*f.*).
analisi della qualità (*tecnol. mecc.*), Qualitätsanalyse (*f.*).
analisi di regressione (*stat.*), Regressionsanalyse (*f.*).
analisi di superfici (*inf.*), Flächenanalyse (*f.*).
analisi spettroscopica (*chim.*), spektroskopische Analyse (*f.*).
analisi statistica (*stat.*), Statistikanalyse (*f.*).
analisi termogravimetrica (*chim.*), thermogravimetrische Analyse (*f.*).
analisi vettoriale (*mat.*), Vektoranalyse (*f.*).
analizzatore di gas (*chim.*), Gasanalysator (*m.*).
analizzatore di spettro (*ott.*), Spektralanalysator (*m.*).

anarmonico (*fis.*), anharmonisch.
anatasio (*min.*), Anatas (*m.*).
andalusite (*min.*), Andalusit (*m.*).
anello dello zoom (*ott.*), Zoomring (*m.*).
anello di messa a fuoco (*ott.*), Fokussierring (*m.*).
anello elastico (*mecc.*), Sicherungsring (*m.*).
anemometria (*meteor.*), Anemometrie (*f.*).
anemometria laser (*meteor.*), Laseranemometrie (*f.*).
anemometrico (*meteor.*), anemometrisch.
anestesiologia (*med.*), Anästhesiologie (*f.*).
anetolo (*chim.*), Anethol (*n.*).
angiologia (*med.*), Angiologie (*f.*).
angolo di apertura (*ott. - fot.*), Aperturwinkel (*m.*).
angolo di piegatura (*lav. lamiera*), Biegewinkel (*m.*).
angolo di sterzata (*aut.*), Lenkwinkel (*m.*).
angolo di torsione (*mecc.*), Torsionswinkel (*m.*).
anidride arsenica (*chim.*), Arsenpentoxyd (*n.*).
anidride arseniosa (*chim.*), Arsenik (*n.*).
anidride arseniosa (*chim.*), Arsentrioxyd (*n.*).
anima di tessuto (*tubaz.*), Textileinlage (*f.*).
animazione (*cinem. - inf.*), Animation (*f.*).
animazione computerizzata (*cinem. - inf.*), Computeranimation (*f.*).
ankerite (*min.*), Ankerit (*m.*).
anno: di un anno (*gen.*), einjährig. 2 in confronto con l'anno precedente (*gen.*), im Vorjahresvergleich.
anno anomalistico (*astr.*), anomalistisches Jahr (*n.*).
anno di produzione (*gen.*), Herstelljahr (*n.*).
annullare una camera riservata (*gen.*), ein reserviertes Zimmer stornieren.
anomalia cromosomica (*biochim.*), Chromosomenanomalie (*f.*).
anomalistico (*astr.*), anomalistisch.
anoressia (*med.*), Anorexie (*f.*).
anortite (*min.*), Anorthit (*m.*).
antenna satellitare (*telev.*), Satellitenantenne (*f.*).
antenna UHF (*radio*), UHF-Antenne (*f.*).
antenna VHF (*radio*), VHF-Antenne (*f.*).
anti-aliasing (*ingl. - inf.*), Anti-Aliasing (*n.*).
antiatomo (*fis. nucl.*), Antiatom (*n.*).
antibatterico (*med.*), antibakteriell.
antibiotico (*med.*), antibiotisch.
antiferromagnetico (*fis.*), antiferromagnetisch.
antiflogistico (*med.*), Antiphlogistikum (*n.*).
antilogaritmo (*mat.*), Antilogarithmus (*m.*).
antimetabolita (*biol.*), Antimetabolit (*m.*).
antimicotico (*med.*), Antimykotikum (*n.*).
antimonato (*chim.*), Antimonat (*n.*).
antimonato di potassio (*chim.*), Kaliumantimonat (*n.*).
antimonite (*min.*), Antimonit (*m.*).
antimonuro (*chim.*), Antimonid (*n.*).
antinfiammatorio (*med.*), entzündungshemmend.
antinucleo (*fis. nucl.*), Antikern (*m.*).
antinucleone (*fis. nucl.*), Antinukleon (*n.*).
antiossidante (*chim.*), Antioxydationsmittel (*n.*).
antiparticella (*fis. nucl.*), Antipartikel (*f.*).
antipiretico (*med.*), Antipyretikum (*n.*).

antipirina

antipirina *(farm. - chim.)*, Antipyrin *(n.)*.
antiquark *(fis. nucl.)*, Antiquark *(n.)*.
antireumatico *(med.)*, Antirheumatikum *(n.)*.
antisettico *(med.)*, Antiseptikum *(n.)*.
antivirale *(med.)*, antiviral.
antivirus *(inf.)*, Antivirus *(m.)*.
aperto tutto l'anno *(gen.)*, ganzjährig geöffnet.
apertura dell'air bag *(aut.)*, Airbag-Entfaltung *(f.)*.
apertura dell'aria di scarico *(comb.)*, Abluftöffnung *(f.)*.
apertura di scarico *(gen.)*, Ablauföffnung *(f.)*.
apofillite *(min.)*, Apophyllit *(m.)*.
apparecchio a gas *(app.)*, Gasgerät *(n.)*.
applet *(ingl. - inf.)*, Applet *(n.)*.
applicazione grafica *(inf.)*, Graphikanwendung *(f.)*.
applicazione Internet *(inf.)*, Internetanwendung *(f.)*.
applicazione Intranet *(inf.)*, Intranetanwendung *(f.)*.
applicazione multimediale *(inf.)*, Multimedia-Anwendung *(f.)*.
applicazione stand alone *(inf.)*, Standalone-Anwendung *(f.)*.
applicazione telematica *(inf. - ecc.)*, Telematikanwendung *(f.)*.
applicazione web *(inf.)*, Web-Anwendung *(f.)*.
approfondimento delle lingue *(gen.)*, Sprachvertiefung *(f.)*.
approvazione *(gen.)*, Freigabe *(f.)*.
apriporte automatico *(app.)*, automatischer Türöffner *(m.)*.
arbitrato *(leg.)*, Arbitrage *(f.)*.
archeometria *(gen.)*, Archeometrie *(f.)*.
architettura client/server *(inf.)*, Client/Server-Architektur *(f.)*.
architettura CNC *(macch. ut.)*, CNC-Architektur *(f.)*.
architettura dei calcolatori paralleli *(inf.)*, Parallelrechnerarchitektur *(f.)*.
architettura del circuito *(inf.)*, Schaltungsarchitektur *(f.)*.
architettura del processore *(inf.)*, Prozessorarchitektur *(f.)*.
architettura di bus *(inf.)*, Busarchitektur *(f.)*.
architettura di computer *(inf.)*, Computerarchitektur *(f.)*.
architettura di Internet *(inf.)*, Internetarchitektur *(f.)*.
architettura di rete *(inf.)*, Netzarchitektur *(f.)*.
architettura di sistema *(inf.)*, Systemarchitektur *(f.)*.
architettura hardware *(inf.)*, Hardwarearchitektur *(f.)*.
architettura multitasking *(inf.)*, Multitasking-Architektur *(f.)*.
architettura parallela *(inf.)*, Parallelarchitektur *(f.)*.
architettura PC *(inf.)*, PC-Architektur *(f.)*.
architettura software *(inf.)*, Softwarearchitektur *(f.)*.
archiviazione *(uff. - inf.)*, Archivierung *(f.)*.
archiviazione di dati *(inf.)*, Datenarchivierung *(f.)*.
archiviazione di disegni CAD *(inf. - dis.)*, Archivierung von CAD-Zeichnungen *(f.)*.
archiviazione di documenti *(uff.)*, Aktenarchivierung *(f.)*.
archivio di dati *(inf.)*, Datenarchiv *(n.)*.
archivio di stato *(ed.)*, Staatsarchiv *(n.)*.
arcocotangente *(mat.)*, Arkuskotangens *(m.)*.
arcosecante *(mat.)*, Arkussekans *(m.)*.
arcotangente *(mat.)*, Arkustangens *(m.)*.
area culturale *(gen.)*, Kulturgebiet *(n.)*.
area di deposito intermedia *(ind.)*, Zwischenlagerplatz *(m.)*.
area di memoria *(inf.)*, Speicherbereich *(m.)*.
aria di aspirazione *(mot.)*, Ansaugluft *(f.)*.
aria di scarico *(comb.)*, Abluft *(f.)*.
arile *(chim.)*, Aryl *(n.)*.
aritmetica del calcolatore *(inf.)*, Rechnerarithmetik *(f.)*.
aritmetica in virgola mobile *(mat.)*, Gleitkommaarithmetik *(f.)*.
arma biologica *(milit.)*, Biowaffe *(f.)*.
arma laser *(milit.)*, Laserwaffe *(f.)*.
arma nucleare *(espl.)*, Nuklearwaffe *(f.)*.
armonizzato *(gen.)*, harmonisiert.
arrestarsi *(gen.)*, stehenbleiben.
arresto di sicurezza *(mecc.)*, Sicherheitsanschlag *(m.)*.
arresto mandrino *(CN)*, Frässpindel Aus. 2 *(macch. ut.)*, Spindel-Halt *(m.)*.
arresto refrigerante *(lav. macch. ut.)*, Kühlmittel Aus.
arsenale atomico *(milit.)*, Atomarsenal *(n.)*.
arsenato di calcio *(chim.)*, Kalziumarsenat *(n.)*.
arsenato di piombo *(chim.)*, Bleiarsenat *(n.)*.
arseniato *(chim.)*, Arsenat *(n.)*.
arsenito *(chim.)*, Arsenit *(n.)*.
arseniuro *(chim.)*, Arsenid *(n.)*.
arseniuro di gallio *(chim.)*, Galliumarsenid *(n.)*.
arsenopirite (FeAsS) *(min.)*, Arsenopyrit *(m.)*.
asparagina *(chim.)*, Asparagin *(n.)*.
asportabile *(med.)*, entfernbar.
asse di riferimento *(mat. - fis.)*, Bezugsachse *(f.)*.
asse di rotazione *(mecc.)*, rotatorische Achse *(f.)*.
asse di traslazione *(mecc.)*, translatorische Achse *(f.)*.
assegnazione del valore *(inf.)*, Wertzuweisung *(f.)*.
assegnazione della memoria *(inf.)*, Speicherzuweisung *(f.)*.
assegnazione di variabile *(inf.)*, Variablenzuweisung *(f.)*.
assegno pagabile in contanti *(finanz.)*, Barscheck *(m.)*.
assegno postale *(posta - finanz.)*, Postscheck *(m.)*.
assemblea annuale *(gen.)*, Jahresversammlung *(f.)*.
assemblea degli azionisti *(finanz.)*, Anteilseignerversammlung *(f.)*.
assenteismo *(gen.)*, Absentismus *(m.)*.
assenza di corrente *(elett.)*, Stromlosigkeit *(f.)*.
assenza di tensione *(elett.)*, Spannungslosigkeit *(f.)*.
assicurazione della qualità *(ind.)*, Sicherung der Güte *(f.)*.
assistenza per i disoccupati *(gen.)*, Arbeitslosenhilfe *(f.)*.

assistenza tecnica in loco (*gen.*), Vor-Ort-Service (*m. - n.*).
assistito da computer (*inf.*), computergestützt, computerunterstützt.
assistito da laser (*tecnol.*), laserunterstützt.
assistito da robot (*ind. - autom.*), robotergestützt, roboterunterstützt.
assistito da satellite (*radionav.*), satellitengestützt.
associativo (*gen.*), assoziativ.
associazione dei consumatori (*comm.*), Verbraucherverband (*m.*).
assonometrico (*geom.*), axonometrisch.
assorbente (*a. - gen.*), absorbierend.
assorbibile (*gen.*), absorbierbar.
assorbimento di corrente (*elett.*), Stromaufnahme (*f.*).
assorbimento di energia (*fis.*), Energieabsorption (*f.*).
assorbimento di ultrasuoni (*acus.*), Ultraschallabsorption (*f.*).
assorbimetro (*fis. - chim. - app.*), Absorptionsmesser (*m.*).
assorbitore (*fis. nucl.*), Absorber (*m.*).
astrobiologia (*astr.*), Astrobiologie (*f.*).
astrochimica (*astr.*), Astrochemie (*f.*).
astrofisico (*a. - astr.*), astrophysikalisch.
astrofisico (*s. - astr.*), Astrophysiker (*m.*).
astrofotometria (*astr. - ott.*), Astrophotometrie (*f.*).
astrofotometro (*astr. - app. - ott.*), Astrophotometer (*m.*).
astrometria (*astr.*), Astrometrie (*f.*).
astrometrico (*astr.*), astrometrisch.
astronomia amatoriale (*astr.*), Amateurastronomie (*f.*).
astronomia professionale (*astr.*), Berufastronomie (*f.*).
astronomia stellare (*astr.*), Stellarastronomie (*f.*).
astrospettroscopia (*astr. - ott.*), Astrospektroskopie (*f.*).
astrospettroscopio (*astr. - app. ott.*), Astrospektroskop (*n.*).
atattico (*chim.*), ataktisch.
atmosfera aggressiva (*chim.*), aggressive Atmosphäre (*f.*).
atmosfera controllata (di un forno p. es.) (*tratt. term.*), kontrollierte Atmosphäre (*f.*).
atmosfera di gas inerte (*chim.*), Edelgasatmosphäre (*f.*).
atmosfera di Giove (*astr.*), Jupiteratmosphäre (*f.*).
atmosfera di Marte (*astr.*), Marsatmosphäre (*f.*).
atmosfera inerte (*chim.*), inerte Atmosphäre (*f.*).
atmosfera riducente (*chim.*), reduzierende Atmosphäre (*f.*).
atmosfera stellare (*astr.*), Sternatmosphäre (*f.*).
atomizzare (polverizzare, di liquidi) (*gen.*), atomisieren.
atomizzazione (polverizzazione, di liquidi) (*gen.*), Atomisierung (*f.*).
atrazina (*chim.*), Atrazin (*n.*).
atropina (*chim.*), Atropin (*n.*).
attivabile (*chim. - inf. - ecc.*), aktivierbar.

attività di ricerca (*ind.*), Forschungsaktivität (*f.*).
attività inventiva (*leg.*), erfinderische Leistung (*f.*).
attrezzo speciale (*mecc. - ecc.*), Spezialwerkzeug (*n.*).
attrito di scorrimento (*mecc.*), Gleitreibung (*f.*).
attrito: ad attrito ridotto (*mecc.*), reibungsarm. 2 a basso attrito (*mecc.*), reibungsarm.
attuatore (*autom.*), Effektor (*m.*).
attuatore di estremità (*autom.*), Endeffektor (*m.*).
audiologia (*med.*), Audiologie (*f.*).
aumento del prezzo della benzina (*aut. - comm.*), Benzinpreiserhöhung (*f.*).
aumento di pressione (*gen.*), Druckerhöhung (*f.*).
aumento superiore alla media (*finanz.*), überproportionaler Anstieg (*m.*).
austenitizzare (*tratt. term.*), austenitisieren.
austenitizzazione (*tratt. term.*), Austenitisierung (*f.*).
austerity (*ingl. - finanz. - politica*), Austerity (*f.*).
auto da città (*aut.*), Stadtauto (*n.*).
autocollimazione (*ott.*), Autokollimation (*f.*).
autoconcessionaria (*aut. - comm.*), Autohaus (*n.*).
autocostruito (*gen.*), selbstgebaut.
autogestione (*organ. - amm.*), Selbstmanagement (*n.*).
autoimmunità (*med.*), Autoimmunität (*f.*).
autolisi (*biol.*), Autolyse (*f.*).
automatizzato (*tecnol. - ecc.*), automatisiert.
automazione d'ufficio (*uff. - inf.*), Büroautomation (*f.*).
automazione industriale (*mecc. - ecc.*), industrielle Automation (*f.*).
automobile con bassi consumi (*aut.*), verbrauchsarmes Auto (*n.*).
automobile di serie (*aut.*), Serienautomobil (*n.*).
automobile elettrica (*aut.*), Elektroauto (*n.*).
automobile privata (*aut.*), Privatwagen (*m.*).
automobile sperimentale (*aut.*), Forschungsauto (*n.*).
autopulente (*gen.*), selbstreinigend.
autoriparazioni (*aut.*), Autoreparaturen (*f.*).
autorità inquirente (*leg.*), Ermittlungsbehörde (*f.*).
autorità locale (*gen.*), örtliche Behörde (*f.*).
autorità portuale (*nav.*), Hafenbehörde (*f.*).
autoscaricamento (di un accumulatore) (*elett.*), Selbstentladung (*f.*).
autostrada dell'informazione (*inf.*), Informationsautobahn (*f.*).
autotrofia (*biol.*), Autotrophie (*f.*).
autotrofo (*biol.*), autotroph.
autoventilante (freno a disco) (*aut.*), innenbelüftet.
avanzamento (di una cassetta p. es.) (*elettroacus.*), Vorwärtsspulen (*n.*).
avanzamento della produzione (*ind.*), Fertigungsstand (*m.*).
avanzamento massimo (*lav. macch. ut.*), Maximalvorschub (*m.*).
avanzamento rapido (*elettroacus.*), Schnellvorlauf (*m.*).

avanzare ricorso (*leg.*), Einsprache erheben.
aviazione commerciale (*aer.*), kommerzielle Luftfahrt (*f.*).
aviazione generale (*aer.*), allgemeine Luftfahrt (*f.*).
aviogetto di linea a medio raggio (*aer.*), Mittelstreckenjet (*m.*).
avionica digitale (*aer.*), digitale Avionik (*f.*).
avviamento della serie (*aut. - etc.*), Serienanlauf (*m.*), Serienstart (*m.*).
avviare le azioni legali necessarie (*leg.*), die erforderlichen gerichtlichen Schritte einleiten.
azienda ad alta tecnologia (*ind.*), Hochtechnologieunternehmen (*n.*).
azienda software (*inf. - comm.*), Softwarefirma (*f.*).
azienda spaziale (*astronautica*), Raumfahrtfirma (*f.*).
azionamento involontario (*mecc.*), unbeabsichtigte Betätigung (*f.*).
azionista (*finanz.*), Anteilseigner (*m.*).
azionista di maggioranza (*finanz.*), Mehrheitsaktionär (*m.*).
azionista di minoranza (*finanz.*), Minderheitsaktionär (*m.*).
azionista principale (*finanz.*), Hauptaktionär (*m.*).
azobenzene (*chim.*), Azobenzol (*n.*).

B

bachelizzare (*chim.*), bakelisieren.
backbone (*ingl. - inf.*), Backbone (*m.*).
background (*ingl. - gen.*), Background (*m.*).
backup (*ingl. - inf.*), Backup (*m.*).
badminton (*sport*), Badminton (*n.*).
bagnabile (*gen.*), benetzbar.
bagnabilità (*gen.*), Benetzbarkeit (*f.*).
banca dati di disegni (*inf.*), Zeichnungsdatenbank (*f.*).
banca dati immobiliare (*comm.*), Immobiliendatenbank (*f.*).
banca dati informatizzata (*inf.*), informatisierte Datenbank (*f.*).
banca dati online (*inf.*), Onlinedatenbank (*f.*).
banca dati relazionale (*inf.*), relationale Datenbank (*f.*).
banca dati su CD-ROM (*inf.*), CD-ROM-Datenbank (*f.*).
banca dati tecnologica (*inf. - tecnol.*), Technologiedatenbank (*f.*).
banca estera (*finanz. - ed.*), Auslandsbank (*f.*).
banda: a banda stretta (*radio*), schmalbandig.
barra del menu (*inf.*), Menübalken (*m.*), Menüleiste (*f.*).
basaltico (*min.*), basaltisch.
basato su client (*inf.*), clientbasiert.
basato su computer (*inf.*), computerbasiert.
basato su Internet (*inf.*), internetbasiert.
basato su ipertesto (*inf.*), hypertextbasiert.
basato su modem (*inf.*), modembasiert.
basato su PC (*inf.*), PC-basiert.
basato su robot (*ind. - autom.*), roboterbasiert.
basato su server (*inf.*), serverbasiert.
base di dati (*inf.*), Datenbasis (*f.*).
batteri anaerobi (*med.*), anaerobe Bakterien (*f. - pl.*).
batteria al nichel-cadmio (*elett.*), Nickel-Cadmium-Batterie (*f.*).
batteria alcalina (*elettrochim.*), Alkali-Batterie (*f.*).
batteria di bombole (*ind. chim.*), Flaschenbatterie (*f.*).
battericida (*a. - med.*), bakterizid.
battericida (*s. - med.*), Bakterizid (*n.*).
batteriologo (*med.*), Bakteriologe (*m.*).
baud (*inf.*), Baud (*n.*).
baud rate (*inf.*), Baud-Rate (*f.*).
benchmark (*ingl. - inf.*), Benchmark (*m.*).
benestare (*gen.*), Freigabe (*f.*).
beni di massa (*comm.*), Massengüter (*n. - pl.*).
benitoite (*min.*), Benitoit (*m.*).
benzile (*chim.*), Benzyl (*n.*).
benzoato (*chim.*), Benzoat (*n.*).
benzoato di sodio (*chim.*), Natriumbenzoat (*n.*).
benzochinone (*chim.*), Benzochinon (*n.*).
benzofenone (*chim.*), Benzophenon (*n.*).
benzofurano (*chim.*), Benzofuran (*n.*).
benzoile (*chim.*), Benzoyl (*n.*).
benzoino (*chim.*), Benzoin (*n.*).
benzonitrile (*chim.*), Benzonitril (*n.*).
benzotricloruro (*chim.*), Benzotrichlorid (*n.*).
best seller (*tip. - ecc.*), Bestseller (*m.*).
biblioteca centrale (*ed. - ind.*), Zentralbibliothek (*f.*).
biblioteca dei simboli (*inf.*), Symbolbibliothek (*f.*).
biblioteca di programmi (*inf.*), Programmbibliothek (*f.*).
biblioteca di stato (*ed.*), Staatsbibliothek (*f.*).
biblioteca scolastica (*scuola*), Schulbibliothek (*f.*).
bibromato (*chim.*), Bibromat (*n.*).
bicarbonato di ammonio (*chim.*), Ammoniumbikarbonat (*n.*).
biciclico (*chim.*), bicyclisch.
bicromato (*chim.*), Bichromat (*n.*).
bifilare (*elett.*), doppeladrig.
bifluorato (*chim.*), Bifluorat (*n.*).
bifluoruro di ammonio (*chim.*), Ammoniumbifluorid (*n.*).
bifosfato (*chim.*), Biphosphat (*n.*).
bigetto (*aer.*), Twinjet (*m.*).
bilanciamento automatico (*elett.*), automatischer Abgleich (*m.*).
bilancio energetico (*fis.*), Energiebilanz (*f.*).
bimolecolare (*chim.*), bimolekular.
biochimica ambientale (*chim.*), Umweltbiochemie (*f.*).
biochimico (*a. - chim.*), biochemisch.
biochimico (*s. - chim.*), Biochemiker (*m.*).
biochip (*inf.*), Biochip (*m.*).
biocibernetica (*autom.*), Biokybernetik (*f.*).
biocibernetico (*autom.*), biokybernetisch.
bioclimatologia (*meteor.*), Bioklimatologie (*f.*).
biodinamica (*mecc.*), Biodinamik (*f.*).
bioelettrico (*elett.*), bioelektrisch.
bioelettronica (*elettronica*), Bioelektronik (*f.*).
bioenergetica (*chim.*), Bioenergetik (*f.*).
bioenergetico (*chim.*), bioenergetisch.
bioetica (*gen.*), Bioethik (*f.*).
biofisica molecolare (*fis.*), Molekularbiophysik (*f.*).
biofisico (*a. - fis.*), biophysikalisch.
biofisico (*s. - fis.*), Biophysiker (*m.*).
biogas (*chim.*), Biogas (*n.*).
biogenesi (*gen.*), Biogenese (*f.*).
biogenetica (*gen.*), Biogenetik (*f.*).
biogeografia (*geogr.*), Biogeographie (*f.*).
bioinformatica (*inf.*), Bioinformatik (*f.*).
bioingegnere (*biol.*), Bioingenieur (*m.*).
bioingegneria (*biol.*), Bioingenieurwesen (*n.*).
biologia (*biol.*), Biologie (*f.*).
biologia agraria (*agric.*), Agrarbiologie (*f.*).
biologia ambientale (*biol.*), Umweltbiologie (*f.*).
biologia animale (*biol.*), Tierbiologie (*f.*).
biologia cellulare (*biol.*), Zellbiologie (*f.*).
biologia marina (*biol.*), Meeresbiologie (*f.*).
biologia molecolare (*biol.*), Molekularbiologie (*f.*).
biologia spaziale (*astr.*), Weltraumbiologie (*f.*).

biologo molecolare (*biol.*), Molekularbiologe (*m.*).
bioluminescenza (*ott.*), Biolumineszenz (*f.*).
biomagnetismo (*elett.*), Biomagnetismus (*m.*).
biomassa (*biol.*), Biomasse (*f.*).
biomatematica (*mat.*), Biomathematik (*f.*).
biomatematico (*mat.*), biomathematisch.
biomeccanica (*mecc.*), Biomechanik (*f.*).
biomeccanico (*mecc.*), biomechanisch.
biomedicina (*med.*), Biomedizin (*f.*).
biometria (*stat.*), Biometrie (*f.*).
biometrica (*med. - biol.*), Biometrik (*f.*).
biometrico (*med. - biol.*), biometrisch.
biomolecolare (*biol.*), biomolekular.
bionico (*sc.*), bionisch.
bioorganico (*biol.*), bioorganisch.
biopolimero (*chim.*), Biopolymer (*n.*).
bioreattore (*biol.*), Bioreaktor (*m.*).
biosatellite (*astronautica*), Biosatellit (*m.*).
biosegnale (*biol.*), Biosignal (*n.*).
biosensore (*app.*), Biosensor (*m.*).
biosfera (*biol.*), Biosphäre (*f.*).
biosintesi (*chim.*), Biosynthese (*f.*).
biosistema (*biol.*), Biosystem (*n.*).
biotecnologia (*tecnol. chim.*), Biotechnologie (*f.*).
biotecnologico (*tecnol. chim.*), biotechnologisch.
biotecnologo (*lav. - tecnol. chim.*), Biotechnologe (*m.*).
bioterapia (*med.*), Biotherapie (*f.*).
biotite (*min.*), Biotit (*n.*).
bisellare (*mecc. - ecc.*), abschrägen.
bisello (*mecc. - ecc.*), Abschrägung (*f.*).
bismutato di sodio (*chim.*), Natriumwismutat (*n.*).
bismutinite (B_2S_3) (*min.*), Bismutinit (*n.*).
bisolfato (*chim.*), Bisulfat (*n.*).
bisolfato di potassio (*chim.*), Kaliumbisulfat (*n.*).
bisolfito di sodio (*chim.*), Natriumdisulfit (*n.*).
bisolfuro (*chim.*), Bisulfid (*n.*).
bisulfito (*chim.*), Bisulfit (*n.*).
bit di parità (*inf.*), Paritätsbit (*n.*).
bit di start (*inf.*), Startbit (*n.*).
bit di stop (*inf.*), Stopbit (*n.*).
bitmap (*ingl. - inf.*), Bitmap (*f.*).
bloccabile (*gen.*), arretierbar. **2 bloccabile nella posizione aperta** (*mecc.*), in der Offenstellung arretierbar.
blocco ciclo (*lav. macch. ut.*), Zyklensperre (*f.*).
blocco di dati (*inf.*), Datenblock (*m.*).
blocco di ingresso (*inf.*), Eingabeblock (*m.*).
blocco di istruzioni (*inf.*), Befehlsblock (*m.*).
blocco distanziale (*m. - mecc.*), Distanzblock (*m.*).
blocco logico (*inf.*), Logikbaustein (*m.*).

bobina a induzione (*elett.*), Induktionsspule (*f.*).
bolometrico (*fis.*), bolometrisch.
bombola (*ind. chim.*), Druckgasflasche (*f.*).
bookmark (*ingl. - inf.*), Bookmark (*n.*).
booster a propellente solido (*astronautica*), Feststoffbooster (*m.*).
boot sector (*inf.*), Bootsektor (*m.*).
borato (*chim.*), Borat (*n.*).
bordo della tabella (*gen.*), Tabellenrand (*m.*).
bordo piegato (*gen.*), Faltkante (*f.*).
boruro (*chim.*), Borid (*n.*).
bottiglia di plastica (*ind. chim.*), Plastikflasche (*f.*).
bowling (*sport*), Bowling (*n.*).
braccio robotizzato (*ind. - autom.*), Roboterarm (*m.*).
bracciolo (*aut.*), Armlehne (*f.*).
bracciolo centrale (*aut.*), Mittelarmlehne (*f.*).
bromato (*chim.*), Bromat (*n.*).
bromato di potassio (*chim.*), Kaliumbromat (*n.*).
bromato di sodio (*chim.*), Natriumbromat (*n.*).
bromuro allilico (*chim.*), Allylbromid (*n.*).
bromuro di acetile (*chim.*), Azetylbromid (*n.*).
bromuro di alluminio (*chim.*), Aluminiumbromid (*n.*).
bromuro di ammonio (*chim.*), Ammoniumbromid (*n.*).
bromuro di idrogeno (*chim.*), Bromwasserstoff (*m.*), Hydrogenbromid (*n.*).
bromuro di litio (*chim.*), Lithiumbromid (*n.*).
bromuro di magnesio (*chim.*), Magnesiumbromid (*n.*).
bromuro di potassio (*chim.*), Kaliumbromid (*n.*).
bromuro di sodio (*chim.*), Natriumbromid (*n.*).
bromuro di zinco (*chim.*), Zinkbromid (*n.*).
browser (*inf.*), Browser (*m.*).
browser alfanumerico (*inf.*), alphanumerischer Browser (*m.*).
browser grafico (*inf.*), Graphik-Browser (*m.*).
browser testuale (*inf.*), textueller Browser (*m.*).
browsing (*ingl. - inf.*), Browsing (*n.*).
buco nero (*astr.*), schwarzes Loch (*n.*).
budget di investimento (*finanz.*), Investitionsbudget (*n.*).
bus (*inf.*), Bus (*m.*).
bus locale (*m. - inf.*), lokaler Bus (*m.*).
bus di dati (*inf.*), Datenbus (*m.*).
bus di memoria (*inf.*), Speicherbus (*m.*).
bus di sistema (*inf.*), Systembus (*m.*).
busta con finestra (*uff.*), Fensterbriefhülle (*f.*).
butanolo (*chim.*), Butanol (*n.*).
bypass (*ingl. - med.*), Bypass (*m.*).

C

cabina dell'equipaggio (*nav. - ecc.*), Mannschaftskabine (*f.*).
caccia europeo (*aer.*), europäisches Kampfflugzeug (*n.*).
caccia multiruolo (*aer.*), Mehrzweckkampfflugzeug (*n.*).
CAD (Computer Aided Design, progettazione assistita da calcolatore) (*inf. - dis.*), CAD, rechnerunterstützter Entwurf (*m.*).
caduta del muro di Berlino (9.11.1989) (*politica*), Mauerfall (*m.*).
caduta della rete (*inf.*), Netzausfall (*m.*).
caduta di pressione per attrito nei tubi (*tubaz.*), Rohrreibungsdruckgefälle (*n.*).
CAE (Computer Aided Engineering) (*ingl. - inf. - ind.*), CAE (*n.*).
calcolare proporzionalmente (*mat. - etc.*), anteilig berechnen.
calcolatore centrale (*inf.*), Zentralrechner (*m.*).
calcolatore di bordo (*inf. - aer. - ecc.*), Bordrechner (*m.*).
calcolatore di grande potenza (*inf.*), Hochleistungsrechner (*m.*).
calcolatore esterno (*inf.*), externer Rechner (*m.*).
calcolatore locale (*inf.*), lokaler Rechner (*m.*).
calcolatore multimediale (*inf.*), Multimedia-Rechner (*m.*).
calcolatore parallelo (*inf.*), Parallelrechner (*m.*).
calcolatore universale (*inf.*), Universalrechner (*m.*).
calcolo a elementi finiti (*mat.*), Finite-Element-Berechnung (*f.*).
calcolo del circuito elettrico (*elett.*), Stromkreisberechnung (*f.*).
calcolo della tensione (*elett.*), Spannungsberechnung (*f.*).
calcolo delle coordinate (*mat.*), Koordinatenberechnung (*f.*).
calcolo parallelo (*inf.*), Parallelalrechnung (*f.*).
calcolo tabellare (*mat.*), Tabellenkalkulation (*f.*).
caldaia murale a gas (*cald.*), Gaswandkessel (*m.*).
calibro di collaudo (*attr.*), Abnahmelehre (*f.*).
CAM (Computer Aided Manufacturing, produzione assistita da calcolatore) (*inf. - ind.*), CAM, computerunterstützte Fertigung (*f.*).
cambio a cinque marce (*mecc. - aut.*), Fünf-Gang-Schaltgetriebe (*n.*). **2** (*aut.*), Fünfganggetriebe (*n.*).
cambio a sei marce (*aut.*), Sechsganggetriebe (*n.*).
cambio automatico (*aut.*), Automatikgetriebe (*n.*).
cambio automatico a quattro marce (*aut.*), Vier-Gang-Automatikgetriebe (*n.*).
cambio utensile automatico (*lav. macch ut.*), automatischer Werkzeugwechsel (*m.*).

campagna elettorale presidenziale (*politica*), Präsidentschaftswahlkampf (*m.*).
campagna pubblicitaria (*comm.*), Werbekampagne (*f.*).
campionare (*ind.*), bemustern.
campionato di volo acrobatico (*sport - aer.*), Kunstflugmeisterschaft (*f.*).
campionatura (*ind.*), Bemusterung (*f.*).
campo della memoria (*inf.*), Speicherfeld (*n.*).
campo di attività (*gen.*), Arbeitsbereich (*m.*).
campo di dati (*inf.*), Datenfeld (*n.*).
campo di immissione (*inf.*), Eingabefeld (*m.*).
campo immissione testo (*inf.*), Texteingabefeld (*n.*).
cancerogeno (*med.*), krebserzeugend.
candidato interno (*lav. - ecc.*), interner Kandidat (*m.*).
caos (*gen.*), Chaos (*n.*).
caos quantistico (*fis.*), Quantenchaos (*n.*).
capacità: con capacità grafica (*inf.*), graphikfähig.
capacità del dischetto (*inf.*), Diskettenkapazität (*f.*).
capacità del disco fisso (*inf.*), Festplattenkapazität (*f.*).
capacità della CPU (*inf.*), CPU-Kapazität (*f.*).
capacità della memoria principale (*inf.*), Hauptspeicher-Kapazität (*f.*).
capacità di carico (*aut.*), Zuladekapazität (*f.*).
capacità di comunicazione (*gen.*), Kommunikationskapazität (*f.*).
capacità di elaborazione (*inf.*), Verarbeitungskapazität (*f.*).
capacità di registrazione (*strum.*), Aufzeichnungskapazität (*f.*).
capitale investito (*finanz.*), Anlagevermögen (*n.*).
capitale sottoscritto (*finanz.*), gezeichnetes Kapital (*n.*).
capitalizzabile (*finanz.*), kapitalisierbar.
capitalizzato (*finanz.*), kapitalisiert.
capsula di rientro (nell'atmosfera terrestre) (*astronautica*), Wiedereintrittskapsel (*f.*).
carattere alfanumerico (*inf.*), alphanumerisches Zeichen (*n.*).
carattere cirillico (*uff.*), kyrillisches Zeichen (*n.*).
carattere di fine riga (*inf.*), Zeilenendezeichen (*n.*).
carattere di scrittura (*inf.*), Schriftzeichen (*n.*).
carattere di testo (*inf.*), Textzeichen (*n.*).
carattere jolly (*inf.*), Wildkard-Zeichen (*n.*).
carattere latino (*uff.*), lateinisches Zeichen (*n.*).
carattere speciale (*inf.*), Sonderzeichen (*n.*).
caratteri al secondo (*inf.*), Zeichen pro Sekunde (*n. - pl.*).
caratteristica costruttiva (*leg.*), bauliches Merkmal (*n.*).

caratteristica principale (*gen.*), Hauptmerkmal (*n.*).
caratteristiche dell'oggetto (*inf.*), Objekteigenschaften (*f. - pl.*).
caratteristiche di isolamento termico (*fis.*), Wärmedämmeeigenschaften (*f. - pl.*).
caratteristiche fisico-chimiche (*fis. - chim.*), physikalisch-chemische Eigenschaften (*f. - pl.*).
caratteristiche superplastiche (*metall. - ecc.*), superplastische Eigenschaften (*f. - pl.*).
carbonato d'argento (*chim.*), Silberkarbonat (*n.*).
carbonato di ammonio (*chim.*), Ammoniumkarbonat (*n.*).
carbonato di bario (*chim.*), Bariumkarbonat (*n.*).
carbonato di litio (*chim.*), Lithiumkarbonat (*n.*).
carbonato di magnesio (*chim.*), Magnesiumkarbonat (*n.*).
carbonato di nichel (*chim.*), Nickelkarbonat (*n.*).
carbonato di potassio (*chim.*), Kaliumkarbonat (*n.*).
carbonato di rame (*chim.*), Kupferkarbonat (*n.*).
carbonato di sodio (*chim.*), Natriumkarbonat (*n.*).
carbonilazione (*chim.*), Carbonylierung (*f.*).
carbossilazione (*chim.*), Carboxylierung (*f.*).
carburo di alluminio (*chim.*), Aluminiumkarbid (*n.*).
carcinoma della cervice (*med.*), Zervixkarzinom (*n.*).
cardiochirurgico (*med.*), kardiochirurgisch.
cardiologico (*med.*), kardiologisch.
cardiomiopatia (*med.*), Kardiomyopathie (*f.*).
cardiopolmonare (*med.*), kardiopulmonal.
caricamento della batteria (*elett.*), Batterieladung (*f.*).
caricare da dischetto (*inf.*), von Diskette laden.
caricare un file (*inf.*), eine Datei laden.
caricare un programma (*inf.*), ein Programm laden.
caricare un software (*inf.*), eine Software laden.
carico termico (di un apparecchio a gas p. es.) (*riscald.*), Wärmebelastung (*f.*).
carico torsionale (*mecc.*), Torsionsbelastung (*f.*).
carotene (*chim.*), Carotin (*n.*).
carrello (di atterraggio) anteriore (*aer.*), Bugfahrwerk (*n.*).
carrello (di atterraggio) retrattile (*aer.*), einziehbares Fahrwerk (*n.*).
carrello estratto (*aer.*), ausgefahrenes Fahrwerk (*n.*).
carta autoricalcante (*ind. graf.*), selbstdurchschreibendes Papier (*n.*).
carta di amianto (*mft. carta*), Asbestpapier (*n.*).
carta di credito: pagare con una carta di credito (*contabilità*), mit einer Kreditkarte bezahlen. 2 pagare con carta di credito in Internet (*contab. - inf.*), mit Kreditkarte im Internet bezahlen. 3 pagamento mediante carta di credito (*comm. - amm.*), Bezahlung per Kreditkarte (*f.*). 4 accettazione di carte di credito (*contab.*), Akzeptanz von Kreditkarten (*n.*).
carta ecologica (*ecol. - ind. carta*), Umweltschutzpapier (*n.*).
carta magnetica (*inf. - ecc.*), Magnetkarte (*f.*).
carta normale (*inf.*), Normalpapier (*n.*).
carta per fax (*telem.*), Faxpapier (*n.*).
carta per stampante (*inf.*), Druckerpapier (*n.*).
carta sostitutiva (*finanz.*), Ersatzkarte (*f.*).
cartellino (*gen.*), Beschriftungsschild (*n.*).
casa a schiera (*ed.*), Reihenhaus (*n.*).
casa alimentata a energia solare (*ed.*), Solarhaus (*n.*).
casa plurifamiliare (*ed.*), Mehrfamilienhaus (*n.*).
cassetta di pulizia (*chim.*), Reinigungskassette (*f.*).
cassetto portaoggetti (*aut.*), Handschuhfach (*n.*).
cataclastico (*min.*), kataklastisch.
catalitico: a effetto catalitico (*ind. chim.*), katalytisch wirkend.
catalizzatore a tre vie (*chim. - aut.*), Dreiweg-Katalysator (*m.*).
catalizzatore ossidante (*chim.*), Oxydationskatalysator (*m.*).
catalogo della collezione (*tip.*), Sammlungskatalog (*m.*).
catalogo online (*inf.*), Onlinekatalog (*m.*).
catalogo su CD-ROM (*inf.*), CD-ROM-Katalog (*m.*).
catalogo virtuale (*inf.*), virtueller Katalog (*m.*).
categoriale (*gen.*), kategorial.
cavallo di Troia (*inf.*), trojanisches Pferd (*n.*).
cavità dello stampo (*fond.*), Formhohlraum (*m.*).
cavo a fibre ottiche (*elettronica*), Lichtwellenleiter (*m.*).
cavo d'antenna (*radio - telev.*), Antennenkabel (*n.*).
cavo del joystick (*inf.*), Joystick-Kabel (*n.*).
cavo del modem (*inf.*), Modemkabel (*n.*).
cavo del monitor (*inf.*), Monitorkabel (*n.*).
cavo del mouse (*inf.*), Mauskabel (*n.*).
cavo della stampante (*inf.*), Druckerkabel (*n.*).
cavo della tastiera (*inf.*), Tastaturkabel (*n.*).
cavo dello scanner (*inf.*), Scanner-Kabel (*n.*).
cavo di alimentazione (*elett.*), Stromversorgungskabel (*n.*).
cavo di interfaccia (*inf.*), Interfacekabel (*n.*), Schnittstellenkabel (*n.*).
cavo in fibre di vetro (*tecnol.*), Glasfaserkabel (*n.*).
cavo parallelo (*elett.*), paralleles Kabel (*n.*).
cavo seriale (*elett.*), serielles Kabel (*n.*).
CD (compact disc) (*inf.*), CD (*f.*).
CD audio (*elettroacus.*), Audio-CD (*f.*).
CD ROM (*inf.*), CD-ROM (*f.*).
CD video (*inf.*), Video-CD (*f.*).
cella di fabbricazione (*ind.*), Fertigungszelle (*f.*).
cella di memoria (*inf.*), Speicherzelle (*f.*).
cella robotizzata (*ind. - autom.*), Roboterzelle (*f.*).
cellula abitacolo (*aut.*), Fahrgastzelle (*f.*).
cellula del velivolo (*aer.*), Flugzeugzelle (*f.*).

cellula embrionale (*biol.*), embryonale Zelle (*f.*).
cellula uovo (*biol.*), Eizelle (*f.*).
cementabile (*tratt. term.*), zementierbar.
cementato (*tratt. term.*), zementiert.
cento: al cento percento (*mat.*), hundertprozentig. 2 collaudato al cento percento (*tecnol.*), hundertprozentig geprüft.
centrale elettrica a energia solare (*elett.*), Sonnenkraftwerk (*n.*).
centralistico (*gen.*), zentralistisch.
centro assistenza tecnica (*gen.*), Service-Annahmestelle (*f.*).
centro dati (*inf.*), Datenzentrum (*n.*).
centro del linguaggio (*med.*), Sprachzentrum (*n.*).
centro di controllo (*radar*), Kontrollzentrum (*n.*).
centro di lavorazione CNC (*macch. ut.*), CNC-Bearbeitungszentrum (*n.*).
centro di potere (*gen.*), Machtzentrum (*n.*).
centro di ricerca (*ind. - ecc.*), Forschungszentrum (*n.*).
centro di sviluppo (*gen.*), Entwicklungszentrum (*n.*).
centro di tornitura (*macch. ut.*), Drehzentrum (*n.*).
centro di tornitura CN (*macch. ut.*), NC-Drehzentrum (*n.*).
centro di tornitura CNC (*macch. ut.*), CNC-Drehzentrum (*n.*).
centro di Wernicke (*med.*), Wernicke-Zentrum (*n.*).
centro finanziario (*finanz.*), Finanzzentrum (*n.*).
centro prove (*ind.*), Testzentrum (*n.*).
centro riparazioni (*inf. - ecc.*), Reparaturzentrum (*n.*).
cerchione in lega leggera (*aut.*), Leichtmetallfelge (*f.*).
cerebrovascolare (*med.*), zerebrovaskulär.
CERN (Centre Européen de Recherches Nucléaires, Centro Europeo per le Ricerche Nucleari). (*fis. nucl.*), CERN, Europäisches Kernforschungszentrum (*n.*).
certificabile (*gen.*), zertifizierbar.
certificare (*gen.*), zertifizieren.
certificato (*a. - gen.*), zertifiziert.
certificato ISO 9000 (*a. - ind. - ecc.*), ISO 9000 zertifiziert.
certificazione della qualità (*gen.*), Qualitätszertifizierung (*f.*).
certificazione ISO 9000 (*ind. - ecc.*), ISO 9000 Zertifizierung (*f.*).
cesto (di una lavastoviglie) (*app. elett.*), Geschirrkorb (*m.*).
CFC (clorofluoroidrocarburo) (*chim.*), FCKW, Fluorchlorkohlenwasserstoff (*m.*). 2 senza CFC (*chim.*), FCKW-frei.
check in: fare il check in (*aer.*), einchecken.
check list (*ingl. - comm. - ecc.*), Checkliste (*f.*).
chemioterapico (*med.*), chemotherapeutisch.
chiave di accensione (*aut.*), Einschaltschlüssel (*m.*).
chiave di rilascio (per la rimozione di un'apparecchiatura) (*att. - mecc.*), Freigabeschlüssel (*m.*).
chilocaloria (*unità di mis.*), Kilokalorie (*f.*).

chimica agraria (*agric. - chim.*), Agrarchemie (*f.*).
chimica ambientale (*chim.*), Umweltchemie (*f.*).
chimica bioorganica (*chim.*), bioorganische Chemie (*f.*).
chimica dei polimeri (*chim.*), Polymerchemie (*f.*).
chimica quantistica (*chim.*), Quantenchemie (*f.*).
chip del microprocessore (*inf.*), Mikroprozessor-Chip (*m.*).
chip della memoria (*inf.*), Speicher-Chip (*m.*).
chip grafico (*inf.*), Graphik-Chip (*m.*).
chirurgia cardiovascolare (*chim.*), Kardiovaskularchirurgie (*f.*).
chiudibile (*gen.*), absperrbar.
chiuso ermeticamente (*gen.*), dicht verschlossen.
chiusura centralizzata (*aut.*), Türzentralverriegelung (*f.*), Zentralverriegelung (*f.*).
chiusura dello stabilimento per il periodo natalizio (*ind.*), Werksferien Jahreswechsel (*f. - pl.*).
chiusura redazionale (*tip.*), Redaktionsschluss (*m.*).
cianato (*chim.*), Cyanat (*n.*).
cianato di potassio (*chim.*), Kaliumcyanat (*n.*).
cianato di sodio (*chim.*), Natriumcyanat (*n.*).
cianuro di litio (*chim.*), Lithiumcyanid (*n.*).
cianuro di potassio (*chim.*), Kaliumcyanid (*n.*).
cianuro di sodio (*chim.*), Natriumcyanid (*n.*).
ciberspazio (*inf.*), Cyberraum (*m.*).
ciclo di funzionamento (*macch.*), Funktionsablauf (*m.*).
ciclo di simulazione (*inf.*), Simulationszyklus (*m.*).
ciclo di sollecitazioni (*sc. costr. - ecc.*), Beanspruchungszyklus (*m.*).
ciclo di vita del prodotto (*ind.*), Produktlebenszyklus (*m.*).
ciclogenesi (*geofis.*), Zyklogenese (*f.*).
cifra decimale (*inf. - mat.*), Dezimalziffer (*f.*).
CIM (Computer Integrated Manufacturing) (*ingl. - inf. - ind.*), CIM (*n.*).
cinematica delle galassie (*astr.*), Galaxie-Kinematik (*f.*).
cinematica stellare (*fis.*), stellare Kinematik (*f.*).
circolatore (*macch.*), Umwälzpumpe (*f.*).
circolazione: messa in circolazione (*gen.*), Inverkehrbringen (*n.*).
circuito di alimentazione (*idr. - ecc.*), Versorgungskreis (*m.*).
circuito di carico (*elett.*), Belastungskreis (*m.*).
circuito di eccitazione (*elett.*), Erregerkreis (*m.*).
circuito digitale (*elett.*), digitale Schaltung (*f.*).
circuito sintonizzato (*radio*), Abstimmkreis (*m.*).
circumstellare (*astr.*), zirkumstellar.
cirillico (*gen.*), kyrillisch.
citologico (*med.*), zytologisch.
citoplasma (*biol.*), Zytoplasma (*n.*).
citoplasmatico (*biol.*), zytoplasmatisch.
citosoma (*biol.*), Zytosom (*n.*).
citrato (*chim.*), Citrat (*n.*).
citrato di sodio (*chim.*), Natriumcitrat (*n.*).

città dormitorio (*geogr.*), Schlafstadt (*f.*).
città industriale (*geogr.*), Industriestadt (*f.*).
città mineraria (*geogr.*), Bergbaustadt (*f.*).
city car (*ingl. - aut.*), City Car (*n.*).
classificato in ordine alfabetico (*gen.*), alphabetisch sortiert.
clausola arbitrale (*leg.*), Arbitrageklausel (*f.*).
clean room (*ind.*), Cleanroom (*m*).
clessidra: a forma di clessidra (*gen.*), sanduhrförmig.
clic (*inf.*), Klick (*m.*).
clic del mouse (*inf.*), Mausklick (*m.*).
cliccabile (*inf.*), klickbar.
cliccare (*inf.*), anklicken, klicken.
cliccare due volte (*inf.*), doppelklicken.
client di rete (*inf.*), Netzclient (*m.*).
client web (*ingl. - inf.*), Web-Client (*m.*).
clima lavorativo (*gen.*), Arbeitsklima (*n.*).
climatizzabile (*aut.*), klimatisierbar.
climatizzatore (*aut.*), Klimaanlage (*f.*).
clinozoisite (*min.*), Klinozoisit (*n.*).
clonare (*biol.*), klonen.
clonazione (*biol.*), Klonen (*n.*), Kloning (*n.*).
clonazione umana (*biol.*), Menschen-Kloning (*n.*).
clorato di bario (*chim.*), Bariumchlorat (*n.*).
clorato di sodio (*chim.*), Natriumchlorat (*n.*).
cloroacetato di sodio (*chim.*), Natriumchloroacetat (*n.*).
cloroacetone (*chim.*), Chloraceton (*n.*).
cloroacetonitrile (*chim.*), Chloracetonitril (*n.*).
cloruro allilico (*chim.*), Allylchlorid (*n.*).
cloruro d'argento (*chim.*), Silberchlorid (*n.*).
cloruro d'oro (*chim.*), Goldchlorid (*n.*).
cloruro di acetile (*chim.*), Azetylchlorid (*n.*).
cloruro di alluminio (*chim.*), Aluminiumchlorid (*n.*).
cloruro di ammonio (*chim.*), Ammoniumchlorid (*n.*).
cloruro di bario (*chim.*), Bariumchlorid (*n.*).
cloruro di benzoile (*chim.*), Benzoylchlorid (*n.*).
cloruro di berillio (*chim.*), Berylliumchlorid (*n.*).
cloruro di bismuto (*chim.*), Wismutchlorid (*n.*).
cloruro di cadmio (*chim.*), Kadmiumchlorid (*n.*).
cloruro di carbonile (*chim.*), Karbonylchlorid (*n.*).
cloruro di cobalto (*chim.*), Kobaltchlorid (*n.*).
cloruro di litio (*chim.*), Lithiumchlorid (*n.*).
cloruro di magnesio (*chim.*), Magnesiumchlorid (*n.*).
cloruro di piombo (*chim.*), Bleichlorid (*n.*).
cloruro di potassio (*chim.*), Kaliumchlorid (*n.*).
cloruro di rame (*chim.*), Kupferchlorid (*n.*).
cloruro di stronzio (*chim.*), Strontiumchlorid (*n.*).
cloruro di zinco (*chim.*), Zinkchlorid (*n.*).
cluster (*ingl. - inf.*), Cluster (*m.*).
CNC (Computerised Numerical Control, controllo numerico computerizzato) (*ingl. - lav. macch. ut. - inf.*), CNC (*n.*), rechnerunterstützte numerische Steuerung (*f.*).
codice a barre (*inf.*), Barcode (*m.*).
codice alfanumerico (*inf. - ecc.*), alphanumerischer Code (*m.*).
codice ASCII (*inf.*), ASCII-Code (*m.*).
codice del produttore (*ind.*), Herstellercode (*m.*).
codice esadecimale (*inf.*), Hexadezimalcode (*m.*).
codice numerico (*inf.*), Zahlencode (*m.*).
codice segreto (*inf.*), Geheimcode (*m.*).
codice sorgente (*inf.*), Quellcode (*m.*).
codice triletterale (*gen.*), Drei Letter Code (*m.*).
codice vettoriale (*inf.*), Vektorcode (*m.*).
codificabile (*gen.*), codierbar.
codificazione dell'immagine (*inf.*), Bildkodierung (*f.*).
coefficiente binomiale (*mat.*), Binomialkoeffizient (*m.*).
coefficiente di conversione (*tecnol.*), Umrechnungskoeffizient (*m.*).
coefficiente di Einstein (*fis. atom.*), Einstein-Koeffizient (*m.*).
coefficiente di perdita (*tubaz.*), Verlustbeiwert (*m.*).
coefficiente di resistenza (*elett.*), Widerstandsbeiwert (*m.*).
coefficiente di sicurezza (*gen.*), Sicherheitsbeiwert (*m.*).
coenzima (*biochim. - biol.*), Coenzym (*n.*), Koenzym (*n.*).
coerenza dei dati (*inf.*), Datenkohärenz (*f.*).
coerenza quantistica (*fis.*), Quantenkohärenz (*f.*).
cofinanziamento (*finanz.*), Mitfinanzierung (*f.*).
cofinanziare (*finanz.*), mitfinanzieren.
cofinanziato (*finanz.*), mitfinanziert.
cofondare (*gen.*), mitbegründen.
cofondatore (*gen.*), Mitbegründer (*m.*).
cofondazione (*gen.*), Mitbegründung (*f.*).
coinventore (*leg.*), Miterfinder (*m.*).
colemanite (*min.*), Colemanit (*m.*).
colera (*med.*), Cholera (*f.*).
collaudo di funzionamento (*tecnol. mecc.*), Funktionsabnahme (*f.*).
collegabile (*elett.*), anschliessbar.
collegamento a Internet (*inf.*), Internet-Anschluss (*m.*).
collegamento del monitor (*inf.*), Monitoranschluss (*m.*).
collegamento del terminale (*inf.*), Terminalanschluss (*m.*).
collegamento ferroviario (*ferr.*), Bahnverbindung (*f.*).
collegamento in rete (*inf.*), Vernetzung (*f.*).
collegamento modem (*inf.*), Modemanschluss (*m.*).
collegamento non stop (*aer.*), Nonstop-Verbindung (*f.*).
collegato in rete (*inf.*), vernetzt.
collettore dei gas combusti (*comb.*), Abgassammelrohr (*n.*).
collisione frontale (*aut. - ecc.*), Frontalkollision (*f.*).
collocamento: iscriversi all'ufficio di collocamento nelle liste di disoccupazione (*lav.*), sich beim Arbeitsamt arbeitslos melden.
colonna della tabella (*gen.*), Tabellenspalte (*f.*).
colonna di camion (*aut.*), Lkw-Kolonne (*f.*).
colorabilità (*gen.*), Färbbarkeit (*f.*).

colore dei caratteri (*inf.*), Zeichenfarbe (*f.*).
colore del testo (*inf.*), Textfarbe (*f.*).
colore di sfondo (*inf.*), Hintergrundfarbe (*f.*).
coltura batterica (*biol.*), Bakterienkultur (*f.*).
comandato con il mouse (*inf.*), mausgesteuert.
comandato da CNC (*macch. ut.*), CNC gesteuert.
comandato da computer (*inf.*), computergesteuert.
comandato da microprocessore (*inf.*), mikroprozessorgestevert.
comandato da termostato (*gen.*), thermostatgesteuert.
comando a due mani (*macch.*), Zweihandbedienung (*f.*).
comando a una mano (*macch.*), Einhand-Bedienung (*f.*).
comando da menu (*inf.*), menügeführte Bedienung (*f.*).
comando di inizializzazione (*inf.*), Initialisierungsbefehl (*m.*).
comando di reset (*elett.*), Resetkommando (*n.*).
comando di stampa (*inf.*), Druckbefehl (*m.*), Druckkommando (*n.*).
comando errato (*inf. - inf.*), Falschkommando (*n.*).
comando manuale (*inf.*), Handsteuerung (*f.*).
comando sequenziale (*inf.*), Ablaufsteuerung (*f.*).
combinazione di caratteri (*inf.*), Zeichenkombination (*f.*).
combustibilità (*gen.*), Brennbarkeit (*f.*).
comfort di guida (*aut. - ecc.*), Fahrkomfort (*m.*).
comitato delle Regioni (UE) (*amm.*), Ausschuss der Regionen (*m.*).
comitato di standardizzazione (*tecnol.*), Standardisierungsgremium (*n.*).
comitato economico e sociale (UE) (*amm.*), Wirtschafts- und Sozialausschuss (*m.*).
comitato sportivo (*sport*), Sportausschuss (*m.*).
commercializzabile (*comm.*), kommerzialisierbar.
commercializzazione (*comm.*), Kommerzialisierung (*f.*).
commissario (*gen.*), Kommissionmitglied (*n.*).
Commissione Europea (*politica*), Europäische Kommission (*f.*).
committente (*comm.*), Arbeitgeber (*m.*). **2 a cura del, da parte del committente** (*avv. - comm.*) bauseitig.
commuter (*ingl. - aer.*), Commuter (*m.*).
compact disc (*inf.*), Compact Disc (*f.*).
compagnia di voli charter (*aer.*), Charterfluggesellschaft (*f.*).
comparabilità (*gen.*), Vergleichbarkeit (*f.*).
comparente (*leg.*), Erschienener (*m.*).
comparto batterie (*elett.*), Batteriefach (*n.*).
compatibilità del software (*inf.*), Softwarekompatibilität (*f.*).
compensazione del gioco della valvola (*mot.*), Ventilspielausgleich (*m.*).
compilabile (*inf.*), kompilierbar.
compilare (*inf.*), kompilieren.
compilatore (*gen.*), Sachbearbeiter (*m.*). **2** (*inf.*), Compiler (*m.*).

completamente automatico (*gen.*), vollautomatisch.
componente (*gen.*), Baustein (*m.*).
componente elettronico (*gen.*), elektronischer Baustein (*m.*).
componente principale (*chim. - ecc.*), Hauptbestandteil (*m.*).
componente standard (*mecc. - ecc.*), Standardkomponente (*f.*).
componente tangenziale (*mecc.*), Tangentialkomponente (*f.*).
comportamento superplastico (*metall. - ecc.*), superplastisches Verhalten (*n.*).
composto (*s. - chim.*), Verbund (*m.*).
composto da due parti (*gen.*), zweiteilig.
composto di selenio (*s. - chim.*), Selenverbindung (*f.*).
compressibile (*fis.*), kompressibel.
compressibilità (*fis.*), Kompressibilität (*f.*).
compressione dell'immagine (*inf.*), Bildkompression (*f.*).
compressione di dati (*inf.*), Datenkompression (*f.*).
compressione di file (*inf.*), Dateikompression (*f.*).
computer art (*ingl. - inf.*), Computerkunst (*f.*).
computer client (*inf.*), Client-Computer (*m.*).
computer grafico (*inf.*), Graphikcomputer (*m.*).
computer multimediale (*inf.*), Multimedia-Computer (*m.*).
computer oriented (*ingl. - inf.*), computerorientiert.
computer per la navigazione (*navig. - inf.*), Navigationscomputer (*m.*).
computer periferico (*inf.*), Peripherie-Computer (*m.*).
computer portatile (*inf.*), tragbarer Computer (*m.*).
computer server (*inf.*), Server-Computer (*m.*).
computer tascabile (*inf.*), Taschencomputer (*m.*).
computer usato (*inf.*), Gebrauchtcomputer (*m.*).
computergrafica (*inf.*), Computergraphik (*f.*).
computergrafico (*pers.*), Computergraphiker (*m.*).
computerizzabile (*inf.*), computerisierbar.
computerizzare (*inf.*), computerisieren.
computerizzato (*inf.*), computerisiert.
computerizzazione (*inf.*), Computerisierung (*f.*).
computing (*ingl. - inf.*), Computing (*n.*).
comunicare online (*inf.*), online kommunizieren.
comunicazione bidirezionale (*inf.*), bidirektionale Kommunikation. (*f.*).
comunicazione di dati (*inf.*), Datenkommunikation (*f.*).
comunicazione di massa (*gen.*), Massenkommunikation (*f.*).
comunicazione digitale (*inf.*), digitale Kommunikation (*f.*).
comunicazione in tempo reale (*inf.*), Realzeitkommunikation (*f.*).
comunicazione multimediale (*inf. - ecc.*), Multimedia-Kommunikation (*f.*).
comunicazione non verbale (*psicol.*), nonverbale Kommunikation (*f.*).

comunicazione parallela (*inf.*), parallelle Kommunikation (*f.*).
comunicazione seriale (*inf.*), serielle Kommunikation (*f.*).
comunicazione uomo-computer (*inf.*), Mensch-Computer-Kommunikation (*f.*).
comunicazione uomo-macchina (*inf.*), Mensch-Maschine-Kommunikation (*f.*).
comunicazione virtuale (*inf.*), virtuelle Kommunikation (*f.*).
comunità Internet (*inf.*), Internetgemeinde (*f.*).
comunità web (*inf.*), Web-Gemeinde (*f.*).
concedibile (*gen.*), gewährbar.
concentrazione di ozono (*chim.*), Ozonkonzentration (*f.*).
concessionaria di automobili (*aut. - comm.*), Autohaus (*n.*).
concessione di brevetto (*leg.*), Patenterteilung (*f.*).
concetto base (*gen.*), Grund-Konzept (*n.*).
concorrenza di prezzo (*comm.*), Preiswettbewerb (*m.*).
concorso fotografico (*fot.*), Fotowettbewerb (*m.*).
condensato (*gen.*), kondensiert.
condensatore di sintonia (*elett. - radio*), Abstimmkondensator (*m.*).
condizione d'impiego (*gen.*), Einsatzbedingung (*f.*).
condizione di punibilità (*leg.*), Strafbarkeitsbedingung (*f.*).
condizioni di carico (*gen.*), Ladebedingungen (*f. - pl.*).
condizioni di concorrenza (*comm.*), Wettbewerbsbedingungen (*f. - pl.*).
condizioni di produzione (*tecnol.*), Fertigungsbedingungen (*f. - pl.*).
condizioni di stabilità (*gen.*), Stabilitätsbedingungen (*f. - pl.*).
condizioni di taglio (*lav. macch. ut.*), Schnittbedingungen (*f. - pl.*).
confermare per iscritto (*gen.*), schriftlich bestätigen.
confezionamento di cavi (*elett.*), Kabelkonfektionierung (*f.*).
configurabile (*gen.*), konfigurierbar.
configurare (*gen.*), konfigurieren. **2 configurare in modo variabile un parametro** (*tecnol. mecc. - ecc.*), einen Parameter variabel gestalten.
configurazione del computer (*inf.*), Rechnerkonfiguration (*f.*).
configurazione dell'hardware (*inf.*), Hardware-Konfiguration (*f.*).
configurazione della tastiera (*inf.*), Tastaturkonfiguration (*f.*).
configurazione di bit (*inf.*), Bitmuster (*n.*).
configurazione IP (*inf.*), IP-Konfiguration (*f.*).
configurazione software (*inf.*), Software-Konfiguration (*f.*).
configurazione standard (*inf.*), Standardkonfiguration (*f.*).
conforme alla norma (*gen.*), normgerecht.
conformità: in conformità alla rivendicazione 1 (brevetti) (*leg.*), in Übereinstimmung mit dem Anspruch 1.
congiuntivale (*med.*), konjunktival.
congiunturale (*gen.*), konjunkturell.

cono di centraggio (*macch.*), Zentrierkegel (*m.*).
consenso all'avviamento (*elett. - mecc.*), Start-Freigabe (*f.*).
consenso: dichiarare il (proprio) consenso (*gen.*), die Zustimmung erklären.
consigliere (*gen.*), Ratsmitglied (*m.*).
Consiglio europeo (*politica*), Europäische Rat (*m.*).
console di work station (*inf.*), Workstation-Konsole (*f.*).
consorzio di aziende (*comm.*), Firmenkonsortium (*n.*).
consulente ambientale (*ecol.*), Umweltberater (*m.*).
consulente immobiliare (*finanz.*), Immobilienberater (*m.*).
consulente informatico (*inf.*), Informatikberater (*m.*).
consulenza ambientale (*ecol.*), Umweltberatung (*f.*).
consulenza aziendale (*ind. - comm.*), Unternehmensberatung (*f.*).
consulenza familiare (*gen.*), Familienberatung (*f.*).
consulenza immobiliare (*finanz.*), Immobilienberatung (*f.*).
consulenza informatica (*inf.*), Informatikberatung (*f.*).
consulenza scolastica (*scuola*), Schulberatung (*f.*).
consulenza tecnologica (*tecnol.*), Technologieberatung (*f.*).
consumo (litri al chilometro) (*aut.*), Verbrauchswert (*m.*).
consumo di benzina (*mot. - aut.*), Benzinverbrauch (*m.*).
consumo di sigarette (*ind.*), Zigarettenkonsum (*m.*).
consumo privato (*gen.*), privater Verbrauch (*m.*).
contatto: entrare in contatto (*gen.*), in Kontakt treten. **2 mettersi in contatto** (*comm.*), sich in Verbindung setzen.
contenitore di supporto (*gen.*), Trägergehäuse (*n.*).
contenitore per scorie radioattive (*fis. atom. - app.*), Atommüllbehälter (*m.*).
contenuto del programma (*gen.*), Programminhalt (*m.*).
contenuto della memoria (*inf.*), Speicherinhalt (*m.*).
contenuto di fibre (*tess. - metall. - ecc.*), Fasergehalt (*m.*).
contenuto di ozono (*chim.*), Ozongehalt (*m.*).
contestuale (*gen.*), kontextuell.
continentale (*geogr.*), kontinental.
contraente (*s. - comm.*), Arbeitnehmer (*m.*).
contrapposto (*gen.*), gegenüberliegend.
contratto con diritto di opzione (*comm.*), Optionsvertrag (*m.*).
contratto di licenza (*comm.*), Lizenzvertrag (*m.*).
contratto di sponsorizzazione (*comm.*), Sponsorenvertrag (*m.*).
contratto di subfornitura (*comm.*), Unterlieferungsvertrag (*m.*).
controllo del flusso (*inf.*), Flusskontrolle (*f.*).

controllo del programma (*inf.*), Programmkontrolle (*f.*).
controllo dell'accesso (*inf.*), Zugriffskontrolle (*f.*).
controllo dell'esecutivo (*politica*), Kontrolle der Exekutive (*f.*).
controllo dell'informazione (*gen.*), Informationskontrolle (*f.*).
controllo delle emissioni (*mot.*), Emissionskontrolle (*f.*).
controllo di robot (*ind. - autom.*), Robotersteuerung (*f.*).
controllo digitale (*inf.*), Digitalsteuerung (*f.*).
controllo doganale (*comm. - finanz.*), Zollkontrolle (*f.*).
controllo finanziario (*finanz.*), Finanzkontrolle (*f.*).
controllo numerico CNC (*macch. ut.*), CNC-Steuerung (*f.*).
controllo perdite (*idr.*), Dichtheitsprüfung (*f.*).
controllo prevolo (*aer.*), Vorflugkontrolle (*f.*).
controllore (*inf.*), Controller (*m.*).
controllore grafico (*inf.*), Graphik-Controller (*m.*).
controllore programmabile (*macch. - ecc.*), speicherprogrammierbare Steuerung (*f.*).
controproducente (*gen.*), kontraproduktiv.
conveniente: in modo conveniente (*gen.*), zweckmässigerweise.
convenzione del metro (*unità di mis.*), Meterkonvention (*f.*).
conversione di dati (*inf.*), Datenkonvertierung (*f.*).
conversione grafica (*inf.*), Graphikkonvertierung (*f.*).
convettivo (*fis.*), konvektiv.
cooperazione multilaterale (*gen.*), multilaterale Kooperation (*f.*).
cooperazione orientata al processo (*organ. del lav.*), prozessorientierte Zusammenarbeit (*f.*).
coordinate assolute (*mat.*), absolute Koordinaten (*f. - pl.*).
coordinate del cursore (*inf.*), Cursorkoordinaten (*f. - pl.*).
coordinate relative (*mat.*), relative Koordinaten (*f. - pl.*).
copia di sicurezza (*inf.*), Sicherungskopie (*f.*).
copiare su dischetto (*inf.*), auf Diskette kopieren.
copolimerizzato (*chim.*), Copolymerisat (*n.*).
copolimerizzazione (*chim.*), Copolymerisation (*f.*).
copolimero (*chim.*), Copolymer (*n.*).
coppia di altoparlanti (*elettroacus.*), Lautsprecherpaar (*n.*).
coppia di coordinate (*mat.*), Koordinatenpaar (*n.*).
coppia di elettroni (*fis. atom.*), Elektronenpaar (*n.*).
coppia di transistor (*elettronica*), Transistorpaar (*n.*).
copricerchioni (*aut.*), Felgenkappen (*f. - pl.*).
coprocessore (*inf.*), Coprozessor (*m.*).
coprocessore matematico (*inf.*), mathematischer Coprozessor (*m.*).
coprocessore numerico (*inf.*), numerischer Coprozessor (*m.*).
corda alare (*aer.*), Flügelsehne (*f.*).

cordone circonferenziale (*tecnol. mecc.*), Rundnaht (*f.*).
cordone di saldatura dei film (*ind. mat. plast.*), Folienschweissnaht (*f.*).
corrente ad alta frequenza (*elett.*), Hochfrequenzstrom (*m.*).
corrente alimentata (*elett.*), eingespeister Strom (*m.*).
corrente capacitiva (*elett.*), kapazitiver Strom (*m.*).
corrente costante (*elett.*), konstanter Strom (*m.*).
corrente d'antenna (*radio*), Antennenstrom (*m.*).
corrente di assorbimento (*elett.*), Absorptionsstrom (*m.*).
corrente di azionamento (*elett.*), Betätigungsstrom (*m.*).
corrente di compensazione (*elett.*), Ausgleichsstrom (*m.*).
corrente di riferimento (*elett.*), Bezugsstrom (*m.*).
corrente indotta (*elett.*), induzierter Strom (*m.*).
correzione degli errori (*inf.*), Fehlerkorrektur (*f.*).
correzione del raggio (*lav. macch. ut.*), Radiuskorrektur (*f.*).
correzione dell'orbita (*astr.*), Orbitkorrektur (*f.*).
corrosione esterna (*chim. - metall.*), Aussenkorrosion (*f.*).
corrosione: soggetto a rischio di corrosione (*chim. - metall. - ecc.*), korrosiongefährdet.
corso di computer (*inf.*), Computerkurs (*m.*).
corso di lingue estivo (*scuola - pers.*), Sommersprachkurs (*m.*).
corso per principianti (*aer. - gen.*), Anfängerkurs (*m.*).
corte: la Corte dei Conti europea (*finanz. - amm.*), der Europäische Rechnungshof (*m.*).
costante atomica (*fis.*), Atomkonstante (*f.*).
costante di Boltzmann (*fis.*), Boltzmannsche Konstante (*f.*).
costante di Faraday (*elettrochim.*), Faradaysche Konstante (*f.*).
costi del trasferimento di dati (*inf. - comm.*), Datenübertragungskosten (*f. - pl.*).
costi di conversione (*gen.*), Umrüstkosten (*f. - pl.*).
costi di magazzino (*ind.*), Lagerkosten (*f. - pl.*).
costi di modernizzazione (*gen.*), Modernisierungskosten (*f. - pl.*).
costi di riscaldamento (*comb. - comm.*), Heizkosten (*f. - pl.*).
costi di transazione (*finanz.*), Transaktionskosten (*f. - pl.*).
coupé sportivo (*aut.*), Sportcoupé (*n.*).
creazione di file (*inf.*), Dateierstellung (*f.*).
creazione di homepage (*inf.*), Homepageerstellung (*f.*).
credito: concedere un credito (*contabilità*), einen Kredit einräumen.
credito agrario (*agric. - finanz.*), Agrarkredit (*m.*).
crescita economica (*finanz.*), Wirtschaftswachstum (*n.*).
criobiologia (*biol.*), Kryobiologie (*f.*).

criobiologico (*biol.*), kryobiologisch.
criochirurgia (*med.*), Kryochirurgie (*f.*).
criochirurgico (*med.*), kryochirurgisch.
criogenia (*fis.*), Kryogenie (*f.*).
criogenico (*fis.*), kryogenisch.
crioscopia (*fis.*), Kryoskopie (*f.*).
crioscopico (*fis.*), kryoskopisch.
crioterapia (*med.*), Kryotherapie (*f.*).
cristallo atermico (*aut.*), Wärmeschutzglas (*n.*).
criteri di calcolo (*mat. - ecc.*), Berechnungsmaβstäbe (*m. - pl.*).
criteri di convergenza (*gen.*), Konvergenzkriterien (*n. - pl.*). **2 criteri di convergenza di Maastricht** (*finanz.*), Maastrichter Konvergenzkriterien (*n. - pl.*).
criteri di Maastricht (*finanz.*), Maastricht-Kriterien (*n. - pl.*).
criteri di qualità (*finanz.*), Qualitätskriterien (*n. - pl.*).
criteri di ricerca (*inf.*), Suchkriterien (*n. - pl.*).
criteri di stabilità (*gen.*), Stabilitätskriterien (*n. - pl.*).
criteri organizzativi (*organ.*), Organisationskriterien (*n. - pl.*).
crittografia (*inf. - ecc.*), Kryptographie (*f.*).
crittografico (*inf. - ecc.*), kryptographisch.
crittogramma (*gen.*), Kryptogramm (*n.*).
crittologo (*inf. - ecc.*), Kryptologe (*m.*).
cromato di ammonio (*chim.*), Ammoniumchromat (*n.*).
cromato di bario (*chim.*), Bariumchromat (*n.*).
cromato di calcio (*chim.*), Kalziumchromat (*n.*).
cromato di piombo (*chim.*), Bleichromat (*n.*).
cromato di potassio (*chim.*), Kaliumchromat (*n.*).
cromato di sodio (*chim.*), Natriumchromat (*n.*).
cromato di stronzio (*chim.*), Strontiumchromat (*n.*).
cromatografico (*chim.*), chromatographisch.
cromatogramma (*chim.*), Chromatogramm (*n.*).
cromodinamica quantistica (*fis.*), Quantenchromodynamik (*f.*).
cromosfera (*astr.*), Chromosphäre (*f.*).
cromosoma artificiale (*biochim.*), künstliches Chromosom (*n.*).
cromosoma naturale (*biochim.*), natürliches Chromosom (*n.*).
cromosoma sessuale (*biochim.*), Geschlechtschromosom (*n.*).
cromosoma umano (*biochim.*), menschliches Chromosom (*n.*).
cromosoma X (*biochim.*), X-Chromosom (*n.*).
cromosoma Y (*biochim.*), Y-Chromosom (*n.*).
cromosomi omologhi (*biol.*), homologe Chromosomen (*n. - pl.*).
cronoamperometria (*chim.*), Chronoamperometrie (*f.*).
cronobiologia (*biol.*), Chronobiologie (*f.*).
cronobiologico (*biol.*), chronobiologisch.
cuffia stereo (*elettroacus.*), Stereo-Kopfhörer (*m.*).
cultura aziendale (*ind. - comm.*), Unternehmenskultur (*f.*).
curativo (*med.*), heilend.
cursore (*inf.*), Cursor (*m.*).
curva di assorbimento (*fis.*), Absorptionskurve (*f.*).
curva di interpolazione (*mat.*), Interpolationskurve (*f.*).
custodia (*gen.*), Schutzetui (*n.*).
cybermercato (*inf.*), Cybermarkt (*m.*).
cyberspace (*ingl. - inf.*), Cyberspace (*n.*).

D

danno derivante da ritardo (*leg.*), Verzugschaden (*m.*).
danno fetale (*med.*), Fruchtschädigung (*f.*).
dannoso per l'ozono (*chim.*), ozonschädigend.
data: **entro la data indicata** (*gen.*), bis zum angegebenen Zeitpunkt.
data base (*ingl. - inf.*), Database (*f.*), Datenbasis (*f.*).
data (della) fattura (*amm.*), Rechnungsdatum (*n.*).
data di acquisto (*comm.*), Kaufdatum (*n.*).
data di archiviazione (*uff. - inf.*), Archivierungsdatum (*n.*).
data di priorità (*leg.*), Prioritätsdatum (*n.*).
databile (*gen.*), datierbar.
datazione (*gen.*), Datierung (*f.*).
datazione geologica (*geol.*), geologische Datierung (*f.*).
dati ambientali (*ecol.*), Umweltdaten (*n. - pl.*).
dati audio (*inf.*), Audiodaten (*n. - pl.*).
dati binari (*inf.*), Binärdaten (*n. - pl.*).
dati CAD (*inf. - dis.*), CAD-Daten (*n. - pl.*).
dati CN (*lav. macch. ut.*), NC-Daten (*n. - pl.*).
dati del disco fisso (*inf.*), Festplattendaten (*n. - pl.*).
dati del satellite (*astronautica*), Satellitendaten (*n. - pl.*).
dati dell'inflazione (*finanz.*), Inflationsdaten (*n. - pl.*).
dati della carta di credito (*contabilità*), Kreditkartendaten (*n. - pl.*).
dati della memoria (*inf.*), Speicherdaten (*n. - pl.*).
dati dello scanner (*inf.*), Scannerdaten (*n. - pl.*).
dati di disegno (*dis.*), Zeichnungsdaten (*n. - pl.*).
dati di ingresso (*inf.*), Eingabedaten (*n. - pl.*).
dati di interpolazione (*inf.*), Interpolationsdaten (*n. - pl.*).
dati di mercato (*comm.*), Marktdaten (*n. - pl.*).
dati di riferimento (*gen.*), Bezugsdaten (*n. - pl.*).
dati di sistema (*inf.*), Systemdaten (*n. - pl.*).
dati digitali (*inf.*), Digitaldaten (*n. - pl.*).
dati elaborati (*mat. - ecc.*), verarbeitete Daten (*n. - pl.*).
dati empirici (*mat. - ecc.*), empirische Daten (*n. - pl.*).
dati memorizzati (*inf.*), gespeicherte Daten (*n. - pl.*).
dati non compressi (*inf.*), unkomprimierte Daten (*n. - pl.*).
dati numerici (*inf.*), numerische Daten (*n. - pl.*).
dati primari (*gen.*), Primärdaten (*n. - pl.*).
dati relazionali (*gen.*), relationale Daten (*n. - pl.*).
dati residenti in memoria (*inf.*), speicherresidente Daten (*n. - pl.*).
dati spaziali (*astr.*), Weltraumdaten (*n. - pl.*).
dati video (*inf.*), Bilddaten (*n. - pl.*).
debugging del programma (*inf.*), Programmdebugging (*n.*).
debugging del software (*inf.*), Software-Debugging (*n.*).
decalcificatore (lavastoviglie) (*app. elett.*), Entkalker (*m.*).
decarbonilazione (*chim.*), Decarbonylierung (*f.*).
decarbossilazione (*chim.*), Decarboxylierung (*f.*).
decentrabile (*gen.*), dezentralisierbar.
decentralizzazione (*gen.*), Dezentralisierung (*f.*).
decentrato (*gen.*), dezentral.
declassamento (*gen.*), Deklassierung (*f.*).
declassare (*gen.*), deklassieren.
decoder (*ingl. - telev.*), Dekoder (*m.*).
decodifica (*inf. - ecc.*), Dekodierung (*f.*).
decodifica dei comandi (*inf.*), Befehlsdekodierung (*f.*).
decodifica dei dati (*inf.*), Datendekodierung (*f.*).
decodificabile (*inf. - ecc.*), dekodierbar.
decompilare (software) (*inf.*), dekompilieren.
decompilazione (di un software) (*inf.*), Dekompilierung (*f.*).
decompressione di dati (*inf.*), Datendekompression (*f.*).
decompressione di file (*inf.*), Dateidekompression (*f.*).
decompresso (*gen.*), dekomprimiert.
decomprimere (*gen.*), dekomprimieren.
decontaminare (*fis nucl. - radioatt.*), dekontaminieren.
decrementare (*mat.*), dekrementieren.
dedicato (*gen.*), dediziert.
defibrillare (*med.*), defibrillieren.
defibrillatore (*strum. med.*), Defibrillator (*m.*).
definibile (*gen.*), definierbar.
definibilità (*gen.*), Definierbarkeit (*f.*).
definire (*gen.*), definieren.
definito (*gen.*), definiert.
definito dall'utente (*inf.*), benutzerdefiniert.
definizione di classi (*gen.*), Klassendefinition (*f.*).
definizione di variabile (*inf.*), Variablendefinition (*f.*).
deformabile (*fis. - tecnol. mecc.*), deformierbar. **2** (*tecnol.*), verformbar. **3 deformabile elasticamente** (*tecnol.*), elastisch verformbar.
deformabilità (*fis. - tecnol. mecc.*), Deformierbarkeit (*f.*).
deformare (*fis. - tecnol. mecc.*), deformieren, verformen. **2 deformare elasticamente** (*tecnol.*), elastisch verformen.
deformazione dell'utensile (*ut.*), Werkzeugdeformation (*f.*).
deframmentare (*gen.*), defragmentieren.
deframmentazione (*gen.*), Defragmentierung (*f.*).

deionizzare

deionizzare (*fis.*), deionisieren.
deliberare a maggioranza (*politica - ecc.*), mit Mehrheit beschliessen.
demineralizzare (*chim.*), demineralisieren.
demineralizzato (*chim.*), demineralisiert.
demineralizzazione (*chim.*), Demineralisation (*f.*).
demo (*ingl. - inf.*), Demo (*f.*).
demografia (*stat.*), Demographie (*f.*).
demografico (*stat.*), demographisch.
denaro elettronico (*finanz.*), elektronisches Geld (*n.*).
dendritico (*metall.*), dendritisch.
dendroclimatologia (*legn. - meteor.*), Dendroklimatologie (*f.*).
dendrologia (*legn.*), Dendrologie (*f.*).
dendrologico (*legn.*), dendrologisch.
dendrometro (*legn. - strum.*), Dendrometer (*n.*).
denitrazione (*chim.*), Denitrierung (*f.*).
denominazione degli assi (*mat. - fis.*), Achsbezeichnung (*f.*).
densimetro (*fis. - strum.*), Densimeter (*n.*).
densitometria (*fot.*), Densitometrie (*f.*).
depennare (*uff. - ecc.*), ausstreichen.
depolverizzazione a ciclone (*tecnol.*), Windsichtung (*f.*).
depurazione (di gas di scarico p. es.) (*aut.*), Reinigung (*f.*).
depurazione del gas (*chim.*), Gasreinigung (*f.*).
depurazione dell'aria di scarico (*comb.*), Abluftreinigung (*f.*).
dermatite (*med.*), Dermatitis (*f.*).
dermatologia (*med.*), Dermatologie (*f.*).
dermatologico (*med.*), dermatologisch.
dermatologo (*med.*), Dermatologe (*m.*).
dermatosi (*med.*), Dermatose (*f.*).
descrizione di oggetti (*inf.*), Objektbeschreibung (*f.*).
descrizione vettoriale (*fis.*), vektorielle Beschreibung (*f.*).
desensibilizzare (*gen.*), desensibilisieren.
desensibilizzazione (*gen.*), Desensibilisierung (*f.*).
design (*ingl. - mecc. - ecc.*), Design (*n.*).
design compatto (*ind.*), Kompaktbauweise (*f.*).
design di mobili (*ind.*), Möbeldesign (*n.*).
design di prodotti (*ind.*), Produktdesign (*n.*).
design grafico (*ind.*), Graphikdesign (*n.*).
desktop (*ingl. - inf.*), Desktop (*m.*).
desktop computer (*inf.*), Desktop-Computer (*m.*).
desktop publishing (*ingl. - inf.*), Desktop-Publishing (*n.*).
desumibile (*gen.*), entnehmbar.
detective privato (*gen.*), Privatdetektiv (*m.*).
detentore del record (*gen.*), Rekordhalter (*m.*).
detersivo per stoviglie (*chim.*), Geschirrspülmittel (*n.*).
diagnosi degli errori (*inf.*), Fehlerdiagnose (*f.*).
diagnosi differenziale (*med.*), Differentialdiagnose (*f.*).
diagnostica computerizzata (*med.*), Computerdiagnostik (*f.*).
diagnostica laser (*med.*), Laserdiagnostik (*f.*).
diagramma a torta (*inf.*), Tortendiagramm (*n.*).

diagramma di flusso (*inf.*), Flussdiagramm (*n.*).
dializzabile (*chim.*), dialysierbar.
dializzabilità (*chim.*), Dialysierbarkeit (*f.*).
diametro del nucleo (*fis. nucl.*), Kerndurchmesser (*m.*).
diametro del tubo (*tubaz.*), Rohrdurchmesser (*m.*).
diametro dell'atomo (*fis. atom.*), Atomdurchmesser (*m.*).
diametro di apertura (*ott.*), Aperturdurchmesser (*m.*).
dichiarato (*inf.*), deklariert.
dichiarazione di fallimento (*finanz.*), Bankrotterklärung (*f.*).
dichiarazione di variabile (*inf.*), Variablendeklaration (*f.*).
dicloruro di mercurio (*chim.*), Quecksilberdichlorid (*n.*).
dicromato di ammonio (*chim.*), Ammoniumdichromat (*n.*).
dicromato di potassio (*chim.*), Kaliumdichromat (*n.*).
dicromato di sodio (*chim.*), Natriumdichromat (*n.*).
didattica matematica (*mat.*), Mathematikdidaktik (*f.*).
dietilammina (*chim.*), Diethylamin (*n.*).
difenile (*chim.*), Biphenyl (*n.*).
difesa aerea (*aer.*), Luftverteidigung (*f.*).
differenziabile (*mat.*), differenzierbar.
differenziabilità (*mat.*), Differenzierbarkeit (*f.*).
differenziale autobloccante (*aut.*), automatisches Sperrdifferential (*n.*).
differenziazione (*gen.*), Differenzierung (*f.*).
differenziazione cellulare (*biol.*), Zelldifferenzierung (*f.*).
differenziazione di prodotto (*ind.*), Produktdifferenzierung (*f.*).
diffrattometria (*fis.*), Diffraktometrie (*f.*).
diffrattometria a raggi X (*fis.*), Röntgen-Diffraktometrie (*f.*).
diffrattometro a raggi X (*app.*), Röntgen-Diffraktometer (*m.*).
diffrazione a raggi X (*fis.*), Röntgen-Diffraktion (*f.*).
difluoruro d'argento (*chim.*), Silberdifluorid (*n.*).
digitalizzabile (*inf.*), digitalisierbar.
digitalizzato (*inf.*), digitalisiert.
digitalizzazione (*inf.*), Digitalisierung (*f.*).
digitalizzazione della voce (*inf.*), Sprachdigitalisierung (*f.*).
dilatometria (*fis.*), Dilatometrie (*f.*).
dimensionabile (*gen.*), dimensionierbar.
dimensionamento (*gen.*), Dimensionierung (*f.*).
dimensionare (*gen.*), dimensionieren.
dimensionato (*gen.*), dimensioniert.
dimorfismo (*biol.*), Dimorphismus (*m.*).
dinamica ambientale (*fis.*), Umweltdynamik (*f.*).
dinamica del sistema (*inf.*), Systemdynamik (*f.*).
dinamica del veicolo (*mecc.*), Fahrzeugdynamik (*f.*).
dinamica del velivolo (*mecc.*), Flugzeugdynamik (*f.*).

dinamica delle galassie (*astr.*), Galaxie-Dynamik (*f.*).
dinamica molecolare (*fis.*), Molekulardinamik (*f.*).
dinamica non lineare (*mecc.*), nichtlineare Dynamik (*f.*).
dinamica stellare (*fis.*), Stellardynamik (*f.*).
diossido di selenio (*chim.*), Selendioxyd (*n.*).
directory (*ingl. - inf.*), Dateiverzeichnis (*n.*), Directory (*n.*). **2 creare una nuova directory** (*inf.*), ein neues Directory erzeugen. **3 una directory vuota** (*inf.*), ein leeves Directory.
direttive di progettazione (*dis. - ecc.*), Konstruktionsrichtlinien (*f. - pl.*).
direttore della progettazione (*pers. - lav. - organ.*), Konstruktionsleiter (*m.*).
direzione dello sguardo (*gen.*), Blickrichtung (*f.*).
diritti umani (*leg.*), Menschenrechte (*n. - pl.*).
diritto agrario (*agric. - leg.*), Agrarrecht (*n.*).
diritto ambientale (*leg.*), Umweltrecht (*n.*).
diritto amministrativo (*leg.*), Verwaltungsrecht (*n.*).
diritto comunitario (*leg.*), Gemeinschaftsrecht (*n.*).
diritto d'opposizione (*leg.*), Einspruchsrecht (*n.*).
diritto di accesso (*inf.*), Zugriffsrecht (*n.*).
diritto di estrazione (*min. - leg.*), Abbaurecht (*n.*).
diritto doganale (*leg.*), Zollrecht (*n.*).
diritto fallimentare (*leg.*), Konkursrecht (*n.*).
diritto finanziario (*leg.*), Finanzrecht (*n.*).
diritto immobiliare (*leg.*), Immobilienrecht (*n.*).
diritto ipotecario (*leg.*), Hypothekenrecht (*n.*).
diritto privato (*leg.*), Privatrecht (*n.*).
diritto processuale civile (*leg.*), Zivilprozessrecht (*n.*).
diritto sociale (*leg.*), Sozialrecht (*n.*).
diritto spaziale (*leg.*), Weltraumrecht (*n.*).
diritto tributario (*leg.*), Steuerrecht (*n.*).
disattivabile (*gen.*), deaktivierbar.
disattivare (*gen.*), deaktivieren.
disattivazione (*gen.*), Deaktivierung (*f.*).
dischetto (*inf.*), Diskette (*f.*).
dischetto a doppia faccia (*inf.*), doppelseitige Diskette (*f.*).
dischetto da 3,5 pollici (*inf.*), 3,5-Zoll-Diskette (*f.*).
dischetto da 5 pollici e 1/4 (*inf.*), 5 1/4-Zoll-Diskette (*f.*).
dischetto di installazione (*inf.*), Installationsdiskette (*f.*).
dischetto di sistema (*inf.*), Systemdiskette (*f.*).
dischetto formattato (*inf.*), formatierte Diskette (*f.*).
dischetto non formattato (*inf.*), unformatierte Diskette (*f.*).
disco fisso (*inf.*), Festplatte (*f.*).
disco rigido (*inf.*), Festplatte (*f.*).
discriminante (*mat.*), Diskriminante (*f.*).
diseccitato (relè p. es.) (*elett.*), abgefallen.
disegnatore CAD (*inf. - dis.*), CAD-Zeichner (*m.*).
disegno CAD (*inf. - dis.*), CAD-Zeichnung (*f.*).
disegno compatto (*ind.*), Kompaktbauweise (*f.*).

diserbante (*agr. - chim.*), Herbizid (*n.*). **2** (*agr.*), Unkrautbekämpfungsmittel (*n.*).
diserbante selettivo (*agr. - chim.*), selektives Herbizid (*n.*).
disidratare (*ind. chim. - ecc.*), dehydratisieren.
disinstallare (*inf.*), deinstallieren.
disinstallazione (*inf.*), Deinstallation (*f.*).
disoccupazione di massa (*lav.*), Massenarbeitslosigkeit (*f.*).
disolfato di potassio (*chim.*), Kaliumdisulfat (*n.*).
disolfito di potassio (*chim.*), Kaliumdisulfit (*n.*).
disolfito di sodio (*chim.*), Natriumdisulfit (*n.*).
disossidazione (*metall.*), Entrosten (*n.*).
display (*inf.*), Display (*n.*).
display a colori (*inf.*), Farbdisplay (*n.*).
display grafico (*inf.*), graphisches Display (*n.*).
display sensibile al tatto (*inf.*), berührungsempfindliches Display (*n.*).
disponibile in quantità limitata (*gen.*), limitiert verfügbar.
disponibile online (*inf.*), online verfügbar.
disponibile separatamente (*comm.*), gesondert lieferbar, getrennt erhältlich.
disponibile sul mercato (*comm.*), auf dem Markt erhältlich.
dispositivo automatico di ordinamento di pezzi (*macch.*), Werkstück-Ordnungsautomat (*m.*).
dispositivo di chiusura (*tubaz.*), Absperreinrichtung (*f.*).
dispositivo di chiusura del cassetto portaoggetti (*aut.*), Handschuhfachverschluss (*m.*).
dispositivo di protezione sezionatore (*elett.*), trennende Schutzeinrichtung (*f.*).
dispositivo di scansione (*inf.*), Abtastvorrichtung (*f.*).
dissipativo (*fis.*), dissipativ.
dissipazione di energia (*fis.*), Energiedissipation (*f.*).
dissociabile (*chim. - fis.*), dissoziierbar.
dissociativo (*chim. - fis.*), dissoziativ.
distaccabile (*mecc.*), lösbar.
distanza minima (*geom. - ecc.*), Mindestabstand (*m.*).
distribuito (*gen.*), verteilt.
distribuzione del peso (*gen.*), Gewichtsverteilung (*f.*).
distribuzione elettronica della forza frenante (*aut.*), elektronische Bremskraftverteilung (*f.*).
distribuzione probabilistica (*stat.*), Wahrscheinlichkeitsverteilung (*f.*).
distruzione dell'ozono (*chim.*), Ozonzerstörung (*f.*).
distruzione di documenti (*uff.*), Aktenvernichtung (*f.*).
diterpene (*chim.*), Diterpen (*n.*).
ditta: ditta in buone condizioni (*comm.*), gutgehende Firma (*f.*). **2 la nostra ditta si occupa da molto tempo di...** (*gen.*), unsere Firma beschäftigt sich langfristig mit...
diviso per tipologia (*gen.*), sortenrein.
dizionario elettronico (*inf.*), elektronisches Wörterbuch (*n.*).
dizionario giuridico (*leg.*), Rechtswörterbuch (*n.*).

dizionario online *(inf.)*, Online-Wörterbuch *(n.)*.
dizionario su CD-ROM *(inf.)*, Wörterbuch auf CD-ROM *(n.)*.
dizionario universale *(tip.)*, Universalwörterbuch *(n.)*.
documento ipertestuale *(inf.)*, Hypertextdokument *(n.)*.
documento online *(inf.)*, Online-Dokument *(n.)*.
documento ufficiale *(gen.)*, offizielles Dokument *(n.)*.
documento web *(inf.)*, WWW-Dokument *(n.)*.
domain *(ingl. - inf.)*, Domain *(m.)*.
domande poste frequentemente *(inf.)*, häufig gestellte Fragen *(f. - pl.)*.
donazione del seme *(biol.)*, Samenspende *(f.)*.
donazione della cellula uovo *(biol.)*, Eizellenspende *(f.)*.
donazione di organi *(med.)*, Organspende *(f.)*.
doping *(ingl. - med. - sport.)*, Doping *(n.)*.
doppia densità *(inf.)*, doppelte Dichte *(f.)*.
doppio airbag *(aut.)*, Doppel-Airbag *(m.)*.
doppio clic *(inf.)*, Doppelklicken *(n.)*.
doppio diodo *(elettronica)*, Doppeldiode *(f.)*.
doppio lavoro *(gen.)*, Doppelarbeit *(f.)*.
doppio processore *(inf.)*, Doppelprozessor *(m.)*.
dosimetria *(fis. atom.)*, Dosimetrie *(f.)*.
dosimetrico *(fis. atom.)*, dosimetrisch.
dotazione di serie *(aut. - mot.)*, Serienausstattung *(f.)*.
download *(ingl. - inf.)*, Download *(n.)*.
download di software *(inf.)*, Software-Download *(n.)*.
downloadabile *(inf.)*, downloadbar.
downloadare *(inf.)*, downloaden.
downloading *(ingl. - inf.)*, Downloading *(n.)*.
downsizing *(ingl. - inf.)*, Downsizing *(n.)*.
drive *(ingl. - inf.)*, Laufwerk *(n.)*.
drone *(ingl. - aer.)*, Drohne *(f.)*.
drone programmabile *(aer.)*, programmierbare Drohne *(f.)*.
drone telecomandabile *(aer.)*, fernsteuerbare Drohne *(f.)*.
dumortierite *(min.)*, Dumortierit *(m.)*.
dumping *(ingl. - comm.)*, Dumping *(n.)*.
durata (di una cassetta p. es.) *(elettroacus.)*, Spieldauer *(f.)*.
durata del prodotto *(ind.)*, Produktlebensdauer *(f.)*.
durata dell'impulso *(elett.)*, Impulsdauer *(f.)*.
durata della batteria *(elett.)*, Batterie-Lebensdauer *(f.)*.

E

ebullioscopico (*chim. - fis.*), ebullioskopisch.
eccedenza di produzione (*ind.*), Produktionsüberschuss (*m.*).
eccedere (*gen.*), übersteigen.
eccitabile (*radio - ecc.*), anregbar.
eccitabilità (*radio - ecc.*), Anregbarkeit (*f.*).
eclissi parziale di sole (*astr.*), partielle Sonnenfinsternis (*f.*).
eclissi totale di sole (*astr.*), totale Sonnenfinsternis (*f.*).
ecocardiografia (*med.*), Echokardiographie (*f.*).
ecocardiografico (*med.*), echokardiographisch.
ecografia (*med.*), Echographie (*f.*).
ecologia marina (*ecol.*), Meeresökologie (*f.*).
ecologico (*ecol.*), umweltentlastend, umweltfreundlich.
econometria (*finanz.*), Ökonometrie (*f.*).
econometrico (*finanz.*), ökonometrisch.
Ecu (*finanz.*), Ecu (*m.*).
edificio residenziale (*ed.*), Wohngebäude (*n.*).
editabile (*inf.*), editierbar.
editare (*inf.*), editieren.
editato (*inf.*), editiert.
editing (*ingl. - inf.*), Editing (*n.*).
editing offline (*inf.*), Offline-Editing (*n.*).
editing online (*inf.*), Online-Editing (*n.*).
editor (*ingl. - inf.*), Editor (*m.*).
editor di caratteri (*inf.*), Zeicheneditor (*m.*).
editor di disegno (*inf.*), Zeichnungseditor (*m.*).
editor di testo (*inf.*), Texteditor (*m.*).
editor grafico (*inf.*), Graphikeditor (*m.*).
edizione Internet (di un catalogo p. es.) (*inf.*), Internetausgabe (*f.*).
edizione locale (*tip.*), Lokalausgabe (*f.*).
edizioni precedenti (*tip.*), frühere Ausgaben (*f. - pl.*).
effetti grafici (*inf.*), graphische Effekte (*m. - pl.*).
effetti morphing (*inf.*), Morphingeffekte (*m. - pl.*).
effetto antinfiammatorio (*med.*), entzündungshemmende Wirkung (*f.*).
effetto cancerogeno (*med.*), krebserzevgende Wirkung (*f.*).
effetto fotovoltaico (*elettr.*), photovoltaischer Effekt (*m.*).
effetto frenante (*aut.*), Bremswirkung (*f.*).
effetto indesiderato (*gen.*), unerwünschter Effekt (*m.*).
effetto lesivo per il feto (*med.*), fruchtschädigende Wirkung (*f.*).
effetto teratogeno (*med.*), teratogeno Wirkung (*f.*).
elaborabile (*mat. - ecc.*), verarbeitbar.
elaborato (*mat. - ecc.*), verarbeitet.
elaboratore client (*inf.*), Clientrechner (*m.*).
elaboratore server (*inf.*), Serverrechner (*m.*).
elaborazione dell'immagine (*inf.*), Bildverarbeitung (*f.*).
elaborazione di segnali (*inf.*), Signalverarbeitung (*f.*).
elaborazione di testi (*inf.*), Textverarbeitung (*f.*).
elaborazione digitale dell'immagine (*inf.*), digitale Bildverarbeitung (*f.*).
elaborazione in tempo reale (*inf.*), Realzeitverarbeitung (*f.*).
elaborazione logica (*inf.*), Logikverarbeitung (*f.*).
elaborazione parallela (*inf.*), Parallelverarbeitung (*f.*).
elaborazione simultanea (*inf.*), Simultanverarbeitung (*f.*).
elaborazione vocale (*inf.*), Sprachverarbeitung (*f.*).
elasticità della domanda (*comm.*), Nachfrageelastizität (*f.*).
elemento bistabile (*elettronica*), bistabiles Element (*n.*).
elemento del linguaggio (*inf.*), Sprachelement (*n.*).
elemento del menu (*inf.*), Menüelement (*n.*).
elemento del programma (*inf.*), Programmelement (*n.*).
elemento di comando (*gen.*), Stellteil (*m. - n.*).
elemento di giunzione (*gen.*), Verbindungselement (*n.*).
elemento di regolazione (*gen.*), Stellteil (*m. - n.*).
elemento di ricerca (in una banca dati p. es.) (*inf.*), Suchelement (*n.*).
elemento di rivestimento (*aut.*), Verkleidungsteil (*m.*).
elemento elastico (*mecc.*), Federelement (*n.*).
elemento geometrico (*geom.*), Geometrieelement (*n.*).
elemento hardware (*inf.*), Hardware-Element (*n.*).
elemento logico (*elettronica*), logisches Element (*n.*).
elemento software (*inf.*), Software-Element (*n.*).
elenco dei parametri (*inf.*), Parameterliste (*f.*).
elenco delle parti di ricambio (*mecc. - comm. - ecc.*), Ersatzteilliste (*f.*).
elenco di distribuzione (*gen.*), Verteiler (*m.*).
elenco di file (*inf.*), Dateiliste (*f.*).
elenco di indirizzi (*comm. - ecc.*), Adressenliste (*f.*), Anschriftenliste (*f.*).
elenco di link (*inf.*), Linkliste (*f.*).
elettrobiologia (*biol.*), Elektrobiologie (*f.*).
elettrobiologico (*biol.*), elektrobiologisch.
elettrocardiografia (*med.*), Elektrokardiographie (*f.*).
elettrodiagnostica (*med.*), Elektrodiagnostik (*f.*).
elettrodo continuo (*elett.*), Dauerelektrode (*f.*).
elettroencefalografia (*med.*), Elektroenzephalographie (*f.*).

elettroidraulico

elettroidraulico (*elett. - idr.*), elektrisch-hydraulisch.
elettrolizzare (*elettrochim.*), elektrolysieren.
elettrologico (*elett.*), elektrologisch.
elettronica dei semiconduttori (*elettronica*), Halbleiterelektronik (*f.*).
elettronica di potenza (*elettronica*), Leistungselektronik (*f.*).
elettronica digitale (*elettronica*), Digitalelektronik (*f.*).
elettronvolt (*elett.*), Elektronvolt (*n.*).
elettroottico (*elett. - ott.*), elektrooptisch.
elettrotermia (*fis. - ecc.*), Elektrothermie (*f.*).
elicottero da combattimento (*aer.*), Kampfhelikopter (*m.*), Kampfhubschrauber (*m.*).
elicottero da trasporto (*m. - aer.*), Transporthelikopter (*m.*).
elicottero di soccorso (*aer.*), Rettungshubschrauber (*m.*).
elicottero multiruolo (*aer.*), Mehrzweckhelikopter (*m.*), Mehrzweckhubschrauber (*m.*).
eliminare (*gen.*), entfernen.
eliminazione (di guasti) (*gen.*), Behebung (*f.*).
eliminazione dei difetti (*gen.*), Mängelbeseitigung (*f.*).
eliminazione del magazzino (*ind.*), Abschaffung des Lagers (*f.*).
eliminazione della ruggine (*metall.*), Entrosten (*n.*).
eliosismologia (*astr.*), Helioseismologie (*f.*).
elissoidale (*geom.*), ellipsoidisch.
e-mail (*ingl. - inf.*), E-mail (*f.*). 2 spedire una e-mail (*inf.*), eine E-mail schicken.
ematologia (*med.*), Hämatologie (*f.*).
embriologia (*biol.*), Embryologie (*f.*).
embriologia molecolare (*biol.*), molekulare Embryologie (*f.*).
embriologico (*biol.*), embryologisch.
embriologo (*biol.*), Embryologe (*m.*).
embrionale (*biol.*), embryonal.
embrione (*biol.*), Embryo (*m.*).
embrione congelato (*biol.*), gefrorener Embryo (*m.*).
emissione: a bassa emissione (*gen.*), emissionsarm.
emissione all'avviamento a freddo (*mot.*), Kaltstartemission (*f.*).
emissione dei gas di scarico (*mot.*), Abgasemission (*f.*).
emissione di azioni (*finanz.*), Aktienemission (*f.*).
emissione di rumore (*acus.*), Geräuschemission (*f.*).
emissione indotta (di radiazioni) (*fis.*), induzierte Emission (*f.*).
emissione spontanea (di radiazioni) (*fis.*), spontane Emission (*f.*).
emittente commerciale (*telev.*), Kommerzsender (*m.*).
emittente locale (*telev.*), Lokalsender (*m.*).
emittente privata (*telev.*), Privatsender (*m.*).
emorragico (*med.*), hämorrhagisch.
emostasi (*med.*), Hämostase (*f.*).
emoterapia (*med.*), Hämotherapie (*f.*).
emulare (*gen.*), emulieren.
emulazione (*gen.*), Emulation (*f.*).
emulazione del modem (*inf.*), Modememulation (*f.*).
emulazione di stampante (*inf.*), Druckeremulation (*f.*).
emulazione di terminale (*inf.*), Terminalemulation (*f.*).
encefalografia (*med.*), Enzephalographie (*f.*).
encefalogramma (*med.*), Enzephalogramm (*n.*).
end effector (*ingl. - autom.*), Endeffektor (*m.*).
endocrino (*biol.*), endokrin.
endoenzima (*biochim.*), Endoenzym (*n.*).
endogeno (*gen.*), endogen.
energia: a bassa energia (*fis.*), niederenergetisch.
energia d'urto (*fis.*), Aufprallenergie (*f.*).
energia di attivazione (*chim.*), Aktivierungsenergie (*f.*).
energia di dissociazione (*chim. - fis.*), Dissoziationsenergie (*f.*).
energia di eccitazione (*fis. nucl.*), Anregungsenergie (*f.*).
energia di ionizzazione (*fis. atom.*), Ionisierungsenergie (*f.*).
energia di solvatazione (*chim.*), Solvatationsenergie (*f.*).
energia ricavata (*fis.*), gewonnene Energie (*f.*).
engineering (*ingl. - ind.*), Engineering (*n.*).
enzimatico (*biochim.*), enzymatisch.
enzimologia (*biochim.*), Enzymologie (*f.*).
enzimologico (*biochim.*), enzymologisch.
epistemico (*gen.*), epistemisch.
epistemologia (*gen.*), Epistemologie (*f.*).
epistemologico (*gen.*), epistemologisch.
epistemologo (*gen.*), Epistemologe (*m.*).
epossidazione (*chim.*), Epoxydierung (*f.*).
EPROM (Erasable Programmable Read Only Memory, memoria a sola lettura programmabile e cancellabile) (*inf.*), EPROM, löschbarer, programmierbarer, nur lesbarer Speicher (*m.*).
eptacloro (*chim.*), Heptachlor (*n.*).
equazione: risolvere un'equazione con tre incognite (*mat.*), eine Gleichung mit drei Unbekannten lösen.
equazione aerolastica (*aer.*), aerolastische Gleichung (*f.*).
equazione algebrica (*mat.*), algebraische Gleichung (*f.*).
equazione di campo (*elett.*), Feldgleichung (*f.*).
equazione di Laplace (*mat.*), Laplace-Gleichung (*f.*).
equazione di Maxwell (*fis.*), Maxwellsche Gleichung (*f.*).
equazione esponenziale (*mat.*), Exponentialgleichung (*f.*).
equazione integrodifferenziale (*mat.*), Integro-Diffentialgleichung (*f.*).
equazione lagrangiana (*mat.*), Lagrange-Gleichung (*f.*).
equazione logica (*mat.*), Logik-Gleichung (*f.*).
equazione non algebrica (*mat.*), nichtalgebraische Gleichung (*f.*).
equazione polare (*mat.*), Polargleichung (*f.*).
equazione semilineare (*mat.*), semilineare Gleichung (*f.*).
equazione vettoriale (*mat.*), Vektorgleichung (*f.*).
equilibratura del bianco (*ott.*), Weissabgleich (*m.*).
erbicida (*agr. - chim.*), Herbizid (*n.*).

ergometria (*fis.*), Ergometrie (*f.*).
ergonomia del posto di lavoro (*ind.*), Arbeitsplatzergonomie (*f.*).
ergonomia del software (*inf.*), Software-Ergonomie (*f.*).
ergonomista (*lav. - ecc.*), Ergonom (*m.*).
ergoterapia (*psicol.*), Ergotherapie (*f.*).
erogazione refrigerante (*lav. macch. ut.*), Kühlmittel Ein.
errore del pilota (*aer.*), Pilotenfehler (*m.*).
errore del trasferimento di dati (*inf.*), Datenübertragungsfehler (*m.*).
errore di calcolo (*mat. - ecc.*), Berechnungsfehler (*m.*).
errore di formattazione (*inf.*), Formatierungsfehler (*m.*).
errore di inizializzazione (*inf.*), Initialisierungsfehler (*m.*).
errore di interpolazione (*mat.*), Interpolationsfehler (*m.*).
errore di lettura (*inf.*), Lesefehler (*m.*).
errore di osservazione (*gen.*), Beobachtungsfehler (*m.*).
errore di sistema (*inf.*), Systemfehler (*m.*).
errore di troncamento (*mat. - inf.*), Abbruchfehler (*m.*).
errore logico (*inf.*), logischer Fehler (*m.*).
eruttivo (*geol.*), eruptiv.
ESA (European Space Agency, Agenzia Spaziale Europea) (*astr.*), ESA, Europäische Raumfahrt Agentur (*f.*).
esaclorobenzene (*chim.*), Hexachlorbenzol (*n.*).
esaclorocicloesano (*chim.*), Hexachlorcyclohexan (*n.*).
esacloroetano (*chim.*), Hexachloroethan (*n.*).
esaclorofene (*chim.*), Hexachlorophen (*n.*).
esadecimale (*mat.*), hexadezimal.
esafluoroacetone (*chim.*), Hexafluoraceton (*n.*).
esafluorosilicato (*chim.*), Hexafluorsilikat (*n.*).
esafluoruro (*chim.*), Hexafluorid (*n.*).
esafluoruro di xenon (*chim.*), Xenonhexafluorid (*n.*).
esame di saldatore (*tecnol. mecc.*), Schweisserprüfung (*f.*).
esametilendiammina (*chim.*), Hexamethylendiamin (*n.*).
esametilene (*chim.*), Hexamethylen (*n.*).
esecuzione (di un programma p. es.) (*inf.*), Abarbeitung (*f.*).
esecuzione automatica (*inf.*), automatische Abarbeitung (*f.*).
eseguire il controllo d'imbarco (*aer.*), einchecken.
esempio d'attuazione (*gen.*), Ausführungsbeispiel (*n.*).
esempio di applicazione (*gen.*), Anwendungsbeispiel (*n.*).
esempio di realizzazione (*gen.*), Ausführungsbeispiel (*n.*).
esenzione dall'imposta sul valore aggiunto (*finanz.*), Mehrwertsteuerbefreiung (*f.*).
esobiologia (*astr.*), Exobiologie (*f.*).
esocrino (*biol.*), esokrin.
espandibile (*inf.*), erweiterungsfähig.
espandibilità (*inf.*), Erweiterungsfähigkeit (*f.*).
esperienza decennale (*gen.*), jahrzentelange Erfahrung (*f.*).

esperienza di management (*organ. - amm.*), Managementerfahrung (*f.*).
esperienza di programmazione (*inf.*), Programmiererfahrung (*f.*).
esperienza di volo (*aer.*), Flugerfahrung (*f.*).
esperienza pluriennale (*gen.*), mehrjährige Erfahrung (*f.*).
esperimento di laboratorio (*ind. - ecc.*), Laborexperiment (*n.*).
esperimento pilota (*gen.*), Pilotversuch (*m.*).
esperimento pratico (*tecnol.*), Praxisversuch (*m.*).
esperimento spaziale (*astronautica*), Weltraumexperiment (*f.*).
esperto (*inf.*), Experte (*m.*).
esperto di Internet (*inf.*), Internetexperte (*m.*).
esperto di marketing (*inf.*), Marketingexperte (*m.*).
esperto di software (*inf.*), Software-Experte (*m.*).
esplosione di una supernova (*astr.*), Supernova-Explosion (*f.*).
esportabile (*comm.*), exportierbar.
essenziale per l'invenzione (*leg.*), erfindungswesentlich.
essiccato all'aria (*ind.*), luftgetrocknet.
establishment (*ingl. - gen.*), Establishment (*n.*).
estraibile (*chim. - ecc.*), extrahierbar.
estrarre (*chim. - ecc.*), extrahieren.
estrazione di carbone fossile (*min.*), Steinkohleförderung (*f.*).
estremità dell'ala (*aer.*), Flügelspitze (*f.*).
estrogeno (*biol.*), Östrogen (*n.*).
etanolammina (*chim.*), Ethanolamin (*n.*).
etanolo (*chim.*), Ethanol (*n.*).
etere (*chim.*), Ether (*m.*).
eterificazione (*chim.*), Veretherung (*f.*).
eterologo (*biol. - chim.*), heterolog.
eteromorfismo (*gen.*), Heteromorphie (*f.*).
eterostruttura (*fis.*), Heterostruktur (*f.*).
eterotrofo (*biol.*), heterotroph.
eterozigote (*biol.*), heterozygot.
etica dell'informazione (*gen.*), Informationsethik (*f.*).
etichetta (*gen.*), Beschriftungsschild (*m.*).
etilacrilato (*chim.*), Ethylacrylat (*n.*).
etilammina (*chim.*), Ethylamin (*n.*).
etilbromuro (*chim.*), Ethylbromid (*n.*).
etilcianuro (*chim.*), Ethylcyanid (*n.*).
etilenbromuro (*chim.*), Ethylenbromid (*n.*).
etilendiammina (*chim.*), Ethylendiamin (*n.*).
etilene (*chim.*), Ethylen (*n.*).
Euro (*finanz.*), Euro (*m.*).
euroburocrate (*politica*), Euro-Burokrat (*m.*).
eurochèque (*finanz.*), Eurocheque (*m.*).
eurofighter (*ingl. - aer.*), Eurofighter (*m.*).
euromercato (*comm.*), Euromarkt (*m.*).
Europa continentale (*geogr.*), Kontinentaleuropa (*n.*).
europeizzazione (*gen.*), Europäisierung (*f.*).
evasione dell'ordine (*comm.*), Auftragserledigung (*f.*).
extracellulare (*biol.*), extrazellulär.
extracorporeo (*med.*), extrakorporal.
extralogico (*gen.*), extralogisch.
extranucleare (*biol.*), extranukleär.
extrasolare (*astr.*), extrasolar.
extrauniversitario (*scuola*), ausseruniversitär.
extraurbano (*gen.*), ausserstädtisch.
extrauterino (*med.*), extrauterin.

F

fabbisogno di personale (*ind.*), Personalbedarf (*m.*).
fabbrica di calzature (*ind.*), Schuhfabrik (*f.*).
fabbrica di sigarette (*ind.*), Zigarettenfabrik (*f.*).
fabbricabile (*ind.*), herstellbar.
fabbricabilità (*ind.*), Herstellbarkeit (*f.*).
faccia: a doppia faccia (*inf.*), doppelseitig.
facile da usare (*gen.*), benutzerfreundlich.
facilità d'uso (*gen.*), Benutzerfreundlichkeit (*f.*).
facilitazione di pagamento (*comm.*), Zahlungserleichterung (*f.*).
factoring (*ingl. - comm.*), Factoring (*n.*).
famiglia di propulsori (*mot.*) Triebwerkfamilie (*f.*).
faretto (*illumin.*), Strahler (*m.*).
faretto alogeno (*illumin.*), Halogen-Strahler (*m.*).
faro (*aut.*), Scheinwerfer (*m.*).
faro alogeno (*aut.*), Halogenscheinwerfer (*m.*).
fascetta con vite (*tubaz.*), Schraubschelle (*f.*).
fascia degli asteroidi (*astr.*), Asteroidengürtel (*m.*).
fase di accelerazione (*fis. - ecc.*), Beschleunigungsphase (*f.*).
fase di avviamento (*gen.*), Anlaufphase (*f.*).
fase di crescita (*gen.*), Wachstumphase (*f.*).
fase di lavorazione (*lav. macch. ut.*), Bearbeitungsschritt (*m.*).
fase di modernizzazione (*gen.*), Modernisierungsphase (*f.*).
fase di procedimento (*tecnol.*), Verfahrensschritt (*m.*).
fase di produzione (*organ. lav.*), Fertigungsschritt (*m.*).
fase di riscaldo (dopo l'avviamento a freddo) (*mot.*), Aufwärmphase (*f.*).
fase di sincronizzazione (*gen.*), Synchronisationsphase (*f.*).
fase di stabilizzazione (*gen.*), Stabilisierungsphase (*f.*).
fase di sviluppo (*gen.*), Entwicklungsphase (*f.*).
fase gassosa (*chim.*), Gasphase (*f.*).
fase intermedia di produzione (*organ. lav.*), Fertigungszwischenschritt (*m.*).
fatto (*gen.*), Faktum (*n.*). 2 caratterizzato dal fatto che (*gen.*), dadurch gekennzeichnet dass.
fattore ambientale (*ecol.*), Umweltfaktor (*m.*).
fattore chiave (*inf.*), Schlüsselfaktor (*m.*).
fattore d'ingrandimento (*ott.*), Vergrösserungsfaktor (*m.*).
fattore di conversione (*gen.*), Umrechnungsfaktor (*m.*).
fattore di correzione (*gen.*), Korrekturfaktor (*m.*).
fattore di stabilità (*gen.*), Stabilitätsfaktor (*m.*).
fattore di stabilizzazione (*gen.*), Stabilisierungsfaktor (*m.*).
fatturato del settore (*comm.*), Branchenumsatz (*m.*).
fatturato lordo (*comm.*), Bruttoumsatz (*m.*).
fax (*telem.*), Fax (*n.*). 2 inviare, mandare un fax (*telem.*), ein Fax schicken. 3 ricevere un fax (*telem.*), ein Fax empfangen.
faxare (*telem.*), faxen.
fecondazione in vitro (*med.*), In-Vitro-Fertilisation (*f.*).
feedback (*inf. - ecc.*), Feedback (*n.*).
feeling (*ingl. - gen.*), Feeling (*n.*).
fenolico (*chim.*), phenolisch.
fermentativo (*chim.*), fermentativ.
fermentato (*chim.*), fermentiert.
fibra acrilica (*tess.*), Acrylfaser (*f.*).
fibra di carbonio (*chim.*), Kohlefaser (*f.*). 2 (*tecnol.*), Carbonfaser (*f.*).
fibra di poliestere (*chim.*), Polyesterfaser (*f.*).
fibroma (*med.*), Fibrom (*n.*).
fibromatosi (*med.*), Fibromatose (*f.*).
fibroso (*gen.*), fibrös.
fiera del mobile (*comm.*), Möbelmesse (*f.*).
figure di volo acrobatico (*aer.*), Kunstflugfiguren (*f. - pl.*).
file (*inf.*): cancellare un file, eine Datei löschen. 2 comprimere un file, eine Datei komprimieren. 3 configurare un file, eine Datei konfigurieren. 4 convertire un file, eine Datei konvertieren. 5 copiare un file, eine Datei kopieren. 6 creare un file, eine Datei erstellen. 7 decomprimere un file, eine Datei dekomprimieren. 8 downloadare un file, eine Datei downloaden. 9 esportare un file, eine Datei exportieren. 10 importare un file, eine Datei importieren. 11 installare un file, eine Datei installieren. 12 inviare un file, eine Datei schicken. 13 memorizzare un file, eine Datei speichern. 14 rinominare un file, eine Datei umbenennen. 15 scaricare un file, eine Datei herunterladen. 16 spostare un file, eine Datei verschieben.
file ASCII (*inf.*), ASCII-Datei (*f.*).
file audio (*inf.*), Audiodatei (*f.*).
file batch (*inf.*), Batchdatei (*f.*).
file binario (*inf.*), Binärdatei (*f.*).
file compattato (*inf.*), kompaktierte Datei (*f.*).
file decompresso (*inf.*), dekomprimierte Datei (*f.*).
file di archivio (*inf.*), Archivdatei (*f.*).
file di avvio (*inf.*), Startdatei (*f.*).
file di configurazione (*inf.*), Konfigurationsdatei (*f.*).
file di disegno (*inf.*), Zeichnungsdatei (*f.*).
file di inizializzazione (*inf.*), Initialisierungsdatei (*f.*).
file di input (*inf.*), Inputdatei (*f.*).
file di installazione (*inf.*), Installationsdatei (*f.*).
file di istruzioni (*inf.*), Instruktionsdatei (*f.*).
file di log (*inf.*), Logdatei (*f.*).
file di output (*inf.*), Outputdatei (*f.*).
file di sistema (*inf.*), Systemdatei (*f.*).
file di stampa (*inf.*), Druckdatei (*f.*).
file di testo (*inf.*), Textdatei (*f.*). Text-Datei (*f.*).

file downloadabile (*inf.*), downloadbare Datei (*f.*).
file editato (*inf.*), editierte Datei (*f.*).
file eseguibile (*inf.*), ausführbare Datei (*f.*).
file grafico (*inf.*), Graphikdatei (*f.*).
file importato (*inf.*), importierte Datei.
file infetto (*inf.*), infizierte Datei (*f.*).
file patch (*inf.*), Patchdatei (*f.*).
file principale (*inf.*), Hauptdatei (*f.*).
file scaricabile (*inf.*), herunterladbare Datei (*f.*).
file scaricato (*inf.*), heruntergeladene Datei (*f.*).
file sequenziale (*inf.*), sequentielle Datei (*f.*).
fillite (*min.*), Phyllit (*n.*).
fillosilicato (*min.*), Phyllosilikat (*n.*).
film digitale (*cinem.*), Digitalfilm (*m.*).
filo: senza fili (*telef.*), schnurlos.
filtrabile (*gen.*), filtrierbar.
filtrabilità (*gen.*), Filtrierbarkeit (*f.*).
filtraggio di segnali (*elettronica*), Signalfilterung (*f.*).
filtro antipolline (*aut. - ecc.*), Pollenfilter (*n.*).
filtro antipolvere (*aut. - ecc.*), Staubfilter (*m. - n.*).
filtro d'antenna (*radio*), Antennenfilter (*n.*).
filtro di contrasto (*ott.*), Kontrastfilter (*n.*).
filtro idraulico (*idr.*), Hydraulikfilter (*m. - n.*).
filtro ultravioletto (*fot.*), Ultraviolett-Filter (*n.*).
finanziamento ai partiti (*comm.*), Parteienfinanzierung (*f.*).
finanziamento degli investimenti (*finanz.*), Investitionsfinanzierung (*f.*).
finanziamento immobiliare (*finanz.*), Immobilienfinanzierung (*f.*).
fine blocco (*inf.*), Blockende (*n.*).
fine della riga (*inf.*), Zeilenende (*n.*).
finestra dei messaggi (*inf.*), Meldungsfenster (*n.*).
finestra di dialogo (*inf.*), Dialogfenster (*n.*).
finestra di immissione (*inf.*), Eingabefenster (*n.*).
finestra di stato (*inf.*), Statusfenster (*n.*).
finestra di terminale (*inf.*), Terminalfenster (*n.*).
finestra di testo (*inf.*), Textfenster (*n.*).
finestra di visualizzazione (*inf.*), Visualisierungsfenster (*n.*).
finestra grafica (*inf.*), Graphikfenster (*n.*).
finestra principale (*inf.*), Hauptfenster (*n.*).
finestra secondaria (*inf.*), sekundäres Fenster (*n.*).
finestra sul video (*inf.*), Bildschirmfenster (*n.*).
firewall (*ingl. - inf.*), Firewall (*m.*).
firewalling (*ingl. - inf.*), Firewalling (*n.*).
firmware (*ingl. - inf.*), Firmware (*f.*).
fiscal drag (*ingl. - finanz.*), Fiscal Drag (*m.*).
fisica ambientale (*fis.*), Umweltphysik (*f.*).
fisica degli ioni pesanti (*fis. nucl.*), Schwerionenphysik (*f.*).
fisica dei polimeri (*chim.*), Polymerphysik (*f.*).
fisica delle particelle elementari (*fis.*), Elementarteilchenphysik (*f.*).
fisica dello spazio (*fis.*), Weltraumphysik (*f.*).
fisica extraterrestre (*fis.*), extraterrestrische Physik (*f.*).
fisica gravitazionale (*fis.*), Gravitationsphysik (*f.*).
fisica matematica (*fis.*), mathematische Physik (*f.*).
fisica molecolare (*fis.*), Molekularphysik (*f.*).
fisica solare (*fis.*), Sonnenphysik (*f.*).
fisica stellare (*fis.*), Sternphysik (*f.*).
fisico nucleare (*fis. nucl.*), Kernphysiker (*m.*).
fisiognomica (*gen.*), Physiognomik (*f.*).
fisiognomico (*gen.*), physiognomisch.
fisiologia (*biol.*), Physiologie (*f.*).
fisiologico (*biol.*), physiologisch.
fisso (*gen.*), standfest.
flangia: a forma di flangia (*gen.*), flanschartig.
floppy disk (*ingl. - inf.*), Diskette (*f.*).
floppy drive (*ingl. - inf.*), Diskettenlaufwerk (*n.*), Floppywerk (*n.*).
flotta di pescherecci (*pesca - nav.*), Fischereiflotte (*f.*).
fluidizzazione (*chim.*), Fluidisierung (*f.*).
fluido (*gen.*), fliessfähig.
fluidotecnica (*fluidica*), Fluidtechnik (*f.*).
fluorescenza a raggi X (*fis.*), Röntgenfluoreszenz (*f.*).
fluoroborato (*chim.*), Fluorborat (*n.*).
fluoroborato di potassio (*chim.*), Kaliumfluoroborat (*n.*).
fluoroborato di sodio (*chim.*), Natriumfluorborat (*n.*).
fluorometrico (*fis.*), fluorometrisch.
fluorosilicato di sodio (*chim.*), Natriumfluorsilikat (*n.*).
fluoruro di ammonio (*chim.*), Ammoniumfluorid (*n.*).
fluoruro di bario (*chim.*), Bariumfluorid (*n.*).
fluoruro di berillio (*chim.*), Berylliumfluorid (*n.*).
fluoruro di litio (*chim.*), Lithiumfluorid (*n.*).
fluoruro di magnesio (*chim.*), Magnesiumfluorid (*n.*).
fluoruro di potassio (*chim.*), Kaliumfluorid (*n.*).
fluoruro di sodio (*chim.*), Natriumfluorid (*n.*).
flusso d'aria (*gen.*), Luftstrom (*m.*).
flusso della produzione (*ind.*), Produktionsfluss (*m.*).
flusso di dati (*inf.*), Datenfluss (*m.*).
flusso elettronico (*elett.*), Elektronenfluss (*m.*).
flussometro (*strum.*), Durchflussmesser (*m.*).
fluttuante (*gen.*), fluktuierend.
FMS (Flexible Manufacturing System, sistema flessibile di produzione) (*ind.*), FMS, flexibles Fertigungssystem (*n.*).
fondo azionario (*finanz.*), Aktienfonds (*m.*).
fondo di investimento (*finanz.*), Investitionsfonds (*m.*).
fondo immobiliare (*finanz.*), Immobilienfonds (*m.*).
fondo pensionistico (*finanz. - amm.*), Pensionsfonds (*m.*).
fonoassorbente (*acus.*), schallabsorbierend.
font (*ingl. - inf.*), Font (*m.*).
fonte di energia rinnovabile (*fis.*), erneuerbare Energiequelle (*f.*).
foratura a laser (*tecnol. mecc.*), Laserbohren (*n.*).
forma: che dà la forma (*tecnol. mecc.*), formgebend. **2 a forma di zig zag** (*gen.*), zickzackförmig. **3 di forma stabile** (*gen.*), formstabil.
forma aerodinamica (*aerodin.*), aerodynamische Form (*f.*).
forma d'attuazione (*leg.*), Ausführungsform (*f.*).

forma di esecuzione (*leg.*), Ausführungsform (*f.*).
forma di investimento (*finanz.*), Anlageform (*f.*), Investitionsform (*f.*).
forma di memorizzazione (*inf.*), Speicherungsform (*f.*).
forma di privatizzazione (*gen.*), Privatisierungsform (*f.*).
forma normale di Jordan (*mat.*), Jordansche Normalform (*f.*).
formammide (*chim.*), Formamid (*n.*).
formato binario (*inf.*), Binärformat (*n.*).
formato del dischetto (*inf.*), Diskettenformat (*n.*).
formato del testo (*inf.*), Textformat (*n.*).
formato delle coordinate (*mat.*), Koordinatenformat (*n.*).
formato di archiviazione (*uff.* - *inf.*), Archivierungsformat (*n.*).
formato di dati (*inf.*), Datenformat (*n.*).
formato di file (*inf.*), Dateiformat (*m.*).
formato di indirizzo (*inf.*), Adressformat (*n.*).
formato di input (*inf.*), Inputformat (*n.*).
formato di output (*inf.*), Outputformat (*n.*).
formato di trasmissione (*inf.*), Übertragungsformat (*n.*).
formato grafico (*inf.*), Graphikformat (*n.*).
formato sorgente (*inf.*), Quellformat (*n.*).
formato standard (*inf.*), Standardformat (*n.*).
formato unificato (*ind. graf.*), Normformat (*n.*).
formato vettoriale (*inf.*), Vektorformat (*n.*).
formato video (*inf.*), Videoformat (*n.*).
formattabile (*inf.*), formatierbar.
formattare (*inf.*), formatieren.
formattato (*inf.*), formatiert.
formattazione (*inf.*), Formatierung (*f.*).
formattazione automatica (*inf.*), automatische Formatierung (*f.*).
formattazione dei caratteri (*inf.*), Zeichenformatierung (*f.*).
formattazione del disco fisso (*inf.*), Festplattenformatierung (*f.*).
formattazione di dati (*inf.*), Datenformatierung (*f.*).
formattazione di testo (*inf.*), Textformatierung (*f.*).
formattazione veloce (*inf.*), Schnellformatierung (*f.*).
formatura (*lav. lamiera*), Umformung (*f.*).
formatura a freddo (*lav. lamiera*), Kaltumformung (*f.*).
formatura superplastica (*lav. lamiera*), superplastische Umformung (*f.*).
formazione di capitale (*finanz.*), Kapitalbildung (*f.*).
formazione di galassie (*astr.*), Galaxienentstehung (*f.*).
formazione di martensite (*metall.*), Martensitbildung (*f.*).
formazione informatica (*inf.*), Informatikbildung (*f.*).
formazione orientata alla pratica (*gen.*), praxisorientierte Bildung (*f.*).
formazione professionale (*gen.*), berufliche Bildung (*f.*).
forme di telecomunicazione (*telem.* - *ecc.*), Telekommunikationsformen (*f.* - *pl.*).
formula di chiusura (*uff.*), Grussformel (*f.*).

formula di conversione (*tecnol.*), Umrechnungsformel (*f.*).
formula di interpolazione (*mat.*), Interpolationsformel (*f.*).
formulabile (*gen.*), formulierbar.
formulabilità (*gen.*), Formulierbarkeit (*f.*).
formulazione lagrangiana (*mat.*), Lagrange-Formulierung (*f.*).
forno di cottura incassato (*forno*) Einbaubackofen (*m.*).
foro del perno (*mecc.*), Zapfenloch (*n.*).
forum (*ingl.* - *gen.*), Forum (*n.*).
forza gravitazionale (*fis.*), Gravitationskraft (*f.*).
forza tangenziale (*mecc.*), Tangentialkraft (*f.*).
fosfato di alluminio (*chim.*), Aluminiumphosphat (*n.*).
fosfato di berillio (*chim.*), Berylliumphosphat (*n.*).
fosfato di gallio (*chim.*), Galliumphosphat (*n.*).
fosfato di magnesio (*chim.*), Magnesiumphosphat (*n.*).
fosfato di potassio (*chim.*), Kaliumphosphat (*n.*).
fosfuro di gallio (*chim.*), Galliumphosphid (*n.*).
fosfuro di indio (*chim.*), Indiumphosphid (*n.*).
fotoelettronica (*elettronica*), Photoelektronik (*f.*).
fotoelettronico (*fis.*), photoelektronisch.
fotofinish (*ingl.* - *sport*), Fotofinish (*n.*).
fotografia ingiallita (*fot.*), vergilbtes Foto (*n.*).
fotografo subacqueo (*fot.*), Unterwasserphotograph (*m.*).
fotoionizzazione (*fis.*), Photoionisation (*f.*).
fotonica (*ott.*), Photonik (*f.*).
fotonico (*ott.*), photonisch.
fotovoltaico (*elett.*), photovoltaisch.
frammentare (*gen.*), fragmentieren.
frammentazione (*gen.*), Fragmentierung (*f.*).
frammentazione della memoria (*inf.*), Speicherfragmentierung (*f.*).
frammento del DNA (*biol.*), DNA-Fragment (*n.*).
franchising (*ingl.* - *comm.*), Franchising (*n.*).
frattale (*a.* - *mat.*), fraktal.
frattale (*s.* - *mat.*), Fraktal (*n.*).
frazionamento (*chim.*), Fraktionierung (*f.*).
freccia del mouse (*inf.*), Mauspfeil (*m.*).
freeware (*ingl.* - *inf.*), Freeware (*f.*).
freno di arresto (per verricello) (*app. di sol-lev.*), Fangbremse (*f.*).
freno rimorchio (*veic.*), Anhängerbremse (*f.*).
frequenza del circuito (*elett.*), Schaltungsfrequenz (*f.*).
frequenza del sistema (*elett.* - *ecc.*), Systemfrequenz (*f.*).
frequenza della respirazione (*med.*), Atemfrequenz (*f.*).
frequenza di refresh (*inf.*), Refresh-Frequenz (*f.*).
frequenza verticale (*telev.*), Vertikalfrequenz (*f.*).
fresa in carburo metallico (*ut.*), Hartmetallfräser (*m.*).
fresatrice CNC (*macch. ut.*), CNC-Fräsmaschine (*f.*).
fresatura a tre assi (*lav. macch. ut.*), dreiachsiges Fräsen (*n.*).

fresatura ad alta velocità (*lav. macch. ut.*), Hochgeschwindigkeitsfräsen (*n.*).
frontalino (*radio - aut.*), Frontplatte (*f.*).
frontalino estraibile (*radio - aut.*), abnehmbare Frontplatte (*f.*).
frontalmente (*gen.*), frontseitig.
fuga dei gas combusti (*comb.*), Abgasverlust (*m.*).
fumatore passivo (*med.*), Passivraucher (*m.*).
fune di avviamento (*mot.*), Starterseil (*n.*).
funghicida (*chim.*), Fungizid (*n.*).
funzionamento a impulsi (*macch.*), Tippbetrieb (*m.*).
funzionamento continuo (*macch. - mot.*), Dauerbetrieb (*m.*).
funzione ausiliaria (*CN*), Zusatzfunktion (*f.*).
funzione di approssimazione (*mat.*), Approximationsfunktion (*f.*).
funzione di chiusura automatica (*gen.*), selbsttätige Schliessfunktion (*f.*).
funzione di Eulero (*mat.*), Eulersche Funktion (*f.*).
funzione di quotatura (*inf.*), Bemassungsfunktion (*f.*).
funzione di risparmio energetico (*elett.*), Stromsparfunktion (*f.*).
funzione di zoom (*inf.*), Zoomfunktion (*f.*).
funzione olomorfa (*mat.*), holomorphe Funktion (*f.*).
funzione principale (*gen.*), Hauptfunktion (*f.*).
funzione razionale (*mat.*), rationale Funktion (*f.*).
funzione scalare (*mat.*), Skalarfunktion (*f.*).
funzione trigonometrica inversa (*mat.*), Arkusfunktion (*f.*).
funzione virtuale (*inf.*), virtuelle Funktion (*f.*).
funzioni del CNC (*macch. ut.*), CNC-Funktionen (*f. - pl.*).
funzioni del joystick (*inf.*), Joystick-Funktionen (*f. - pl.*).
funzioni del menu (*inf.*), Menüfunktionen (*f. - pl.*).
funzioni del mouse (*inf.*), Mausfunktionen (*f. - pl.*).
fuoco: **a prova di fuoco** (*gen.*), brandsicher, feuersicher.
fusibile (*elett.*), Sicherung (*f.*).
futurologo (*gen.*), Futurologe (*m.*).

G

galassia (*astr.*), Galaxie (*f.*).
galassia a spirale (*astr.*), Spiralgalaxie (*f.*).
galassia elittica (*astr.*), elliptische Galaxie (*f.*).
galleria per traffico automobilistico (*ing. civ.*), Autotunnel (*m.*).
galvanoterapia (*med.*), Galvanotherapie (*f.*).
gamete (*biol.*), Gamet (*m.*).
gametogenesi (*biol.*), Gametogenese (*f.*).
gamma (*comm. - gen.*), Palette (*f.*). **2 un'ampia gamma di prodotti** (*gen.*), eine breite Produktpalette (*f.*).
gamma di motori (*mot.*), Motorenpalette (*f.*).
gamma di software (*inf.*), Software-Palette (*f.*).
garanzia a vita (*comm.*), lebenslange Garantie (*f.*).
garanzia contro la corrosione superficiale: (*comm. - aut.*), Garantie gegen Oberflächenkorrosion (*f.*).
garanzia contro la perforazione da corrosione (*comm. - aut.*), Garantie gegen Durchrosten (*f.*).
garanzia del posto di lavoro (*ind.*), Arbeitsplatzgarantie (*f.*).
garanzia di un anno (*comm.*), einjährige Garantie (*f.*).
garanzia illimitata (*comm.*), unbegrenzte Garantie (*f.*).
garanzia senza limitazione di percorrenza (*comm. - aut.*), Garantie ohne Kilometerbegrenzung (*f.*).
garanzia sulla vernice (*comm. - aut.*), Lackgarantie (*f.*).
garanzia sulle parti originali (*comm. - aut.*), Lackgarantie (*f.*).
garanzia sull'intero veicolo (*comm. - aut.*), Garantie auf das ganze Fahrzeug (*f.*).
garanzia totale per parti e montaggio (*comm.*), volle Gewährleistung für Teile und Montage (*f.*).
gas: senza gas di scarico (*aut.*), abgasfrei.
gas di elettroni (*fis. atom.*), Elektronengas (*n.*).
gas di Fermi (*fis.*), Fermi-Gas (*n.*).
gas incolore (*chim.*), farbloses Gas (*n.*).
gas inerte (*chim.*), inertes Gas (*n.*).
gas inodore (*chim.*), geruchloses Gas (*n.*).
gas ionizzato (*chim.*), ionisiertes Gas (*n.*).
gas liquefatto (*chim.*), verflüssigtes Gas (*n.*).
gas non tossico (*chim.*), ungiftiges Gas (*n.*).
gas non velenoso (*chim.*), ungiftiges Gas (*n.*).
gas tossico (*chim.*), giftiges Gas (*n.*).
gas velenoso (*chim.*), giftiges Gas (*n.*).
gas xenon (*chim.*), Xenongas (*n.*).
gascromatografia (*chim.*), Gaschromatographie (*f.*).
gascromatografico (*chim.*), gaschromatographisch.
gastrectomia (*med.*), Gastrektomie (*f.*).
gastrico (*med.*), gastrisch.
gastrite (*med.*), Gastritis (*f.*).
gastroduodenale (*med.*), gastroduodenal.
gastroenterite (*med.*), Gastroenteritis (*f.*).
gastroenterologia (*med.*), Gastroenterologie (*f.*).
gastroenterologico (*med.*), gastroenterologisch.
gastrointestinale (*med.*), gastrointestinal.
gastroscopia (*med.*), Gastroskopie (*f.*).
gastroscopio (*strum. med.*), Gastroskop (*n.*).
gastrotomia (*med.*), Gastrotomie (*f.*).
gastrula (*biol.*), Gastrula (*f.*).
gastrulazione (*biol.*), Gastrulation (*f.*).
gateway (*ingl. - inf.*), Gateway (*n.*).
gene della crescita (*biol.*), Wachstumsgen (*n.*).
generabile (*inf.*), generierbar.
generalizzabile (*gen.*), generalisierbar.
generalizzare (*gen.*), generalisieren.
generalizzato (*gen.*), generalisiert.
generalizzazione (*gen.*), Generalisierung (*f.*).
generare (*inf.*), generieren. **2 generare una tabella** (*inf.*), eine Tabelle erzeugen.
generato dal programma (*inf.*), programmgeneriert.
generatore di segnali (*elett. - radio*), Signalgenerator (*m.*).
generatore solare (*elett.*), Solargenerator (*m.*).
generazione (*inf. - gen.*), Generierung (*f.*), Erzeugung (*f.*), Generation (*f.*).
generazione automatica (*inf.*), automatische Erzeugung (*f.*).
generazione di computer (*inf.*), Computergeneration (*f.*).
generazione di corrente (*elett.*), Stromerzeugung (*f.*).
generazione di dati (*inf.*), Datengenerierung (*f.*).
generazione di macchine (*macch.*), Maschinengeneration (*f.*).
generazione di oggetti (*inf.*), Objekterzeugung (*f.*).
generazione di prodotti (*ind.*), Produktgeneration (*f.*).
generazione di segnali (*elett. - radio*), Signalgenerierung (*f.*).
generazione di superfici (*inf.*), Flächenerzeugung (*f.*).
genetica umana (*biol.*), Humangenetik (*f.*).
genetico (*biol.*), genetisch.
genoma (*biol.*), Genom (*n.*).
genotipo (*biol.*), Genotyp (*m.*).
geocentrico (*astr.*), geozentrisch.
geochimica (*geol. - chim.*), Geochemie (*f.*).
geodinamico (*geofis.*), geodynamisch.
geografia linguistica (*gen.*), Sprachgeographie (*f.*).
geoidrologia (*geol.*), Geohydrologie (*f.*).
geoinformatica (*geol. - inf.*), Geoinformatik (*f.*).
geologia ambientale (*geol.*), Umweltgeologie (*f.*).
geomagnetico (*geofis.*), geomagnetisch.
geometria alare (*aer.*), Flügelgeometrie (*f.*).

geometria algebrica (*geom.*), algebraische Geometrie (*f.*).
geometria dell'utensile (*ut.*), Werkzeuggeometrie (*f.*).
geometria frattale (*geom.*), fraktale Geometrie (*f.*).
geometria integrale (*geom.*), Integralgeometrie (*f.*).
geometria non euclidea (*geom.*), nichteuklidische Geometrie (*f.*).
geomorfologia (*geol.*), Geomorphologie (*f.*).
geomorfologico (*geol.*), geomorphologisch.
geopolitico (*geogr. - politica*), geopolitisch.
geosinclinale (*geol.*), Geosynklinale (*f.*).
geostazionario (*astronautica*), geostationär.
geotecnica (*geol.*), Geotechnik (*f.*).
geotecnico (*geol.*), geotechnisch.
geotermometria (*geol.*), Geothermometrie (*f.*).
gerarchia della memoria (*inf.*), Speicherhierarchie (*f.*).
geriatria (*med.*), Geriatrie (*f.*).
geriatrico (*med.*), geriatrisch.
gestione degli errori (*inf.*), Fehlerverwaltung (*f.*).
gestione della memoria (*inf.*), Speicherverwaltung (*f.*).
gestione delle distinte base (*inf.*), Stücklistenverwaltung (*f.*).
gestione di dati (*inf.*), Datenverwaltung (*f.*).
gestione di disegni (*inf.*), Zeichnungsverwaltung (*f.*).
gestione di file (*inf.*), Dateiverwaltung (*f.*).
gestione di magazzino (*ind.*), Lagerverwaltung (*f.*).
gestione dinamica della memoria (*inf.*), dynamische Speicherverwaltung (*f.*).
gestione finanziaria (*finanz.*), Finanzverwaltung (*f.*).
giadeite (*min.*), Jadeit (*n.*).
gigabit (*inf.*), Gigabit (*n.*).
gigabyte (*inf.*), Gigabyte (*n.*).
gigahertz (*elett.*), Gigahertz (*n.*).
gioco (*mecc.*), Spalt (*m.*).
gioco freeware (*inf.*), Freeware-Spiel (*n.*).
gioco interattivo (*inf.*), interaktives Spiel (*n.*).
gioco online (*inf.*), Online-Spiel (*n.*).
gioco per playstation (*inf.*), Playstation-Spiel (*n.*).
gioco shareware (*inf.*), Shareware-Spiel (*n.*).
giorno di missione (*milit. - ecc.*), Missionstag (*m.*).
giorno terrestre (*astr.*), Erdtag (*m.*).
giro di affari del commercio al dettaglio (*comm.*), Einzelhandelsumsatz (*m.*).
giunto brasato (*tecnol. mecc.*), Lotverbindung (*f.*).
giuridicamente vincolante (*gen.*), rechtsverbindlich.
glaciologia (*geol.*), Glaziologie (*f.*).
glaciologico (*geol.*), glaziologisch.
glicerofosfato (*chim.*), Glycerophosphat (*n.*).
glicogeno (*chim. - biol.*), Glycogen (*n.*).
glicolisi (*biol.*), Glycolyse (*f.*).
glicoproteina (*chim.*), Glycoprotein (*n.*).
gliossale (*chim.*), Glyoxal (*n.*).
globalizzato (*gen.*), globalisiert.
globalizzazione (*gen.*), Globalisierung (*f.*).
gluconato (*chim.*), Gluconat (*n.*).

gluconato di calcio (*chim.*), Calciumgluconat (*n.*).
gluconato di magnesio (*chim.*), Magnesiumgluconat (*n.*).
gluconato di potassio (*chim.*), Kaliumgluconat (*n.*).
gluconato di sodio (*chim.*), Natriumgluconat (*n.*).
gluconato di zinco (*chim.*), Zinkgluconat (*n.*).
glutammato (*chim.*), Glutamat (*n.*).
glutammina (*chim.*), Glutamin (*n.*).
gopher (*ingl. - inf.*), Gopher (*m.*).
governo di minoranza (*politica*), Minderheitsregierung (*f.*).
GPS (Global Positioning System, Sistema di Posizionamento Globale) (*navig.*), GPS, Globales Positionierungssystem (*n.*).
gradazione di colore (*ott.*), Farbnuance (*f.*).
grado di automazione (*mecc. - ecc.*), Automationsgrad (*m.*).
grado di probabilità (*stat.*), Wahrscheinlichkeitsgrad (*m.*).
grado di sincronizzazione (*gen.*), Synchronisationsgrad (*m.*).
grado di standardizzazione (*tecnol.*), Standardisierungsgrad (*m.*).
grafica computerizzata (*inf.*), Computergraphik (*f.*).
grafica digitale (*inf.*), Digitalgraphik (*f.*).
grafica interattiva (*inf.*), interaktive Graphik (*f.*).
grafica tridimensionale (*inf.*), dreidimensionale Graphik (*f.*).
grafica vettoriale (*inf.*), Vektorgraphik (*f.*).
grafico semilogaritmico (*mat.*), halblogarithmische Darstellung (*f.*).
grana: a grana media (*metall. - ecc.*), mittelkörnig.
grande calcolatore (*inf.*), Grossrechner (*m.*).
grandezza: di media grandezza (*gen.*), mittelgross.
grandezza dei caratteri (*tip.*), Schriftgrösse (*f.*). **2** la grandezza dei caratteri è preimpostata a 8 punti (*tip.*), die Schriftgrösse ist auf 8 Punkt voreingestellt. **3** scegliere, stabilire la grandezza dei caratteri (*tip.*), die Schriftgrösse wählen, festlegen.
grandezza vettoriale (*mecc.*), vektorielle Grösse (*f.*).
granitoide (*min.*), granitoid.
gravitazione quantistica (*fis.*), Quantengravitation (*f.*).
groupware (*ingl. - inf.*), Groupware (*f.*).
gruppo automobilistico (*finanz. - aut.*), Autokonzern (*m.*).
gruppo di file (*inf.*), Dateigruppe (*f.*).
gruppo di ricerca (*ind.*), Forschungsgruppe (*f.*).
gruppo metallurgico (*finanz. - metall.*), Stahlkonzern (*m.*).
gruppo petrolifero (*finanz. - chim.*), Ölkonzern (*m.*).
guadagno d'antenna (*radio*), Antennenverstärkung (*f.*).
guerra del golfo (*milit.*), Golfkrieg (*m.*).
guerra dei prezzi (*comm.*), Preiskampf (*n.*).
guida lamiera (*lav. lamiera*), Anlegeleiste (*f.*).
guide telescopiche (*mecc.*), Teleskopschienen (*f. - pl.*).
guscio: a forma di guscio (*gen.*), schalenförmig.

H

hacker (*ingl. - inf.*), Hacker (*m.*).
handshake (*ingl. - inf.*), Handshake (*n.*).
handshaking (*ingl. - inf.*), Handshaking (*n.*).
hard disk (*ingl. - inf.*), Festplatte (*f.*). **2 formattare l'hard disk** (*inf.*), die Festplatte formatieren.
hardware aggiuntivo (*inf.*), Zusatzhardware (*f.*).
hardware di rete (*inf.*), Netzwerk-Hardware (*f.*).
hardware di sistema (*inf.*), Systemhardware (*f.*).
hardware riconfigurabile (*inf.*), rekonfigurierbare Hardware (*f.*).
head up display (*ingl. - strum. - aer.*), Head-up-Display (*n.*).
hedenbergite (*min.*), Hedenbergit (*n.*).
heulandite (*min.*), Heulandit (*n.*).
homebanking (*ingl. - finanz.*), Homebanking (*n.*).
homepage (*ingl. - inf.*), Homepage (*f.*). **2 benvenuti nella nostra homepage** (*inf.*), herzlich willkommen auf unserer Homepage.
homepage privata (*ingl. - inf.*), private Homepage (*f.*).
host computer (*ingl. - inf.*), Host-Computer (*m.*).
hosting (*ingl. - inf.*), Hosting (*n.*).
hotline (*gen.*), Hotline (*f.*).
hotline tecnica (*gen.*), technische Hotline (*f.*).
hotlist (*ingl. - inf.*), Hotlist (*f.*).
hovercraft (*ingl. - trasp.*), Hovercraft (*n.*).
humite (*min.*), Humit (*n.*).

I

icona (*inf.*), Ikon (*n.*), Piktogramm (*n.*).
identificabile (*gen.*), identifizierbar.
identificabilità (*gen.*), Identifizierbarkeit (*f.*).
identificazione biometrica (*inf.*), biometrische Identifikation (*f.*).
identificazione del client (*inf.*), Clientidentifizierung (*f.*).
identificazione del server (*inf.*), Serveridentifizierung (*f.*).
ideografia (*gen.*), Ideographie (*f.*).
ideografico (*gen.*), ideographisch.
idroacustica (*acus.*), Hydroakustik (*f.*).
idroacustico (*acus.*), hydroakustisch.
idrobiologia (*biol.*), Hydrobiologie (*f.*).
idrobiologico (*biol.*), hydrobiologisch.
idroborazione (*chim.*), Hydroborierung (*f.*).
idrochimica (*chim.*), Hydrochemie (*f.*).
idrochimico (*chim.*), hydrochemisch.
idrocloruro (*chim.*), Hydrochlorid (*n.*).
idrodealchilazione (*chim.*), Hydrodealkilierung (*f.*).
idrofono (*elettroacus.*), Hydrophon (*n.*).
idrogeologia (*geol.*), Hydrogeologie (*f.*).
idrogeologico (*geol.*), hydrogeologisch.
idrografico (*geofis.*), hydrographisch.
idrologico (*geol.*), hydrologisch.
idromeccanica (*mecc.*), Hydromechanik (*f.*).
idromeccanico (*mecc.*), hydromechanisch.
idrometria (*gen.*), Hydrometrie (*f.*).
idrometrico (*gen.*), hydrometrisch.
idroperossido (*chim.*), Hydroperoxid (*n.*).
idroponica (*gen.*), Hydroponik (*f.*).
idroponico (*gen.*), hydroponisch.
idrossido di alluminio (*chim.*), Aluminiumhydroxyd (*n.*).
idrossido di bario (*chim.*), Bariumhydroxyd (*n.*).
idrossido di litio (*chim.*), Lithiumhydroxyd (*n.*).
idrossido di magnesio (*chim.*), Magnesiumhydroxyd (*n.*).
idrossido di zinco (*chim.*), Zinkhydroxyd (*n.*).
idrossilammina (*chim.*), Hydroxylamin (*n.*).
idrossilato (*chim.*), hydroxyliert.
idrossilazione (*chim.*), Hydroxylierung (*f.*).
idroterapia (*med.*), Hydrotherapie (*f.*).
idrotermale (*geol.*), hydrothermal.
idruro (*chim.*), Hydrid (*n.*).
idruro di alluminio (*chim.*), Aluminiumhydrid (*n.*).
idruro di antimonio (*chim.*), Antimonwasserstoff (*n.*).
idruro di calcio (*chim.*), Kalziumhydrid (*n.*).
idruro di litio (*chim.*), Lithiumhydrid (*n.*).
idruro di sodio (*chim.*), Natriumhydrid (*n.*).
igrostato (*fis. - strum.*), Hygrostat (*m.*).
illuminazione dell'abitacolo (*veic.*), Innenraumbeleuchtung (*f.*).
ilvaite (*min.*), Ilvait (*n.*).
imballaggio compreso (*comm.*), einschliesslich Verpackung.
imballaggio escluso (*comm.*), ohne Verpackung.
IME (Istituto Monetario Europeo) (*finanz.*), EWI, Europäisches Währungsinstitut (*n.*).
immagine binaria (*inf.*), Binärbild (*n.*).
immagine bitmap (*inf.*), Bitmapbild (*n.*).
immagine computerizzata (*inf.*), Computerbild (*n.*).
immagine ferma (*telev.*), Standbild (*n.*).
immagine scannerizzata (*inf.*), gescanntes Bild (*n.*).
immagine simulata (*inf.*), simuliertes Bild (*n.*).
immissione di dati (*inf.*), Dateneingabe (*f.*).
immobilizzatore (*aut.*), Wegfahrsperre (*f.*).
immunizzazione (*med.*), Immunisierung (*f.*).
immunochimica (*med.*), Immunchemie (*f.*).
immunochimico (*med.*), immunchemisch.
immunoematologia (*med.*), Immunhämatologie (*f.*).
immunoglobulina (*med.*), Immunglobulin (*n.*).
immunologia (*med.*), Immunologie (*f.*).
immunologico (*med.*), immunologisch.
immunologo (*med.*), Immunologe (*m.*).
immunopatologia (*med.*), Immunpathologie (*f.*).
immunopatologico (*med.*), immunpathologisch.
immunosoppressione (*med.*), Immunsuppression (*f.*).
immunoterapia (*med.*), Immuntherapie (*f.*).
impedenza d'antenna (*radio*), Antennenimpedanz (*f.*).
impianto a energia solare (*elett.*), Solaranlage (*f.*).
impianto a gas biologico (*chim. - ed.*), Biogasanlage (*f.*).
impianto antincendio (*antincendi*), Feuerlöschanlage (*f.*).
impianto d'antenna (*radio*), Antennenanlage (*f.*).
impianto del gas a bassa pressione (*tubaz.*), Niederdruckgasanlage (*f.*).
impianto del gas ad alta pressione (*ed.*), Hochdruckgasanlage (*f.*).
impianto di allarme (*elett.*), Alarmanlage (*f.*).
impianto di bordo per la lavorazione del pesce (*pesca*), Bord-Fischbearbeitungsanlage (*f.*).
impianto di dissalazione dell'acqua di mare (*ind. chim.*), Meerwasserentsalzungsanlage (*f.*).
impianto di iniezione (*mot.*), Einspritzanlage (*f.*).
impianto di produzione (*ind.*), Produktionsanlage (*f.*).
impianto di protezione contro i fulmini (*elett.*), Blitzschutzanlage (*f.*).
impianto di segnalazione incendi(o) (*antincendi*), Brandmeldeanlage (*f.*), Feuerwarnanlage (*f.*).

impianto di stabilimento (*ind.*), Werksanlage (*f.*).
impianto di telecomunicazione (*telem. - ecc.*), Telekommunikationsanlage (*f.*).
impianto di verniciatura (*vern.*), Lackieranlage (*f.*).
impianto elettrico (*elett.*), Elektroinstallation (*f.*).
impianto eolico (*elett.*), Windkraftanlage (*f.*).
impianto fotovoltaico (*elett.*), photovoltaische Anlage (*f.*).
impianto robotizzato (*ind. - autom.*), Roboteranlage (*f.*).
impianto solare fotovoltaico (*elett.*), photovoltaische Solaranlage (*f.*).
impianto sportivo (*ed.*), Sportanlage (*f.*).
impianto stereofonico (*elettroacus.*), Stereoanlage (*f.*).
impiegabile (*gen.*), einsetzbar.
impiegato: **essere impiegato** (*gen.*), zum Einsatz kommen.
impiego per lungo tempo (*gen.*), Langzeitverwendung (*f.*).
impiego soggetto a contributi (*lav.*), beitragspflichtige Beschäftigung (*f.*).
implementabile (*gen.*), implementierbar.
implementare (*gen.*), implementieren.
implementazione (*gen.*), Implementierung (*f.*).
importabile (*gen.*), importierbar.
importante per la sicurezza (*gen.*), sicherheitsrelevant.
importato (*gen.*), importiert.
importo lordo (*finanz.*), Bruttobetrag (*m.*).
impostazione (*gen.*), Einstellung (*f.*).
impostazione di base (*macch.*), Grundeinstellung (*f.*).
impresa dinamica (*ind. - comm.*), dynamisches Unternehmen (*n.*).
impresa innovativa (*ind. - comm.*), innovatives Unternehmen (*n.*).
impresa non profit (*comm.*), Nonprofit Unternehmen (*n.*).
imprevedibile (*gen.*), unvorhersehbar.
inattivare (*gen.*), inaktivieren.
inattivazione (*gen.*), Inaktivierung (*f.*).
incendio: **a prova di incendio** (*gen.*), brandsicher, feuersicher. **2 danno provocato da incendio** (*leg.*), Brandschaden (*m.*).
incentivazione del lavoro (*gen.*), Arbeitsförderung (*f.*) **2 legge di incentivazione del lavoro** (*gen.*), Arbeitsförderungsgesetz (*n.*).
incidente aereo (*aer.*), Flugunfall (*m.*).
incidente frontale (*aut. - ecc.*), Frontalunfall (*m.*).
incombustibilità (*prova mater.*), Feuerbeständigkeit (*f.*).
incompatibilità (*gen.*), Inkompatibilität (*f.*).
incrementare (*gen.*), inkrementieren.
incrementato (*gen.*), inkrementiert.
incremento del fatturato (*comm.*), Umsatzzuwachs (*m.*).
incustodito (*gen.*), unbeaufsichtig.
indebitamento pesante (*finanz.*), Überschuldung (*f.*).
indexato (*inf. - ecc.*), indexiert.
indicatore della temperatura (del refrigerante) (*aut.*), Temperaturanzeiger (*m.*).
indicatore di sintonia (*radio*), Abstimmanzeiger (*m.*).
indicazione del livello del carburante (*aut.*), Kraftstoffvorratsanzeige (*f.*).
indicazione della temperatura (del refrigerante) (*aut.*), Temperaturanzeige (*f.*).
indicazione della temperatura esterna (*aut. - ecc.*), Aussentemperaturanzeige (*f.*).
indicazione della velocità (*aut.*), Geschwindigkeitsanzeige (*f.*).
indicazione di sintonia (*radio*), Abstimmanzeige (*f.*).
indice azionario (*finanz.*), Aktienindex (*m.*).
indice dei prezzi (*stat.*), Preisindex (*m.*).
indice dei prezzi al consumo (*comm.*), Konsumentenpreisindex (*m.*).
indice dei prezzi all'ingrosso (*comm.*), Grosshandelspreisindex (*m. - pl.*).
indice dell'inflazione (*finanz.*), Inflationsindex (*m.*).
indice della produzione (*ind.*), Produktionsindex (*m.*).
indice di modifica (*dis.*), Änderungsindex (*m.*).
indice di Wobbe (*comb.*), Wobbeindex (*m.*).
indice Dow Jones (*finanz.*), Dow-Jones-Index (*m.*).
indipendente (*gen.*), freistehend.
indipendente dalla piattaforma (*inf.*), plattformunabhängig.
indipendente dalla rete (*inf.*), netzwerkunabhängig.
indirizzabile (*inf.*), adressierbar.
indirizzamento diretto (*inf.*), direkte Adressierung (*f.*).
indirizzamento indiretto (*inf.*), indirekte Adressierung (*f.*).
indirizzamento sequenziale (*inf.*), sequentielle Adressierung (*f.*).
indirizzamento virtuale (*inf.*), virtuelle Adressierung (*f.*).
indirizzo assoluto (*inf.*), absolute Adresse (*f.*).
indirizzo del client (*inf.*), Client-Adresse (*f.*).
indirizzo dell'istruzione (*inf.*), Befehladresse (*f.*).
indirizzo di computer (indirizzamento di una e-mail p. es.) (*inf.*), Rechneradresse (*f.*).
indirizzo di dati (*inf.*), Datenadresse (*f.*).
indirizzo di e-mail (*inf.*), E-Mail-Adresse (*f.*).
indirizzo di homepage (*inf.*), Homepageadresse (*f.*).
indirizzo di riferimento (*gen.*), Bezugsadresse (*f.*).
indirizzo di server (*inf.*), Serveradresse (*f.*).
indirizzo diretto (*inf.*), direkte Adresse (*f.*).
indirizzo effettivo (*inf.*), effektive Adresse (*f.*).
indirizzo indiretto (*inf.*), indirekte Adresse (*f.*).
indirizzo Internet (*inf.*), Internet-Adresse (*f.*).
indirizzo IP (*inf.*), IP-Adresse (*f.*).
indirizzo relativo (*inf.*), relative Adresse (*f.*).
indirizzo simbolico (*inf.*), symbolische Adresse (*f.*).
indirizzo virtuale (*inf.*), virtuelle Adresse (*f.*).
indirizzo web (*inf.*), Webadresse (*f.*).
indubbiamente (*avv. - gen.*), unzweifelhaft.
indurito (*ind. chim.*), ausgehärtet.
industria aerospaziale (*aer. - astronautica*), Luft- und Raumindustrie (*f.*).
industria degli elicotteri (*aer.*), Hubschrauberindustrie (*f.*).
industria dei semiconduttori (*elettronica*), Halbleiterindustrie (*f.*).

industria della lavorazione del legno (*legno*), holzbearbeitende Industrie (*f.*).
industria farmaceutica (*med.*), Pharmaindustrie (*f.*).
industria spaziale (*astronautica*), Raumfahrtindustrie (*f.*).
industrializzato (*ind.*), industralisiert.
induttività d'antenna (*radio*), Antenneninduktivität (*f.*).
inefficace (*gen.*), uneffektiv.
inerte (*chim.*), inert.
infertilità (*med.*), Infertilität (*f.*).
infetto (*inf.*), infiziert.
informatica ambientale (*inf.*), Umweltinformatik (*f.*).
informatica applicata (*inf.*), angewandte Informatik (*f.*).
informatica assicurativa (*inf. - finanz.*), Versicherungsinformatik (*f.*).
informatica bancaria (*inf.*), Banken-Informatik (*f.*).
informatica di processo (*inf.*), Prozessinformatik (*f.*).
informatica di produzione (*ind. - inf.*), Produktionsinformatik (*f.*).
informatica economica (*inf.*), Wirtschaftsinformatik (*f.*).
informatica finanziaria (*inf.*), Finanz-Informatik (*f.*).
informatica gestionale (*inf.*), Verwaltungsinformatik (*f.*).
informatica giuridica (*inf.*), Rechtsinformatik (*f.*).
informatica industriale (*inf.*), Industrieinformatik (*f.*).
informatica medica (*inf.*), Medizin-Informatik (*f.*).
informatica scientifica (*inf.*), Wissenschaft-Informatik (*f.*).
informatica tecnica (*inf.*), technische Informatik (*f.*).
informatica teorica (*inf.*), theoretische Informatik (*f.*).
informatizzato (*inf.*), informatisiert.
informatizzazione (*inf.*), Informatisierung (*f.*).
informazione multimediale (*inf.*), multimediale Information (*f.*).
informazioni online (*inf.*), Online-Informationen (*f. - pl.*).
informazioni specifiche del sistema operativo (*inf.*), betriebssystemspezifische Informationen (*f. - pl.*).
informazioni statistiche (*stat.*), Statistikinformationen (*f. -pl.*).
infrarosso vicino (*fis.*), nahes Infrarot (*n.*).
infrastruttura di comunicazione (*gen.*), Kommunikationsinfrastruktur (*f.*).
infrastruttura portuale (*nav.*), Hafeninfrastruktur (*f.*).
ingegnere informatico (*inf.*), Informatikingenieur (*m.*).
ingegnere nucleare (*fis. nucl.*), Nuklearingenieur (*m.*).
ingrandito (*ott. - ecc.*), vergrössert.
ingresso analogico (*elettronica*), Analogeingang (*m.*).
ingresso nell'UME (*finanz.*), Eintritt in die EWU (*m.*).
ingresso-uscita (*inf.*), Eingabe-Ausgabe (E/A).

inibitore (*chim.*), inhibitorisch.
iniezione ad alta pressione (*mot.*), Hochdruckeinspritzung (*f.*).
iniezione diretta (*mot.*), Direkteinspritzung (*f.*).
inizializzabile (*inf.*), initialisierbar.
inizializzare (*inf.*), initialisieren.
inizializzazione (*inf.*), Initialisierung (*f.*).
inizializzazione del modem (*inf.*), Modeminitialisierung (*f.*).
inizio pagina (*inf.*), Seitenanfang (*m.*).
innovativo (*gen.*), innovativ.
innovazione del prodotto (*ind.*), Produktinnovation (*f.*).
input (*ingl. - elettronica*), Input (*m.*).
input-output (I/O) (*inf.*), Eingabe-Ausgabe (E/A).
inseribile (*elett.*), einschaltbar, zuschaltbar.
inserire un CD (*inf.*), eine CD einlegen.
inserto (*mecc.*), Einlage (*f.*).
inserto di rinforzo (*mecc.*), Verstärkungseinlage (*f.*).
inspiratorio (*med.*), inspiratorisch.
instabile (*gen.*), instabil. **2 aerodinamicamente instabile** (*aer.*), aerodynamisch instabil.
installabile (*elett. - ecc.*), installierbar.
installabilità (*elett. - ecc.*), Installierbarkeit (*f.*).
installazione standard (di un software) (*inf.*), Standardinstallation (*f.*).
insulina (*farm.*), Insulin (*n.*).
integrabilità (*gen.*), Integrierbarkeit (*f.*).
integrare (*gen.*), integrieren.
integrato nel sedile (*aut.*), sitzintegriert.
integrato nella produzione (*ind.*), produktionsintegriert.
intelligenza artificiale (*inf.*), künstliche Intelligenz (*f.*). **2 intelligenza artificiale simbolica** (*inf.*), symbolische künstliche Intelligenz (*f.*).
intelligenza extraterrestre (*astr.*), extraterrestrische Intelligenz (*f.*).
intelligenza sociale (*gen.*), soziale Intelligenz (*f.*).
interagire (*gen.*), aufeinander wirken.
interattività (*inf. - ecc.*), Interaktivität (*f.*).
interattivo (*inf. - ecc.*), interaktiv.
interazione (*inf.*), Interaktion (*f.*).
interazione uomo-computer (*inf.*), Mensch-Computer-Interaktion (*f.*).
interazione uomo-macchina (*inf.*), Mensch-Maschine-Interaktion (*f.*).
interdisciplinare (*gen.*), interdisziplinär.
interdisciplinarità (*gen.*), Interdisziplinarität (*f.*).
interessi ipotecari (*comm.*), Hypothekenzinsen (*m. - pl.*).
interfaccia alfanumerica (*inf.*), alphanumerische Schnittstelle (*f.*).
interfaccia analogica (*inf.*), Analogschnittstelle (*f.*).
interfaccia CAD (*inf. - dis.*), CAD-Schnittstelle (*f.*).
interfaccia dati (*inf.*), Datenschnittstelle (*f.*).
interfaccia della periferica (*inf.*), Peripherie-Schnittstelle (*f.*).
interfaccia della stampante (*inf.*), Druckerschnittstelle (*f.*).
interfaccia di programmazione (*inf.*), Programmierschnittstelle (*f.*).

interfaccia digitale (*inf.*), Digitalschnittstelle (*f.*).
interfaccia grafica (*inf.*), Graphikschnittstelle (*f.*).
interfaccia hardware (*inf.*), Hardware-Schnittstelle (*f.*).
interfaccia ISO (*CN*), ISO-Schnittstelle (*f.*).
interfaccia modem (*inf.*), Modeminterface (*f.*).
interfaccia parallela (*inf.*), parallele Schnittstelle (*f.*), Parallelschnittstelle (*f.*).
interfaccia seriale (*inf.*), serielle Schnittstelle (*f.*).
interfaccia software (*inf.*), Software-Schnittstelle (*f.*).
interfaccia standardizzata (*inf.*), standardisierte Schinttstelle (*f.*).
interfaccia uomo-computer (*inf.*), Mensch-Computer-Schnittstelle (*f.*).
interfaccia uomo-macchina (*inf.*), Mensch-Maschine-Interface (*f.*), Mensch-Maschine-Schnittstelle (*f.*).
interfaccia utente (*inf.*), Benutzerschnittstelle (*f.*).
interferire (*gen.*), interferieren.
interferometria laser (*ott.*), Laserinterferometrie (*f.*).
interferone (*biol.*), Interferon (*n.*).
interleuchina (*chim.*), Interleukin (*n.*).
intermediale (*gen.*), intermedial.
intermedialità (*gen.*), Intermedialität (*f.*).
intermittente (*gen.*), intermittierend.
intermodale (*gen.*), intermodal.
intermodalità (*gen.*), Intermodalität (*f.*).
internazionalità (*gen.*), Internationalität (*f.*).
internazionalizzare (*gen.*), internationalisieren.
internazionalizzazione (*gen.*), Internationalisierung (*f.*).
Internet (*inf.*), Internet (*n.*).
Internet marketing (*ingl. - inf.*), Internet-Marketing (*n.*).
Internet provider (*ingl. - inf.*), Internetprovider (*m.*).
Internet providing (*ingl. - inf.*), Internet-Providing (*n.*).
Internet server (*ingl. - inf.*), Internetserver (*m.*).
Internetworking (*ingl. - inf.*), Internetworking (*n.*).
interni in pelle (*aut.*), Lederpolsterung (*f.*).
interoperabilità (*inf.*), Interoperabilität (*f.*).
interparlamentare (*politica*), interparlamentarisch.
interpersonale (*gen.*), interpersonell.
interpolare (*mat.*), interpolieren.
interpretare (*inf. - ecc.*), interpretieren.
interpretativo (*inf. - ecc.*), interpretierend.
interpretazione di dati (*inf.*), Datenauswertung (*f.*).
interrogazione (*inf.*), Abfrage (*f.*).
interrogazione di banca dati (*inf.*), Datenbankabfrage (*f.*).
interrompere (*inf.*), abbrechen.
interrupt (*ingl. - inf.*), Interrupt (*m.*).
interruttore di arresto (*mot.*), Unterbrecherschalter (*m.*).
interruttore di attesa (*app.*), Bereitschaftschalter (*m.*).
interruttore di prossimità (*elett.*), Näherungsschalter (*m.*).
interruttore di prossimità induttivo (*elett.*), induktiver Näherungsschalter (*m.*).
interruttore di uomo morto (dispositivo di uomo morto) (*app.*), Totmannschalter (*m.*).
interruzione (*inf.*), Abbruch (*m.*).
interruzione del lavoro (*gen.*), Arbeitsunterbrechung (*f.*).
interruzione del servizio (*gen.*), Betriebsunterbrechung (*f.*).
interuniversitario (*scuola*), interuniversitär.
intervalli di assistenza (*aut. - ecc.*), Serviceintervalle (*n. - pl.*).
intervallo di attesa (*inf.*), Standby-Zeit (*f.*).
intervallo di tempo (*gen.*), Zeitintervall (*n.*).
intervento dell'operatore (*m. - gen.*), Bedienereingriff (*m.*).
intervento graduale (dei freni p. es.) (*aut.*), stufenweiser Angriff (*m.*).
intracellulare (*biol.*), intrazellular.
intramoleculare (*biol.*), intramolekular.
Intranet (*ingl. - inf.*), Intranet (*n.*).
intrauterino (*med.*), intrauterin.
invenzione brevettabile (*leg.*), patentierbare Erfindung (*f.*).
invenzione brevettata (*leg.*), patentierte Erfindung (*f.*).
inversione (*gen.*), Invertierung (*f.*).
inversione di tendenza (*stat.*), Trendwende (*f.*).
invertente (*gen.*), invertierend.
invertibile (*gen.*), invertierbar.
invertire (*gen.*), invertieren.
investimento a rischio (*finanz.*), Risikoinvestition (*f.*).
investimento all'estero (*finanz.*), Auslandsinvestition (*f.*).
investimento di beni (*finanz.*), Vermögensanlage (*f.*).
investimento diretto (*finanz.*), Direktinvestition (*f.*).
investitore (*finanz.*), Investor (*m.*).
involucro metallico (*gen.*), Metallhülle (*f.*).
involutivo (*mat.*), involutorisch.
iodato di potassio (*chim.*), Kaliumjodat (*n.*).
iodato di sodio (*chim.*), Natriumjodat (*n.*).
iodobenzene (*chim.*), Iodbenzol (*n.*).
ioduro (*chim.*), Jodid (*n.*).
ioduro allilico (*chim.*), Allyliodid (*n.*).
ioduro d'argento (*chim.*), Silberiodid (*n.*).
ioduro di alluminio (*chim.*), Aluminiumiodid (*n.*).
ioduro di bromo (*chim.*), Bromiodid (*n.*).
ioduro di litio (*chim.*), Lithiumiodid (*n.*).
ioduro di magnesio (*chim.*), Magnesiumiodid (*n.*).
ioduro di potassio (*chim.*), Kaliumjodid (*n.*).
ioduro di sodio (*chim.*), Natriumjodid (*n.*).
ione pesante (*fis. nucl.*), Schwerion (*n.*).
ionosferico (*radio - ecc.*), ionosphärisch.
IP (Internet Protocol, protocollo Internet) (*inf.*), IP, Internet Protokoll (*n.*).
iperacidità (*med.*), Hyperazidität (*f.*).
iperalgesia (*med.*), Hyperalgesie (*f.*).
ipercinetico (*psicol.*), hyperkinetisch.
ipercromia (*med.*), Hyperchromie (*f.*).
iperdattilia (*med.*), Hyperdaktilie (*f.*).
iperemia (*med.*), Hyperämie (*f.*).

ipergeometrico (*geom.*), hypergeometrisch.
iperlink (*inf.*), Hyperlink (*m.*).
iperlipidemia (*med.*), Hyperlipidämie (*f.*).
ipermediale (*inf.*), hypermedial.
ipersonico (*gen.*), hypersonisch.
ipertesto (*inf.*), Hypertext (*m.*).
ipertestuale (*inf.*), hypertextuell.
ipertestualità (*inf.*), Hypertextualität (*f.*).
ipervitaminosi (*med.*), Hypervitaminose (*f.*).
ipofosfito (*chim.*), Hypophosphit (*n.*).
ipossia (*med.*), Hypoxie (*f.*).
ipostatico (*biol.*), hypostatisch.
ipovitaminosi (*med.*), Hypovitaminose (*f.*).
ipsometrico (*top.*), hypsometrisch.
ipsometro (*strum. top.*), Hypsometer (*m.*).
irreversibilità (*fis.*), Irreversibilität (*f.*).
iscritto: (*scritto*) **per iscritto** (*gen.*), schriftlich.
isobutanolo (*chim.*), Isobutanol (*n.*).
isobutene (*chim.*), Isobuten (*n.*).
isobutilacetato (*chim.*), Isobutylacetat (*n.*).
isobutilammina (*chim.*), Isobutylamin (*n.*).
isocrono (*fis.*), isochron.
isoelettronico (*fis. atom.*), isoelektronisch.
isoenzima (*chim.*), Isoenzym (*n.*).
isola di lavorazione (*ind.*), Fertigungsinsel (*f.*).
isoleucina (*chim.*), Isoleucin (*n.*).
isomorfismo (*mat.*), Isomorphismus (*m.*).
isonitrile (*chim.*), Isonitril (*n.*).
isopropilammina (*chim.*), Isopropylamin (*n.*).
isopropile (*chim.*), Isopropyl (*n.*).
isotattico (*chim.*), isotaktisch.
isotonia (*med.*), Isotonie (*f.*).
isotonico (*med.*), isotonisch.
Istituto Monetario Europeo (*finanz.*), Europäisches Währungsinstitut (*n.*).
istituto oceanografico (*geofis.*), ozeanographisches Institut (*n.*).
istituzione finanziaria (*finanz.*), Finanzierungsinstitution (*f.*).
istogramma (*stat.*), Histogramm (*n.*).
istomorfometria (*med.*), Histomorphometrie (*f.*).
istomorfometrico (*med.*), histomorphometrisch.
istopatologia (*med.*), Histopathologie (*f.*).
istopatologico (*med.*), histopathologisch.
istruzione macchina (*inf.*), Maschineninstruktion (*f.*).
istruzioni di programmazione (*inf.*), Programmieranleitung (*f.*).
istruzioni di uso e manutenzione (*macch. - ecc.*) Bedienungs- und Wartungsanleitungen (*f. - pl.*).
iterativo (*gen.*), iterativ.
IVA esclusa (*amm.*), zzgl. MwSt.
IVA inclusa (*amm.*), inkl. MwSt.

J

jamesonite (*min.*), Jamesonit.
jarosite (*min.*), Jarosit (*n.*).
jeans (*ind. tess.*), Jeans (*f. - pl.*).
jersey (*ind. tess.*), Jersey (*m.*).

jet privato (*aer.*), Privatjet (*m.*).
joint-venture (*ingl. - comm.*), Joint Venture (*n.*).
joystick (*inf.*), Joystick (*m.*).

K

kernite (*min.*), Kernit (*n.*).
kilobit (*inf.*), Kilobit (*n.*). **2 kilobit al secondo** (*inf.*), Kilobit pro Sekunde (*n.*).

kilobyte (*inf.*), Kilobyte (*n.*). **2 kilobyte al secondo** (*inf.*), Kilobyte pro Sekunde (*n.*).
know-how (*ingl. - gen.*), Know-how (*n.*).
kunzite (*min.*), Kunzit (*n.*).

L

laboratorio di fisica (*fis.*), Physiklabor (*n.*).
laboratorio radiochimico (*chim.*), radiochemisches Labor (*n.*).
lacune nella sicurezza (in reti di computer) (*inf.*), Sicherheitslücken (*f. - pl.*).
lamiera di rivestimento (*mecc.*), Verkleidungsblech (*n.*).
lamiera zincata (*f. ind. metall.*), verzinktes Stahlblech (*n.*).
lamina di supporto (*metall.*), Trägerfolie (*f.*).
lampada al tungsteno (*illumin.*), Wolframlampe (*f.*).
lampada alogena (*illumin.*), Halogen-Lampe (*f.*).
lampeggiante (*illumin.*), blinkend.
lap-top computer (*inf.*), Laptop-Computer (*m.*).
larghezza della tabella (*gen.*), Tabellenbreite (*f.*).
laser a semiconduttori (*app.*), Halbleiterlaser (*m.*).
lato comandi (*macch.*), Bedienseite (*f.*).
lato conducente (*aut.*), Fahrerseite (*f.*).
lato esterno (*gen.*), Aussenseite (*f.*).
lato opposto al lato comandi (*macch.*), Gegenbedienseite (*f.*).
lato passeggero (*aut.*), Beifahrerseite (*f.*).
laumontite (*min.*), Laumontit (*n.*).
lavafari (*aut.*), Scheinwerferwaschanlage (*f.*).
lavello (*mobile*), Spültisch (*m.*).
lavoratore stagionale (*lav.*), Saisonarbeitnehmer (*m.*).
lavorazione ad alta velocità (*lav. macch. ut.*), Hochgeschwindigkeitsbearbeitung (*f.*).
lavorazione assistita da laser (*tecnol.*), laserunterstützte Bearbeitung (*f.*).
lavorazione CN (*lav. macch. ut.*), NC-Bearbeitung (*f.*).
lavorazione CNC (*macch. ut.*), CNC-Bearbeitung (*f.*).
lavorazione con asportazione di truciolo (*mecc.*), spanabhebende Bearbeitung (*f.*).
lavorazione di fresatura (*lav. macch. ut.*), Fräsbearbeitung (*f.*).
lavorazione di tornitura (*lav. macch. ut.*), Drehbearbeitung (*f.*).
lavorazione flessibile (*ind.*), flexible Fertigung (*f.*).
lavorazione in serie (*lav. macch. ut.*), Serienbearbeitung (*f.*).
lavori di modernizzazione (*gen.*), Modernisierungsarbeiten (*f. - pl.*).
lavori di verniciatura (*ed.*), Anstricharbeiten (*f. - pl.*) 2 (*vern.*), Lackierarbeiten (*f. - pl.*).
lavoro a mezza giornata (*gen.*), halbtägige Arbeit (*f.*).
lavoro di integrazione (*gen.*), Integrationsarbeit (*f.*).
lavoro di programmazione (*inf.*), Programmierarbeit (*f.*).
lavoro di saldatura (*tecnol. mecc.*), Schweissarbeiten (*f. - pl.*).
lavoro full time (*lav.*), Fulltime-Job (*m.*).
lavoro non qualificato (*gen. - ecc.*), unqualifizierte Arbeit (*f.*).
lavoro part time (*gen.*), Teilzeitarbeit (*f.*).
lavoro pluriennale (*gen.*), mehrjährige Arbeit (*f.*).
lavoro qualificato (*gen. - ecc.*), qualifizierte Arbeit (*f.*).
lavoro secondario (*gen.*), Nebenarbeit (*f.*).
layout del circuito (*elett.*), Schaltungslayout (*n.*).
layout di pagina (*inf.*), Seitenlayout (*n.*).
leader mondiale del mercato (*comm.*), Weltmarktführer.
leasing immobiliare (*finanz.*), Immobilienleasing (*n.*).
legame con il cliente (*comm.*), Kundenbindung (*f.*).
legante miscelato con la terra per anime (*fond.*), mit dem Kernsand vermengtes Bindemittel (*n.*).
legge di Gay Lussac (*chim.*), Gesetz von Gay Lussac (*n.*).
legge di Hubble (*astr.*), Hubble-Gesetz (*n.*).
legge di Raoult (*chim.*), Raoultsches Gesetz (*n.*).
leggi di Faraday (*elettrochim.*), Faradaysche Gesetze (*n. - pl.*).
leggibile tramite computer (*inf.*), computerlesbar.
leggibilità (*strum.*), Ablesbarkeit (*f.*).
lente di Fresnel (*ott.*), Fresnel-Linse (*f.*).
lente di saldatura (*tecnol. mecc.*), Schweisslinse (*f.*).
lepidolite (*min.*), Lepidolith (*n.*).
lesivo (*med.*), schädigend.
lesivo per il feto (*med.*), fruchtschädigend.
lettera aperta (*politica - ecc.*), offener Brief (*m.*).
lettera cirillica (*tip.*), kyrillischer Buchstabe (*m.*).
lettera del drive (*inf.*), Laufwerkbuchstabe (*m.*).
lettera di conferma (*comm.*), Bestätigungsschreiben (*n.*).
lettera di referenze (*comm. - ecc.*), Referenzbrief (*m.*).
lettore di carta magnetica (*inf. - ecc.*), Magnetkartenleser (*m.*).
lettore di codice a barre (*inf.*), Barcodeleser (*m.*).
lettore di dati (*inf.*), Datenleser (*m.*).
lettura (*strum.*), Anzeige (*f.*).
leucocitosi (*med.*), Leukozytose (*f.*).
leva di comando (*mecc.*), Bedienhebel (*m.*).
liberalizzazione del traffico aereo (*comm. - aer.*), Liberalisierung des Luftverkehrs (*f.*).
libertà di decisione (*gen.*), Entscheidungsfreiheit (*f.*).

libro scolastico (*tip.*), Schulbuch (*n.*).
licenza di importazione (*comm.*), Einfuhrlizenz (*f.*).
licenza di installazione (*inf.*), Installationslizenz (*f.*).
licenza software (*comm.*), Softwarelizenz (*f.*).
limitatore di flusso (*app.*), Durchflussbegrenzer (*m.*).
limitazione del servizio (*gen.*), Betriebseinschränkung (*f.*).
limitazione della tensione (*elett.*), Spannungsbegrenzung (*f.*).
limitazione di accesso (*inf.*), Zugriffseinschränkung (*f.*).
limitazione di corrente (*elett.*), Strombegrenzung (*f.*).
limite dei gas di scarico (*mot.*), Abgaslimit (*n.*).
limite di corrente (*elett.*), Stromgrenze (*f.*).
limite di disavanzo (*finanz.*), Defizitgrenze (*f.*).
limite di sollecitazione (*sc. costr. - ecc.*), Beanspruchungsgrenze (*f.*).
limnologico (*biol.*), limnologisch.
linea transfer (*macch. ut.*), Transferstrasse (*f.*).
linea a fibre ottiche (*elettronica*), Lichtwellenleitung (*f.*).
linea a trasferta (*macch. ut.*), Transferstrasse (*f.*).
linea del modem (*inf.*), Modemleitung (*f.*).
linea di confine (*gen.*), Begrenzungslinie (*f.*).
linea digitale (*inf.*), digitale Leitung (*f.*).
linea ISDN (*elettronica*), ISDN-Leitung (*f.*).
linea trifase (*elett.*), Dreiphasenleitung (*f.*).
linee parallele (*inf.*), parallele Leitungen (*f. - pl.*).
linguaggio descrittivo (*inf.*), Beschreibungssprache (*f.*).
linguaggio di descrizione di modelli (*inf.*), Modellbeschreibungssprache (*f.*).
linguaggio di descrizione di oggetti (*inf.*), Objektbeschreibungssprache (*f.*).
linguaggio di programmazione ISO (*inf.*), ISO-Programmiersprache (*f.*).
linguaggio di programmazione logico (*inf.*), Logikprogrammiersprache (*f.*).
linguaggio grafico (*inf.*), Graphiksprache (*f.*).
linguaggio simbolico (*inf.*), Symbolsprache (*f.*).
link (*ingl. - inf.*), Link (*m.*).
link Internet (*ingl. - inf.*), Internetlink (*m.*).
lipolisi (*med.*), Lipolyse (*f.*).
lipoproteina (*chim.*), Lipoprotein (*n.*).
liquido infiammabile (*gen.*), brennbare Flüssigkeit (*f.*).
lista di controllo (*comm. - ecc.*), Checkliste (*f.*).

listato del programma (*inf.*), Programmausdruck (*m.*).
livelli di grigio (*ott.*), Graustufen (*f. - pl.*).
livello dell'anno precedente (*gen.*), Vorjahresniveau (*n.*).
livello di corrente (*elett.*), Stromniveau (*n.*).
livello di occupazione (*lav.*), Beschäftigungsstand (*m.*).
livello di pressione acustica di riferimento (*acus.*), Bezugsschalldruckpegel (*m.*).
livello di programmazione (*inf.*), Programmierniveau (*n.*).
livello di riferimento (*gen.*), Bezugsniveau (*n.*).
livello di tensione (*elett.*), Spannungsniveau (*n.*).
livello energetico (*fis.*), Energieniveau (*n.*).
locale per esposizioni (*comm.*), Ausstellungsraum (*m.*).
locale ventilato (*gen.*), durchlüfteter Raum (*m.*).
logica a transistor (*elettronica*), Transistorlogik (*f.*).
logica ad alta velocità (*elettronica*), Hochgeschwindigkeit-Logik (*f.*).
logica del programma (*inf.*), Programmlogik (*f.*).
logica programmabile (*inf.*), programmierbare Logik (*f.*).
login (*inf.*), Login (*n.*).
logistica di trasporto (*trasp.*), Transportlogistik (*f.*).
logistica industriale (*ind.*), Industriallogistik (*f.*).
logout (*inf.*), Logout (*n.*).
loop (*ingl. - inf.*), Loop (*n.*).
lotta al rumore (*acus.*), Lärmbekämpfung (*f.*).
lotta all'inflazione (*finanz.*), Inflationsbekämpfung (*f.*).
luce (*apertura*) (*gen.*), Spalt (*m.*).
luce laser (*ott.*), Laserlicht (*n.*).
luminanza (*ott.*), Luminanz (*f.*).
luna di Giove (*astr.*), Jupitermond (*m.*).
luna di Marte (*astr.*), Marsmond (*m.*).
lunghezza (massima) della riga (*inf.*), (maximale) Zeilenlänge (*f.*).
lunghezza commerciale (di cavi, ecc.) (*comm.*), Verkaufslänge (*f.*).
lunghezza del circuito elettrico (*elett.*), Stromkreislänge (*f.*).
lunghezza del testo (*tip.*), Textlänge (*f.*).
lunghezza di caratteri (*inf.*), Zeichenlänge (*f.*).
lunghezza di stringa (*inf.*), Stringlänge (*f.*).

M

macchina asincrona (*macch. elett.*), Asynchronmaschine (*f.*).
macchina automatica di montaggio (*macch. - elettronica*), Bestückungsautomat (*m.*).
macchina CNC (*macch. ut.*), CNC-Maschine (*f.*).
macchina da scrivere con memoria (*macch. - uff.*), Speicherschreibmaschine (*f.*).
macchina di ricerca (*inf.*), Suchmaschine (*f.*).
macchina fotografica a raggi infrarossi (*fot.*), Infrarotkamera (*f.*).
macchina fotografica digitale (*fot.*), digitale Kamera (*f.*).
macchina fotografica elettronica (*fot.*), elektronische Kamera (*f.*).
macchina utensile controllata da programma (*macch. ut.*), programmgesteuerte Werkzeugmaschine (*f.*).
mackinawite (*min.*), Mackinawit (*n.*).
macrocomando (*inf.*), Makrobefehl (*m.*).
macroeconomico (*finanz.*), makroökonomisch.
macrolinguaggio (*inf.*), Makrosprache (*f.*).
macromolecolare (*chim.*), makromolekular.
macronucleo (*biol.*), Makronukleus (*m.*).
madrelingua (*a. - gen.*), muttersprachlich.
maggioranza: in maggioranza (*gen.*), mehrheitlich. 2 maggioranza dei due terzi (*politica*), Zweidrittelmehrheit (*f.*).
maggiorazione per piegatura (*lav. lamiera*), Biegezugabe (*f.*).
magmatico (*geol.*), magmatisch.
magmatologia (*geol.*), Magmatologie (*f.*).
magnetite (*min.*), Magnetit (*n.*).
magnetizzabile (*elett.*), magnetisierbar.
magnetizzato (*elett.*), magnetisiert.
magnetoelastico (*elett.*), magnetoelastisch.
magnetoidrodinamica (*elett.*), Magnetohydrodynamik (*f.*).
magnetoidrodinamico (*elett.*), magnetohydrodynamisch.
magnetone di Bohr (*fis. atom.*), Bohrsches Magneton (*n.*).
magnetoottica (*ott.*), Magnetooptik (*f.*).
magnetosfera (*astr.*), Magnetosphäre (*f.*).
magnetosferico (*astr.*), magnetosphärisch.
magnetotellurica (*geol.*), Magnetotellurik (*f.*).
magnetotellurico (*geol.*), magnetotellurisch.
mailbox (*ingl. - inf.*), Mailbox (*f.*).
mailing (*ingl. - inf.*), Mailing (*n.*).
mailing list (*ingl. - inf.*), Mailing-Liste (*f.*).
mainframe (*ingl. - inf.*), Mainframe (*f.*).
malthusianesimo (*gen.*), Malthusianismus (*m.*).
management (*ingl. - organ. - amm.*), Management (*n.*).
management della qualità (*gen.*), Qualitätsmanagement (*n.*).
mancanza di beni (*leg.*), Vermögenslosigkeit (*f.*).
mancanza di fusione (difetto di saldatura) (*tecnol. mecc.*), Bindefehler (*m.*).
mandrino ad alta frequenza (*macch. ut.*), Hochfrequenzspindel (*f.*).
maneggevole (*gen.*), handhabbar.
manganato di bario (*chim.*), Bariummanganat (*n.*).
manganite (*min.*), Manganit (*n.*).
manipolabile (*gen.*), manipulierbar.
manipolato (*gen.*), manipuliert.
manipolato geneticamente (*biol.*), genetisch manipuliert, genmanipuliert.
manipolazione (*gen.*), Manipulation (*f.*).
manipolazione di dati (*inf.*), Datenmanipulation (*f.*).
manipolazione genetica (*biol.*), Genmanipulation (*f.*).
manipolazione robotizzata (*ind. - autom.*), Robotermanipulation (*f.*).
manipolazione tridimensionale (*inf.*), dreidimensionale Manipulation (*f.*).
mano: con una mano (*gen.*), einhändig.
manopola della leva del cambio (*aut.*), Schaltknauf (*m.*).
manopola della leva del cambio rivestita in pelle (*aut.*), Lederschaltknauf (*m.*).
manovra di volo (*aer.*), Flugmanöver (*n.*).
manuale dell'utente (*inf.*), Benutzerhandbuch (*n.*).
marca di sigarette (*ind.*), Zigarettenmarke (*f.*).
marcia: inserire la marcia (*aut.*), den Gang einlegen.
massa gassosa (*chim.*), Gasmasse (*f.*).
massa porosa (di una bombola) (*ind. chim.*), poröse Masse (*f.*).
master (*ingl. - scuola*), Master (*m.*).
mastering (*ingl. - elettroacus.*), Mastering (*n.*).
matematica discreta (*mat.*), diskrete Mathematik (*f.*).
matematica simbolica (*mat.*), symbolische Mathematik (*f.*).
matematizzare (*mat.*), mathematisieren.
matematizzazione (*mat.*), Mathematisierung (*f.*).
materia interplanetaria (*astronautica*), interplanetare Materie (*f.*).
materiale assorbente (*ind.*), Absorptionsmaterial (*n.*).
materiale composito in fibra di carbonio (*tecnol.*), Kohlefaserverbundwerkstoff (*m.*).
materiale interstellare (*astr.*), interstellares Material (*n.*).
materiale riciclabile (*ind.*), wiederverwertbares Material (*n.*).
materiale sanitario (*med.*), Sanitätsmaterial (*n.*).
mecatronica (*autom.*), Mechatronik (*f.*).
mecatronico (*autom.*), mechatronisch.
meccanica del veicolo (*mecc.*), Fahrzeugmechanik (*f.*).

meccanica del volo spaziale (*astronautica*), Raumflugmechanik (*f.*).
meccanismo d'innesco (*espl.*), Zündmechanismus (*m.*).
meccanismo di chiusura (*mecc.*), Verschliessmechanismus (*m.*).
meccanismo di indirizzamento (*inf.*), Adressierungsmechanismus (*m.*).
meccanismo di ricerca (*inf.*), Suchmechanismus (*m.*).
meccanizzabile (*mecc.*), mechanisierbar.
meccanizzato (*mecc.*), mechanisiert.
media annuale (*stat. - ecc.*), Jahresdurchschnitt (*m.*).
mediatore immobiliare (*comm.*), Immobilienmakler (*m.*).
mediazione immobiliare (*comm.*), Immobilienvermittlung (*f.*).
medicina aeronautica (*med.*), Aeromedizin (*f.*).
medicina alternativa (*med.*), alternative Medizin (*f.*).
medicina laser (*med.*), Lasermedizin (*f.*).
medicina spaziale (*med.*), Weltraummedizin (*n.*).
medicina sperimentale (*med.*), experimentelle Medizin (*f.*).
medio annuale (*stat. - ecc.*), jahresdurchschnittlich.
medio infrarosso (*fis.*), mittleres Infrarot (*n.*).
megabit (*inf.*), Megabit (*n.*). **2 megabit al secondo** (*inf.*), Megabit pro Sekunde (*n.*).
megabyte (*inf.*), Megabyte (*n.*). **2 megabyte al secondo** (*inf.*), Megabyte pro Sekunde (*n.*).
melilite (*min.*), Melilit (*n.*).
membro del collegio sindacale (*amm.*), Aufsichtsratsmitglied (*n.*).
membro del consiglio (*gen.*), Ratsmitglied (*n.*).
membro dell'UE (*geogr.*), EU-Mitglied (*n.*).
membro della commissione interna (*lav. - organ.*), Betriebsratsmitglied (*n.*).
membro di commissione (*gen.*), Kommissionsmitglied (*n.*).
memoria: avere 4 MB di memoria a disposizione (*inf.*), 4 MB Speicher zur Verfügung haben. **2 occorrono 4 MB di memoria interna** (*inf.*), man benötigt 4 MB interner Speicher.
memoria a bolle (*inf.*), Blasenspeicher (*m.*).
memoria a semiconduttore (*inf.*), Halbleiterspeicher (*m.*).
memoria a sola lettura (*inf.*), nur lesbarer Speicher (*m.*).
memoria ad accesso diretto (*inf.*), Direktzugriffsspeicher (*m.*).
memoria aggiuntiva (*inf.*), zusätzlicher Speicher (*m.*).
memoria alta (*inf.*), hoher Speicher (*m.*).
memoria associativa (*inf.*), Assoziativspeicher (*m.*).
memoria base (*inf.*), Basisspeicher (*m.*).
memoria cache (*inf.*), Cachespeicher (*m.*), Cache-Speicher (*m.*).
memoria cancellabile (*inf.*), löschbarer Speicher (*m.*).
memoria comune (*inf.*), gemeinsamer Speicher (*m.*).
memoria convenzionale (*inf.*), konventioneller Speicher (*m.*).
memoria di lavoro (*inf.*), Arbeitsspeicher (*m.*).
memoria di massa (*inf.*), Massenspeicher (*m.*).
memoria digitale (*inf.*), digitaler Speicher (*m.*).
memoria dinamica (*inf.*), dynamischer Speicher (*m.*).
memoria disponibile (*inf.*), verfügbarer Speicher (*m.*).
memoria distribuita (*inf.*), verteilter Speicher (*m.*).
memoria EPROM (*inf.*), EPROM-Speicher (*m.*).
memoria fisica (*inf.*), physischer Speicher (*m.*).
memoria flessibile (*inf.*), flexibler Speicher (*m.*).
memoria illimitata (*inf.*), unbegrenzter Speicher (*m.*).
memoria indirizzabile (*inf.*), adressierbarer Speicher (*m.*).
memoria installata (*inf.*), installierter Speicher (*m.*).
memoria integrata (*inf.*), integrierter Speicher (*m.*).
memoria intermedia (*inf.*), Zwischenspeicher (*m.*).
memoria intracellulare (*biol.*), intrazellulärer Speicher (*m.*).
memoria libera (*inf.*), freier Speicher (*m.*).
memoria limitata (*inf.*), begrenzter Speicher (*m.*).
memoria lineare (*inf.*), linearer Speicher (*m.*).
memoria locale (*inf.*), lokaler Speicher (*m.*).
memoria magneto ottica (*inf.*), magneto-optischer Speicher (*m.*).
memoria non volatile (*inf.*), nichtflüchtiger Speicher (*m.*).
memoria olografica (*inf.*), holographischer Speicher (*m.*).
memoria ottica (*inf.*), optischer Speicher (*m.*).
memoria periferica (*inf.*), Peripheriespeicher (*m.*).
memoria permanente (*inf.*), permanenter Speicher (*m.*).
memoria principale (*inf.*), Hauptspeicher (*m.*).
memoria programmabile (*inf.*), programmierbarer Speicher (*m.*).
memoria RAM (*inf.*), RAM-Speicher (*m.*).
memoria relazionale (*inf.*), relationaler Speicher (*m.*).
memoria ROM (*inf.*), ROM-Speicher (*m.*).
memoria semipermanente (*inf.*), semipermanenter Speicher (*m.*).
memoria standard (*inf.*), Standardspeicher (*m.*).
memoria tampone (*inf.*), Pufferspeicher (*m.*).
memoria temporanea (*inf.*), temporärer Speicher (*m.*).
memoria utilizzabile (*inf.*), benutzbarer Speicher (*m.*).
memoria veloce (*inf.*), Schnellspeicher (*m.*).
memoria virtuale (*inf.*), virtueller Speicher (*m.*).
memoria volatile (*inf.*), flüchtiger Speicher (*m.*).
memorizzato in un file (*inf.*), in einer Datei gespeichert.
memorizzazione automatica (*inf.*), automatische Speicherung (*f.*).

memorizzazione delle informazioni (*inf.*), Informationsspeicherung (*f.*).
memorizzazione di dati (*inf.*), Datenspeicherung (*f.*).
memorizzazione digitale (*inf.*), digitale Speicherung (*f.*).
memorizzazione elettronica (*inf.*), elektronische Speicherung (*f.*).
memorizzazione sequenziale (*inf.*), sequentielle Speicherung (*f.*).
memorizzazione veloce (*inf.*), schnelle Speicherung (*f.*).
menu (*inf.*), Menü (*n.*).
menu delle opzioni (*inf.*), Optionenmenü (*n.*).
menu di partenza (*inf.*), Startmenü (*n.*).
menu principale (*inf.*), Hauptmenu (*n.*).
mercato agricolo (*agric. - comm.*), Agrarmarkt (*m.*).
mercato del pesce di mare (*nav. - comm.*), Seefischmarkt (*m.*).
mercato delle telecomunicazioni (*telem. - ecc.*), Telekommunikationsmarkt (*m.*).
mercato di Internet (*inf.*), Internet-Markt (*m.*).
mercato immobiliare (*comm.*), Immobilienmarkt (*m.*).
mercato telefonico (*comm. - telef.*), Telefonmarkt (*m.*).
mercato telematico (*inf. - ecc.*), Telematikmarkt (*m.*).
merchandising (*ingl. - comm.*), Merchandising (*n.*).
mese anomalistico (*astr.*), anomalistischer Monat (*m.*).
mese precedente (*gen.*), Vormonat (*m.*).
messa a fuoco automatica (*ott.*), Autofokus (*m.*).
messa a punto (*mot.*), Abstimmung (*f.*).
messaggio di errore (*inf.*), Fehlermeldung (*f.*).
messaggio di errore di sistema (*inf.*), Systemfehlermeldung (*f.*).
metaanalisi (*stat.*), Metaanalyse (*f.*).
metabolita (*biol.*), Metabolit (*n.*).
metacrilato (*chim.*), Methacrylat (*n.*).
metaldeide (*chim.*), Metaldehyd (*n.*).
metallico (*metall.*), metallen.
metallorganica (*chim.*), Metallorganik (*f.*).
metallorganico (*chim.*), metallorganisch.
metalogico (*gen.*), metalogisch.
metamatematica (*mat.*), metamathematisch.
metanizzazione (*chim.*), Methanisierung (*f.*).
metaprogrammazione (*inf.*), Metaprogrammierung (*f.*).
metastabilità (*fis. - term.*), Metastabilität (*f.*).
meteorite marziana (*astr.*), Marsmeteorit (*m.*).
meteoroide (*astr.*), Meteoroid (*n.*).
metilacetato (*chim.*), Methylacetat (*n.*).
metilacrilato (*chim.*), Methylacrylat (*n.*).
metilammina (*chim.*), Methylamin (*n.*).
metilmetacrilato (*chim.*), Methylmethacrylat (*n.*).
metodi di riciclaggio (*gen.*), Recyclingmethoden (*f. - pl.*).
metodica di programmazione (*inf.*), Programmiermethodik (*f.*).
metodo delle secanti (*mat.*), Sekanten-Methode (*f.*).

metodo di acquisizione dati (*inf.*), Datenerfassungsmethode (*f.*).
metodo di calcolo (*mat. - ecc.*), Berechnungsmethode (*f.*).
metodo di datazione (*gen.*), Datierungsmethode (*f.*).
metodo di formatura (*tecnol. mecc.*), Formgebungsverfahren (*n.*).
metodo di interpolazione (*mat.*), Interpolationsmethode (*f.*).
metodo di laboratorio (*ind. - ecc.*), Labormethode (*f.*).
metodo di Laplace (*mat.*), Laplace-Methode (*f.*).
metodo di ottimizzazione (*gen.*), Optimierungsmethode (*f.*).
metodo di standardizzazione (*tecnol.*), Standardisierungsmethode (*f.*).
metodo di visualizzazione (*inf.*), Visualisierungsmethode (*f.*).
mezzi audiovisivi (*telev. - inf.*), audiovisuelle Medien (*n. - pl.*).
mezzo ausiliario (*gen.*), Hilfsmittel (*n.*).
mezzo di produzione (*gen.*), Betriebsmittel (*n.*).
microarchitettura (*inf.*), Mikroarchitektur (*f.*).
microbiologia (*biol.*), Mikrobiologie (*f.*).
microbiologico (*biol.*), mikrobiologisch.
microcalcolatore (*inf.*), Mikrorechner (*m.*).
microcassetta (*telef.*), Mikrokassette (*f.*).
microchip (*inf.*), Mikrochip (*m.*).
microclimatico (*meteor.*), mikroklimatisch.
microcomputer (*inf.*), Mikrocomputer (*m.*).
microcontrollore (*elettronica*), Microcontroller (*m.*).
microeconomico (*finanz.*), mikroökonomisch.
microelettronica (*elettronica*), Mikroelektronik (*f.*).
microelettronico (*elettronica*), mikroelektronisch.
microfiltro (*gen.*), Mikrofilter (*m. - n.*).
microfono incorporato (*radio*), eingebautes Mikrophon (*n.*).
microgravità (*fis.*), Mikrogravitation (*f.*).
microinformatica (*inf.*), Mikroinformatik (*f.*).
micromanipolazione (*gen.*), Mikromanipulation (*f.*).
micromeccanica (*fis.*), Mikromechanik (*f.*).
microprocessore (*inf.*), Mikroprozessor (*m.*).
microprogrammabile (*inf.*), mikroprogrammierbar.
microprogrammazione (*inf.*), Mikroprogrammierung (*f.*).
microsistema (*elett. - ecc.*), Mikrosystem (*n.*).
microspettroscopia (*ott.*), Mikrospektroskopie (*f.*).
microspettroscopico (*ott.*), mikrospektroskopisch.
microtecnica (*gen.*), Mikrotechnik (*f.*).
miglioramento del funzionamento (*gen.*), Funktionsverbesserung (*f.*).
miglioramento della qualità (*gen.*), Qualitätsverbesserung (*f.*).
migliorato (*gen.*), verbessert.
miliardesimo (*mat.*), Milliardstel (*n.*).
millerite (*min.*), Millerit (*n.*).
miniaturizzabile (*gen.*), miniaturisierbar.
miniaturizzare (*gen.*), miniaturisieren.
miniaturizzato (*gen.*), miniaturisiert.

miniaturizzazione (*gen.*), Miniaturisierung (*f.*).
minicalcolatore (*inf.*), Minirechner (*m.*).
minicomputer (*ingl. - inf.*), Minicomputer (*m.*).
ministero dei trasporti (*trasp.*), Transportministerium (*m.*).
ministero dell'ambiente (*leg.*), Umweltbundesamt (*n.*).
ministero delle finanze (*finanz. - amm.*), Finanzministerium (*n.*).
minitower (*ingl. - inf.*), Minitower (*m.*).
mirror (*ingl. - inf.*), Mirror (*m.*).
missile a guida laser (*espl. - aer.*), lasergesteuerte Rakete (*f.*).
missile a testata nucleare (*espl. - aer.*), Atomrakete (*f.*).
missile antimissile (*milit.*), Antiraketenrakete (*f.*).
missione spaziale (*astronautica*), Weltraummission (*f.*).
misurazione aerologica (*meteor.*), aerologische Messung (*f.*).
misurazione con ultrasuoni (*tecnol. mecc.*), Ultraschallmessung (*f.*).
misurazione dell'accelerazione (*fis. - ecc.*), Beschleunigungsmessung (*f.*).
misurazione dell'assorbimento (*fis. - chim.*), Absorptionsmessung (*f.*).
misurazione della distanza (*metrol.*), Abstandsmessung (*f.*).
misurazione della distanza mediante triangolazione (*metrol.*), Abstandsmessung durch Triangulation (*f.*).
misurazione della tensione (*elett.*), Spannungsmessung (*f.*).
misurazione della viscosità (*fis. - chim.*), Viskositätsmessung (*f.*).
misurazione delle emissioni (*mot.*), Emissionsmessung (*f.*).
misurazione di pressione (*tubaz. - ecc.*), Druckmessung (*f.*).
misurazione di resistenza (*elett.*), Widerstandsmessung (*f.*).
misurazione di spessore (*mecc. - ecc.*), Dickenmessung (*f.*).
misurazioni ambientali (*ecol.*), Umweltmessungen (*f. - pl.*).
mnemotecnica (*gen.*), Mnemotechnik (*f.*).
mnemotecnico (*gen.*), mnemotechnisch.
mobile (*a. - gen.*), bewegbar. **2 mobile ad angolo retto** (*gen.*), rechtwinklig bewegbar. **3 mobile in senso assiale** (*gen.*), axial verschiebbar.
mobilificio (*ind.*), Möbelfabrik (*f.*).
mobilità del lavoro (*lav.*), Arbeitsmobilität (*f.*).
mobilità della mano d'opera (*lav.*), Arbeitskräftemobilität (*f.*).
modellazione CAD (*inf.*), CAD-Modellierung (*f.*).
modellazione orientata a oggetti (*inf.*), objektorientierte Modellierung (*f.*).
modellazione tridimensionale (*inf.*), dreidimensionale Modellierung (*f.*).
modello da galleria del vento (*aer. - ecc.*), Windkanalmodell (*n.*).
modello di punta (*comm.*), Spitzenmodell (*n.*).
modello di simulazione (*stat.*), Simulationsmodell (*n.*).
modello digitale (*lav. macch. ut.*), digitales Modell (*n.*).

modello fisico (*lav. macch. ut.*), physikalisches Modell (*n.*).
modello lineare (*stat.*), lineares Modell (*n.*).
modello non lineare (*stat.*), nichtlineares Modell (*n.*).
modello statistico (*stat.*), statistisches Modell (*n.*).
modello stocastico (*stat.*), stochastisches Modell (*n.*).
modello tridimensionale (*lav. macch. ut.*), dreidimensionales Modell (*n.*).
modem ad alta velocità (*inf.*), Hochgeschwindigkeitsmodem (*m.*).
modem analogico (*inf.*), Analogmodem (*m.*).
modem digitale (*inf.*), Digitalmodem (*m.*).
modem incorporato (*inf.*), Einbaumodem (*m.*).
modem veloce (*inf.*), schneller Modem (*m.*).
modernizzato (*gen.*), modernisiert.
modo di funzionamento (*macch.*), Betriebsart (*f.*).
modularizzabile (*gen.*), modularisierbar.
modularizzare (*gen.*), modularisieren.
modularizzazione (*gen.*), Modularisierung (*f.*).
modulatore di ampiezza (*radio*), Amplitudenmodulator (*m.*).
modulatore di fase (*radio*), Phasenmodulator (*m.*).
modulatore elettroottico (*elett. - ott.*), elektrooptischer Modulator (*m.*).
modulazione di un effetto frenante (*aut.*), Abstimmung einer Bremswirkung (*f.*).
modulazione di velocità (*elettronica*), Geschwindigkeitsmodulation (*f.*).
modulazione per assorbimento (*radio*), Absorptionsmodulation (*f.*).
modulo di espansione (*inf.*), Erweiterungsmodul (*m.*).
modulo di interfaccia (*inf.*), Schnittstellenmodul (*m.*).
modulo per ordinazioni (*comm.*), Bestellformular (*n.*).
moldavite (*min.*), Moldavit (*n.*).
molibdato di ammonio (*chim.*), Ammoniummolybdat (*n.*).
molibdato di sodio (*chim.*), Natriummolybdat (*n.*).
molla piegata a forma di V (*mecc.*), V-förmig gebogene Feder (*f.*).
moltiplicatori lagrangiani (*mat.*), Lagrange-Multiplikatoren (*m. - pl.*).
moltiplicazione scalare (*mat.*), Skalarmultiplikation (*f.*).
mondo digitale (*inf.*), Digitalwelt (*f.*).
mondo virtuale (*inf.*), virtuelle Welt (*f.*).
moneta europea (*finanz.*), europäische Währung (*f.*).
monitor a colori (*inf.*), Farbmonitor (*m.*).
monitor a schermo piatto (*inf.*), Flachbildschirmmonitor (*m.*).
monitor di bordo (*m. - aut.*), Bordmonitor (*m*)
monitor grafico (*inf.*), Graphikmonitor (*m.*).
monitor monocromatico (*inf.*), Monochrom-Monitor (*m.*).
monitoring (*ingl. - gen.*), Monitoring (*n.*).
monoammina (*chim.*), Monoamin (*n.*).
monoasse (*veic.*), einachsig.
monoatomico (*chim.*), einatomig.

monocristallino (*min. - acc.*), monokristallin.
monoide (*mat.*), Monoid (*n.*).
mononucleare (*chim.*), mononukleär.
monopolio statale (*finanz.*), Staatsmonopol (*n.*).
monossido di silicio (*chim.*), Siliziummonoxyd (*n.*).
monoterapia (*med.*), Monotherapie (*f.*).
monoterpene (*chim.*), Monoterpen (*n.*).
monovolume (*aut.*), Grossraumlimousine (*f.*).
montaggio robotizzato (*ind. - autom.*), Robotermontage (*f.*).
monzonite (*min.*), Monzonit (*n*).
morfogenesi (*biol.*), Morphogenese (*f.*).
morfosintattico (*gen.*), morphosyntaktisch.
morganite (*min.*), Morganit (*n.*).
morphing (*inf.*), Morphing (*n.*).
morsettiera (*elett.*), Anschlussklemmleiste (*f.*).
mother board (*ingl. - elettronica*), Motherboard (*n.*).
motivato: **altamente motivato** (*gen.*), hochmotiviert.
moto rotatorio (*fis.*), rotatorische Bewegung (*f.*).
moto traslatorio (*fis.*), translatorische Bewegung (*f.*).
motoaliante (*aer.*), Motorsegler (*m.*).
motore a tre cilindri (*mot.*), Dreizylindermotor (*m.*).
motore trifase (*mot. elett.*), Dreiphasenmotor (*m*).
motore turbo (*mot.*), Turbomotor (*m.*).
motorizzazione con elevate prestazioni (*mot.*), leistungsstarke Motorisierung (*f.*).
mouse (*ingl. - inf.*), Maus (*f.*).
mouse a raggi infrarossi (*inf.*), Infrarot-Maus (*f.*).
mouse ottico (*inf.*), optische Maus (*f.*).
mouse pad (*ingl. - inf.*), Mauspad (*n.*).
mouse senza fili (*inf.*), schnurlose Maus (*f.*).
movimento del cursore (*inf.*), Cursorbewegung (*f.*).
movimento del mouse (*inf.*), Mausbewegung (*f.*).
movimento del robot (*autom.*), Roboterbewegung (*f.*).
mozzo libero (*veic.*), Freilaufnabe (*f.*).
mucoviscidosi (*med.*), Mukoviszidose (*f.*).
multiasse (*tecnol. - ecc.*), mehrachsig.
multicanale (*elettronica - ecc.*), mehrkanalig.
multidimensionale (*gen.*), mehrdimensional, multidimensional.
multidisciplinare (*gen.*), multidisziplinär.
multidisciplinarità (*gen.*), Multidisziplinarität (*f.*).
multifattoriale (*mat.*), mehrfaktoriell.
multifunzionale (*gen.*), multifunktional.
multifunzionalità (*gen.*), Multifunktionalität (*f.*).
multilaterale (*gen.*), multilateral.
multilineare (*mat.*), multilinear.
multimediale (*inf.*), multimedial.
multimedialità (*inf.*), Multimedialität (*f.*).
multiprocessing (*ingl. - inf.*), Multiprocessing (*n.*).
multiprocessore (*inf.*), Multiprozessor (*m.*).
multiprogramming (*ingl. - inf.*), Multiprogramming (*n.*).
multisensoriale (*gen.*), multisensoriell.
multispettrale (*ott.*), multispektral.
multistrato (*gen.*), mehrlagig.
multitasking (*ingl. - inf.*), Multitasking (*n.*).
muro: **rompere il muro del suono** (*aer.*), die Schallmauer durchbrechen.
mutazione cromosomica (*biochim.*), Chromosomenmutation (*f.*).
mutazione genetica (*biol.*), Genmutation (*f.*).

N

nanosecondo (*unità di mis.*), Nanosekunde (*f.*).
navigare in Internet (*inf.*), im Internet surfen.
navigazione interattiva (*inf.*), interaktive Navigation (*f.*).
necessario per il funzionamento (*gen.*), funktionsnotwendig.
nefelina (*min.*), Nephelin (*n.*).
negare l'accesso (*inf.*), den Zugriff ablehnen.
neofita (*gen.*), Einsteiger (*m.*).
neonatologia (*med.*), Neonatologie (*f.*).
nerd (*ingl. - gen.*), Nerd (*m.*).
nesosilicato (*min.*), Nesosilikat (*n.*).
netiquette (*ingl. - inf.*), Netiquette (*f.*).
Network Computer (*ingl. - inf.*), Network Computer (*m.*).
neurite (*med.*), Neuritis (*f.*).
neurobiologia (*biol.*), Neurobiologie (*f.*).
neurobiologico (*biol.*), neurobiologisch.
neurochirurgia (*med.*), Neurochirurgie (*f.*).
neurochirurgico (*med.*), neurochirurgisch.
neurochirurgo (*med.*), Neurochirurg (*m.*).
neurofisiologia (*med.*), Neurophysiologie (*f.*).
neurofisiologico (*med.*), neurophysiologisch.
neurolinguistica (*psicol.*), Neurolinguistik (*f.*).
neurolinguistico (*psicol.*), neurolinguistisch.
neuroma (*med.*), Neurom (*n.*).
neuropatia (*med.*), Neuropatie (*f.*).
neuropatologia (*med.*), Neuropathologie (*f.*).
neuropatologo (*med.*), Neuropathologe (*m.*).
neuropsicologia (*med.*), Neuropsychologie (*f.*).
neuropsicologico (*med.*), neuropsychologisch.
neurotrasmettitore (*biol.*), Neurotransmitter (*m.*).
neurotrasmissione (*biol.*), Neurontransmission (*f.*).
newsgroup (*ingl. - inf.*), Newsgruppe (*f.*).
nicchia del contatore (*ed.*), Zählernische (*f.*).
nickelpirite (*min.*), Nickelpyrit (*n.*).
nicotinico (*chim.*), nicotinisch.
nitrato di ammonio (*chim.*), Ammoniumnitrat (*n.*).
nitrato di bario (*chim.*), Bariumnitrat (*n.*).
nitrato di berillio (*chim.*), Berylliumnitrat (*n.*).
nitrato di bismuto (*chim.*), Wismutnitrat (*n.*).
nitrato di cobalto (*chim.*), Kobaltnitrat (*n.*).
nitrato di litio (*chim.*), Lithiumnitrat (*n.*).
nitrato di magnesio (*chim.*), Magnesiumnitrat (*n.*).
nitrato di piombo (*chim.*), Bleinitrat (*n.*).
nitrato di potassio (*chim.*), Kaliumnitrit (*n.*).
nitrato di rame (*chim.*), Kupfernitrat (*n.*).
nitrato di sodio (*chim.*), Natriumnitrat (*n.*).
nitrato di stronzio (*chim.*), Strontiumnitrat (*n.*).
nitrato di zinco (*chim.*), Zinknitrat (*n.*).
nitrito di sodio (*chim.*), Natriumnitrit (*n.*).
nitroetano (*chim.*), Nitroethan (*n.*).
nitrometano (*chim.*), Nitromethan (*n.*).
nitruro di boro (*chim.*), Bornitrid (*n.*).
nitruro di gallio (*chim.*), Galliumnitrid (*n.*).
nitruro di silicio (*chim.*), Siliziumnitrid (*n.*).
nocivo: altamente nocivo (*gen.*), hochschädlich.
nodo di corrente (*elett.*), Stromknoten (*m.*).
nodo di memoria (*inf.*), Speicherknoten (*m.*).
noleggio autogru (*macch. - comm.*), Autokranvermietung (*f.*).
nome del client (*inf.*), Clientname (*m.*).
nome del drive (*inf.*), Laufwerkbezeichnung (*f.*).
nome del prodotto (*ind.*), Produktname (*m.*).
nome del programma (*inf.*), Programmname (*m.*).
nome del server (*inf.*), Servername (*m.*).
nome del sottoprogramma (*inf.*), Unterprogrammname (*m.*).
nome dell'host (*inf.*), Hostname (*m.*).
nome dell'oggetto (*inf.*), Objekt-Name (*m.*).
nome dell'utente (*inf.*), Username (*m.*). Benutzername (*m.*).
nome della directory (*inf.*), Directoryname (*m.*).
nome della subroutine (*inf.*), Subroutine-Name (*m.*).
nome di file (*inf.*), Dateiname (*m.*).
nome di variabile (*inf.*), Variablenname (*m.*).
nome simbolico (*inf.*), symbolischer Name (*m.*).
non algebrico (*mat.*), nichtalgebraisch.
non biologico (*biol.*), nichtbiologisch.
non compresso (*inf.*), unkomprimiert.
non determinismo (*fis. - mat.*), Nichtdeterminismus (*m.*).
non deterministico (*fis. - mat.*), nichtdeterministisch.
non eseguibile (*inf.*), nichtausführbar.
non euclideo (*geom.*), nichteuklidisch.
non formattato (*inf.*), unformatiert.
non industriale (*gen.*), nichtindustriell.
non interattivo (*inf.*), nichtinteraktiv.
non metrico (*gen.*), nichtmetrisch.
non parametrico (*mat. - ecc.*), nichtparametrisch.
non relativistico (*fis.*), nichtrelativistisch.
non rinforzato (*mecc. - ecc.*), unverstärkt.
non riutilizzabile (*gen.*), nicht wiederverwendbar.
non uniforme (*gen.*), ungleichförmig.
non vedente (*gen.*), sehbehindert.
non vincolante (*gen.*), unverbindlich.
non volatile (*inf.*), nichtflüchtig.
norma di sicurezza (*gen.*), Sicherheitsstandard (*m.*).
normativa ambientale (*ecol. - leg.*), Umweltrechtsvorschriften (*f. - pl.*).
nota preliminare (*gen.*), Vorbemerkung (*f.*).
notazione decimale (*inf.*), Dezimalschreibweise (*f.*).
notazione esadecimale (*mat.*), Hexadezimalschreibweise (*f.*).
notazione in virgola mobile (*mat.*), Gleitkommadarstellung (*f.*).
notazione vettoriale (*inf.*), Vektorschreibweise (*f.*).

notebook (*ingl. - inf.*), Notebook (*n.*).
notebook multimediale (*inf.*), Multimedia-Notebook (*m.*).
novità mondiale (*comm.*), Weltneuheit (*f.*).
nucleasi (*chim. - biol.*), Nuklease (*f.*).
nucleo galattico (*astr.*), Galaxienkern (*m.*).
numerazione della pagina (*tip.*), Seitennumerierung (*f.*).
numero (massimo) di caratteri (*inf.*), (maximale) Zeichenzahl (*f.*).
numero a dieci cifre (*mat.*), zehnstellige Zahl (*f.*).
numero a due cifre (*mat.*), zweistellige Zahl (*f.*).
numero a nove cifre (*mat.*), neunstellige Zahl (*f.*).
numero a otto cifre (*mat.*), achtstellige Zahl (*f.*).
numero a quattro cifre (*mat.*), vierstellige Zahl (*f.*).
numero a sei cifre (*mat.*), sechsstellige Zahl (*f.*).
numero a sette cifre (*mat.*), siebenstellige Zahl (*f.*).
numero a tre cifre (*mat.*), dreistellige Zahl (*f.*).
numero binario (*mat.*), binäre Zahl (*f.*).
numero decimale (*mat.*), Dezimalzahl (*f.*).
numero dell'utente (*inf.*), Benutzernummer (*f.*).
numero della pagina (*tip.*), Seitennummer (*f.*).
numero di canale (*telev.*), Kanalzahl (*f.*).
numero di carattere (*inf.*), Zeichennummer (*f.*).
numero di carta di credito (*contab.*), Kreditkartennummer (*f.*).
numero di cromosomi (*biochim.*), Chromosomenzahl (*f.*).
numero di elemento (*ind.*), Teilnummer (*f.*).
numero di fax (*telem.*), Faxnummer (*f.*).
numero di giri del mandrino (*macch. ut.*), Spindeldrehzahl (*f.*).
numero di giri dell'utensile (*ut.*), Werkzeugdrehzahl (*f.*).
numero di identificazione (*gen.*), Identifikationsnummer (*f.*).
numero di leucociti (*biol.*), Leukozytenzahl (*f.*).
numero di pixel (*inf.*), Pixelzahl (*f.*).
numero di porta (*inf.*), Portnummer (*f.*).
numero di riga (*inf.*), Zeilennummer (*f.*).
numero di righe (*inf.*), Zeilenzahl (*f.*).
numero di telefono cellulare (*radio - telef.*), Funktelefonnummer (*f.*).
numero di telex (*telem.*), Telexnummer (*f.*).
numero esadecimale (*mat.*), Hexadezimalzahl (*f.*).
numero IP (*inf.*), IP-Nummer (*f.*).
numero segreto (*gen.*), Geheimzahl (*f.*).
numero seriale (*inf.*), Serialnummer (*f.*).
nuovo di fabbrica (*gen.*), fabrikneu.

O

obiettivo (*gen.*), Zweck (*m.*).
obiettivo di qualità (*gen.*), Qualitätsziel (*n.*).
occhiali di protezione dai raggi laser (*lav.*), Laserschutzbrille (*f.*).
occupazione della memoria (*inf.*), Speicherbelegung (*f.*).
oceanografico (*geofis.*), ozeanographisch.
oceanografo (*geofis.*), Ozeanograph (*m.*).
offerta: presentare, sottoporre un'offerta (*comm.*), ein Angebot unterbreiten.
offerta di servizi (*comm. - ecc.*), Dienstleistungsangebot (*n.*).
oftalmoscopia (*med.*), Ophtalmoskopie (*f.*).
oggetto di investimento (*finanz.*), Investitionsobjekt (*n.*).
oggetto estraneo (*gen.*), Fremdgegenstand (*m.*).
oggetto grafico (*inf.*), Graphikobjekt (*n.*).
oggetto tridimensionale (*inf.*), dreidimensionales Objekt (*n.*).
oggetto virtuale (*inf.*), virtuelles Objekt (*n.*).
olio sintetico (*chim.*), Synthetiköl (*n.*).
olivetta (*mecc.*), Annietmutter (*f.*).
olografico (*ott.*), holographisch.
omeostasi (*biol.*), Homöostase (*f.*).
omeostatico (*biol.*), homöostatisch.
omomorfismo (*mat.*), Homomorphismus (*m.*).
omozigote (*biol.*), homozygot.
onda d'urto (*fis.*), Schockwelle (*f.*).
onda gravitazionale (*fis.*), Gravitationswelle (*f.*).
online (*a. - ingl. - inf.*), online.
operatore di Laplace (*mat.*), Laplaceoperator (*m.*).
operazioni di montaggio robotizzate (*ind. - autom.*), robotisierte Montageoperationen (*f. - pl.*).
opponente (*leg.*), Antragsgegner (*m.*), Einsprechende (*m.*).
optoelettrico (*elett. - ott.*), optoelektrisch.
optoelettronica (*elettronica - ott.*), Optoelektronik (*f.*).
optoelettronico (*elettronica - ott.*), optoelektronisch.
optomeccanica (*mecc. - ott.*), Optomechanik (*f.*).
optomeccanico (*mecc. - ott.*), optomechanisch.
opuscolo informativo (*tip. - comm.*), Info-Broschüre (*f.*).
opzione di ricerca (*inf.*), Suchoption (*f.*).
opzioni del menu (*inf.*), Menüoptionen (*f. - pl.*).
opzioni di stampa (*inf.*), Druckoptionen (*f. - pl.*).
orbita (*astronautica*), Orbit (*m.*). **2 raggiungere l'orbita prevista** (*astronautica*), den vorgesehenen Orbit erreichen.
orbita geostazionaria (*astronautica*), geostationäre Umlaufbahn (*f.*).
orbitale atomico (*chim.*), Atomorbital (*n.*).
orbitale molecolare (*chim.*), Molekülorbital (*n.*).
ordinazione diretta (*comm.*), Direktbestellung (*f.*).
ordinazione online (*comm. - inf.*), Onlinebestellung (*f.*).
ordinazione telefonica (*comm.*), telefonische Bestellung (*f.*).
ordine di prova (*comm.*), Probeauftrag (*m.*).
ordine di sparare (*milit. - ecc.*), Schiessbefehl (*m.*).
ordine fermo (*comm.*), Festbestellung (*f.*).
organizzato gerarchicamente (*gen.*), hierarchisch organisiert.
organizzazione amministrativa (*amm.*), Verwaltungsorganisation (*f.*).
organizzazione aziendale (*ind. - comm.*), Unternehmensorganisation (*f.*).
organizzazione commerciale (*comm.*), kommerzielle Organisation (*f.*).
organizzazione della memoria (*inf.*), Speicherorganisation (*f.*).
organizzazione di file (*inf.*), Dateiorganisation (*f.*).
organizzazione ecologista (*ecol.*), Umweltorganisation (*f.*).
organizzazione logistica (*gen.*), Logistikorganisation (*f.*).
organo comunitario (*leg.*), Gemeinschaftsorgan (*n.*).
organo di bloccaggio (*mecc.*), Klemmorgan (*n.*).
organo di serraggio (*mecc.*), Klemmorgan (*n.*).
organolettica (*gen.*), Organoleptik (*f.*).
orientamento dell'utensile (*ut.*), Werkzeugorientierung (*f.*).
orientamento mandrino (*lav. macch. ut.*), Spindelorientierung (*f.*).
orientato a oggetti (*inf.*), objektorientiert.
orientato al computer (*inf.*), computerorientiert.
orientato al processo (*organ. del lav.*), prozessorientiert.
orientato alla clientela (*comm.*), kundenorientiert.
orientato alla crescita (*gen.*), wachstumorientiert.
orientato alla logica (*inf.*), logikorientiert.
orientato alla pratica (*gen.*), praxisorientiert.
orientato alla qualità (*ind. - ecc.*), qualitätsorientiert.
origine macchina (*c.n. - macch. ut.*), Maschinennullpunkt (*m.*).
ormonale (*biol.*), hormonell.
ormone della crescita (*biol.*), Wachstumshormon (*n.*).
orologio subacqueo (*orologeria*), Taucheruhr (*f.*).
ortonormalizzazione (*geom.*), Othonormalisierung (*f.*).
ortopirosseno (*min.*), Orthopyroxin (*n.*).

ortosilicato (*min.*), Orthosilikat (*n.*).
ortottica (*med.*), Orthoptik (*f.*).
ortottico (*med.*), orthoptisch.
ossalato di ammonio (*chim.*), Ammoniumoxalat (*n.*).
ossalato di potassio (*chim.*), Kaliumoxalat (*n.*).
ossalato di sodio (*chim.*), Natriumoxalat (*n.*).
osservazione della terra (*astr.*), Erdbeobachtung (*f.*).
osservazioni di Giove (*astr.*), Jupiterbeobachtungen (*f. - pl.*).
osservazioni stellari (*astr.*), Sternbeobachtungen (*f. - pl.*).
ossiacetilene (*chim.*), Azetylensauerstoff (*m.*).
ossidazione catalitica (*chim.*), katalytische Oxydation (*f.*).
ossido antimonioso (*chim.*), Antimontrioxyd (*n.*).
ossido d'argento (*chim.*), Silberoxyd (*n.*).
ossido di alluminio (*chim.*), Aluminiumoxyd (*n.*).
ossido di antimonio (*chim.*), Antimonoxyd (*n.*).
ossido di arsenico (*chim.*), Arsenoxyd (*n.*).
ossido di bario (*chim.*), Bariumoxyd (*n.*).
ossido di berillio (*chim.*), Berylliumoxyd (*n.*).
ossido di boro (*chim.*), Boroxyd (*n.*).
ossido di manganese (*chim.*), Manganoxyd (*n.*).
ossido di mercurio (*chim.*), Quecksilberoxyd (*n.*).
ossido di nichel (*chim.*), Nickeloxyd (*n.*).
ossido di silicio (*chim.*), Siliziumoxyd (*n.*).
ossigeno liquido (*chim.*), Flüssigsauerstoff (*m.*).
ottica laser (*ott.*), Laseroptik (*f.*).
ottimizzazione dei costi (*amm.*), Kostenoptimierung (*f.*).
ottimizzazione del programma (*inf.*), Programmoptimierung (*f.*).
ottimizzazione di processo (*tecnol.*), Prozessoptimierung (*f.*).
ottimizzazione di prodotto (*tecnol.*), Produktoptimierung (*f.*).
ottimizzazione discreta (*mat.*), diskrete Optimierung (*f.*).
output (*ingl. - elettronica*), Output (*m.*).
ozonolisi (*chim.*), Ozonolyse (*f.*).
ozonoterapia (*med.*), Ozontherapie (*f.*).

P

pacchetto completo (*comm.*), Komplettpaket (*n.*).
pacchetto di programmi (*inf.*), Programmpaket (*n.*).
pacchetto grafico (*inf.*), Graphikpaket (*n.*).
pacchetto hardware (*inf.*), Hardware-Paket (*n.*).
pacchetto software (*inf.*), Software-Paket (*n.*).
pace-maker (*ingl. - strum. med.*), Pacemaker (*m.*).
paese dell'UE (*geogr.*), EU-Land (*n.*).
paese di destinazione (*trasp. - ecc.*), Bestimmungsland (*n.*).
paese industrializzato (*ind.*), industrialisiertes Land (*n.*).
pagamento: dietro pagamento di un prezzo da concordare (*comm.*), gegen Bezahlung eines zu vereinbarenden Preises.
pagamento di contributi (*amm.*), Beitragszahlung (*f.*).
pagamento di una cauzione (*leg.*), Entrichtung einer Kaution (*f.*).
pagina di aiuto (*inf.*), Hilfeseite (*f.*).
pagina di memoria (*inf.*), Speicherseite (*f.*).
pagina di partenza (*inf.*), Startseite (*f.*).
pagina Internet (*inf.*), Internetseite (*f.*).
pagina scannerizzata (*inf.*), gescannte Seite (*f.*).
pagina web (*inf.*), Web-Seite (*f.*).
pagina WWW (*inf.*), WWW-Seite (*f.*). **2** (di un quotidiano p. es.) (*tip.*), WWW-Ausgabe (*f.*).
pallettizzazione (*inf.*), Palettisieren (*n.*).
pallina del mouse (*inf.*), Mauskugel (*f.*).
pannello anteriore (*radio - aut.*), Frontplatte (*f.*).
pannello della porta (*aut.*), Türpaneel (*n.*).
pannello di legno massiccio (*legno*), Massivholzplatte (*f.*).
pannello solare (*ed. - ecc.*), Solarpaneel (*n.*).
panno morbido (*ind. tess.*), weiches Tuch (*n.*).
parabrezza (*aut.*), Windlauf (*m.*).
paraformaldeide (*chim.*), Paraformaldehyd (*n.*).
paragliding (*ingl. - sport*), Paragliding (*n.*).
parallelizzabile (*mat.*), parallelisierbar.
parallelizzabilità (*mat.*), Parallelisierbarkeit (*f.*).
parallelizzare (*mat.*), parallelisieren.
parallelizzato (*mat.*), parallelisiert.
parallelizzazione (*mat.*), Parallelisierung (*f.*).
paraluce (*fot.*), Sonnenblende (*f.*).
parametrabile (*mat.*), parametrierbar.
parametrare (*mat.*), parametrieren.
parametri definiti dall'utente (*inf.*), benutzerdefinierte Parameter (*m. - pl.*).
parametro di ricerca (*inf.*), Suchparameter (*m.*).
parametro tecnologico (*tecnol.*), Technologieparameter (*m.*).
parapendio (*sport*), Paragleiten (*n.*).
parco a tema (*ed.*), Themenpark (*m.*).

parco acquatico (*ed.*), Wasserpark (*m.*).
parere (*gen.*), Stellungnahme (*f.*).
parete di chiusura (*gen.*), Abschlusswand (*f.*).
parete intermedia (*gen.*), Zwischenwand (*f.*).
parete interna dello stampo (*fond.*), Forminnenwandung (*f.*).
parete tagliafiamma (*ed.*), Brandwand (*f.*).
parità monetaria (*finanz.*), Währungsparität (*f.*).
parola chiave (*inf.*), Schlüsselwort (*n.*).
parola di controllo (*inf.*), Steuerwort (*n.*).
parola di controllo di accesso (*inf.*), Zugriffssteuerwort (*n.*).
parola in codice (*inf.*), Codewort (*n.*).
parte attrice (*leg.*), Klagepartei (*f.*).
particolare di scarto (*mecc.*), Ausschussteil (*n.*).
particolare ingrandito (*dis.*), vergrösserter Ausschnitt (*m.*).
partizione del disco fisso (*inf.*), Festplattenpartition (*f.*).
partner (*ingl. - gen.*), Partner (*m.*).
partner nelle trattative (*comm.*), Verhandlungspartner (*m.*).
partner per consultazioni (*gen.*), Ansprechpartner (*m.*).
partnership (*ingl. - gen.*), Partnerschaft (*f.*).
password (*ingl. - inf.*), Password (*n.*).
patch (*ingl. - inf.*), Patch (*n.*).
patognomico (*med.*), pathognomisch.
patto di stabilità (*politica*), Stabilitätspakt (*m.*).
patto sociale (*politica*), Sozialpakt (*m.*).
paura degli esami (*psicol.*), Prüfungsangst (*f.*).
PC (personal computer) (*ingl. - inf.*), PC, Personalcomputer (*m.*).
PC collegato in rete (*inf.*), vernetzter PC (*m.*).
PC da casa (*inf.*), Heim-PC (*m.*).
PC industriale (*inf.*), industrieller PC (*m.*).
pensante (*gen.*), denkend.
pensiero positivo (*psicol.*), positives Denken (*n.*).
pentabromuro (*chim.*), Pentabromid (*n.*).
pentabromuro di fosforo (*chim.*), Phosphorpentabromid (*n.*).
pentaclorofenolo (*chim.*), Pentachlorphenol (*n.*).
pentacloruro (*chim.*), Pentachlorid (*n.*).
pentacloruro di antimonio (*chim.*), Antimonpentachlorid (*n.*).
pentacloruro di fosforo (*chim.*), Phosphorpentachlorid (*n.*).
pentadecano (*chim.*), Pentadecan (*n.*).
pentafluoruro (*chim.*), Pentafluorid (*n.*).
pentaidrato (*chim.*), Pentahydrat (*n.*).
pentossido (*chim.*), Pentoxyd (*n.*).
pentossido di vanadio (*chim.*), Vanadiumpentoxyd (*n.*).
peptone (*chim.*), Pepton (*n.*).
perborato di sodio (*chim.*), Natriumperborat (*n.*).

perclorato d'argento (*chim.*), Silberperchlorat (*n.*).
perclorato di ammonio (*chim.*), Ammoniumperchlorat (*n.*).
perclorato di bario (*chim.*), Bariumperchlorat (*n.*).
perclorato di litio (*chim.*), Lithiumperchlorat (*n.*).
perclorato di magnesio (*chim.*), Magnesiumperchlorat (*n.*).
perclorato di potassio (*chim.*), Kaliumperchlorat (*n.*).
perclorato di sodio (*chim.*), Natriumperchlorat (*n.*).
perclorato di uranile (*chim.*), Uranylperchlorat (*n.*).
percolazione (*fis.*), Perkolation (*f.*).
percorso dei gas combusti (*comb.*), Abgasweg (*m.*).
percorso di accesso (*inf.*), Zugriffspfad (*m.*).
percorso di ricerca (*inf.*), Suchpfad (*m.*).
percorso di trasmissione (*inf.*), Übertragungsweg (*m.*).
perdita: vendere in perdita (*comm.*), mit Verlust verkaufen.
perdita del posto di lavoro (*ind.*), Arbeitsplatzverlust (*m.*).
perdita di calcio (*med.*), Kalzium-Verlust (*n.*).
perdita di dati (*inf.*), Datenverlust (*m.*).
perdita di tensione (*elett.*), Spannungsverlust (*m.*).
perdita di velocità (*gen.*), Geschwindigkeitsverlust (*m.*).
perdita per assorbimento (*fis.*), Absorptionsverlust (*m.*).
perfezionamento (di un invenzione) (*leg.*), Weiterbildung (*f.*).
pericolo d'incendio (*gen.*), Brandgefahr (*f.*).
periodo di contribuzione (*amm.*), Beitragszeit (*f.*).
periodo di difficoltà finanziarie (*finanz.*), finanzieller Engpass (*m.*).
periodo di incubazione (*med.*), Inkubationszeit (*f.*).
periodo di sviluppo (*gen.*), Entwicklungszeit (*f.*).
periodo elettorale (*politica*), Wahlperiode (*f.*).
permanganato di potassio (*chim.*), Kaliumpermanganat (*n.*).
perno di appoggio (*mecc.*), Auflagebolzen (*m.*).
perno di serraggio (*mecc.*), Einspannzapfen (*m.*).
perossidisolfato di ammonio (*chim.*), Ammoniumperoxydisulfat (*n.*).
perossido di bario (*chim.*), Bariumperoxyd (*n.*).
perossido di sodio (*chim.*), Natriumperoxyd (*n.*).
perovskite (*min.*), Perovskit (*n.*).
persolfato di ammonio (*chim.*), Ammoniumpersulfat (*n.*).
persona da contattare (*gen.*), Kontaktperson (*f.*).
personale amministrativo (*amm.*), Verwaltungspersonal (*n.*).
personale di bordo (*pers. - aer. - ecc.*), Bordpersonal (*m.*).
personale di volo (*aer.*), fliegendes Personal (*n.*).
personale qualificato (*pers.*), qualifiziertes Personal (*m.*).
personalizzabile (*gen.*), personalisierbar.
personalizzare (*gen.*), personalisieren.
personalizzato (*gen.*), personalisiert.
personalizzazione (*gen.*), Personalisierung (*f.*).
pescante (*tubaz.*), Tauchrohr (*n.*).
peso proprio (*sc. costr.*), Eigenlast (*f.*).
petrologia (*min.*), Petrologie (*f.*).
petrologico (*min.*), petrologisch.
pezzo: di un solo pezzo (*gen.*), einstückig. **2 realizzato in un solo pezzo** (*gen.*), aus einem Stück gefertigt.
piacere di guida (*aut. - ecc.*), Fahrfreude (*f.*), Fahrvergnügen (*n.*).
pianeta simile alla terra (*astr.*), erdähnlicher Planet (*m.*).
pianeti extrasolari (*astr.*), extrasolare Planeten (*m. - pl.*).
pianificazione del volo (*aer.*), Flugplanung (*f.*).
pianificazione della produzione (*ind.*), Produktionsplanung (*f.*).
piano: di un piano (*gen.*), einschossig. **2 sul piano internazionale** (*gen.*), auf internationaler Ebene.
piano di marketing (*comm. - organ.*), Marketingplan (*m.*).
piano di riferimento (*geom. - mecc.*), Bezugsebene (*f.*).
piano di rottura (*prove mater.*), Bruchebene (*f.*).
pianta modificata geneticamente (*gen.*), genetisch veränderte Pflanze (*f.*).
piantone di sicurezza (*aut.*), Sicherheitslenksäule (*f.*).
piastra a serraggio rapido (di una pressa) (*macch.*), Schnellspannplatte (*f.*).
piastra di fissaggio (*macch. ut.*), Spannplatte (*f.*).
piastra di guida (*mecc.*), Führungsplatte (*f.*).
piastra di scorrimento (*mecc.*), Gleitplatte (*f.*).
piastra distanziale (*mecc.*), Abstimmplatte.
piattaforma client (*inf.*), Clientplattform (*f.*).
piattaforma di ricerca (*astr.*), Forschungsplattform (*f.*).
piattaforma di sviluppo (*inf.*), Entwicklungsplattform (*f.*).
piattaforma hardware (*inf.*), Hardware-Plattform (*f.*).
piattaforma Internet (*inf.*), Internet-Plattform (*f.*).
piattaforma petrolifera (*ind. chim.*), Ölplattform (*f.*).
piattaforma server (*inf.*), Serverplattform (*f.*).
piattaforma software (*inf.*), Software-Plattform (*f.*).
picco di traffico (*traff. strad. - ecc.*), Verkehrsspitze (*f.*).
piegato a forma di V (*lav. lamiera*), V-förmig gebogen.
pigmento organico (*vern.*), organisches Pigment (*n.*).
PIL (prodotto interno lordo) (*finanz.*), BIP, Bruttoinlandsprodukt (*n.*).
pilota di elicotteri (*aer.*), Hubschrauberpilot (*m.*).
pilota militare (*aer.*), Militärpilot (*m.*).

PIN (Personal Identification Number, numero di identificazione personale) (*contab.*), PIN, Persönliche Identifikationsnummer (*f.*).
pinza del freno (d'un freno a disco) (*aut.*), Bremssattel (*m.*).
piombo tetraetile (*chim.*), Tetraethylblei (*n.*).
pipelining (*ingl. - inf.*), Pipelining (*n.*).
piroclastico (*min.*), pyroklastisch.
piroelettrico (*elett.*), pyroelektrisch.
pirolusite (*min.*), Pyrolusit (*n.*).
piromorfite (*min.*), Pyromorphit (*n.*).
pittura ad acqua (*vern.*), Wasserbasislack (*m.*).
pixel (*inf.*), Pixel (*n.*).
planetologo (*astr.*), Planetologe (*m.*).
plasmabilità (*gen.*), Schmiegsamkeit (*f.*).
plasmaproteina (*biol.*), Plasmaprotein (*n.*).
plasmocito (*biol.*), Plasmozyt (*n.*).
plastica rinforzata con fibre (*ind. chim.*), faserverstärkter Kunststoff (*m.*).
plastico: allo stato plastico (*metall. - ecc.*), im plastischen Zustand.
playstation (*ingl. - inf.*), Playstation (*f.*).
plottaggio (*inf.*), Plotten (*n.*).
plotter a colori (*inf.*), Farbplotter (*m.*).
plug and play (*ingl. - inf.*), Plug and play (*n.*).
poggiatesta posteriore (*aut.*), hintere Kopfstütze (*f.*).
polarizzabile (*elett. - ott.*), polarisierbar.
polarizzabilità (*elett. - ott.*), Polarisierbarkeit (*f.*).
pole position (*ingl. - aut. - ecc.*), Pole Position (*f.*).
policarbonato (*chim.*), Polykarbonat (*n.*).
policiclico (*chim.*), polyzyklisch.
policlorato (*chim.*), polychloriert.
policristallino (*min. - acc.*), polykristallin.
polielettrolita (*chim.*), Polyelektrolyt (*n.*).
poliglotta (*gen.*), Vielsprachler (*m.*).
poliimmide (*chim.*), Polyimid (*n.*).
poliisoprene (*chim.*), Polyisopren (*n.*).
polinomio di interpolazione (*mat.*), Interpolationspolynom (*n.*).
polipropilene isotattico (*chim.*), isotaktisches Polypropylen (*n.*).
polisilossano (*chim.*), Polysiloxan (*n.*).
politica aziendale (*ind. - comm.*), Unternehmenspolitik (*f.*).
politica degli investimenti (*finanz.*), Investitionspolitik (*f.*).
politica dei prezzi (*comm.*), Preispolitik (*f.*).
politica del disarmo (*milit. - politica*), Abrüstungspolitik (*f.*).
politica dell'occupazione (*lav.*), Beschäftigungspolitik (*f.*).
politica di marketing (*comm. - organ.*), Marketingpolitik (*f.*).
politica di privatizzazione (*gen.*), Privatisierungspolitik (*f.*).
politica di stabilizzazione (*gen.*), Stabilisierungspolitik (*f.*).
politica di standardizzazione (*tecnol.*), Standardisierungspolitik (*f.*).
politica di sviluppo (*gen.*), Entwicklungspolitik (*f.*).
politica estera (*politica*), Aussenpolitik (*f.*).
politica industriale (*ind.*), Industriepolitik (*f.*).
politica monetaria (*finanz.*), Währungspolitik (*f.*).
politica riformista (*s. - politica*), Reformpolitik (*f.*).
politico (*s. politica*), Politiker (*m.*).
politico riformista (*politica*), Reformpolitiker (*m.*).
polmonare (*med.*), pulmonal.
pompa di drenaggio (*macch.*), Entwässerungspumpe (*f.*).
ponte d'imbarco (*aer. - ecc.*), Fluggastbrücke (*f.*).
ponte trasporto veicoli (*costr. nav.*), Fahrzeugdeck (*n.*).
porfidico (*min.*), porphyrisch.
porta antincendio (*ed.*), Brandtür (*f.*).
porta parallela (*inf.*), Parallelport (*m.*).
portapunzone (*mecc.*), Stempelaufnahme (*f.*).
portavoce dell'azienda (*pers.*), Firmensprecher (*m.*).
porto privato (*nav.*), Privathafen (*m.*).
posare fuori terra (*elett. - tubaz.*), frei verlegen.
posato ex-novo (*elett. - tubaz.*), neuverlegt.
positroni polarizzati (*fis.*), polarisierte Positronen (*n. - pl.*).
posizionamento del cursore (*inf.*), Cursorpositionierung (*f.*).
posizione del cursore (*inf.*), Cursorposition (*f.*).
posizione del mouse (*inf.*), Mausposition (*f.*).
posizione di arresto (*mecc.*), Arretierungsposition (*f.*).
posizione di partenza (*gen.*), Ausgangslage (*f.*), Ausgangsposition (*f.*). **2 rimettere un organo di azionamento nella posizione di partenza** (*mecc. - ecc.*), ein Betätigungsorgan in seine Ausgangsposition zurückschieben. **3 assumere nuovamente la posizione di partenza** (*gen.*), die Ausgangsposition wieder einnehmen. **4 scattare indietro nella posizione di partenza** (di una serratura p. es.) (*mecc.*), in die Ausgangslage zurückschnappen.
posizione scarica di una molla (*mecc.*), unbelastete Stellung einer Feder (*f.*).
possibilità d'impiego (*gen.*), Einsatzmöglichkeit (*f.*).
possibilità di abbonamento (*comm.*), Abonnementsmöglichkeit (*f.*).
possibilità di accesso (*gen.*), Zugangsmöglichkeit (*f.*).
possibilità di investimento (*finanz.*), Anlagemöglichkeit (*f.*).
possibilità di lavorazione aggiuntive (*lav. macch. ut.*), zusätzliche Bearbeitungsmöglichkeiten (*f. - pl.*).
possibilità di soluzione (*gen.*), Lösungsmöglichkeit (*f.*).
possibilità grafiche (*inf.*), Graphikmöglichkeiten (*f. - pl.*).
posta elettronica (*inf.*), elektronische Post (*f.*), E-Mail (*f.*). **2 tramite posta elettronica** (*inf.*), per E-Mail.
postbruciatore (*aer.*), Nachbrenner (*m.*).
postcomunista (*politica*), postkommunistisch.
posto di comando (*ind.*), Leitstand (*m.*).
posto di lavoro: creare, salvare posti di lavoro (*ind.*), Arbeitsplätze schaffen, retten. **2 mantenere i posti di lavoro** (*lav.*), Arbeitsplätze erhalten.
postprocessing (*inf.*), Postprocessing (*n.*).

postprocessor (*inf.*), Anpassungsprogramm (*n.*).
postsinaptico (*biol.*), postsynaptisch.
potenza di calcolo (*inf.*), Rechenleistung (*f.*).
potenza economica (*politica*), Wirtschaftsgrossmacht (*f.*).
potenza massima (*gen.*), Maximalleistung (*f.*).
potenziale di crescita (*gen.*), Wachstumpotential (*n.*).
potenziale di ionizzazione (*fis.*), Ionisationspotential (*n.*).
potenziale di mercato (*comm.*), Marktpotential (*n.*).
potenziale di ossidazione (*chim.*), Oxydationspotential (*n.*).
potenziale di riduzione (*chim.*), Reduktionspotential (*n.*).
potenziale di successo (*gen.*), Erfolgspotential (*f.*).
potenziale gravitazionale (*fis.*), Gravitationspotential (*n.*).
potere calorifico di esercizio (*term. - comb.*), Betriebsheizwert (*m.*).
povero di energia (*gen.*), energiearm.
PR (public relations) (*ingl. - gen.*), PR (*pl.*).
pratica di programmazione (*inf.*), Programmierpraktikum (*n.*).
precisione del pezzo (*lav. mecc.*), Werkstückgenauigkeit (*f.*).
precisione di lettura (*strum. - ecc.*), Ablesegenauigkeit (*f.*).
preimpostabile (*gen.*), voreinstellbar.
preimpregnato (*gen.*), vorimprägniert.
preinstallare (*inf.*), vorinstallieren.
preinstallato (*inf.*), vorinstalliert.
preinstallazione (*inf.*), Vorinstallation (*f.*).
prelavaggio (*gen.*), Vorspülen (*n.*).
prelievo di denaro contante (*finanz.*), Bargeldabhebung (*f.*).
prenite (*min.*), Prehnit (*n.*).
prenotabile (*gen.*), buchbar.
prenotare online (*inf.*), online buchen.
prenotazione online (*inf.*), Onlinebuchung (*f.*).
prepensionamento (*lav. - pers.*), Vorruhestand (*m.*).
prepreg (*ind. chim.*), Prepreg (*n.*).
preprocessing (*inf.*), Preprocessing (*n.*).
presa (jack) per antenna (*telev.*), Antennenbuchse (*f.*).
presa d'antenna (*telev.*), Antennensteckdose (*f.*).
presa del telefono (*telef.*), Telefonsteckdose (*f.*).
presa della cuffia (*elettroacus.*), Kopfhörerbuchse (*f.*).
presa per accendisigari (di un autoveicolo) (*aut.*), Zigarettenanzünderbuchse (*f.*).
presa per auricolare (*app.*), Ohrhörerbuchse (*f.*).
presa per microfono (*radio - ecc.*), Mikrophonbuchse (*f.*).
presa visione (*gen.*), Einsichtnahme (*f.*). **2 presa visione eseguita con mezzi elettronici** (*leg.*), im elektronischen Wege vorgenommene Einsichtnahme (*f.*).
presentazione di software (*inf.*), Software-Vorstellung (*f.*).

presenza in Internet (*inf.*), Internetpräsenz (*f.*).
presettaggio utensile (*ut.*), Werkzeug-Voreinstellung (*f.*).
presidente del collegio sindacale (*f. - amm.*), Aufsichtsratsvorsitzende (*m.*).
pressa a caldo (*macch.*), Heisspresse (*f.*).
pressione di riempimento (*gen.*), Fülldruck (*m.*).
pressione effettiva (*comb.*), Effektivdruck (*m.*).
pressurizzazione (*gen.*), Druckbeaufschlagung (*f.*).
presupposti del fallimento (*leg.*), Konkursvoraussetzungen (*f. - pl.*).
prevenzione primaria (*med.*), Primärprävention (*f.*).
previsione del traffico (*traff. strad. - ecc.*), Verkehrsprognose (*f.*).
previsto: appositamente previsto (*gen.*), eigens vorgesehen.
prezzi all'ingrosso (*comm.*), Grosshandelspreise (*m. - pl.*).
prezzi delle parti di ricambio (*mecc. - comm. - ecc.*), Ersatzteilpreise (*m. - pl.*).
prezzi in diminuzione (*comm.*), rückläufige Preise (*m. - pl.*).
prezzo al consumo (*comm.*), Konsumentenpreis (*m.*).
prezzo all'esportazione (*comm.*), Ausfuhrpreis (*m.*).
prezzo all'importazione (*comm.*), Einfuhrpreis (*m.*).
prezzo base (*comm.*), Basispreis (*m.*).
prezzo di abbonamento (*comm.*), Abonnementspreis (*m.*).
prezzo di esportazione (*comm.*), Exportpreis (*m.*).
prima consegna (*comm.*), Erstauslieferung (*f.*).
prime rate (*ingl. - finanz.*), Prime Rate (*f.*).
principale acquirente (*comm.*), Hauptabnehmer (*m.*).
principio di funzionamento (*gen.*), Funktionsprinzip (*n.*).
privilegiato (*gen.*), priviligiert.
probabilità di trovare un'occupazione (*lav.*), Beschäftigungschancen (*f. - pl.*).
problema di Dirichlet (*mat.*), Dirichlet-Problem (*n.*).
problema di interfaccia (*inf.*), Schnittstellenproblem (*n.*).
problema di memoria (*inf.*), Speicher-Problem (*n.*).
problema di traduzione (*uff.*), Übersetzungsproblem (*n.*).
procedura fallimentare (*leg.*), Konkursverfahren (*n.*).
processo di crescita (*gen.*), Wachstumprozess (*m.*).
processo di differenziazione (*gen.*), Differenzierungsprozess (*m.*).
processo di erosione (*geol. - ecc.*), Erosionsprozess (*m.*).
processo di fabbricazione (*tecnol.*), Fertigungsverfahren (*n.*). **2** (*ind. - tecnol.*), Herstellungsprozess (*m.*).
processo di fermentazione (*chim.*), Fermentationsprozess (*m.*).

processo di fusione

processo di fusione (*metall.*), Schmelzprozess (*m.*).
processo di inizializzazione (*inf.*), Initialisierungsprozess (*m.*).
processo di interazione (*inf.*), Interaktionsprozess (*m.*).
processo di modernizzazione (*gen.*), Modernisierungsprozess (*m.*).
processo di privatizzazione (*gen.*), Privatisierungsprozess (*m.*).
processo di raffreddamento (*metall. - tratt. term. - ecc.*), Abkühlungsprozess (*m.*).
processo di stabilizzazione (*gen.*), Stabilisierungsprozess (*m.*).
processo di standardizzazione (*tecnol.*), Standardisierungsprozess (*m.*).
processo di sviluppo (*gen.*), Entwicklungsprozess (*m.*).
processo di trasformazione (*gen.*), Transformationsprozess (*m.*).
processore (*inf.*), Prozessor (*m.*).
processore numerico (*inf.*), numerischer Prozessor (*m.*).
processore a virgola mobile (*inf.*), Gleitkommaprozessor (*m.*).
processore di dati (*inf.*), Datenprozessor (*m.*).
processore digitale (*inf.*), Digitalprozessor (*m.*).
processore grafico (*inf.*), Graphik-Prozessor (*m.*).
processore parallelo (*inf.*), Parallelprozessor (*m.*).
processore superscalare (*inf.*), superskalares Progressor (*m.*).
prodotto ad alta tecnologia (*ind.*), Hochtechnologieprodukt (*n.*), High-Tech-Produkt (*n.*).
prodotto della concorrenza (*comm.*), Wettbewerbsprodukt (*n.*).
prodotto di decomposizione (*chim.*), Abbauprodukt (*n.*).
prodotto di fermentazione (*chim.*), Fermentationsprodukt (*n.*).
prodotto freeware (*inf.*), Freeware-Produkt (*n.*).
prodotto innovativo (*ind.*), innovatives Produkt (*n.*).
prodotto matriciale (*mat.*), Matrixprodukt (*n.*).
prodotto shareware (*inf.*), Shareware-Produkt (*n.*).
prodotto stand alone (*inf.*), Standalone-Produkt (*n.*).
producibile (*ind.*), herstellbar.
producibilità (*ind.*), Herstellbarkeit (*f.*).
produttività del lavoro (*ind.*), Arbeitsproduktivität (*f.*).
produttore: da parte del produttore (*ind.*), werkseitig.
produttore di antivirus (*inf.*), Antivirenhersteller (*m.*).
produttore di browser (*inf.*), Browserhersteller (*m*)
produttore di CNC (*macch. ut.*), CNC-Hersteller (*m.*).
produttore di hardware (*inf.*), Hardwarehersteller (*m.*).
produttore di robot (*ind. - autom.*), Roboterhersteller (*m.*).

produttore di scarpe (*ind.*), Schuhersteller (*m.*).
produttore di semiconduttori (*elettronica*), Halbleiterhersteller (*m.*).
produttore di sigarette (*ind.*), Zigarettenhersteller (*m.*).
produttore di software (*inf.*), Softwarehersteller (*m.*).
produttore di utensili (*ut.*), Werkzeughersteller (*m.*).
produzione di corrente (*elett.*), Stromproduktion (*f.*).
produzione di prototipi (*gen.*), Prototypenfertigung (*f.*).
produzione di sigarette (*ind.*), Zigarettenproduktion (*f.*).
produzione di software (*inf.*), Softwareherstellung (*f.*).
produzione lorda (*ind.*), Bruttoproduktion (*f.*).
profilo aziendale (*ind. - comm.*), Unternehmensprofil (*n.*).
profilo laminare (*aerodin.*), Laminarprofil (*n.*).
progettista di velivoli (*pers. - aer.*), Flugzeugkonstrukteur (*m.*).
progetto di legge (*leg.*), Gesetzentwurf (*m.*).
progetto di modernizzazione (*gen.*), Modernisierungsprojekt (*n.*).
progetto di privatizzazione (*gen.*), Privatisierungsprojekt (*n.*).
progetto di riforma (*politica*), Reformprojekt (*n.*).
progetto pilota (*gen.*), Pilotprojekt (*n.*).
programma: correggere un programma (*inf.*), ein Programm korrigieren.
programma aggiuntivo (*inf.*), Zusatzprogramm (*n.*).
programma antivirus (*inf.*), Antivirenprogramm (*n.*).
programma applicativo (*inf.*), Anwendungsprogramm (*n.*).
programma assemblatore (*inf.*), Assemblerprogramm (*n.*).
programma ausiliario (*inf.*), Hilfsprogramm (*n.*).
programma binario (*inf.*), Binärprogramm (*n.*).
programma browser (*inf.*), Browserprogramm (*n.*).
programma CAD (*inf. - dis.*), CAD-Programm (*n.*).
programma client (*inf.*), Clientprogramm (*n.*).
programma CN (*lav. macch. ut.*), NC-Programm (*n.*).
programma CNC (*macch. ut.*), CNC-Programm (*n.*).
programma compilatore (*inf.*), Compilerprogramm (*n.*).
programma consegne (*comm.*), Lieferplan (*m.*).
programma dello scanner (*inf.*), Scannerprogramm (*n.*).
programma demo (*inf.*), Demoprogramm (*n.*).
programma di acquisizione dati (*inf.*), Datenerfassungsprogramm (*n.*).
programma di analisi (*inf.*), Analyseprogramm (*n.*).
programma di archiviazione (*inf.*), Archivierungsprogramm (*n.*).

programma di archiviazione dati (*inf.*), Datenarchivierungsprogramm (*n.*).
programma di archiviazione file (*inf.*), Dateiarchivierungsprogramm (*n.*).
programma di backup (*inf.*), Backupprogramm (*n.*).
programma di banca dati (*inf.*), Datenbankprogramm (*n.*).
programma di calcolo (*inf.*), Berechnungsprogramm (*n.*).
programma di compressione dati (*inf.*), Datenkomprimierungsprogramm (*n.*).
programma di contabilizzazione (*inf.*), Abrechnungsprogramm (*n.*).
programma di conversione (*inf.*), Konvertierungsprogramm (*n.*).
programma di diagnosi (*inf.*), Diagnoseprogramm (*n.*).
programma di elaborazione delle immagini (*inf.*), Bildbearbeitungsprogramm (*n.*).
programma di elaborazione testi (*inf.*), Textverarbeitungsprogramm (*n.*).
programma di esempio (*inf.*), Beispielprogramm (*n.*).
programma di espansione (*comm.*), Expansionsprogramm (*n.*).
programma di fornitura (*comm.*), Lieferplan (*m.*).
programma di fresatura (*macch. ut.*), Fräsprogramm (*n.*).
programma di gestione dati (*inf.*), Datenverwaltungsprogramm (*n.*).
programma di gestione finanziaria (*inf.*), Finanzverwaltungsprogramm (*n.*).
programma di gestione magazzino (*ind.*), Lagerverwaltungsprogramm (*n.*).
programma di grafica vettoriale (*inf.*), Vektorgraphikprogramm (*n.*).
programma di guida (nei cambi automatici p. es.) (*aut.*), Fahrprogramm (*n.*).
programma di homebanking (*finanz. - inf.*), Homebanking-Programm (*n.*).
programma di inizializzazione (*inf.*), Initialisierungsprogramm (*n.*).
programma di installazione (*inf.*), Installationsprogramm (*n.*).
programma di interfaccia (*inf.*), Schnittstellenprogramm (*n.*).
programma di lavorazione (*lav. macch. ut.*), Bearbeitungsprogramm (*n.*).
programma di modernizzazione (*gen.*), Modernisierungsprogramm (*n.*).
programma di navigazione in Internet (*inf.*), Internet-Navigationsprogramm (*n.*).
programma di privatizzazione (*gen.*), Privatisierungsprogramm (*n.*).
programma di produzione (*ind.*), Fertigungsprogramm (*n.*).
programma di ricerca (*inf.*), Suchprogramm (*n.*).
programma di ricerca dei numeri del codice postale (*inf.*), Postleitzahlensuchprogramm (*n.*).
programma di riconoscimento testi (*inf.*), Texterkennungsprogramm (*n.*).
programma di scacchi (*inf.*), Schachprogramm (*n.*).
programma di setup (*inf.*), Setup-Programm (*n.*).
programma di sistema (*inf.*), Systemprogramm (*n.*).
programma di trasmissione dei dati (*inf.*), Datenübertragungsprogramm (*n.*).
programma di trasmissione file (*inf.*), Dateiübertragungsprogramm (*n.*).
programma di visualizzazione (*inf.*), Visualisierungsprogramm (*n.*).
programma eseguibile (*inf.*), ausführbares Programm (*n.*).
programma freeware (*inf.*), Freewareprogramm (*n.*).
programma gestionale (*inf.*), Verwaltungsprogramm (*n.*).
programma grafico (*inf.*), Graphik-Programm (*n.*).
programma infetto (*inf.*), infiziertes Programm (*n.*).
programma installato (*inf.*), installiertes Programm (*n.*).
programma interattivo (*inf.*), interaktives Programm (*n.*).
programma interprete (*inf.*), Interpreterprogramm (*n.*).
programma logico (*inf.*), Logikprogramm (*n.*).
programma logistico (*inf.*), Logistik-Programm (*n.*).
programma matematico (*inf.*), Mathematik-Programm (*n.*).
programma morphing (*inf.*), Morphingprogramm (*n.*).
programma multimediale (*inf.*), Multimedia-Programm (*n.*).
programma multitasking (*inf.*), Multitasking-Programm (*n.*).
programma per computer (*inf.*), Computerprogramm (*n.*).
programma per Internet (*inf.*), Internetprogramm (*n.*).
programma per trasferimento di file (*inf.*), Dateitransferprogramm (*n.*).
programma residente (*inf.*), residentes Programm (*n.*).
programma residente in memoria (*inf.*), speicher residentes Programm (*n.*).
programma server (*inf.*), Serverprogramm (*n.*).
programma della settimana, settimanale (*telev. - ecc.*), Wochenprogramm (*n.*).
programma shareware (*inf.*), Shareware-Programm (*n.*).
programma sorgente (*inf.*), Quellprogramm (*n.*).
programma spaziale (*astronautica*), Weltraumprogramm (*n.*).
programma stand alone (*inf.*), Standalone-Programm (*n.*).
programma statistico (*inf.*), Statistikprogramm (*n.*).
programma strutturato (*inf.*), strukturiertes Programm (*n.*).
programma telematico (*inf.*), Telematikprogramm (*n.*).
programma televisivo (*telev.*), Fernsehprogramm (*n.*).
programma universale (*inf.*), Universalprogramm (*n.*).
programma utente (*inf.*), Benutzerprogramm (*n.*).

programma vettoriale (*inf.*), Vektorprogramm (*n.*).
programma web (*inf.*), Web-Programm (*n.*).
programmatore di sistema (*inf.*), Systemprogrammierer (*m.*).
programmazione CN (*lav. macch. ut.*), NC-Programmierung (*f.*).
programmazione CNC (*macch. ut.*), CNC-Programmierung (*f.*).
programmazione della memoria (*inf.*), Speicherprogrammierung (*f.*).
programmazione di interfaccia (*inf.*), Schnittstellenprogrammierung (*f.*).
programmazione di robot (*ind. - autom.*), Roboterprogrammierung (*f.*).
programmazione di sistema (*inf.*), Systemprogrammierung (*f.*).
programmazione e controllo della produzione (*ind.*), Produktionsplanung und Steuerung (*f.*).
programmazione grafica (*inf.*), Graphikprogrammierung (*f.*).
programmazione in tempo reale (*inf.*), Echtzeitprogrammierung (*f.*).
programmazione neurolinguistica (*psicol.*), neurolinguistische Programmierung (*f.*).
programmazione non lineare (*inf.*), nichtlineare Programmierung (*f.*).
programmazione numerica (*inf.*), numerische Programmierung (*f.*).
programmazione offline (*inf.*), Offline-Programmierung (*f.*).
programmazione online (*inf.*), Online-Programmierung (*f.*).
programmazione orientata a oggetti (*inf.*), objektorientierte Programmierung (*f.*).
programmazione orientata alla logica (*inf.*), logikorientierte Programmierung (*f.*).
programmazione parametrica (*inf.*), Parameterprogrammierung (*f.*).
programmazione simbolica (*inf.*), symbolische Programmierung (*f.*).
programmazione strutturata (*inf.*), strukturierte Programmierung (*f.*).
pronto all'uso (*gen.*), einsatzbereit.
proprietà intellettuale (*leg.*), geistiges Eigentum (*n.*).
prospettiva: la figura 1 indica in prospettiva... (*dis.*), Figur 1 zeigt perspektivisch...
prospettiva di sviluppo (*gen.*), Entwicklungsperspektive (*f.*).
prospettive future (*gen.*), Zukunftsperspektiven (*f. - pl.*).
protetto da copyright (*leg.*), urheberrechtlich geschützt.
protetto da corrosione (*chim. - metall. - ecc.*), korrosionsgeschützt.
protetto da scrittura (*inf.*), schreibgeschützt.
protezione contro la corrosione esterna (*chim. - metall.*), Aussenkorrosionsschutz (*n.*).
protezione di file (*inf.*), Dateischutz (*m.*).
protezione sociale (*gen.*), Sozialschutz (*m.*).
protocollo di comunicazione (*inf.*), Kommunikationsprotokoll (*n.*).
protocollo di interfaccia (*inf.*), Schnittstellenprotokoll (*n.*).
protocollo di trasferimento (*inf.*), Übertragungsprotokoll (*n.*).
protocollo Internet (*inf.*), Internetprotokoll (*m.*).
protocollo web (*inf.*), Web-Protokoll (*n.*).
protopianeti (*astr.*), Protoplaneten (*m. - pl.*).
proustite (*min.*), Proustit (*n.*).
prova a terra (*astronautica - ecc.*), Bodentest (*m.*).
prova dei materiali non distruttiva (*tecnol. mecc. - ecc.*), zerstörungsfreie Werkstoffprüfung (*f.*).
prova di tenuta (*tecnol.*), Dichtheitsprüfung (*f.*).
prova di trazione superplastica (*sc. costr.*), superplastischer Zugversuch (*m.*).
prova in volo (*aer.*), Flugerprobung (*f.*).
prove nella galleria del vento (*aer. - ecc.*), Windkanalversuche (*m. - pl.*).
provider (*ingl. - inf.*), Provider (*m.*).
provider di Internet (*inf.*), Internetprovider (*m.*).
provitamina (*med. - farm.*), Provitamin (*f.*).
provvedimenti per creare nuovi posti di lavoro (*gen.*), Arbeitsbeschaffungsmassnahmen (*f. - pl.*).
provvigione sull'acquisto (*comm.*), Einkaufsprovision (*f.*).
pseudomorfo (*min.*), pseudomorph.
psicoattivo (*med.*), psychoaktiv.
psicodiagnostica (*psicol.*), Psychodiagnostik (*f.*).
psicolinguistica (*psicol.*), Psycholinguistik (*f.*).
psicolinguistico (*psicol.*), psycholinguistisch.
psicologia della personalità (*psicol.*), Persönlichkeitspsychologie (*f.*).
psicologia dello sport (*psicol.*), Sportpsychologie (*f.*).
psicologia dello sviluppo (*psicol.*), Entwicklungspsychologie (*f.*).
psicometria (*psicol.*), Psychometrie (*f.*).
psicometrico (*psicol.*), psychometrisch.
pubblicazioni online (*inf.*), Online-Publikationen (*f. - pl.*).
pubblicità di sigarette (*ind. - comm.*), Zigarettenwerbung (*f.*).
pubblicità online (*inf.*), Online-Werbung (*f.*).
public relations (*ingl. - gen.*), Public Relations (*pl.*).
pulizia della testina (*chim.*), Kopf-Reinigung (*f.*).
pulizia industriale (*ind.*), Industriereinigung (*f.*).
pulsante (*elett.*), Drucktaste (*f.*).
pulsante di attivazione (*elett. - ecc.*), Aktivierungsknopf (*m.*).
pulsante di reset (*elett. - ecc.*), Resetknopf (*m.*).
punibilità (*leg.*), Strafbarkeit (*f.*).
punta dello sci (*sport*), Skispitze (*f.*).
puntatore del mouse (*inf.*), Mouspfeil (*m.*).
punto d'installazione (*mecc. - ecc.*), Einbauort (*m.*).
punto di contatto dell'utensile (*ut.*), Werkzeugberührpunkt (*m.*).
punto più distante dalla terra (di un'orbita p. es.) (*astr.*), erdfernster Punkt (*m.*).
punto più vicino al sole (di un'orbita p. es.) (*astr.*), sonnennächster Punkt (*m.*).
punto tangenziale (*geom.*), Tangentialpunkt (*m.*).
punto vendita (*comm.*), Verkaufsstelle (*f.*).
punto: al punto 1) (*gen.*), unter 1). **2 messa a punto fine** (*tecnol.*), Feinabstimmung (*f.*).

Q

quadriposto (*aer.*), viersitzig.
quadrireattore (*aer.*), vierstrahlig.
quadro di comando (*lav. macch. ut.*), Bedienfeld (*n.*).
qualificabile (*gen.*), qualifizierbar.
qualità del prodotto (*ind.*), Produktqualität (*f.*).
qualità della vita (*gen.*), Lebensqualität (*f.*).
qualità di trasmissione (*inf.*), Übertragungsqualität (*f.*).
qualità fotografica (*inf.*), Photoqualität (*f.*).
qualità totale (*ind. - ecc.*), Gesamtqualität (*f.*).
quantificabile (*gen.*), quantifizierbar.
quantità di corrente (*elett.*), Strommenge (*f.*).
quantità residua (*gen.*), Restmenge (*f.*).
quantizzazione vettoriale (*inf.*), Vektorquantisierung (*f.*).
quark (*ingl. - fis.*), Quark (*n.*).
quartiere operaio (*ed.*), Arbeiterquartier (*n.*).
quartiere residenziale (*ed.*), Wohnviertel (*n.*).
quasar (*astr.*), Quasar (*m.*).
query (*ingl. - inf.*), Query (*n.*).
quota assoluta (*dis.*), absolute Massangabe (*f.*).
quota di maggioranza (*finanz.*), Mehrheitsanteil (*m.*).
quota di mercato (*comm.*), Marktanteil (*m.*).
quota incrementale (*dis.*), inkrementale Massangabe (*f.*).

R

raccolta di links (*inf.*), Linkssammlung (*f.*).
raccolta di sentenze (*leg.*), Entscheidungssammlung (*f.*).
raccordo a innesto (*tubaz.*), Steckanschluss (*m.*).
raccordo fra ala e fusoliera (*aerodin.*), Flügel-/Rumpfübergang (*m.*).
radar a raggi infrarossi (*radar*), Infrarotradar (*m.*).
radice dell'ala (*aer.*), Flügelwurzel (*f.*).
radioastronomico (*astr.*), radioastronomisch.
radioattività ambientale (*radioatt.*), Umweltradioaktivität (*f.*).
radiobiologia (*biol.*), Radiobiologie (*f.*).
radiobiologico (*biol.*), radiobiologisch.
radiobiologo (*biol.*), Radiobiologe (*m.*).
radiochimico (*a. - chim.*), radiochemisch.
radiodiagnostica (*med.*), Radiodiagnostik (*f.*).
radiodiagnostico (*med.*), radiodiagnostisch.
radioecologia (*ecol.*), Radioökologie (*f.*).
radiogalassia (*astr.*), Radiogalaxie (*f.*).
radionuclide (*fis. atom.*), Radionuklid (*n.*).
radiosorgente (*astr.*), Radioquelle (*f.*).
raffreddamento del processore (*inf.*), Prozessorkühlung (*f.*).
raggio dell'elettrone (*fis. atom.*), Elektronenradius (*m.*).
raggio dell'utensile (*ut.*), Werkzeugradius (*m.*).
raggio di Bohr (*fis. atom.*), Bohrscher Radius (*m.*).
raggiungibile (*gen.*), erreichbar.
raggiungibilità (*gen.*), Erreichbarkeit (*f.*).
RAM di sistema (*inf.*), System-RAM (*f.*).
RAM dinamica (*inf.*), dynamische RAM (*f.*).
rampa di accelerazione (*macch.*), Beschleunigungsrampe (*f.*).
rampa di decollo (*aer.*), Startrampe (*f.*).
randomizzare (*stat.*), randomisieren.
randomizzazione (*stat.*), Randomisierung (*f.*).
rapporto qualità/prezzo (*comm.*), Preis-/Leistungsverhältnis (*n.*).
rappresentabile (*gen.*), darstellbar.
rappresentabile graficamente (*dis. - ecc.*), graphisch darstellbar.
rappresentanza aziendale dei lavoratori (*lav. - pers.*), betriebliche Arbeitnehmervertretung (*f.*).
rappresentanza generale (*comm.*), Generalvertretung (*f.*).
rappresentazione bidimensionale (*dis. - ecc.*), zweidimensionale Darstellung (*f.*).
rappresentazione digitale (*elettronica*), Digitaldarstellung (*f.*).
rappresentazione esadecimale (*mat.*), Hexadezimaldarstellung (*f.*).
rappresentazione grafica (*dis. - inf.*), Graphikdarstellung (*f.*).
rappresentazione numerica (*inf.*), Zahlendarstellung (*f.*).

rappresentazione parametrica (*inf.*), Parameterdarstellung (*f.*).
rata di leasing (*comm.*), Leasingrate (*f.*).
realtà virtuale (*inf.*), Virtual-Reality (*f.*), virtuelle Realität (*f.*).
reazione di disidratazione (*chim.*), Entwässerungsreaktion (*f.*).
reazione di sostituzione (*chim.*), Substitutionsreaktion (*f.*).
reazione endotermica (*chim.*), endotherme Reaktion (*f.*).
reazione termochimica (*chim.*), thermochemische Reaktion (*f.*).
recensione di software (*inf.*), Softwarerezension (*f.*).
recessione economica (*finanz.*), Wirtschaftsrezession (*f.*).
recinzione in rete metallica (*ed.*), Maschendrahtzaun (*m.*).
record del mondo di velocità (*gen.*), Geschwindigkeitsweltrekord (*m.*).
recupero del gioco (*mecc.*), Spielausgleich (*m.*).
refrattarietà (*prova mater.*), Feuerbeständigkeit (*f.*).
refresh (*ingl. - inf.*), Refresh (*n.*).
regione di Broca (*med.*), Broca-Region (*f.*).
registrazione del domain (*inf.*), Domainregistrierung (*f.*).
registrazione di dati (*inf.*), Datenregistrierung (*f.*).
registro di istruzione (*inf.*), Befehlsregister (*n.*).
registro di memoria (*inf.*), Speicherregister (*n.*).
registro di stato (*inf.*), Statusregister (*n.*).
regolabile in altezza (*gen.*), höhenverstellbar.
regolato elettronicamente (*elettronica*), elektronisch geregelt.
regolatore del numero di giri (*mot. - ecc.*), Drehzahlversteller (*m.*).
regolazione del sedile (*aut.*), Sitzverstellung (*f.*).
regolazione dell'altezza di taglio (falciatrice) (*agric. - macch.*), Schnitthöhenverstellung (*f.*).
regolazione digitale (*regol.*), digitale Regelung (*f.*).
regole di concorrenza (*comm.*), Wettbewerbsregeln (*f. - pl.*).
reinizializzare (*inf.*), reinitialisieren.
reinizializzazione (*inf.*), Reinitialisierung (*f.*).
relativizzazione (*gen.*), Relativisierung (*f.*).
relazionale (*gen.*), relational.
relazione commerciale (*comm.*), Geschäftsverbindung (*f.*).
relazione di ricerca (*gen.*), Recherchenbericht (*m.*).
relè di sicurezza (*elett.*), Sicherheitsrelais (*n.*).
remake (*ingl. - cinem.*), Neuverfilmung (*f.*), Remake (*n.*).

remote banking (*ingl. - finanz.*), Remote Banking (*n.*).
rendering (*ingl. - inf.*), Rendering (*n.*).
replicazione del DNA (*biol.*), DNA-Replikation (*f.*).
requisiti di installazione (*macch. - ecc.*), Aufstellanforderungen (*f. - pl.*).
requisiti di precisione (*gen.*), Genauigkeitsforderungen (*f. - pl.*).
requisiti di qualità (*gen.*), Qualitätsforderungen (*f. - pl.*).
requisiti di sistema (*inf.*), Systemvoraussetzungen (*f. - pl.*).
requisiti di stabilità (*finanz. - ecc.*), Stabilitätsanforderungen (*f. - pl.*).
requisiti hardware (*inf.*), Hardwareanforderungen (*f. - pl.*), Hardwarevoraussetzungen (*f. - pl.*).
requisiti per l'impianto (*elett. - ecc.*), Anforderungen an die Anlage (*f. - pl.*).
requisiti software (*inf.*), Softwarevoraussetzungen (*f. - pl.*).
requisito (*gen.*), Anforderung (*f.*).
requisito aggiuntivo (*gen.*), Zusatzforderung (*f.*).
reset (*ingl. - gen.*), Zurückstellen (*n.*). 2 (*elettronica*), Rücksetzen (*n.*). 3 (*elett.*), Reset (*n.*).
resettare (*gen.*), zurücksetzen, zurückstellen. 2 (*elettronica*), rücksetzen.
residente (*inf.*), resident.
residente in memoria (*inf.*), speicherresident.
resina acetalica (*chim.*), Azetalharz (*n.*).
resina artificiale indurita (*ind. chim.*), ausgehärtetes Kunstharz (*n.*).
resistente ai diserbanti (*agr. - chim.*), herbizidresistent.
resistente al calpestio (*gen.*), trittfest.
resistente all'abrasione (*gen.*), kratzfest.
resistenza al fuoco (*gen.*), Feuerwiderstand (*m.*).
resistenza alle interferenze (*radio*), Störfestigkeit (*f.*).
resistenza del circuito elettrico (*elett.*), Stromkreiswiderstand (*m.*).
resistenza di carico (*elett.*), Belastungswiderstand (*m.*).
responsabile sportivo (*sport*), Sportchef (*m.*).
rete a banda stretta (*inf.*), Schmalbandnetz (*n.*).
rete ad alta velocità (*inf.*), Hochgeschwindigkeitsnetz (*n.*).
rete analogica (*telef.*), Analognetz (*n.*).
rete di calcolatori (*inf.*), Rechnernetz (*n.*).
rete di computer (*inf.*), Computernetz (*n.*).
rete di processori (*inf.*), Prozessornetzwerk (*n.*).
rete di telecomunicazione (*telem. - ecc.*), Telekommunikationsnetzwerk (*n.*).
rete di telecomunicazioni transeuropea (*telem. - ecc.*), Transeuropäisches Telekommunikationsnetz (*n.*).
rete di telefonia mobile (*telef.*), Mobiltelefonnetz (*n.*).
rete di teleriscaldamento (*comb.*), Fernwärmenetz (*n.*).
rete digitale (*telef.*), Digitalnetz (*n.*).
rete ISDN (*elettronica*), ISDN-Netz (*n.*).
rete logica (*inf.*), logisches Netz (*n.*).
rete logistica (*ind.*), Logistiknetz (*n.*).
rete multiprotocollo (*inf.*), Multiprotokoll-Netz (*n.*).
rete pubblica (*inf.*), öffentliches Netz (*n.*).
reticolo delle coordinate (*mat.*), Koordinatennetz (*n.*).
retrattile (*aer.*), einfahrbar.
retrovirus (*biol.*), Retrovirus (*n.*).
retrovisore esterno con regolazione dall'interno (*aut.*), von innen einstellbarer Aussenspiegel (*m.*).
retrovisore esterno con regolazione manuale (*aut.*), manuell einstellbarer Aussenspiegel (*m.*).
retrovisore esterno riscaldabile (*aut.*), beheizbarer Aussenspiegel (*m.*).
reumatico (*med.*), rheumatisch.
reumatologia (*med.*), Rheumatogie (*f.*).
reumatologico (*med.*), rheumatologisch.
reumatologo (*med.*), Rheumatologe (*m.*).
riavvolgimento (di una cassetta p. es.) (*elettroacus.*), Zurückspulen (*n.*).
riavvolgimento rapido (*m. - elettroacus.*), Schnellrücklauf (*m.*).
ribaditura (*tecnol. mecc.*), Vernietung (*f.*).
ribosoma (*biol.*), Ribosom (*n.*).
ricaricabile (*elett.*), wiederaufladbar.
ricco di energia (*gen.*), energiereich.
ricerca (*gen.*), Recherche (*f.*), Suche (*f.*).
ricerca agraria (*agric.*), Agrarforschung (*f.*).
ricerca aziendale (*ind. - comm.*), Unternehmensforschung (*f.*).
ricerca degli errori (*inf.*), Fehlersuche (*f.*).
ricerca di dati (*inf.*), Datensuche (*f.*).
ricerca di file (*inf.*), Datei-Suche (*f.*).
ricerca di frasi (*inf.*), Phrasensuche (*f.*).
ricerca di informazioni (*inf. - ecc.*), Informationssuche (*f.*).
ricerca di virus (*inf.*), Virussuche (*f.*).
ricerca genetica (*biol.*), Genforschung (*f.*).
ricerca in banche dati (*inf.*), Datenbankrecherche (*f.*).
ricerca in Internet (*inf.*), Internet-Suche (*f.*).
ricevimento di fax (*telem.*), Faxempfang (*m.*).
ricevuta (*comm. - ecc.*), Abnahmeschein (*m.*).
richiamabile (*inf.*), abrufbar, aufrufbar.
richiamare (*inf.*), aufrufen.
richiamo ciclo (*lav. macch. ut.*), Zyklus-Aufruf (*m.*).
richiamo del sottoprogramma (*inf.*), Unterprogrammaufruf (*m.*).
richiamo di memoria (*inf.*), Speicherabruf (*m.*).
richiamo di una subroutine (*inf.*), Aufruf einer Subroutine (*m.*).
richiedente (*leg.*), Antragsteller (*m.*).
richiesta: accogliere una nuova richiesta (*leg.*), einem neuerlichen Antrag stattgeben. 2 **la richiesta è respinta** (*leg.*), der Antrag wird abgewiesen.
richiesta di consegna, di spedizione (*comm.*), Abruf (*m.*).
richiesta di fallimento (*leg.*), Konkursantrag (*m.*).
richieste di informazioni (*gen.*), Anforderungen von Informationen (*f. - pl.*).
riciclabile (*gen.*), recycelbar, recycelfähig, wiederverwertbar.
riciclabilità (*gen.*), Wiederverwertbarkeit (*f.*).

riciclaggio del legno

riciclaggio del legno (*legno*), Holzrecycling (*n.*).
riciclare (*gen.*), wiederverwerten, recyceln.
ricircolazione dei gas di scarico (*mot.*), Abgasrückführung (*f.*).
ricognizione primaria (*milit. - aer.*), Primäraufklärung (*f.*).
ricombinazione del DNA (*biol.*), DNA-Rekombination (*f.*).
riconfigurabile (*gen.*), rekonfigurierbar.
riconfigurare (*gen.*), rekonfigurieren.
riconfigurazione dell'hardware (*inf.*), Hardware-Rekonfiguration (*f.*).
riconoscibile (*gen.*), anerkennbar. 2 **riconoscibile legalmente** (*leg.*), gerichtlich anerkennbar.
riconoscimento degli errori (*inf.*), Fehlererkennung (*f.*).
riconoscimento dei segnali (*inf.*), Signalerkennung (*f.*).
riconoscimento del testo (*inf.*), Texterkennung (*f.*).
riconoscimento di caratteri (*inf.*), Zeichenerkennung (*f.*).
riconoscimento di interfaccia (*inf.*), Schnittstellenerkennung (*f.*).
riconoscimento di oggetti (*inf.*), Objekterkennung (*f.*).
riconoscimento presenza passeggero (*aut.*), Sitzbelegungserkennung (*f.*).
riconoscimento vocale (*inf.*), Spracherkennung (*f.*).
ricorso (*leg.*), Einsprache (*f.*).
ricristallizzazione dinamica (*min.*), dynamische Rekristallisation (*f.*).
ridistribuzione (*gen.*), Redistribution (*f.*).
ridistribuzione del lavoro (*ind.*), Arbeitsumverteilung (*f.*).
ridondanza di informazione (*gen.*), Informationsredundanz (*f.*).
riducente (*chim.*), reduzierend.
riduttore di pressione (*tubaz. - ecc.*), Druckminderer (*m.*).
riduzione dei posti di lavoro (*ind.*), Arbeitsplatzabbau (*m.*).
riduzione del peso (*gen.*), Gewichtsreduzierung (*f.*).
riduzione del rumore (*acus.*), Geräuschminderung (*f.*). 2 (*elettroacus.*), Rauschunterdrückung (*f.*).
riduzione delle spese (*comm.*), Ausgabenkürzung (*f.*).
riduzione delle spese di esercizio (*amm.*), Betriebskostensenkung (*f.*).
riduzione di pressione (*tubaz. - ecc.*), Druckminderung (*f.*), Druckreduzierung (*f.*).
rielezione (*lav. - organ. - ecc.*), Wiederwahl (*f.*).
rientro (nell'atmosfera) (*astronautica*), Wiedereintritt (*m.*).
rientro controllato (di satelliti p. es.) (*astronautica*), kontrollierter Wiedereintritt (*m.*).
rifare (*gen.*), überarbeiten.
rifiuti derivanti da imballaggi (*trasp.*), Verpackungsmüll (*m.*).
rifiuti tossici (*ecol.*), Giftmüll (*m.*).
rifiuto speciale (*gen.*), Sonderabfall (*m.*).
riflettometria (*fis.*), Reflektometrie (*f.*).
riflettometria a raggi X (*fis.*), Röntgen-Reflektometrie (*f.*).
riflettometro a raggi X (*app.*), Röntgen-Reflektometer (*m.*).
riforma agraria (*agric. - leg.*), Agrarreform (*f.*).
riforma delle pensioni (*finanz. - leg.*), Rentenreform (*f.*).
riforma sanitaria (*med. - leg.*), Gesundheitsreform (*f.*).
riforma scolastica (*scuola*), Schulreform (*f.*).
rifornimento in pressione (*aer.*), Druckbetankung (*f.*).
rifornimento in volo (*aer.*), Flugbetankung (*f.*).
rifornito con il pieno di carburante (*aut. - ecc.*), vollgetankt.
riga di assorbimento (*ott.*), Absorptionslinie (*f.*).
riga di programmazione (*inf.*), Programmierzeile (*f.*).
riga di testo (*inf.*), Textzeile (*f.*).
rilasciare (*elett. - ecc.*), freigeben.
rilasciato (*elett. - ecc.*), freigegeben.
rilascio (*elett. - ecc.*), Freigabe (*f.*).
rilevante per la qualità (*gen.*), qualitätsrelevant.
rilevante per la sicurezza (*gen.*), sicherheitsrelevant.
rimborso del mutuo bancario (*comm.*), Rückzahlung des Bankdarlehens (*f.*).
rimozione (*gen.*), Abnahme (*f.*).
rinforzare (un cordone di saldatura p. es.) (*tecnol. mecc.*), absteifen.
rinforzo tessile (di un tubo flessibile) (*idr.*), Gewebeeinlage (*f.*).
ringraziamento (*gen.*), Danksagung (*f.*).
rinologia (*med.*), Rhinologie (*f.*).
rinologico (*med.*), rhinologisch.
rinoscopia (*med.*), Rhinoskopie (*f.*).
rinumerare (*gen.*), umnumerieren.
ripartizione del lavoro (*ind.*), Arbeitsteilung (*f.*).
ripresa delle trattative (*gen.*), Wiederaufnahme der Verhandlungen (*f.*).
ripristinare (*gen.*), wiederherstellen.
riproduzione del nastro (*elettroacus.*), Bandwiedergabe (*f.*).
riproduzione dell'immagine (*telev.*), Bildwiedergabe (*f.*).
riprogrammabilità (*inf.*), Reprogrammierbarkeit (*f.*).
riprogrammare (*inf.*), reprogrammieren.
riprogrammato (*inf.*), reprogrammiert.
riprogrammazione (*progr. - inf.*), Reprogrammierung (*f.*).
riscaldabile (*gen.*), beheizbar.
riscaldamento a energia solare (*ed.*), Solarheizung (*f.*).
riscaldatore (*app.*), Heizer (*m.*).
rischi di inflazione (*finanz.*), Inflationsrisiken (*n. - pl.*).
rischio: senza rischi (*gen.*), risikolos.
rischio di cancro (*med.*), Krebsrisiko (*n.*).
riscrittura (*gen.*), Zurückschreiben (*n.*).
riserva di energia (*fis.*), Energiereserve (*f.*).
riserva di liquidità (*finanz.*), Liquiditätsreserve (*f.*).
risoluzione del display (*inf.*), Display-Auflösung (*f.*).
risoluzione del monitor (*inf.*), Monitorauflösung (*f.*).

risoluzione dello schermo (*inf.*), Bildschirmauflösung (*f.*).
risoluzione: ad alta risoluzione (*gen.*), hochauflösend.
risorse (*gen.*), Ressourcen (*f. - pl.*).
risparmio: con risparmio di materiale (*gen.*), materialsparend. 2 fabbricazione con risparmio di materiale (*ind.*), materialsparende Herstellung (*f.*).
risparmio di carburante (*comb.*), Treibstoffeinsparung (*f.*).
risparmio di corrente (*elett.*), Stromersparnis (*f.*).
risparmio energetico (*gen.*), Energieeinsparung (*f.*).
risultato del sondaggio (*comm. - ecc.*), Befragungsergebnis (*n.*).
risultato della ricerca (in una banca dati p. es.) (*inf.*), Suchergebnis (*n.*).
risultato di lavorazione (*lav. macch. ut.*), Bearbeitungsergebnis (*n.*).
ritardo: senza ritardo (*inf. - ecc.*), verzögerungsfrei.
ritardo di diseccitazione (di un relè p. es.) (*elett.*), Abfallverzögerung (*f.*).
riunificazione (*gen.*), Wiedervereinigung (*f.*). 2 riunificazione tedesca (*geogr.*), deutsche Wiedervereinigung (*f.*).
riutilizzabile (*gen.*), wiederverwendbar.
riutilizzabilità (*gen.*), Wiederverwendbarkeit (*f.*).
riutilizzare (*gen.*), wiederverwenden. 2 per essere riutilizzato (*gen.*), zwecks Wiederverwendung.
rivelatore d'incendio (*antincendi - app.*), Brandmelder (*m.*).
rivelatore di fiamma (*app.*), Flammenmelder (*m.*).
rivestimento di piombo (*ed. - ecc.*), Bleiauskleidung (*f.*).
rivestimento in pelle (*aut.*), Lederausstattung (*f.*).
rivestimento in tessuto (*aut.*), Stoffausstattung (*f.*).
rivestimento protettivo (*tecnol.*), Schutzauflage (*f.*).
rivestimento superficiale (*tecnol.*), Oberflächenbeschichtung (*f.*).
rivestito (*gen.*), ausgekleidet; beschichtet.
rivestito d'oro (*ind. chim.*), goldbeschichtet.
rivista di computer (*giorn. - inf.*), Computermagazin (*n.*).
rivista online (*giorn. - inf.*), Online-Magazin (*n.*).
rivista scientifica (*giorn.*), Wissenschaftsmagazin (*n.*).
rivista specializzata (*giorn.*), Fachmagazin (*n.*).
robot di manipolazione (*ind. - autom.*), Handhabungsroboter (*m.*).
robot di ricerca (*inf.*), Suchrobot (*m.*).
robot intelligente (*ind. - autom.*), intelligenter Roboter (*m.*).
robot mobile (*ind. - autom.*), mobiler Roboter (*m.*).
robot umanoide (*elettronica*), humanoider Roboter (*m.*).
robotica spaziale (*astronautica - autom.*), Weltraumrobotik (*f.*).
robotizzato (*ind. - autom.*), robotisiert. 2 operazioni di montaggio robotizzate (*ind. - autom.*), robotisierte Montageoperationen (*f. - pl.*).
rodocrosite (*min.*), Rhodochrosit (*n.*).
ROM di sistema (*inf.*), System-ROM (*f.*).
rotazione della terra (*fis.*), Erddrehung (*f.*), Erdrotation (*f.*).
rottura dell'utensile (*ut.*), Werkzeugbruch (*m.*).
routine di calcolo (*inf.*), Berechnungsroutine (*f.*).
routine di ricerca (*inf.*), Suchroutine (*f.*).
routine richiamabile (*inf.*), aufrufbare Routine (*f.*).
rumore di battito (*aut. - ecc.*), Klopfgeräusch (*n.*).
rumore esterno (*acus.*), Aussenlärm (*m.*).
ruolo guida (*lav.*), Führungsrolle (*f.*).
ruota in lega leggera (*aut.*), Leichtmetallrad (*n.*).
ruotabile (*gen.*), verdrehbar.

S

S: a forma di S (*gen.*), S-förmig.
sala d'attesa (*ed.*), Wartezimmer (*n.*).
salario iniziale (*lav.*), Anfangslohn (*m.*).
salario reale (*lav. - pers.*), Reallohn (*m.*).
saldatura a raggio laser (*tecnol. - mecc.*), Laserstrahlschweissen (*n.*).
saldatura a rilievi (*tecnol. mecc.*), Buckelschweissen (*n.*).
saldatura robotizzata (*ind. - autom.*), Roboterschweissen (*n.*).
sale di ammonio (*chim.*), Ammoniumsalz (*n.*).
salicilammide (*chim.*), Salicylamid (*n.*).
salicilato di sodio (*chim.*), Natriumsalicylat (*n.*).
salmonella (*biol.*), Salmonelle (*f.*).
salone dell'automobile (*aut.*), Autosalon (*m.*).
salvaschermo (*inf.*), Bildschirmschoner (*m.*), Screen Saver (*n.*).
sandwich in nido d'ape (*aer. - ecc.*), Wabensandwich (*n.*).
satellite per l'osservazione della terra (*astr.*), Erdbeobachtungssatellit (*m.*).
satellite per telecomunicazioni (*astronautica*), Telekommunikationssatellit (*m.*).
satellite scientifico (*scienza - astr.*), Wissenschaftssatellit (*m.*).
satellite spia (*astronautica - milit.*), Spionagesatellit (*m.*).
sbarrabile (*gen.*), absperrbar.
sblocco (*elett. - ecc.*), Freigabe (*f.*). **2** (*mecc. - ecc.*), Entriegelung (*f.*).
sblocco ciclo (*lav. macch. ut.*), Zyklenfreigabe (*f.*).
scadenza intermedia (*ind.*), Zwischentermin (*m.*).
scala di legno (*ed.*), Holztreppe (*f.*).
scala di pietra (*ed.*), Steintreppe (*f.*).
scala di sicurezza (*ed.*), Sicherheitstreppe (*f.*).
scala metallica (*ed.*), Metalltreppe (*f.*).
scaldaacqua (*app.*), Heisswasserbereiter (*m.*), Wasserheizer (*m.*).
scaldaacqua a gas (*cald.*), Gas-Wasserheizer (*m.*).
scaldabagno (*app.*), Heisswasserbereiter (*m.*).
scambio di cationi (*chim.*), Kationenaustausch (*m.*).
scambio di dati (*inf.*), Datenaustausch (*m.*).
scambio di energia (*fis.*), Energieaustausch (*m.*).
scambio di informazioni (*inf.*) Informationsaustausch (*m.*).
scambio di ioni (*chim.*), Ionenaustausch (*m.*).
scanner (*ingl. - inf.*), Scanner (*m.*). **2 trasferito in memoria tramite scanner** (*inf.*), per Scanner eingelesen.
scanner a colori (*inf.*), Farbscanner (*m.*).
scanner laser (*inf.*), Laserscanner (*m.*).
scanner manuale (*inf.*), Handscanner (*m.*).
scannerizzare (*inf.*), scannen.
scannerizzato (*inf.*), gescannt.
scannerizzazione (*inf.*), Scanvorgang (*m.*).

scaricabile (*inf.*), herunterladbar.
scaricare (*inf.*), herunterladen. **2 scaricare un programma** (*inf.*), ein Programm herunterladen.
scaricato (*inf.*), heruntergeladen.
scarico dei gas combusti (*comb.*), Abgasabführung (*f.*).
scattare indietro (di una serratura p. es.) (*mecc.*), zurückschnappen.
scelta della lingua (*gen.*), Sprachauswahl (*f.*).
scheda audio (*inf.*), Audiokarte (*f.*).
scheda bus (*inf.*), Bus-Karte (*f.*).
scheda d'interfaccia audio (*elettronica*), Audio-Schnittstellenkarte (*f.*).
scheda del modem (*inf.*), Modemkarte (*f.*).
scheda del monitor (*inf.*), Monitorkarte (*f.*).
scheda di comunicazione (*inf.*), Kommunikationskarte (*f.*).
scheda di espansione (*inf.*), Erweiterungskarte (*f.*).
scheda di interfaccia (*inf.*), Interfacekarte (*f.*), Schnittstellenkarte (*f.*).
scheda di memoria (*inf.*), Speicherkarte (*f.*).
scheda grafica (*inf.*), Graphikkarte (*f.*).
scheda madre (*elettronica*), Motherboard (*n.*).
scheda parallela (*inf.*), Parallelkarte (*f.*).
scheda passiva (*inf.*), passive Karte (*f.*).
scheda seriale (*inf.*), Seriellkarte (*f.*).
scheda telefonica (*telef.*), Telefonkarte (*f.*).
scheda video (*inf.*), Videokarte (*f.*).
scheelite (*min.*), Scheelit (*n.*).
schema elettrico (*elett.*), Elektroplan (*m.*).
schermo a colori (*telev.*), Farbbildschirm (*m.*).
schermo a cristalli liquidi (*inf.*), Flüssigkristall-Bildschirm (*m.*).
schermo CAD (*inf. - dis.*), CAD-Bildschirm (*m.*).
schermo del terminale (*inf.*), Terminal-Bildschirm (*m.*).
schermo di protezione (*lav.*), Schutzschirm (*m.*).
schermo grafico (*inf.*), Graphikbildschirm (*m.*).
schermo piatto (*telev.*), Flachbildschirm (*m.*).
sci alpino (*sport*), Ski alpin (*m.*).
sci da fondo (*sport*), Langlaufski (*m.*).
scienze della terra (*geol.*), Erdwissenschaften (*f. - pl.*).
scienze spaziali (*astr.*), Weltraumwissenschaften (*f. - pl.*).
scioccante (*gen.*), schockierend.
scioccato (*gen.*), schockiert.
scivolare fuori (*gen.*), herausgleiten.
sclerodermia (*med.*), Sklerodermie (*f.*).
scolo (*idr.*), Abfluss (*m.*).
scolorito (*gen.*), verfärbt.
sconto speciale (*comm.*), Sonderrabatt (*m.*).
scopo (di un'invenzione) (*leg.*), Aufgabe (*f.*).
screen saver (*ingl. - inf.*), Bildschirmschoner (*m.*), Screen Saver (*n.*). **2 installare lo screen saver** (*inf.*), das Screen Saver installieren.

screening (*ingl. - gen.*), Screening (*n.*).
screening del personale (*ingl. - lav.*), Personal-Screening (*n.*).
scrittura cirillica (*uff.*), kyrillische Schrift (*f.*).
scrittura latina (*uff.*), lateinische Schrift (*f.*).
scrivibile (*gen.*), schreibbar.
scuola di sci (*sport*), Skischule (*f.*).
secessionista (*politica*), sezessionistisch.
secondo lavoro (*gen.*), Nebenarbeit (*f.*).
secondo: nell'arco di pochi secondi (*gen.*), sekundenschnell.
sedile anteriore riscaldabile (*aut.*), beheizbarer Vordersitz (*m.*).
sedile anteriore regolabile in altezza (*aut.*), höheneinstellbarer Vordersitz (*m.*).
sedile del water (*edil.*), Klosettsitz (*m.*).
sedimentario (*min.*), sedimentär.
sedimentato (*min.*), sedimentiert.
seduta pubblica (*gen.*), öffentliche Sitzung (*f.*).
segmento di memoria (*inf.*), Speichersegment (*n.*).
segmento di mercato (*comm.*), Marktsegment (*n.*).
segnalatore luminoso (*elett.*), Leuchtmelder (*m.*).
segnale a ultrasuoni (*elettronica*), Ultraschallsignal (*n.*).
segnale analogico (*elettronica*), Analogsignal (*n.*).
segnale di errore (*inf.*), Fehlersignal (*n.*).
segnale di riferimento (*gen.*), Bezugssignal (*n.*).
segnale di variazione del clima (*meteor.*), Klimaänderungssignal (*n.*).
segnale digitale (*elettronica*), Digitalsignal (*n.*).
selenologia (*astr.*), Selenologie (*f.*).
selleria in pelle (*aut.*), Lederpolsterung (*f.*).
semilineare (*gen.*), semilinear.
semilinearità (*gen.*), Semilinearität (*f.*).
semilogaritmico (*mat.*), halblogarithmisch.
semipermanente (*gen.*), semipermanent.
semipermeabilità (*fis. - chim.*), Semipermeabilität (*f.*).
semplice da usare (*gen.*), anwenderfreundlich.
semplificazione del lavoro (*ind.*), Arbeitsvereinfachung (*f.*).
sensibile: altamente sensibile (*gen.*), hochempfindlich.
senso antiorario mandrino (*CN*), Frässpindel Linkslauf.
senso orario mandrino (*CN*), Frässpindel Rechtslauf.
sensore a infrarossi (*app.*), Infrarotsensor (*m.*).
sensore a ultrasuoni (*app.*), Ultraschallsensor (*m.*).
sensore dell'accelerazione (*aut.*), Beschleunigungssensor (*m.*).
sensore di corrente (*elett.*), Stromsensor (*m.*).
sensore di messa a fuoco automatica (*tecnica di misura laser*) (*app. - ott.*), Autofokussensor (*m.*).
sensore tattile (di robot) (*ind. - Autom.*), taktiler Fingersensor (*m.*).
senza compromessi (*gen.*), kompromisslos.
separabile (*mecc.*), lösbar.
sequenza (*gen.*), Reihenfolge (*f.*).
sequenza audio (*inf.*), Audiosequenz (*f.*).
sequenza dei geni (*biol.*), Gensequenz (*f.*).
sequenza del DNA (*biol.*), DNA-Sequenz (*f.*).
sequenza di inizializzazione (*inf.*), Initialisierungssequenz (*f.*).
sequenza di lavorazione (*lav. macch. ut.*), Bearbeitungsreihenfolge (*f.*).
sequenza numerica (*inf.*), Zahlenfolge (*f.*).
sequenza video (*inf.*), Bildsequenz (*f.*).
sequenzialità (*gen.*), Sequentialität (*f.*).
sequenziamento (*gen.*), Sequentierung (*f.*).
seriale (*inf.*), seriell.
serializzabile (*inf.*), serialisierbar.
serializzabilità (*inf.*), Serialisierbarkeit (*f.*).
serializzare (*inf.*), serialisieren.
serializzato (*inf.*), serialisiert.
serializzazione (*inf.*), Serialisierung (*f.*).
sericite (*min.*), Serizit (*n.*).
serie di modelli speciali (*aut.*), Sondermodellreihe (*f.*).
server (*inf.*), Server (*m.*).
server di rete (*inf.*), Netzserver (*m.*).
server di stampa (*inf.*), Druckserver (*m.*).
server di terminale (*inf.*), Terminalserver (*m.*).
server Intranet (*inf.*), Intranetserver (*m.*).
server telematico (*inf.*), Telematikserver (*m.*).
server virtuale (*inf.*), virtueller Server (*m.*).
server web (*inf.*), Web-Server (*m.*).
servizi informatici (*inf.*), Informatikdienste (*m. - pl.*).
servizi portuali (*nav.*), Hafendienstleistungen (*f. - pl.*).
servizio: mettere fuori servizio (*macch. - ecc.*), ausser Funktion setzen.
servizio abbonamenti (*comm.*), Abonnementservice (*m.*).
servizio abbonati (*comm.*), Abonnentenservice (*m.*).
servizio client (*inf.*), Clientdienst (*m.*).
servizio consumatori (*comm.*), Konsumentenberatung (*f.*).
servizio di homebanking (*finanz. - inf.*), Homebanking-Service (*m.*).
servizio di videoconferenza (*inf.*), Videokonferenzdienst (*m.*).
servizio informazioni (*comm.*), Info-Dienst (*m.*). 2 (*gen.*), Informationsdienst (*m.*).
servizio interattivo (*inf.*), interaktiver Dienst (*m.*).
servizio online (*inf.*), Onlinedienst (*m.*).
servizio parti di ricambio (*mecc. - comm. - ecc.*), Ersatzteilservice (*m.*).
servizio server (*inf.*), Serverdienst (*m.*).
servizio telematico (*inf. - ecc.*), Telematikdienst (*m.*).
servizio traduzioni (*uff.*), Übersetzungsdienst (*m.*).
sesquiterpene (*chim.*), Sesquiterpen (*n.*).
set di caratteri (*inf.*), Zeichensatz (*m.*).
set di dati (*inf.*), Datensatz (*m.*).
set di istruzioni (*inf.*), Instruktionssatz (*m.*).
settimana: che dura più settimane (*gen.*), mehrwöchig.
settore agricolo (*agric.*), Agrarsektor (*m.*).
settore calzaturiero (*ind.*), Schuhbranche (*f.*).
settore dei computer (*inf.*), Computerbranche (*f.*).
settore dell'informazione (*gen.*), Informationsbranche (*f.*).
settore della sicurezza (*gen.*), Sicherheitsbranche (*f.*).

settore delle comunicazioni (*gen.*), Kommunikationsbranche (*f.*).
settore edile (*ed.*), Baubranche (*f.*).
settore immobiliare (*finanz.*), Immobilienbranche (*f.*).
settore informatico (*inf.*), Informatikbranche (*f.*).
sezione civile (*leg.*), Zivilkammer (*f.*).
sezione di fusoliera (*aer.*), Rumpfsektion (*f.*).
sezione longitudinale lungo la linea A-A (*dis.*), Längsschnitt entlang der Linie A-A (*m.*).
sezione orizzontale (*dis.*), Horizontalschnitt (*m.*).
sezione verticale (*dis.*), Vertikalschnitt (*m.*).
sfericità (*geom.*), Sphärizität (*f.*).
sferolitico (*min.*), sphärolithisch.
shadowing (*ingl. - inf.*), Shadowing (*n.*).
shareware (*ingl. - inf.*), Shareware (*f.*).
sharing (*ingl. - inf.*), Sharen (*n.*).
shigella (*biol.*), Shigelle (*f.*).
shopping center (*ingl. - comm.*), Shopping Center (*n.*).
shopping online (*comm. - inf.*), Online-Shopping (*n.*).
show business (*ingl. - gen.*), Showbusiness (*n.*).
show-room (*ingl. - gen.*), Showroom (*m.*).
sicurezza da intercettazioni (*telef.*), Abhörsicherheit (*f.*).
sicurezza del posto di lavoro (*ind.*), Arbeitsplatzsicherheit (*f.*).
sicurezza del volo (*aer.*), Flugsicherheit (*f.*).
sicurezza della rete (*inf.*), Netzwerksicherheit (*f.*).
sicurezza informatica (*inf.*), Informatiksicherheit (*f.*).
sicurezza sociale (*gen.*), soziale Sicherheit (*f.*).
silenziamento rapido (*elettroacus.*), Stummschalten (*n.*).
silenziosità (*aut. - ecc.*), Geräuscharmut (*f.*).
silenzioso (*gen.*), flüsterleis.
silicato di magnesio (*chim.*), Magnesiumsilikat (*n.*).
silicato di sodio (*chim.*), Natriumsilikat (*n.*).
silicio policristallino (*chim.*), polykristallines Silizium (*n.*).
simbolica (*gen.*), Symbolik (*f.*).
simbolizzato (*gen.*), symbolisiert.
simulabile (*gen.*), simulierbar.
simulare (*gen.*), simulieren. 2 **simulare in scala ridotta** (*gen.*), im Kleinmassstab simulieren.
simulato (*gen.*), simuliert.
simulatore analogico (*inf.*), Analogsimulator (*m.*).
simulatore digitale (*inf.*), Digitalsimulator (*m.*).
simulazione analogica (*inf.*), Analogsimulation (*f.*).
simulazione computerizzata (*inf.*), Computersimulation (*f.*).
simulazione del comportamento su strada (*aut. - ecc.*), Simulation des Fahrverhaltens (*f.*).
simulazione di fresatura (*inf.*), Frässimulation (*f.*).
simulazione di lavorazione (*lav. macch. ut. - inf.*), Bearbeitungssimulation (*f.*).
simulazione digitale (*inf.*), Digitalsimulation (*f.*).
simulazione in tempo reale (*inf.*), Realzeitsimulation (*f.*).
simulazione logica (*inf.*), Logiksimulation (*f.*).
simulazione offline (*inf.*), Off-line Simulation (*f.*).
simulazione simbolica (*elett.*), symbolische Simulation (*f.*).
simultaneità (*gen.*), Simultanität (*f.*).
simultaneous engineering (*ingl. - ind.*), Simultaneous Engineering (*n.*).
sindrome (*med.*), Syndrom (*n.*).
sindrome di Down (*med.*), Down-Syndrom (*n.*).
sinistro (*s. - leg.*), Schadensfall (*m.*).
sintassi (*gen.*), Syntax (*f.*).
sintassi del linguaggio (*inf.*), Sprachsyntax (*f.*).
sintassi del programma (*inf.*), Programm-Syntax (*f.*).
sintassi di programmazione (*inf.*), Programmiersyntax (*f.*).
sismoacustico (*geol.*), seismoakustisch.
sismografico (*geol.*), seismographisch.
sismologia stellare (*geol.*), stellare Seismologie (*f.*).
sismologico (*geol.*), seismologisch.
sismometria (*geol.*), Seismometrie (*f.*).
sismometrico (*geol.*), seismometrisch.
sismotettonico (*geol.*), seismotektonisch.
sistema a cambio rapido (di stampo) (*macch.*), Schnellwechselsystem (*n.*). 2 (*mecc.*), Werkzeugschnellwechselsystem (*n.*).
sistema a robot multipli (*autom.*), Mehrrobotersystem (*n.*).
sistema ausiliario (*inf.*), Hilfssystem (*n.*).
sistema CAD (*inf. - dis.*), CAD-System (*n.*).
sistema CAM (*inf. - ind.*), CAM-System (*n.*).
sistema centralistico (*politica*), zentralistisches System (*n.*).
sistema client (*inf.*), Clientsystem (*n.*).
sistema compatibile (*inf.*), kompatibles System (*n.*).
sistema d'arma (*milit.*), Waffensystem (*n.*).
sistema d'arma nucleare (*milit.*), Nuklearwaffensystem (*n.*).
sistema dei prezzi (*comm.*), Preissystem (*n.*).
sistema di acquisizione dati (*inf.*), Datenerfassungssystem (*n.*).
sistema di archiviazione elettronico (*inf.*), elektronisches Archivsystem (*n.*).
sistema di banche dati (*inf.*), Datenbanksystem (*n.*).
sistema di controllo del volo (*aer.*), Flugsteuerungssystem (*n.*).
sistema di depurazione del gas (*chim*), Gasreinigungssystem (*n.*).
sistema di elaborazione delle immagini (*inf.*), Bildbearbeitungssystem (*n.*).
sistema di elaborazione testi (*inf.*), Textverarbeitungssystem (*n.*).
sistema di elaborazione vocale (*inf.*), Sprachverarbeitungssystem (*n.*).
sistema di equazioni (*mat.*), Gleichungssystem (*n.*).
sistema di identificazione (*gen.*), Identsystem (*n.*).
sistema di manipolazione (*gen.*), Handhabungssystem (*n.*).
sistema di memorizzazione (*inf.*), Speicherungssystem (*n.*).

sistema di messa a fuoco automatica (*ott.*), Autofokussystem (*n.*).
sistema di monitoraggio (*inf.*), Monitoring-System (*n.*).
sistema di navigazione assistito da satellite (*radionav.*), satellitengestütztes Navigationssystem (*n.*).
sistema di posizionamento (*macch. ut.*), Positioniersystem (*n.*).
sistema di prevenzione incendi (*aut.*), Brandschutzsystem (*n.*).
sistema di programmazione (*inf. - macch. - ut.*), Programmiersystem (*n.*).
sistema di programmazione CN (*macch. ut.*), NC-Programmiersystem (*n.*).
sistema di programmazione CNC (*macch. ut.*), CNC-Programmiersystem (*n.*).
sistema di riconoscimento vocale (*inf.*), Spracherkennungssystem (*n.*).
sistema di sicurezza attiva (*aut.*), aktives Sicherheitssystem (*n.*).
sistema di simulazione (*inf.*), Simulationssystem (*n.*).
sistema di sincronizzazione (*inf.*), Synchronisationssystem (*n.*).
sistema di telecomunicazione (*telem. - ecc.*), Telekommunikationssystem (*n.*).
sistema di telemetria (*ott.*), Telemetrie-System (*n.*).
sistema di trasmissione (*inf.*), Übertragungssystem (*n.*).
sistema di trasporto spaziale (*astronautica*), Raumtransportsystem (*n.*).
sistema di ventilazione (*ed.*), Belüftungssystem (*n.*).
sistema di visualizzazione (*inf.*), Visualisierungssystem (*n.*).
sistema di volo transatmosferico (*astronautica*), transathmosphärisches Flugsystem (*n.*).
sistema digitale (*inf.*), Digitalsystem (*n.*).
sistema DNC (*macch. ut.*), DNC-System (*n.*).
sistema esperto (*inf.*), Expertsystem (*n.*).
sistema federalistico (*politica*) föderalistisches System (*n.*).
sistema finanziario (*finanz.*), Finanzsystem (*n.*).
sistema flessibile di produzione (*ind.*), flexibles Fertigungssystem (*n.*).
sistema fly by wire (*aer.*), Fly-by-wire-System (*n.*).
sistema gateway (*inf.*), Gatewaysystem (*n.*).
sistema host (*inf.*), Hostsystem (*n.*).
sistema ibrido (*inf.*), Hybridsystem (*n.*).
sistema immunitario (*med.*), Immunsystem (*n.*).
sistema informatico (*inf.*), Informatiksystem (*n.*).
sistema informativo (*inf.*), Informationssystem (*n.*).
sistema informativo basato su Internet (*inf.*), internetbasiertes Informationssystem (*n.*).
sistema interattivo (*inf.*), interaktives System (*n.*).
sistema ipermediale (*inf.*), Hypermedia-System (*n.*).
sistema ipertestuale (*inf.*), Hypertext-System (*n.*).
sistema Just in Time (*ind.*), Just-in-Time-System (*n.*).
sistema logico (*inf.*), Logiksystem (*n.*).
sistema logistico (*inf.*), Logistik-System (*n.*).
sistema mainframe (*inf.*), Mainframe-System (*n.*).
sistema monetario europeo (SME) (*finanz.*), Europäisches Währungssystem (EWS) (*n.*).
sistema multiprocessore (*inf.*), Mehrprozessorensystem (*n.*).
sistema multitasking (*inf.*), Multitasking-System (*n.*).
sistema non compatibile (*inf.*), nichtkompatibles System (*n.*).
sistema non lineare (*mecc.*), nichtlineares System (*n.*).
sistema operativo di rete (*inf.*), Netzwerkbetriebssystem (*n.*).
sistema quantistico (*fis.*), Quantensystem (*n.*).
sistema robotizzato (*ind. - autom.*), Robotersystem (*n.*).
sistema sanitario (*med.*), Gesundheissystem (*n.*).
sistema server (*inf.*), Serversystem (*n.*).
sistema stand alone (*inf.*), Standalone-System (*n.*).
sistema tariffario (*comm.*), Tarifsystem (*n.*).
sistema telematico (*inf. - ecc.*), Telematiksystem (*n.*).
sistemi multisensoriali (*inf.*), multisensorielle Systeme (*n. - pl.*).
sito (*inf.*), Site (*m.*).
sito ufficiale in Internet (*inf.*), offizieller Site im Internet (*m.*).
sito online (*inf.*), Online-Site (*m.*).
sito privato (*inf.*), privater Site (*m.*).
sito web (*inf.*), Web-Site (*m.*).
situazione degli ordini (*comm.*), Auftragslage (*f.*).
situazione finanziaria (*finanz.*), Vermögensverhältnisse (*n. - pl.*).
situazione finanziaria tesa (*finanz.*), angespannte Finanzlage (*f.*).
skipper (*ingl. - nav.*), Skipper (*m.*).
smaltimento delle acque di scarico (*ed. - ind.*), Abwasserentsorgung (*f.*).
smaltimento di amianto (*ed. - ecc.*), Asbestentsorgung (*f.*).
smaterializzare (*gen.*), dematerialisieren.
smaterializzazione (*gen.*), Dematerialisierung (*f.*).
smontabile (*mecc. - ecc.*), demontierbar, lösbar.
snowboard (*ingl. - sport*), Snowboard (*n.*).
società di marketing (*comm. - organ.*), Marketinggesellschaft (*f.*).
società finanziaria (*finanz.*), Finanzierungsgesellschaft (*f.*).
società in accomandita per azioni (*comm.*), Kommanditgesellschaft auf Aktien (KGaA) (*f.*).
sociobiologia (*Biol.*), Soziobiologie (*f.*).
sociobiologico (*biol.*), soziobiologisch.
sociobiologo (*biol.*), Soziobiologe (*m.*).
socioculturale (*gen.*), soziokulturell.
socioeconomia (*finanz.*), Sozioökonomie (*f.*).
socioeconomico (*finanz.*), sozioökonomisch.
sociolinguistica (*gen.*), Soziolinguistik (*f.*).
sociolinguistico (*gen.*), soziolinguistisch.
sociologia economica (*finanz.*), Wirtschaftssoziologie (*f.*)
sociologia linguistica (*gen.*), Sprachsoziologie (*f.*).

sociometria   **154**

sociometria (*gen.*), Soziometrie (*f.*).
sociometrico (*gen.*), soziometrisch.
sodalite (*min.*), Sodalith (*m.*).
soddisfazione del cliente (*comm.*), Kundenzufriedenheit (*f.*)
softball (*sport*), Softball (*m.*).
software agente (*inf.*), Agentensoftware (*f.*).
software aggiuntivo (*inf.*), Zusatzsoftware (*f.*).
software antivirus (*inf.*), Antivirensoftware (*f.*).
software applicativo (*inf.*), Anwendungssoftware (*f.*).
software assicurativo (*inf.*), Versicherungssoftware (*f.*).
software bancario (*inf.*), Banken-Software (*f.*).
software basato su server (*inf.*), serverbasierte Software (*f.*).
software browser (*inf.*), Browsersoftware (*f.*).
software CAE (*inf. - ind.*), CAE-Software (*f.*).
software client (*inf.*), Client-Software (*f.*).
software CN (*macch. ut.*), NC-Software (*f.*).
software CNC (*macch. ut.*), CNC-Software (*f.*).
software compilatore (*inf.*), Compilersoftware (*f.*).
software configurabile (*inf.*), konfigurierbare Software (*f.*).
software del sistema operativo (*inf.*), Betriebssystemsoftware (*f.*).
software del terminale (*inf.*), Terminal-Software (*f.*).
software della stampante (*inf.*), Druckersoftware (*f.*).
software dello scanner (*inf.*), Scannersoftware (*f.*).
software demo (*inf.*), Demosoftware (*f.*).
software di accesso (*inf.*), Zugangssoftware (*f.*).
software di acquisizione dati (*inf.*), Datenerfassungssoftware (*f.*).
software di archiviazione (*inf.*), Archivierungssoftware (*f.*).
software di backup (*inf.*), Backupsoftware (*f.*).
software di base (*inf.*), Basissoftware (*f.*).
software di calcolo (*inf.*), Berechnungssoftware (*f.*).
software di comando (*inf.*), Steuerungssoftware (*f.*).
software di comunicazione (*inf.*), Kommunikationssoftware (*f.*).
software di conversione (*inf.*), Konvertierungssoftware (*f.*).
software di diagnosi (*inf.*), Diagnosesoftware (*f.*).
software di elaborazione delle immagini (*inf.*), Bildbearbeitungssoftware (*f.*).
software di gestione finanziaria (*inf.*), Finanzverwaltungssoftware (*f.*).
software di gestione magazzino (*ind.*), Lagerverwaltungssoftware (*f.*).
software di homebanking (*finanz. - inf.*), Homebanking-Software (*f.*).
software di installazione (*inf.*), Installationssoftware (*f.*).
software di interfaccia (*inf.*), Schnittstellensoftware (*f.*).
software di lavorazione (*lav. macch. ut.*), Bearbeitungssoftware (*f.*).
software di monitoraggio (*inf.*), Monitoring-Software (*f.*).
software di rete (*inf.*), Netzwerk-Software (*f.*).
software di riconoscimento di caratteri (*inf.*), Zeichenerkennungssoftware (*f.*).
software di riconoscimento testi (*inf.*), Texterkennungssoftware (*f.*).
software di riconoscimento vocale (*inf.*), Spracherkennungssoftware (*f.*).
software di simulazione (*inf.*), Simulationssoftware (*f.*).
software di sistema (*inf.*), Systemsoftware (*f.*).
software di traduzioni (*uff.*), Übersetzungssoftware (*f.*).
software di trasmissione dei dati (*inf.*), Datenübertragungssoftware (*f.*).
software di trasmissione file (*inf.*), Dateiübertragungssoftware (*f.*).
software di videoconferenza (*inf.*), Videokonferenz-Software (*f.*).
software di visualizzazione (*inf.*), Visualisierungssoftware (*f.*).
software finanziario (*inf.*), Finanz-Software (*f.*).
software flessibile (*inf.*), flexible Software (*f.*).
software freeware (*ingl. - inf.*), Freeware-Software (*f.*).
software gestionale (*inf.*), Verwaltungssoftware (*f.*).
software grafico (*inf.*), Graphiksoftware (*f.*).
software house (*ingl. - inf.*), Softwarehaus (*n.*).
software indipendente dalla piattaforma (*inf.*), plattformunabhängige Software (*f.*).
software industriale (*inf.*), Industriesoftware (*f.*).
software installato (*inf.*), installierte Software (*f.*).
software Intranet (*inf.*), Intranetsoftware (*f.*).
software ipermediale (*inf.*), Hypermedia-Software (*f.*).
software ipertestuale (*inf.*), Hypertext-Software (*f.*).
software logistico (*inf.*), Logistik-Software (*f.*).
software matematico (*inf.*), Mathematik-Software (*f.*).
software multimediale (*inf.*), Multimedia-Software (*f.*).
software multitasking (*inf.*), Multitasking-Software (*f.*).
software per computer (*inf.*), Computersoftware (*f.*).
software per fax (*telem. - inf.*), Faxsoftware (*f.*).
software per Internet (*inf.*), Internetsoftware (*f.*).
software per ufficio (*inf.*), Büro-Software (*f.*).
software residente (*inf.*), residente Software (*f.*).
software residente in memoria (*inf.*), speicherresidente Software (*f.*).
software scientifico (*inf.*), Wissenschaft-Software (*f.*).
software server (*inf.*), Serversoftware (*f.*).
software shareware (*ingl. - inf.*), Shareware-Software (*f.*).
software stand alone (*ingl. - inf.*), Standalone-Software (*f.*).
software standard (*inf.*), Standard-Software (*f.*).
software statistico (*inf.*), Statistiksoftware (*f.*).
software tecnico (*inf.*), technische Software (*f.*).

software telematico (*inf.*), Telematiksoftware (*f.*).
software web (*ingl. - inf.*), Web-Software (*f.*).
software: scaricare un software (*inf.*), eine Software herunterladen.
solco (difetto di saldatura) (*tecnol. mecc.*), Einschnitt (*m.*).
sole: più distante dal sole (*astr.*), sonnenfernst. 2 **punto più distante dal sole** (di un'orbita p. es.) (*astr.*), sonnenfernster Punkt (*m.*). 3 **più vicino al sole** (*astr.*), sonnennächst.
solfato di alluminio (*chim.*), Aluminiumsulfat (*n.*).
solfato di ammonio (*chim.*), Ammoniumsulfat (*n.*).
solfato di berillio (*chim.*), Berylliumsulfat (*n.*).
solfato di cadmio (*chim.*), Kadmiumsulfat (*n.*).
solfato di cobalto (*chim.*), Kobaltsulfat (*n.*).
solfato di litio (*chim.*), Lithiumsulfat (*n.*).
solfato di magnesio (*chim.*), Magnesiumsulfat (*n.*).
solfato di manganese (*chim.*), Mangansulfat (*n.*).
solfato di nichel (*chim.*), Nickelsulfat (*n.*).
solfato di piombo (*chim.*), Bleisulfat (*n.*).
solfato di potassio (*chim.*), Kaliumsulfat (*n.*).
solfato di stronzio (*chim.*), Strontiumsulfat (*n.*).
solfato di uranile (*chim.*), Uranylsulfat (*n.*).
solfato di zinco (*chim.*), Zinksulfat (*n.*).
solfito di ammonio (*chim.*), Ammoniumsulfit (*n.*).
solfito di sodio (*chim.*), Natriumsulfit (*n.*).
solfuro di alluminio (*chim.*), Aluminiumsulfid (*n.*).
solfuro di ammonio (*chim.*), Ammoniumsulfid (*n.*).
solfuro di germanio (*chim.*), Germaniumsulfid (*n.*).
solfuro di mercurio (*chim.*), Quecksilbersulfid (*n.*).
solfuro di sodio (*chim.*), Natriumsulfid (*n.*).
sollecitare a strappo (*sc. costr.*), durch das Abreissen beanspruchen.
sollecitazioni dovute a shock meccanici e termici (*mot.*), mechanische und thermische Schockbelastungen (*f. - pl.*).
solubilità in acqua (*chim.*), Löslichkeit in Wasser (*f.*).
soluzione alternativa (*gen.*), Alternativlösung (*f.*).
soluzione specifica per il cliente (*comm.*), kundenspezifische Lösung (*f.*).
soluzioni Intranet (*inf.*), Intranetlösungen (*f. - pl.*).
solvente organico (*chim.*), organisches Lösungsmittel (*n.*).
somma assicurata (*finanz.*), Versicherungssumme (*f.*).
sommatore (*inf.*), Addierer (*m.*).
somministrato per via orale (*med.*), oral verabreicht.
somministrazione (*med.*), Verabreichung (*f.*). 2 **somministrazione per via orale** (*med.*), orale Verabreichung (*f.*).
sommozzatore per lavori di cantieristica (*ed.*), Bautaucher (*m.*).
sonda Galileo (*astronautica*), Galileo-Sonde (*f.*).

sonda lambda (*mot.*), Lambdasonde (*f.*).
sonda per lo studio del Sole (*astronautica*), Sonnensonde (*f.*).
sonda per lo studio di Marte (*astronautica*), Marssonde (*f.*).
sonda per ricerca (*astronautica*), Forschungssonde (*f.*).
sonda robotizzata (*astronautica*), Robotersonde (*f.*).
sondaggio telefonico (*comm. - ecc.*), telephonische Befragung (*f.*).
sopravvivenza: lottare per la sopravvivenza (*comm.*), ums Überleben kämpfen.
sopraelevare (*gen.*), überbauen.
sopranazionale, sovranazionale (*gen.*), supranational.
soprastruttura (*nav. - ecc.*), Suprastruktur (*f.*).
sorgente di rumore (*acus.*), Geräuschquelle (*f.*).
sorgente di ultrasuoni (*acus.*), Ultraschallquelle (*f.*).
sospensione anteriore (*aut.*), vordere Aufhängung (*f.*).
sospensione posteriore (*aut.*), hintere Aufhängung (*f.*).
sosta in officina (*aut.*), Werkstattaufenthalt (*m.*).
sostanza antincendio (*chim. - antincendi*), Feuerlöschmittel (*n.*).
sostanza antinfiammatoria (*med.*), entzündungshemmende Substanz (*f.*).
sostanza assorbente (*gen.*), Absorptionsmittel (*n.*).
sostanza cancerogena (*med.*), krebserzevgender Staff (*m.*).
sostanza lesiva per il feto (*med.*), fruchtschädigender Stoff (*m.*).
sostanza medicinale (*med. - farm.*), Arzneimittelsubstanz (*f.*).
sostanza psicoattiva (*med.*), psychoaktive Substanz (*f.*).
sostenere le spese processuali (*leg.*), die Kosten des Verfahrens tragen.
sostituzione di un fusibile (*elett.*), Austauschen einer Sicherung (*n.*).
sostituzione di variabile (*inf.*), Variablensubstitution (*f.*).
sottodirectory (*inf.*), Unterdirectory (*n.*).
sottomenu (*inf.*), Untermenü (*n.*).
sottoprogramma richiamabile (*inf.*), aufrufbares Unterprogramm (*n.*).
sottosistema (*gen.*), Subsystem (*n.*), Untersystem (*n.*).
sottosviluppo (*gen.*), Unterentwicklung (*f.*).
sovracapacità (*gen.*), Überkapazität (*f.*).
sovradimensionato (*gen.*), überdimensioniert.
spazio di lavoro (*inf.*), Arbeitsraum (*m.*).
spazio di lavoro della macchina (*macch.*), Maschinenarbeitsraum (*m.*).
spazio di memoria del disco fisso (*inf.*), Festplattenspeicherplatz (*m.*).
spazio interplanetario (*astronautica*), interplanetarer Raum (*m.*).
specialista di missione (*astronautica*), Missionsspezialist (*m.*).
specifico del sistema operativo (*inf.*), betriebssystemspezifisch.
specifico per il cliente (*comm.*), Kundenspezifisch.

spedizione di fax (*telem.*), Faxversand (*m.*).
spedizione parti di ricambio (*mecc. - comm. - ecc.*), Ersatzteilversand (*m.*).
spedizione su Marte (*astr.*), Marsexpedition (*f.*).
spelling: fare lo spelling (*gen.*), buchstabieren.
spesa: di copertura delle spese (*finanz.*), kostendeckend.
spese correnti (*amm.*), laufende Kosten (*f. - pl.*).
spese di assistenza (*med. - ecc.*), Pflegekosten (*m. - pl.*).
spese di manutenzione (*comm. - ecc.*), Wartungskosten (*f. - pl.*)
spese forfetarie (*amm.*), Pauschalkosten (*f. - pl.*).
spese processuali (*leg.*), Verfahrenskosten (*f. - pl.*).
spessore del film (*ind. mat. plast.*), Folienstärke (*f.*).
spessore di parete (*gen.*), Wanddicke (*f.*).
spessore intermedio (in caso di difficoltà nel montaggio) (*macch.*), Zwischenstück (*n.*).
spettrochimica (*ott. - fis.*), Spektrochemie (*f.*).
spettroelettrochimica (*ott. - fis.*), Spektroelektrochemie (*f.*).
spettrofotometria (*ott.*), Spektralphotometrie (*f.*), Spektrophotometrie (*f.*).
spettrofotometria a raggi X (*ott.*), Röntgen-Spektrophotometrie (*f.*).
spettrofotometrico (*ott.*), spektralphotometrisch, spektrophotometrisch.
spettrofotometro a raggi X (*app.*), Röntgen-Spektrophotometer (*m.*).
spettrografia (*ott. - fis.*), Spektrographie (*f.*).
spettrometria (*fis.*), Spektrometrie (*f.*).
spettrometria a raggi X (*fis.*), Röntgen-Spektrometrie (*f.*).
spettrometro a raggi X (*app.*), Röntgen-Spektrometer (*m.*).
spettroscopia a raggi X (*fis.*), Röntgen-Spektroskopie (*f.*).
spettroscopia atomica (*ott.*), Atomspektroskopie (*f.*).
spettroscopia di assorbimento (*ott.*), Absorptionsspektroskopie (*f.*).
spettroscopia laser (*ott.*), Laserspektroskopie (*f.*).
spettroscopia molecolare (*ott.*), Molekülspektroskopie (*f.*).
spettroscopia solare (*ott.*), Sonnen-Spektroskopie (*f.*).
spettroscopia stellare (*ott.*), Sternspektroskopie (*f.*).
spina di arresto (*mecc.*), Anschlagstift (*m.*).
spina di riferimento (*mecc.*), Aufnahmestift (*m.*).
spingere indietro (*gen.*), zurückschieben.
spoiler anteriore (*aut.*), Frontspoiler (*m.*).
spoiler posteriore (*aut.*), Heckspoiler (*m.*).
sponsorizzazione (*comm.*), Sponsoring (*n.*).
spooling (*ingl. - inf.*), Spooling (*n.*).
sporgente (*gen.*), abstehend.
sporgenza rivolta verso l'esterno (*gen.*), nach aussen abstehender Vorsprung (*m.*).
sporgere lateralmente da qualcosa (*gen.*), seitlich über etwas überstehen.
sportello del baule (*aut.*), Kofferraumhaube (*f.*).

sportello di accesso (*aer.*), Zugangsdeckel (*m.*).
sportello informazioni (*uff. - ecc.*), Auskunftsschalter (*m.*).
spray (*ingl. - chim.*), Spray (*m. - n.*).
spray deodorante (*chim.*), Deodorantspray (*m. - n.*).
spreadsheet (*ingl. - inf.*), Spreadsheet (*n.*).
squadra di volo acrobatico (*aer.*), Kunstflugteam (*n.*).
squash (*ingl. - sport*), Squash (*n.*).
stabilità dei cambi (*finanz.*), Wechselkursstabilität (*f.*).
stabilizzante per il veicolo (*aut.*), fahrzeugstabilisierend.
stabilizzazione dei prezzi (*comm.*), Preisstabilisierung (*f.*).
stabilizzazione della frequenza (*elett.*), Frequenzstabilisierung (*f.*).
stabilizzazione della tensione (*elett.*), Spannungsstabilisierung (*f.*).
stabilizzazione di corrente (*elett.*), Stromstabilisierung (*f.*).
stagnazione nel consumo privato (*finanz.*), Stagnation des privaten Verbrauchs (*f.*).
stampante a colori (*inf.*), Farbdrucker (*m.*).
stampante a getto d'inchiostro (*inf.*), Tintenstrahldrucker (*m.*).
stampante a getto d'inchiostro a colori (*inf.*), Farb-Tintenstrahldrucker (*m.*).
stampante a trasferimento termico (*inf.*), Thermotransferdrucker (*m.*).
stampante ad aghi (*inf.*), Nadeldrucker (*m.*).
stampante ad alta risoluzione (*inf.*), hochauflösender Drucker (*m.*).
stampante di default (*inf.*), Defaultdrucker (*m.*).
stampante grafica (*inf.*), Graphikdrucker (*m.*).
stampante laser (*inf.*), Laserdrucker (*m.*).
stampante laser a colori (*inf.*), Farb-Laserdrucker (*m.*).
stampante parallela (*inf.*), Paralleldrucker (*m.*).
stampante per computer (*inf.*), Computerdrucker (*m.*).
stampante portatile (*inf.*), tragbarer Drucker (*m.*).
stampante seriale (*inf.*), Serialdrucker (*m.*).
stampo a iniezione (*macch.*), Spritzgiesswerkzeug (*n.*).
stampo di formatura lamiera (*mecc.*), Blechumformwerkzeug (*n.*).
standard di comunicazione (*inf.*), Kommunikationsstandard (*m.*).
standard di qualità: prodotto secondo i più elevati standard di qualità (*gen.*), nach strengsten Qualitätsnormen gefertigt.
standard grafico (*inf.*), Graphikstandard (*m.*).
standardizzato (*gen.*), standardisiert.
station wagon (*ingl. - aut.*), Station Wagon (*m.*).
statistica ambientale (*fis.*), Umweltstatistik (*f.*).
statistica assicurativa (*stat. - finanz.*), Versicherungsstatistik (*f.*).
statistica quantistica (*fis.*), Quantenstatistik (*f.*).
statistica stellare (*stat.*), Stellarstatistik (*f.*).
stato contraente (*leg.*), Vertragsstaat (*m.*).

stato dell'UE (*geogr.*), EU-Staat (*m.*).
stato della tecnica (*gen.* - *leg.*), Stand der Technik (*m.*).
stato eccitato (*fis. nucl.*), Anregungszustand (*m.*).
stato federalista (*leg.*), föderalistischer Staat (*m.*).
stato membro (*leg.*), Mitgliedstaat (*m.*).
stato membro dell'Unione Europea (*leg.*), Mitgliedstaat der Europäischen Union (*m.*).
stato superplastico (*metall.* - *ecc.*), superplastisches Zustand (*m.*).
stazione a terra (*radionav.*), Bodenstation (*f.*).
stazione astronomica (*astr.*), Astronomiestation (*f.*).
stazione di controllo (*radar*), Kontrollstation (*f.*).
stazione di lavorazione (*lav. macch. ut.*), Bearbeitungsstation (*f.*).
stazione orbitale (*astr.*), Orbitalstation (*f.*).
stazione radar (*radar*), Radarstation (*f.*).
stazione sismologica (*geol.*), seismologische Station (*f.*).
stazione televisiva (*telev.*), Fernsehstation (*f.*).
stella binaria (*astr.*), Binärstern (*m.*).
stella doppia (*astr.*), Doppelstern (*m.*).
stella gigante (*astr.*), Riesenstern (*m.*).
stella pulsante (*astr.*), pulsierender Stern (*m.*).
stella simbiotica (*astr.*), symbiotischer Stern (*m.*).
stellare (*astr.*), stellar.
stereofotografia (*fot.*), Stereophotographie (*f.*).
stereoisomero (*chim.*), Stereoisomer (*n.*).
stereometrico (*geom.*), stereometrisch.
stereoselettività (*chim.*), Stereoselektivität (*f.*).
stereoselettivo (*chim.*), stereoselektiv.
sterilizzabile (*chim.* - *ecc.*), sterilisierbar.
stile burocratico (*uff.*), Papierstil (*m.*).
stile di programmazione (*inf.*), Programmierstil (*m.*).
strada a basso traffico (*strad.*), verkehrsarme Strasse (*f.*).
strada ad alto traffico (*strad.*), verkehrsreiche Strasse (*f.*).
strategia a medio e lungo termine (*finanz.* - *ecc.*), mittel- und langfristige Strategie (*f.*).
strategia aziendale (*ind.* - *comm.*), Unternehmensstrategie (*f.*).
strategia di investimento (*finanz.*), Investitionsstrategie (*f.*).
strategia di marketing (*comm.* - *organ.*), Marketingstrategie (*f.*).
strategia di vendita (*comm.* - *organ.*), Verkaufsstrategie (*f.*).
stretch (*ingl.* - *ind. tess.*), Stretch (*m.*).
stretching (*ingl.* - *sport*), Stretching (*n.*).
stringa (*inf.*), String (*m.*).
stringa alfabetica (*inf.*), alphabetischer String (*m.*).
stringa alfanumerica (*inf.*), alphanumerischer String (*m.*).
stringa di caratteri (*inf.*), Zeichenstring (*m.*).
stringa di inizializzazione (*inf.*), Initialisierungsstring (*m.*).
stringa di testo (*inf.*), Textstring (*m.*).
stringa numerica (*inf.*), numerischer String (*m.*).
strumento analogico (*strum.*), Analoginstrument (*n.*).
strumento di marketing (*comm.* - *organ.*), Marketinginstrument (*n.*).
strumento di programmazione (*inf.*), Programmierwerkzeug (*n.*).
strumento strategico (*gen.*), strategisches Instrument (*n.*).
struttura a nido d'ape (*aer.* - *ecc.*), Wabenstruktur (*f.*).
struttura alare (*aer.*), Flügelstruktur (*f.*).
struttura aziendale (*ind.* - *comm.*), Unternehmensstruktur (*f.*).
struttura cromosomica (*biochim.*), Chromosomenstruktur (*f.*).
struttura dei dati (*inf.*), Datenstruktur (*f.*).
struttura del menu (*inf.*), Menüstruktur (*f.*).
struttura della directory (*inf.*), Directorystruktur (*f.*).
struttura della memoria (*inf.*), Speicherstruktur (*f.*).
struttura finanziaria (*finanz.*), Finanzstruktur (*f.*).
struttura logica (*inf.*), Logikstruktur (*f.*).
struttura organizzata gerarchicamente (*inf.* - *ecc.*), hierarchisch organisierte Struktur (*f.*).
struttura portante (*ed.*), tragende Konstruktion (*f.*).
struttura superficiale (*gen.*), Oberflächenstruktur (*f.*).
strutturato (*gen.*), strukturiert.
studio di fattibilità (*gen.*), Durchführbarkeitsstudie (*f.*).
subacuto (*med.*), subakut.
subcrostale (*geogr.*), subkrustal.
subdomain (*ingl.* - *inf.*), Subdomain (*m.*).
subfornitura (*comm.* - *ind.*), Unterlieferung (*f.*).
subliminale (*psicol.*), subliminal.
subroutine (*ingl.* - *inf.*), Subroutine (*f.*) 2 definire, dichiarare una subroutine (*inf.*), eine Subroutine definieren, deklarieren.
subsimbolico (*gen.*), subsymbolisch.
succinato (*chim.*), Succinat (*n.*).
succinato di sodio (*chim.*), Natriumsuccinat (*n.*).
suoneria di avvertimento (*acus.*), Warnton (*m.*).
supercomputer (*inf.*), Supercomputer (*m.*).
superconduttività (*metall.* - *elett.*), Supraleitfähigkeit (*f.*).
superficie assorbente (*fis.*), Absorptionsfläche (*f.*).
superficie bidimensionale (*geom.*), zweidimensionale Fläche (*f.*).
superficie CAD (*inf.*), CAD-Fläche (*f.*).
superficie di appoggio (*gen.*), Abstellfläche (*f.*).
superficie espositiva (*comm.*), Ausstellungsfläche (*f.*).
superficie esterna (superficie di un pezzo p. es.) (*mecc.* - *ecc.*), Aussenfläche (*f.*).
superficie poliedrica (*geom.*), Polyederfläche (*f.*).
superficie sviluppabile (*geom.* - *mat.*), abwickelbare Fläche (*f.*).
superleggero (*gen.*), superleicht.
supermassivo (*astr.*), supermassiv.
supernova (*astr.*), Supernova (*f.*).
superplasticità (*metall.* - *ecc.*), Superplastizität (*f.*).

superplastico (*metall. - ecc.*), superplastisch.
superpotenza (*politica*), Supermacht (*f.*).
superscalare (*inf.*), superskalar.
supersimmetria (*fis.*), Supersymmetrie (*f.*).
supersimmetrico (*fis.*), supersymmetrisch.
supportato da robot (*ind. - autom.*), robotergestützt, roboterunterstützt.
supporto ceramico (*metall.*), Keramikträger (*m.*).
supporto di arresto (*mecc.*), Anschlagbock (*m.*).
supporto finanziario (*finanz.*), finanzielle Unterstutzüng (*f.*).
supporto grafico (*inf.*), Graphikunterstützung (*f.*).
surfer (*ingl. - nav.*), Surfer (*m.*).
sussidio di disoccupazione (*gen.*), Arbeitslosengeld (*n.*).
svantaggio principale (*gen.*), Hauptnachteil (*m.*).
sverniciare (*vern.*), entlacken.
sverniciatura (*vern.*), Entlacken (*n.*).
sverniciatura assistita da robot (per velivoli p. es.) (*vern.*), roboterunterstütztes Entlacken (*n.*).
sviluppabile (*geom. - mat.*), abwickelbar.
sviluppato: maggiormente sviluppato (*gen.*), höherentwickelt. 2 paesi maggiormente sviluppati (*ind.*), höherentwickelte Länder (*n. - pl.*).
sviluppo aziendale (*ind. - comm.*), Unternehmensentwicklung (*f.*).
sviluppo d'incendio (*ed. - ecc.*), Brandentwicklung (*f.*).
sviluppo del mercato (*comm.*), Marktentwicklung (*f.*).
sviluppo del prodotto (*ind.*), Produktentwicklung (*f.*).
sviluppo del software (*inf.*), Softwareentwicklung (*f.*).
sviluppo dell'hardware (*inf.*), Hardwareentwicklung (*f.*).
sviluppo dell'occupazione (*lav.*), Beschäftigungsentwicklung (*f.*).
sviluppo della lamiera (*metall.*), Blechabwicklung (*f.*).
sviluppo demografico (*stat.*), demographische Entwicklung (*f.*).
sviluppo di programma (*inf.*), Programmentwicklung (*f.*).
sviluppo economico (*gen.*), wirtschaftliche Entwicklung (*f.*).
sviluppo negativo (*gen.*), negative Entwicklung (*f.*).
sviluppo parallelo (*inf.*), Parallelentwicklung (*f.*).
sviluppo positivo (*gen.*), positive Entwicklung (*f.*).
sviluppo sostenibile (*gen.*), verträgliche Entwicklung (*f.*).
sviluppo tecnico (*tecnol.*), Technikentwicklung (*f.*).
sviluppo tecnologico (*tecnol.*), Technologieentwicklung (*f.*).
sviluppo telematico (*inf. - ecc.*), Telematikentwicklung (*f.*).
svitabile (*mecc.*), abschraubbar.

T

tabella decisionale (*progr. ecc.*), Entscheidungstabelle (*f.*).
tabella dei simboli (*inf.*), Symboltabelle (*f.*).
tabella di caratteri (*inf.*), Zeichentabelle (*f.*).
tabella di codifica (*gen.*), Codierungstabelle (*f.*).
tabulato (*s. - inf.*), Ausdruck (*m.*), Computerausdruck (*m.*).
tachigrafia (*uff.*), Tachigraphie (*f.*).
tachigrafico (*uff.*), tachigraphisch.
tachistoscopico (*psicol.*), tachistoskopisch.
tagli allo stato sociale (*finanz.*), Kürzungen im Sozialetat (*f. - pl.*).
tagliaerba elettrico (*agric. - macch.*), Elektromäher (*m.*).
taglio a raggio laser (*tecnol. - mecc.*), Laserstrahlschneiden (*n.*).
taglio a zig zag (*gen.*), Zickzackschnitt (*m.*).
taglio al plasma (*tecnol. mecc.*), Plasmaschneiden (*n.*).
taglio di rifilatura (*lav. lamiera*), Beschneidschnitt (*m.*).
taglio laser (*tecnol. mecc.*), Laserschneiden (*n.*).
tappetino per mouse (*inf.*), Mausmatte (*f.*).
tappo del serbatoio richiudibile (*aut.*), abschliessbarer Tankdeckel (*m.*).
tarare (*strum.*), einmessen.
targhetta di identificazione (*gen.*), Kennzeichnungsschild (*m.*).
tariffa aerea (*aer.*), Flugtarif (*m.*).
tariffa economica (*comm. - ecc.*), kostengünstiger Tarif (*m.*).
tartrato di ammonio (*chim.*), Ammoniumtartrat (*n.*).
tartrato di sodio (*chim.*), Natriumtartrat (*n.*).
tasso di crescita (*gen.*), Zuwachsrate (*f.*).
tasso di disoccupazione (*ind.*), Arbeitslosenrate (*f.*).
tasso di disoccupazione medio annuale (*ind.*), jahresdurchschnittliche Arbeitslosenrate (*f.*).
tasso di variazione mensile (*finanz. - ecc.*), monatliche Veränderungsrate (*f.*).
tastiera alfanumerica (*inf.*), alphanumerische Tastatur (*f.*).
tastiera del terminale (*inf.*), Terminal-Tastatur (*f.*).
tastiera numerica (*inf.*), numerische Tastatur (*f.*).
tasto del mouse (*inf.*), Maustaste (*f.*).
tasto delete (*inf.*), Delete-Taste (*f.*).
tasto di arresto (*app.*), Stopptaste (*f.*).
tasto di avanzamento rapido (*app.*), Vorspultaste (*f.*).
tasto di azzeramento (*app.*), Rückstelltaste (*f.*).
tasto di backspace (*inf.*), Backspace-Taste (*f.*).
tasto di invio (immissione dati) (*inf.*), Eingabetaste (*f.*).
tasto di pausa (*app.*), Pausentaste (*f.*).
tasto di reset (*elett.*), Resettaste (*f.*).

tasto di riavvolgimento (*app.*), Rückspultaste (*f.*).
tasto di riproduzione (*app.*), Wiedergabetaste (*f.*).
tasto di scorrimento del nastro (*elettroacus.*), Bandlauftaste (*f.*).
tasto di silenziamento rapido (del suono) (*elettroacus.*), Stummschaltknopf (*m.*).
tasto escape (*inf.*), Escape-Taste (*f.*).
taurolite (*min.*), Staurolith (*n.*).
tavolo per computer (*mobile - inf.*), Computertisch (*m.*).
technology transfer (*ingl. - tecnol.*), Technologietransfer (*m.*), Technology Transfer (*m.*).
tecnica automobilistica (*aut.*), Fahrzeugtechnik (*f.*).
tecnica CAD (*inf. - dis.*), CAD-Technik (*f.*).
tecnica calzaturiera (*ind.*), Schuhtechnik (*f.*).
tecnica CN (*macch. ut.*), NC-Technik (*f.*).
tecnica CNC (*macch. ut.*), CNC-Technik (*f.*).
tecnica dei microsistemi (*elett. - ecc.*), Mikrosystemtechnik (*f.*).
tecnica dell'automazione (*mecc. - ecc.*), Automationstechnik (*f.*), Automatisierungstechnik (*f.*).
tecnica dell'azionamento (*mecc. - ecc.*), Antriebstechnik (*f.*).
tecnica di acquisizione dati (*inf.*), Datenerfassungstechnik (*f.*).
tecnica di elaborazione (*mat.*), Verarbeitungstechnik (*f.*).
tecnica di interpolazione (*mat.*), Interpolationstechnik (*f.*).
tecnica di memorizzazione (*inf.*), Speicherungstechnik (*f.*).
tecnica di memorizzazione dei dati (*inf.*), Datenspeichertechnik (*f.*).
tecnica di messa a punto (*mot.*), Abstrimmtechnik (*f.*).
tecnica di parallelizzazione (*mat.*), Parallelisierungstechnik (*f.*).
tecnica di ricerca (*inf.*), Suchtechnik (*f.*).
tecnica di risparmio energetico (*tecnol. - ecol.*), Energiespartechnik (*f.*).
tecnica di traduzione (*uff.*), Übersetzungstechnik (*f.*).
tecnica di verniciatura (*vern.*), Lackiertechnik (*f.*).
tecnica di visualizzazione (*inf.*), Visualisierungstechnik (*f.*).
tecnica software (*inf.*), Softwaretechnik (*f.*).
tecnico hardware (*inf.*), Hardwaretechniker (*m.*).
tecnico software (*inf.*), Softwaretechniker (*m.*).
tecnocratico (*gen.*), technokratisch.
tecnologia a raggi infrarossi (*inf. - ecc.*), Infrarot-Technologie (*f.*).
tecnologia chiave (*inf.*), Schlüsseltechnologie (*f.*).
tecnologia dei semiconduttori (*elettronica*), Halbleitertechnologie (*f.*).

tecnologia del processore (*inf.*), Prozessortechnologie (*f.*).
tecnologia dell'informazione (*inf. - ecc.*), Informationstechnologie (*f.*).
tecnologia di base (*tecnol.*), Basistechnologie (*f.*).
tecnologia digitale (*inf.*), Digitaltechnologie (*f.*).
tecnologia fly by wire (*aer.*), Fly-by-wire-Technologie (*f.*).
tecnologia genetica (*biol. - tecnol.*), Gentechnologie (*f.*).
tecnologia Intranet (*inf.*), Intranettechnologie (*f.*).
tecnologia ipermediale (*inf.*), Hypermedia-Technologie (*f.*).
tecnologia ipertestuale (*inf.*), Hypertext-Technologie (*f.*).
tecnologia laser (*ott.*), Lasertechnologie (*f.*).
tecnologia missilistica (*aer.*), Raketentechnologie (*f.*).
tecnologia multimediale (*inf.*), Multimedia Technologie (*f.*).
tecnologia più avanzata (*tecnol.*), fortschrittlichste Technologie (*f.*).
tecnologia robotizzata (*ind. - autom.*), Robotertechnologie (*f.*).
tecnologia software (*inf.*), Software-Technologie (*f.*).
tecnologia spaziale (*astronautica*), Weltraumtechnologie (*f.*), Raumfahrttechnologie (*f.*).
tecnologia telematica (*inf. - ecc.*), Telematiktechnologie (*f.*).
tecnologia: alta tecnologia (*tecnol.*), Hochtechnologie (*f.*). 2 **ad alta tecnologia** (*tecnol.*), hochtechnologisch.
telebanking (*ingl. - finanz.*), Telebanking (*n.*).
telecomunicazione digitale (*telem. - ecc.*), digitale Telekommunikation (*f.*).
telecomunicazione elettronica (*telem. - ecc.*), Elektronik-Telekommunikation (*f.*).
teleconferenza (*telev.*), Telekonferenz (*f.*).
telediagnosi (*med. - ecc.*), Ferndiagnose (*f.*).
telefax (*ingl. - telem.*), Telefax (*n.*).
telefono cellulare (*telef.*), Mobiltelefon (*n.*). 2 (*radio - telef.*), Funktelefon (*n.*).
telefono con immagine (*telef.*), Bildtelefon (*n.*).
telefono GSM (*telef.*), GSM-Telefon (*n.*).
telefono senza fili (*telef.*), Schnurlostelefon (*n.*).
teleinformatica (*inf.*), Teleinformatik (*f.*).
telelavoro (*gen.*), Telearbeit (*f.*).
telematica (*inf. - ecc.*), Telematik (*f.*).
telematico (*inf. - ecc.*), telematisch.
telemedicina (*scienza*), Telemedizin (*f.*).
telemetrico (*ott.*), telemetrisch.
teleprocessing (*ingl. - inf.*), Teleprocessing (*n.*).
telescopio solare (*astr.*), Sonnenteleskop (*n.*).
telescopio spaziale (*ott. - strum. - astr.*), Weltraumteleskop (*n.*).
telescopio spaziale Hubble (*strum. astr.*), Hubble Weltraum Teleskop (*n.*).
teleshopping (*ingl. - comm.*), Teleshopping (*n.*).
telesoftware (*inf.*), Telesoftware (*f.*).
teletex (*telem.*), Teletex (*n.*).
televideo (*telev.*), Videotext (*m.*).
televisione interattiva (*telev.*), interaktives Fernsehen (*n.*).

tellururo di piombo (*chim.*), Bleitellurid (*n.*).
telomero (*biol.*), Telomer (*n.*).
temperatura dei gas di scarico (*mot.*), Abgastemperatur (*f.*).
temperatura di austenitizzazione (*tratt. term.*), Austenitisierungstemperatur (*f.*).
temperatura di formazione della martensite (*metall.*), Martensitbildungstemperatur (*f.*).
temperatura di invecchiamento (*tratt. term.*), Alterungstemperatur (*f.*).
temperatura di preriscaldo (*fis. - chim.*), Vorwärmtemperatur (*f.*).
temperatura di riferimento (*fis. - chim.*), Bezugstemperatur (*f.*).
temperatura di transizione da fragile a duttile (*metall.*), Spröde-Duktil-Übergangstemperatur (*f.*).
temperatura esterna (*fis. - chim.*), Aussentemperatur (*f.*).
tempo d'immersione (*nav.*), Auftauchzeit (*f.*).
tempo della telefonata (*telef.*), Sprechzeit (*f.*).
tempo di accelerazione (*inf.*), Beschleunigungszeit (*f.*).
tempo di caricamento della batteria (*elett.*), Batterieladezeit (*f.*).
tempo di elaborazione (*inf.*), Verarbeitungszeit (*f.*).
tempo di esecuzione (di un programma) (*inf.*), Ausführungszeit (*f.*).
tempo di fresatura (*macch. ut.*), Fräszeit (*f.*).
tempo di fusione (*metall.*), Abschmelzzeit (*f.*).
tempo di raffreddamento (*metall. - tratt. term. - ecc.*), Abkühlungszeit (*f.*).
tempo di ritardo (*inf.*), Verzögerungszeit (*f.*).
tempo di sviluppo del prodotto (*ind.*), Produktentwicklungszeit (*f.*).
tempo di trasmissione (*inf.*), Übertragungszeit (*f.*).
tempo: per unità di tempo (*gen.*), pro Zeiteinheit.
temporizzatore elettronico (*elettronica*), elektronische Vorwahluhr (*f.*).
tendenza al ribasso (*finanz.*), Abwärtstrend (*m.*).
tensione costante (*elett.*), konstante Spannung (*f.*).
tensione d'antenna (*radio*), Antennenspannung (*f.*).
tensione da ritiro (*fond.*), Schwindungsspannung (*f.*).
tensione di avviamento (*elett.*), Anlaufspannung (*f.*).
tensione di batteria (*elett.*), Batteriespannung (*f.*).
tensione di carico (*elett.*), Belastungsspannung (*f.*).
tensione di diseccitazione (di un relè p. es.) (*elett.*), Abfallspannung (*f.*).
tensione di eccitazione (*elett.*), Anregungsspannung (*f.*).
tensione di riferimento (*elett.*), Bezugsspannung (*f.*).
tensione indotta (*elett.*), induzierte Spannung (*f.*).
tensione stabilizzata (*elett.*), stabilisierte Spannung (*f.*).
teoria degli algoritmi (*mat.*), Algorithmentheorie (*f.*).

teoria degli insiemi (*mat.*), Mengentheorie (*f.*).
teoria degli operatori (*mat.*), Operatortheorie (*f.*).
teoria dei numeri (*mat.*), Zahlentheorie (*f.*).
teoria dei segnali (*elettronica*), Signaltheorie (*f.*).
teoria del big bang (*astr.*), Urknalltheorie (*f.*).
teoria del caos (*gen.*), Chaostheorie (*f.*).
teoria dell'informazione (*inf.*), Informationstheorie (*f.*).
teoria della concorrenza (*comm.*), Wettbewerbstheorie (*f.*).
teoria della relatività di Einstein (*fis.*), Einsteinsche Relativitätstheorie (*f.*).
teoria delle probabilità (*stat.*), Wahrscheinlichkeitstheorie (*f.*).
teoria orbitale (*chim.*), Orbitaltheorie (*f.*).
terabit (*inf.*), Terabit (*n.*). **2 terabit al secondo** (*inf.*), Terabit pro Sekunde (*n.*).
terabyte (*inf.*), Terabyte (*n.*). **2 terabyte al secondo** (*inf.*), Terabyte pro Sekunde (*n.*).
terapeutico (*med.*), heilend.
terapia antivirale (*med.*), antivirale Therapie (*f.*).
terapia contro l'aids (*med.*), Aidstherapie (*f.*).
terapia genetica (*med.*), Gentherapie (*f.*).
terapia primaria (*med.*), Primärtherapie (*f.*).
terapia sperimentale (*med.*), Experimentaltherapie (*f.*).
teratogeno (*med.*), teratogen.
teratologia (*med.*), Teratologie (*f.*).
tereftaldeide (*chim.*), Terephtaldehyd (*n.*).
tergicristallo anteriore (*aut.*), Frontscheibenwischer (*m.*).
tergicristallo posteriore (*aut.*), Heckscheibenwischer (*m.*).
terminal per container (*nav. - ecc.*), Container-Terminal (*n.*).
terminale alfanumerico (*inf.*), alphanumerisches Terminal (*n.*).
terminale di immissione (*inf.*), Eingabeterminal (*n.*).
terminale di work station (*inf.*), Workstation-Terminal (*n.*).
terminale grafico (*inf.*), Graphikterminal (*n.*).
terminale Internet (*inf.*), Internet-Terminal (*n.*).
terminale online (*inf.*), Online-Terminal (*n.*).
terminologia di base (*gen.*), Basisterminologie (*f.*).
termochimico (*chim.*), thermochemisch.
termocucina (*app. domestico*), Heizherd (*m.*).
termofilo (*biol.*), thermophil.
termofisica (*fis.*), Thermophysik (*f.*).
termofisico (*fis.*), thermophysikalisch.
termografico (*fot.*), thermographisch.
termogravimetria (*chim.*), Thermogravimetrie (*f.*).
termogravimetrico (*chim.*), thermogravimetrisch.
termoindurente (*ind. chim.*), duroplastisch.
termometria (*fis.*), Thermometrie (*f.*).
termometrico (*fis.*), thermometrisch.
termoplasticità (*chim.*), Thermoplastizität (*f.*).
termostabilità (*fis.*), Thermostabilität (*f.*).
termotecnica (*riscald. - ed. - ecc.*), Heizungstechnik (*f.*).
termotecnico (*riscald. - ed. - ecc.*), heizungstechnisch.

termoterapia (*med.*), Thermotherapie (*f.*).
terpene (*chim.*), Terpen (*n.*).
terra: simile alla terra (*astr.*), erdähnlich.
tessuto di fibre di vetro (*tecnol.*), Glasfasergewebe (*n.*).
test comparativo (*aut. - ecc.*), Vergleichstest (*m.*).
test nella galleria del vento (*aer. - ecc.*), Windkanaltest (*m.*).
test nucleare (*fis. atom.*), Atomtest (*m.*).
testa di ricerca (di missili aria - aria p. es.) (*aer.*), Suchkopf (*m.*).
testata (*espl.*), Sprengkopf (*m.*).
testata nucleare (*espl.*), nuklearer Sprengkopf (*m.*).
testina di lettura (*inf.*), Lesekopf (*m.*).
testina di registrazione (*elettroacus.*), Aufnahmekopf (*m.*).
testina stampante (*inf.*), Druckkopf (*m.*).
testina video (*tecn. cinem.*), Videokopf (*m.*).
testo ASCII (*inf.*), ASCII-Text (*m.*).
testo cifrato (*inf.*), chiffrierter Text (*m.*).
testo contrattuale (*leg.*), Vertragstext (*m.*).
testo di legge (*leg.*), Gesetztext (*m.*).
testo formattato (*inf.*), formatierter Text (*m.*).
testo non formattato (*inf.*), unformatierter Text (*m.*).
testo scannerizzato (*inf.*), gescannter Text (*m.*).
testuale (*gen.*), textuell.
tetrabutilammonio (*chim.*), Tetrabuthylammonium (*n.*).
tetraciclina (*chim.*), Tetracyclin (*n.*).
tetracloroetano (*chim.*), Tetrachlorethan (*n.*).
tetracloroetilene (*chim.*), Tetrachlorethylen (*n.*).
tetraclorofenolo (*chim.*), Tetrachlorphenol (*n.*).
tetraclorometano (*chim.*), Tetrachlormethan (*n.*).
tetracloruro di silicio (*chim.*), Siliziumtetrachlorid (*n.*).
tetracloruro di titanio (*chim.*), Titantetrachlorid (*n.*).
tetradecano (*chim.*), Tetradecan (*n.*).
tetradecilammina (*chim.*), Tetradecylamin (*n.*).
tetraetile (*chim.*), Tetraethyl (*n.*).
tetraetilpirofosfato (*chim.*), Tetraethylpyrophosphat (*n.*).
tetrafluoroacetato d'argento (*chim.*), Silbertetrafluoroacetat (*n.*).
tetrafluoroborato d'argento (*chim.*), Silbertetrafluoroborat (*n.*).
tetrafluoroborato di potassio (*chim.*), Kaliumtetrafluoroborat (*n.*).
tetrafluoruro (*chim.*), Tetrafluorid (*n.*).
tetrafluoruro di silicio (*chim.*), Siliziumtetrafluorid (*n.*).
tetrafluoruro di xenon (*chim.*), Xenontetrafluorid (*n.*).
tetragonale (*geom.*), tetragonal.
tetraidrofurano (*chim.*), Tetrahydrofuran (*n.*).
tetrametilammonio (*chim.*), Tetramethylammonium (*n.*).
tetrametilendiammina (*chim.*), Tetramethylendiamin (*n.*).
tetranitrometano (*chim.*), Tetranitromethan (*n.*).

tetraossalato di potassio

tetraossalato di potassio (*chim.*), Kaliumtetraoxalat (*n.*).
tetraplegia (*med.*), Tetraplegie (*f.*).
tetraterpene (*chim.*), Tetraterpen (*n.*).
tetto apribile elettrico (*aut.*), elektrisches Schiebedach (*n.*).
timer elettronico (*elettronica*), elektronische Vorwahluhr (*f.*).
tioacetale (*chim.*), Thioacetal (*n.*).
tioammide (*chim.*), Thioamid (*n.*).
tiocarbonato (*chim.*), Thiokarbonat (*n.*).
tiocianato (*chim.*), Thiocyanat (*n.*).
tiocianato di ammonio (*chim.*), Ammoniumthiocyanat (*n.*).
tiocianato di mercurio (*chim.*), Quecksilberthyocyanat (*n.*).
tiocianato di potassio (*chim.*), Kaliumthiocyanat (*n.*).
tiocianazione (*chim.*), Thiocyanierung (*f.*).
tiocloroetilene (*chim.*), Thiochloroethylen (*n.*).
tiofenolo (*chim.*), Thiophenol (*n.*).
tiosolfato (*chim.*), Thiosulfat (*n.*).
tiosolfato di sodio (*chim.*), Natriumthiosulfat (*n.*).
tipicamente (*gen.*), typischerweise.
tipo di file (*inf.*), Dateityp (*m.*).
tipo di investimento (*finanz.*), Anlagetyp (*m.*), Investitionstyp (*m.*).
tipo di mandrino (*macch. ut.*), Spindeltyp (*m.*).
tipo di piegatura (*gen.*), Faltungsart (*f.*).
tipo di variabile (*inf.*), Variablentyp (*m.*).
titanato di bario (*chim.*), Bariumtitanat (*n.*).
titanato di piombo (*chim.*), Bleititanat (*n.*).
titolo della finestra (*inf.*), Fenstertitel (*m.*).
titolo della pagina (*tip.*), Seitentitel (*m.*).
tollerabile ecologicamente (*ecol.*), ökologisch verträglich.
tollerabile per l'ambiente (*ecol.*), umweltverträglich.
tolleranza di accettazione (*mecc. - ecc.*), Abnahmetoleranz (*f.*).
tomografia a emissione di positroni (*med.*), Positronenemissionstomographie (*f.*).
tomografia computerizzata (*med. - inf.*), Computertomographie (*f.*).
top manager (*ingl. - lav.*), Topmanager (*m.*).
tornio automatico CNC (*macch. ut.*), CNC-Drehautomat (*n.*).
Total Quality Management (*ingl. - organ. - amm.*), Total Quality Management (*n.*). **2** filosofia del Total Quality Management (*organ. - amm.*), Total Quality Management-Philosophie (*f.*).
tower (*ingl. - inf.*), Tower (*m.*).
trachitico (*min.*), trachytisch.
trackball (*ingl. - inf.*), Trackball (*m.*).
tracolla (*gen.*), Schulterriemen (*m.*).
traduzione automatica (*uff.*), Automatik-Übersetzung (*f.*).
traduzione simultanea (*uff.*), Simultanübersetzung (*f.*).
traffico: a basso traffico (*strad.*), verkehrsarm. **2 ad alto traffico** (*strad.*), verkehrsreich.
traffico extraurbano (*traff. strad.*), ausserstädtischer Verkehr (*m.*).
tranciasfridi (*attr.*), Trennmesser (*m.*).
transamminazione (*chim.*), Transaminierung (*f.*).
transatmosferico (*gen.*), transatmosphärisch.
transeuropeo (*gen.*), transeuropäisch.
transferrina (*chim. - biol.*), Transferrin (*f.*).
transistor bipolare (*elettronica*), bipolarerer Transistor (*m.*).
trapianto (*med.*), Transplantation (*f.*).
trapianto nell'utero (*med.*), Verpflanzung in den Uterus (*f.*).
trapianto polmonare (*med.*), Lungentransplantation (*f.*).
trasduttore assoluto (*strum.*), Absolutgeber (*m.*), Absolutwertgeber (*m.*).
trasduttore incrementale (*strum.*), Inkrementalgeber (*m.*).
trasferimento di azioni (*finanz.*), Aktienübertragung (*f.*).
trasferimento di dati (*inf.*), Datentransfer (*m.*).
trasferimento di file (*inf.*), Dateitransfer (*m.*).
trasferimento di tecnologia (*tecnol.*), Technologietransfer (*m.*).
trasferimento digitale (*inf.*), Digitalübertragung (*f.*).
trasferimento elettronico (*fis. atom.*), Elektronentransfer (*m.*).
trasformata di Fourier (*mat*), Fouriertransformierte (*f.*).
trasformatore: senza trasformatore (*elett.*), transformatorlos.
trasformazione di coordinate (*mat.*), Koordinatentransformation (*f.*).
trasformazione polare (*mat.*), Polartransformation (*f.*).
traslitterato (*uff.*), transliteriert.
traslitterazione (*uff.*), Transliteration (*f.*).
trasmettitore di temperatura (*strum.*), Temperaturgeber (*m.*).
trasmissione asincrona (*inf.*), Asynchron-Übertragung (*f.*).
trasmissione binaria (*inf.*), Binärübertragung (*f.*).
trasmissione del moto (*mecc.*), Bewegungsübertragung (*f.*).
trasmissione della forza (*mecc.*), Kraftübertragung (*f.*).
trasmissione delle informazioni (*telef. - ecc.*), Informationsübertragung (*f.*).
trasmissione di dati (*inf.*), Datenübertragung (*f.*).
trasmissione di dati ad alta velocità (*inf.*), Hochgeschwindigkeit-Datenübertragung (*f.*).
trasmissione di fax (*telem.*), Faxübertragung (*f.*).
trasmissione di segnali (*elett. - radio*), Signalübertragung (*f.*).
trasmissione di vibrazioni (*mecc. - ecc.*), Übertragung von Vibrationen (*f.*).
trasmissione in tempo reale (*inf.*), Realzeitübertragung (*f.*).
trasmissione parallela (*inf.*), Parallelübertragung (*f.*).
trasmissione seriale (*inf.*), serielle Übertragung (*f.*).
trasmissione sincrona (*inf.*), Synchron-Übertragung (*f.*).
trasponditore (*radar*), Transponder (*m.*).
trasportabile (*gen.*), transportierbar.
trasporti celeri (*trasp.*), Eiltransporte (*m. - pl.*).

trattamento termico speciale (*tratt. term.*), Sonderwärmebehandlung (*f.*).
trattato di Maastricht (*finanz.*), Maastrichter Vertrag (*m.*).
trattato di riunificazione tedesco (*politica*), deutsch-deutscher Einigungsvertrag (*m.*).
tratto ad alta velocità (*aut. - sport*), Hochgeschwindigkeitsstrecke (*f.*).
tratto extraurbano (di una strada) (*strad.*), ausserstädtische Strecke (*f.*).
trazione anteriore inseribile (*aut.*), zuschaltbarer Vorderradantrieb (*m.*).
trazione integrale (*veic.*), Allradantrieb (*m.*), Vierradantrieb (*m.*).
trazione integrale anteriore (*aut.*), Front-Allradantrieb (*m.*).
trazione integrale inseribile (*veic.*), zuschaltbarer Allradantrieb (*m.*).
trazione integrale permanente (*veic.*), permanenter Allradantrieb (*m.*).
triacetato di cellulosa (*chim.*), Cellulosetriacetat (*n.*).
tribometria (*mecc.*), Tribometrie (*f.*).
tribometrico (*mecc.*), tribometrisch.
tribromuro di alluminio (*chim.*), Aluminiumtribromid (*n.*).
tribromuro di arsenico (*Chim.*), Arsentribromid (*n.*).
tribromuro di boro (*chim.*), Bortribromid (*n.*).
tribunale fallimentare (*leg.*), Konkursgericht (*n.*).
triclorobenzene (*chim.*), Trichlorbenzol (*n.*).
triclorofluorometano (*chim.*), Trichlorfluormethan (*n.*).
tricloruro (*chim.*), Trichlorid (*n.*).
tricloruro di alluminio (*chim.*), Aluminiumtrichlorid (*n.*).
tricloruro di antimonio (*chim.*), Antimontrichlorid (*n.*).
tricloruro di arsenico (*Chim.*), Arsentrichlorid (*n.*).
tricloruro di boro (*chim.*), Bortrichlorid (*n.*).
tricloruro di cromo (*chim.*), Chromtrichlorid (*n.*).
tricloruro di iodio (*chim.*), Iodtrichlorid (*n.*).
tricloruro di vanadio (*chim.*), Vanadiumtrichlorid (*n.*).
tridimensionalità (*geom.*), Dreidimensionalität (*f.*).
trietilammina (*chim.*), Triethylamin (*n.*).
trietilenglicole (*chim.*), Triethylenglycol (*n.*).
trietilfosfato (*chim.*), Triethylphosphat (*n.*).
trietilfosfito (*chim.*), Triethylphosphit (*n.*).
trifenilfosfato (*chim.*), Triphenylphosphat (*n.*).
trifenilfosfina (*chim.*), Triphenylphosphin (*n.*).
trifenilfosfito (*chim.*), Triphenylphosphit (*n.*).
trifenilmetano (*chim.*), Triphenylmethan (*n.*).
trifenilmetanolo (*chim.*), Triphenylmethanol (*n.*).
trifenilmetile (*chim.*), Triphenylmethyl (*n.*).
trifluoruro (*chim.*), Trifluorid (*n.*).
trifluoruro di antimonio (*chim.*), Antimontrifluorid (*n.*).
trifluoruro di boro (*chim.*), Bortrifluorid (*n.*).
trigliceride (*chim.*), Triglyzerid (*n.*).
triioduro di boro (*chim.*), Bortriiodid (*n.*).
trimestre precedente (*gen.*), Vorquartal (*n.*).
trimetilammina (*chim.*), Trimethylamin (*n.*).
trimetilborato (*chim.*), Trimethylborat (*n.*).
trimetilglicole (*chim.*), Trimethylglycol (*n.*).
trinazionale (*gen.*), trinational.
trisolfuro di antimonio (*chim.*), Antimontrisulfid (*n.*).
trisomia (*med.*), Trisomie (*f.*).
triterpene (*chim.*), Triterpen (*n.*).
troncamento (*mat. - inf.*), Abbruch (*m.*).
troncare (*mat. - inf.*), abbrechen.
truppe di pace (*milit.*), Friedenstruppen (*f. - pl.*).
tubazione a parete sottile (*tubaz.*), dünnwändige Leitung (*f.*).
tubazione dell'aria di scarico (*comb.*), Abluftleitung (*f.*).
tubazione di sfiato (*tubaz. - ecc.*), Entlüftungsleitung (*f.*).
tubazione esterna (*tubaz.*), Aussenleitung (*f.*).
tubazione flessibile (*tubaz.*), Schlauchleitung (*f.*).
tubazione flessibile di allacciamento (*tubaz.*), biegsame Anschlussleitung (*f.*).
tubazione interna (*tubaz.*), Innenleitung (*f.*).
tubazione rigida di allacciamento (*tubaz.*), starre Anschlussleitung (*f.*).
tubo a raggi catodici (*telev.*), Elektronenstrahlröhre (*f.*).
tubo di acciaio (*tubaz.*), Stahlrohr (*n.*).
tubo di ammissione (*mot.*), Einlassstutzen (*m.*).
tubo di rame (*tubaz.*), Kupferrohr (*n.*).
tubo di scarico (*mot.*), Auslassstutzen (*m.*).
tubo flessibile di aspirazione (*mot.*), Ansaugschlauch (*f.*).
tubo quadrato (*ind. - metall.*), Quadratrohr (*f.*).
tubo rettangolare (*ind. - metall.*), Rechteckrohr (*f.*).
tumore primario (*med.*), Primärtumor (*m.*).
tunnelling (*ingl. - inf.*), Tunnelling (*n.*).

U

U: a forma di U (*gen.*), U-förmig. **2** avere la forma di un'ampia U (*gen.*), die Form eines weiten Us haben.
UE (Unione Europea) (*Politica*), EU (*f.*).
ufficio abbonamenti (*comm.*), Abonnementsbüro (*n.*).
ufficio brevetti europeo (*leg.*), Europäisches Patentamt (*n.*).
ufficio del magazzino (*uff. ind.*), Lagerbüro (*n.*).
ufficio di corrispondenza (*giorn.*), Korrespondenzbüro (*n.*).
ufficio marketing (*comm. - organ.*), Marketing-Abteilung (*f.*).
ufficio pianificazione (*lav.*), Planungsabteilung (*f.*).
ufficio ricerche (*ind.*), Forschungsbüro (*n.*).
ulcerazione (*med.*), Ulzeration (*f.*).
ultraleggero (*a. - gen.*), ultraleicht.
ultraleggero (*s. - aer.*), Ultraleichtflugzeug (*n.*).
umanoide (*gen.*), humanoid.
UME (Unione Monetaria Europea) (*finanz.*), EWU, Europäische Währungsunion (*f.*).
umettabile (*gen.*), benetzbar.
umettabilità (*gen.*), Benetzbarkeit (*f.*).
umidificazione dell'aria (*gen.*), Luftbefeuchtung (*f.*).
umidità relativa (*meteor. - ecc.*), relative Feuchte (*f.*).
umorale (*biol.*), humoral.
unidirezionale (*gen.*), unidirektional.
unione con incollaggio (*tecnol.*), Klebverbindung (*f.*).
unione monetaria (*finanz.*), Währungsunion (*f.*).
unità CD-ROM (*inf.*), CD-ROM-Laufwerk (*n.*).
unità di regolazione della potenza (*idr.*), Kraftkontroll-Einheit (*f.*).
unità disco (*inf.*), Laufwerk (*n.*).
unità logica (*elettronica*), logische Einheit (*f.*).
unità per floppy disk (*inf.*), Diskettenlaufwerk (*n.*), Floppywerk (*n.*).
unità periferica (*inf.*), Peripherieeinheit (*f.*).
unità vettoriale (*mat.*), Vektoreinheit (*f.*).
universalizzazione (*gen.*), Universalierung (*f.*).
update (*ingl. - inf. - ecc.*), Update (*n.*).
uploadare (*inf.*), uploaden.
uploading (*ingl. - inf.*), Uploading (*n.*).
uranio fissile (*chim. - radioatt.*), Spalturan (*n.*).
uscita analogica (*elettronica*), Analogausgang (*m.*).
uscita della valvola (*macch. - mot. - ecc.*), Ventilaustritt (*m.*).
username (*ingl. - inf.*), Username (*m.*).
uso anteriore (*leg.*), Vorbenutzung (*f.*).
usura da fatica (*mecc.*), Ermüdungsverschleiss (*m.*).
usura della guarnizione del freno (*aut. - ecc.*), Bremsbelagverschleiss (*m.*).
utente (*gen.*), Anwender (*m.*). **2** (*inf.*), User (*m.*).
utente di Internet (*inf.*), Internetbenutzer (*m.*).
utente finale (*gen.*), Endanwender (*m.*), Endbenutzer (*m.*).
utente Internet (*leg.*), Internetnutzer (*m.*).
utility (*ingl. - inf.*), Utility (*n.*).
utilizzabile commercialmente (*comm.*), kommerziell verwertbar.
utilizzabilità (*comm.*), Verwertbarkeit (*f.*).
utilizzazione delle risorse naturali (*gen.*), Verwendung der natürlichen Ressourcen (*f.*).
utilizzo di energia solare (*fis.*), Solarenergienutzung (*f.*).

V

V: a forma di V (*gen.*), V-förmig.
vagone fumatori (*ferr.*), Raucherwagen (*m.*).
valigetta di trasporto (*gen.*), Tragetasche (*f.*).
valore di corrente (*elett.*), Stromwert (*m.*).
valore di default (*inf.*) Defaultwert (*m.*).
valore di riferimento (*gen.*), Bezugswert (*m.*).
valore esadecimale (*mat.*), Hexadezimalwert (*m.*).
valore limite delle emissioni (*mot.*), Emissionsgrenzwert (*m.*).
valori dell'ozono (*chim.*), Ozonwerte (*m. - pl.*).
valori delle emissioni (*mot.*), Emissionswerte (*m. - pl.*).
valori di mercurio (*ecol.*), Quecksilberwerte (*m. - pl.*).
valuta straniera (*finanz.*), Fremdwährung (*f.*).
valvola limitatrice di pressione (*tubaz.*), Druckbegrenzungsventil (*n.*).
valvola per catetere (*med.*), Katheterventil (*n.*).
vanadato (*chim.*), Vanadat (*n.*).
vanillina (*chim.*), Vanillin (*n.*).
vano carrello (di atterraggio) (*aer.*), Fahrwerkschacht (*m.*).
vano carrello (di atterraggio) anteriore (*aer.*), Bugfahrwerkschacht (*m.*).
vano di carico (*astr.*), Frachtraum (*m.*).
vantaggio principale (*gen.*), Hauptvorteil (*m.*).
variabile: riconoscere una variabile (*inf.*), eine Variable erkennen.
variabile di programma (*inf.*), Programmvariable (*f.*).
variabile di sistema (*inf.*), Systemvariable (*f.*).
variabile dichiarata (*inf.*), deklarierte Variable (*f.*).
variabile numerica (*inf.*), numerische Variable (*f.*).
variabile oggetto (*inf.*), Objektvariable (*f.*).
variabile scalare (*mat.*), Skalarvariable (*f.*).
variabilità climatica (*meteor.*), Klimavariabilität (*f.*).
variatore di luminosità (*illumin. - app.*), Dimmer (*m.*).
variatore di luminosità a pomello (*elett. - illumin.*), Drehdimmer (*m.*).
variatore di luminosità a tasto (*elett. - illumin.*), Tastdimmer (*m.*)).
vasoattivo (*med.*), vasoaktiv.
vasocostrittore (*med.*), vasokonstriktorisch.
VCR (Video Cassette Recorder, videoregistratore) (*telev.*), VCR, Videorekorder (*m.*).
velivolo a decollo verticale (*aer.*), Senkrechtstarter (*m.*).
velivolo cisterna (*aer.*), Tankflugzeug (*n.*).
velivolo di linea (*aer.*), Linienflugzeug (*m.*).
velivolo ipersonico (*aer.*), Hyperschallflugzeug (*n.*).
velivolo multiruolo (*aer.*), Mehrzweckflugzeug (*n.*).
velivolo regionale (*aer.*), Regionalflugzeug (*m.*).

velivolo senza pilota (*aer.*), Drohne (*f.*).
velocità d'urto (*fis.*), Aufprallgeschwindigkeit (*f.*).
velocità del modem (*inf.*), Modemgeschwindigkeit (*f.*).
velocità del processore (*inf.*), Prozessorgeschwindigkeit (*f.*).
velocità delle stelle (*astr.*), Sterngeschwindigkeit (*f.*).
velocità di accesso (*inf.*), Zugriffsgeschwindigkeit (*f.*).
velocità di accesso alla memoria (*inf.*), Speicherzugriff-Geschwindigkeit (*f.*).
velocità di elaborazione (*inf.*), Verarbeitungsgeschwindigkeit (*f.*).
velocità di fuga (*astr.*), Fluchtgeschwindigkeit (*f.*).
velocità di fusione (*metall.*), Abschmelzgeschwindigkeit (*f.*), Schmelzgeschwindigkeit (*f.*).
velocità di scorrimento (*idr.*), Fliessgeschwindigkeit (*f.*).
velocità di stampa (*inf.*), Druckgeschwindigkeit (*f.*).
velocità di trasmissione (*inf.*), Übertragungsgeschwindigkeit (*f.*).
velocità di trasmissione dei dati (*inf.*), Datenübertragungsgeschwindigkeit (*f.*).
velocità ipersonica (*acus. - ecc.*), Hyperschallgeschwindigkeit (*f.*).
vendita parti di ricambio (*mecc. - comm. - ecc.*), Ersatzteilverkauf (*m.*).
ventilato (*gen.*), durchlüftet.
ventilazione forzata (*ed.*), Druckbelüftung (*f.*).
vento solare (*astr.*), Sonnenwind (*m.*).
verbale di collaudo (*tecnol. mecc. - ecc.*), Abnahmeprotokoll (*n.*).
vernice di serie (*aut. - ecc.*), Serienlack (*f.*).
verniciatura robotizzata (*ind. - autom.*), Roboterlackierung (*f.*).
versione aggiornata (*inf. - ecc.*), aktualisierte Version (*f.*).
versione allungata (*aer.*), gestreckte Version (*f.*).
versione base (*gen.*), Basisversion (*f.*).
versione beta (*inf.*), Beta-Version (*f.*).
versione del sistema operativo (*inf.*), Betriebssystemversion (*f.*).
versione demo (*inf.*), Demoversion (*f.*).
versione di prova (*gen.*), Probeversion (*f.*).
versione freeware (*inf.*), Freeware-Version (*f.*).
versione migliorata (*gen.*), verbesserte Version (*f.*).
versione shareware (*inf.*), Shareware-Version (*f.*).
versione speciale (*ind. - comm.*), Sonderversion (*f.*).
versione stand alone (*inf.*), Standalone-Version (*f.*).
verso terra (*gen.*), erdwärts.

verticalizzazione (*gen.*), Vertikalisierung (*f.*).
vestito elasticizzato (*ind. tess.*), Stretchkleid (*n.*).
vestito senza maniche (*ind. tess.*), ärmelloses Kleid (*n.*).
vetro da specchi (*mft. vetro*), Spiegelglas (*n.*).
vettorizzare (*inf.*), vektorisieren.
vettorizzazione (*inf.*), Vektorisierung (*f.*).
via d'acqua interna (*navig.*), Binnenwasserstrasse (*f.*).
video server (*ingl. - telev.*), Videoserver (*m.*).
videocamera (*app. cinem.*), Videokamera (*f.*).
videocassetta (*tecn. cinem.*), Videokassette (*f.*).
videoclip (*telev.*), Videoclip (*m.*).
videoconferenza (*telev.*), Videokonferenz (*f.*).
videodisco (*telev.*), Bildplatte (*f.*).
videofilm (*tecn. cinem.*), Videofilm (*m.*).
videogioco per computer (*inf.*), Computerspiel (*n.*).
videonastro (*app. cinem.*), Videoband (*n.*).
videopresentazione (*uff.*), Videopräsentation (*f.*).
videoteca (*tecn. cinem.*), Videothek (*f.*).
videotelefono (*telef.*), Bildtelefon (*n.*).
villaggio globale (*gen.*), globales Dorf (*n.*).
vincitore del premio Nobel (*gen.*), Nobelpreisträger (*m.*).
vinilbenzene (*chim.*), Vinylbenzol (*n.*).
virtualità (*inf.*), Virtualität (*f.*).
virtualizzare (*inf.*), virtualisieren.
virtualizzato (*inf.*), virtualisiert.
virtualizzazione (*inf.*), Virtualisierung (*f.*).
virulento (*med.*), virulent.
virus (di computer) (*inf.*), Computervirus (*n.*). **2 isolare un virus** (di computer) (*inf.*), ein Computervirus isolieren. **3 scoprire un virus** (*med.*), ein Virus entdecken.
virus dell'epatite C (*med.*), Hepatitis-C-Virus (*n.*).
virus di boot sector (*inf.*), Bootsektor-Virus (*n.*).
virus di file (*inf.*), Datei-Virus (*n.*).
virus ibrido (di computer) (*inf.*), Hybrid-Virus (*n.*).
virus polimorfo (*inf.*), polymorpher Virus (*m.*).
virus residente in memoria (*inf.*), speicherresidentes Virus (*n.*).
viscoelasticità (*chim. - fis.*), Viskoelastizität (*f.*).
viscoelasticità lineare (*chim. - fis.*), lineare Viskoelastizität (*f.*).
viscoelasticità non lineare (*chim. - fis.*), nichtlineare Viskoelastizität (*f.*).
viscosimetria (*chim. - fis.*), Viskosimetrie (*f.*).
viscosimetrico (*chim. - fis.*), viskosimetrisch.
visioplastico (*tecnol. mecc.*), visioplastisch.
visitatore di Internet (*inf.*), Internetbesucher (*m.*).
visualizzare (*inf.*), visualisieren. **2 visualizzare i dati** (*inf.*), die Daten visualisieren.
visualizzazione (*inf.*), Visualisierung (*f.*).
visualizzazione computerizzata (*inf.*), Computervisualisierung (*f.*).
visualizzazione di oggetti (*inf.*), Objektvisualisierung (*f.*).
visualizzazione in tempo reale (*inf.*), Echtzeitvisualisierung (*f.*).
visualizzazione online (*inf.*), Online-Visualisierung (*f.*).
vita extraterrestre (*astr.*), extraterrestrisches Leben (*n.*).
vite sollecitata a trazione (*mecc.*), auf Zug beanspruchte Schraube (*f.*).
voce digitalizzata (*inf.*), digitalisierte Stimme (*f.*).
voce sintetica (*inf.*), synthetische Stimme (*f.*).
volante in pelle (*aut.*), Lederlenkrad (*n.*).
volante regolabile in altezza (*aut.*), höhenverstellbares Lenkrad (*n.*).
volo: 1000 ore di volo all'anno (*aer.*), 1000 Flugstunden pro Jahr (*f. - pl.*). **2 in condizioni di volo** (*aer.*), in flugfähigem Zustand.
volo acrobatico (*aer.*), Kunstflug (*m.*).
volo cargo (*aer.*), Frachtflug (*m.*).
volo dimostrativo (*aer.*), Demonstrationsflug (*m.*).
volo intercontinentale (*aer.*), Interkontinentalflug (*m.*).
volo lento (*aer.*), Langsamflug (*m.*).
volo stazionario (*aer.*), stationärer Flug (*m.*).
volo veloce (*aer.*), Schnellflug (*m.*).
voltmetro digitale (*elett.*), Digitalvoltmeter (*n.*).
volume delle esportazioni (*comm.*), Exportvolumen (*n.*).
volume di fornitura (*comm.*), Lieferumfang (*m.*).
volume di riferimento (*acus.*), Bezugslautstärke (*f.*).

W

web (*ingl. - inf.*), Web (*n.*).
WHO (World Health Organisation, Organizzazione mondiale della sanità) (*med.*), WHO, Weltgesundheitsorganisation (*f.*).
wolframato (*chim.*), Wolframat (*n.*).
wolframato di sodio (*chim.*), Natriumwolframat (*n.*).

work station (*ingl. - inf.*), Workstation (*f.*).
World Wide Web (*ingl. - inf.*), World Wide Web (*n.*).
WWW (World Wide Web) (*ingl. - inf.*), WWW (*n.*).

X

X: a forma di X: (*gen.*), X-förmig.
xantene (*chim.*), Xanthen (*n.*).
xantina (*chim.*), Xanthin (*n.*).
xerografare (*tip.*), xerographieren.
xeroradiografia (*med.*), Xeroradiographie (*f.*).
xilitolo (*chim.*), Xylit (*m.*).

xilolo (*chim.*), Xylol (*n.*).
xilometrico (*legn.*), xylometrisch.
xilosio (*biochim.*), Xylose (*f.*).
X-modem (protocollo di trasferimento) (*inf.*), X-Modem (*m.*).

Y

Y-modem (protocollo di trasferimento) (*inf.*), Y-Modem (*m.*).

Z

zeolitico (*min.*), zeolitisch.
zincato: **completamente zincato** (*tecnol. mecc.*), vollverzinkt.
Z-modem (protocollo di trasferimento) (*inf.*), Z-Modem (*m.*).

zoisite (*min.*), Zoisit (*n.*).
zona di cementazione (*geol. - min.*), Zementationszone (*f.*).
zona di stabilità (*gen.*), Stabilitätszone (*f.*).
zumare (*ott.*), zoomen.

Finito di stampare il 12 ottobre 1999
dalle Industrie per le Arti Grafiche Garzanti-Verga s.r.l.
Cernusco s/N (MI)